教师培训丛书·说课、备课、评课系列

丛书主编　祝智庭　闫寒冰

如何备课

赵才欣　韩艳梅等 编著

华东师范大学出版社
·上海·

图书在版编目(CIP)数据

如何备课/赵才欣 韩艳梅等编著. —上海:华东师范大学出版社,2009
(教师培训丛书)
ISBN 978-7-5617-6907-2

Ⅰ.如… Ⅱ.①赵…②韩… Ⅲ.备课-教学研究-中小学 Ⅳ.G632.421

中国版本图书馆 CIP 数据核字(2009)第 009781 号

教师培训丛书·说课、备课、评课系列

如何备课

编　　著	赵才欣　韩艳梅等
责任编辑	周志凤
审读编辑	赵成亮
责任校对	林文君
装帧设计	黄惠敏

出版发行	华东师范大学出版社
社　　址	上海市中山北路 3663 号　邮编 200062
电话总机	021-62450163 转各部门　行政传真 021-62572105
客服电话	021-62865537(兼传真)
门市(邮购)电话	021-62869887
门市地址	上海市中山北路 3663 号华东师范大学校内先锋路口
网　　址	www.ecnupress.com.cn

印 刷 者	常熟高专印刷有限公司
开　　本	787 毫米×1092 毫米　1/16
印　　张	21
字　　数	458 千字
版　　次	2009 年 4 月第 1 版
印　　次	2024 年 1 月第 18 次
印　　数	47601－50700
书　　号	ISBN 978-7-5617-6907-2
定　　价	46.00 元

出 版 人　王 焰

(如发现本版图书有印订质量问题,请寄回本社客服中心调换或电话 021-62865537 联系)

目 录

总序 / 1
前言 / 1

备 课 总 论

第1章 在新课程背景下——重新认识备课 / 1
  1.1 备课的重要意义 / 2
  1.2 指导备课的主要理论 / 3
  1.3 备课与教学设计 / 5
  1.4 改进备课的几个基本视角 / 7
  1.5 有效备课的原则与基础 / 10
  1.6 针对教学环节的基本备课要求 / 11
  1.7 创新备课活动的形式 / 14

第2章 备课的研究领域——关注教学基本要素 / 16
  2.1 解读课程标准 / 16
  2.2 分析教学内容 / 19
  2.3 研究课程资源 / 22
  2.4 剖析学生基础 / 26
  2.5 了解教学环境 / 29
  2.6 认识教师自我 / 31

第3章 备课的工作流程——明晰基本教学环节 / 34
  3.1 教学目标的制订 / 34
  3.2 教学内容的处理 / 41
  3.3 教学流程的设计 / 44
  3.4 教学方法的选择 / 48
  3.5 教学媒体的选择应用 / 51
  3.6 作业与练习的设计 / 55

第4章 在继承中创新——改进备课的策略 / 60
  4.1 资源借鉴策略 / 60
  4.2 系统备课策略 / 62
  4.3 预设与生成策略 / 67
  4.4 同课异构备课策略 / 69
  4.5 反思性备课策略 / 71
  4.6 备课策略使用注意点 / 71

第5章 不同方式的组合——备课形式与要求 / 74

5.1 常规教学下的备课形式与要求 / 74
5.2 专题教育课程的备课形式与要求 / 78
5.3 开放背景下的备课形式与要求 / 81

第6章 备课的主要成果——教案及其分析 / 84

6.1 教案的主要内容 / 84
6.2 教案的基本形式 / 87
6.3 多媒体技术支持的教案 / 89
6.4 板书设计的艺术 / 91
6.5 "学案"设计 / 93

第7章 教学反思——保障不断改进的"课后备课" / 96

7.1 教学反思的动因与类型 / 96
7.2 教学反思的内容 / 98
7.3 教学反思的基本途径与策略 / 100
7.4 对教学反思的反思 / 101
7.5 课后备课与教学有效性 / 102

第8章 建立持续改进的机制——备课质量的评价 / 104

8.1 备课质量评价的意义与原则 / 104
8.2 备课评价的指标与标准 / 108
8.3 备课的基本评价内容 / 112
8.4 备课的评价方法与模式 / 115
8.5 备课质量评价工具的设计 / 117
8.6 备课评价的结果分析和资源利用 / 120

第9章 "以人为本"——备课与教师专业发展 / 123

9.1 改进备课是教师专业发展的新课题 / 124
9.2 备课改进与教师有层次的专业发展 / 127
9.3 教师的群体发展与备课的改进机制 / 131

学科备课分论

分论导言——改进各学科备课的若干建议 / 134

各学习领域学科备课指南 / 140

语言文学学习领域备课指南 / 140

中小学语文学科 / 140

备课要求 / 140
单元分析示例 / 143
教学设计借鉴 / 145

中小学英语学科 / 149

　　备课要求 / 149

　　单元分析示例 / 151

　　教学设计借鉴 / 152

数学学习领域备课指南 / 159

中小学数学学科 / 159

　　备课要求 / 159

　　单元分析示例 / 161

　　教学设计借鉴 / 165

社会人文学习领域备课指南 / 173

小学品德与社会学科 / 173

　　备课要求 / 173

　　单元分析示例 / 174

　　教学设计借鉴 / 177

中学思想品德与思想政治学科 / 180

　　备课要求 / 180

　　单元分析示例 / 182

　　教学设计借鉴 / 187

中学历史学科 / 189

　　备课要求 / 189

　　单元分析示例 / 192

　　教学设计借鉴 / 193

中学地理学科 / 195

　　备课要求 / 195

　　单元分析示例 / 198

　　教学设计借鉴 / 200

中学社会学科 / 203

　　备课要求 / 203

　　单元分析示例 / 204

　　教学设计借鉴 / 208

自然科学学习领域备课指南 / 210

小学自然学科 / 210

　　备课要求 / 210

　　单元分析示例 / 212

　　教学设计借鉴 / 214

中学物理学科 / 215
　　备课要求 / 215
　　单元分析示例 / 218
　　教学设计借鉴 / 220
中学化学学科 / 223
　　备课要求 / 223
　　单元分析示例 / 225
　　教学设计借鉴 / 227
中学生命科学学科 / 229
　　备课要求 / 229
　　单元分析示例 / 231
　　教学设计借鉴 / 233
中学科学学科 / 235
　　备课要求 / 235
　　单元分析示例 / 237
　　教学设计借鉴 / 241

艺术学习领域备课指南 / 243
　中小学音乐学科 / 243
　　备课要求 / 243
　　单元分析示例 / 245
　　教学设计借鉴 / 248
　中小学美术学科 / 253
　　备课要求 / 253
　　单元分析示例 / 255
　　教学设计借鉴 / 256
　中学艺术学科 / 260
　　备课要求 / 260
　　单元分析示例 / 263
　　教学设计借鉴 / 267

体育与健身学习领域备课指南 / 271
　中小学体育与健身学科 / 271
　　备课要求 / 271
　　单元分析示例 / 273
　　教学设计借鉴 / 275

技术学习领域备课指南 / 278

信息科学技术学科 / 278
　　备课要求 / 278
　　单元分析示例 / 280
　　教学设计借鉴 / 283
劳动技术（通用技术）学科 / 285
　　备课要求 / 285
　　单元分析示例 / 287
　　教学设计借鉴 / 288

幼儿教育备课指南 / 290
备课总述 / 290
　　主要问题 / 290
　　基本建议 / 291
生活活动 / 292
　　课程特点 / 292
　　备课要求 / 293
　　课例分析 / 294
　　案例借鉴 / 296
学习活动 / 298
　　课程特点 / 298
　　备课要求 / 299
　　课例分析 / 300
　　案例借鉴 / 306
游戏活动 / 309
　　课程特点 / 309
　　备课要点 / 310
　　课例分析 / 312
运动 / 314
　　课程特点 / 314
　　备课要求 / 315
　　课例分析 / 317
　　案例借鉴 / 318

后记 / 320
参考文献 / 322

总　　序

　　教师在所有教育教学改革中的关键作用毋庸置疑。正因为如此，各种各样旨在提升教师素质的教育理论、教师培养（培训）项目不断地被摆到中小学教师面前，令人感到颇有"地毯式轰炸"之势。然而有许多事实证明，如此那般的努力往往收效甚微：不堪教学压力的一线教师，又多了一重"消化"理念、知识的压力。即使教师们有心学习、追求发展，但外在的知识、理念却总让他们感到无法亲近，付诸实践更显困难。终于，在反思这样一种尴尬状况的过程中，教师教育界逐渐意识到，教师教育的基本方向需要改变：从以传输新知识、新理念为主向着力培养教师的实践智慧倾斜。

　　对于一线中小学教师而言，这应该是一种福音。然而，难题又接踵而至：实践智慧如何培养？如果我们沿袭原来的教学习性，仅仅告诉老师实践智慧的重要性、实践智慧的概念、原则等一堆关于实践智慧的"理论"，那么我们依然没有走出"知识传输"的怪圈，对教师成长的帮助也许还将收效甚微。更何况，当代教师已不习惯于"应该如此如此"的对话方式。因此，如何促进教师关于实践智慧的思考，而不是以"先知先觉"的姿态为他们提供一大堆应然性的理论，是帮助教师理解和发展实践智慧的关键所在。

　　教育理论研究者、教师教育研究者和实践者的作为空间究竟在哪里？可能需要重视这样两个层面：首先，丰富关注点，即在深化理论研究的同时，直面现实，深入教育实践，发现理论与实践的结合点；其次，推敲表达方式，以一线教师易于接受的话语系统，呈现理论与实践的关系方式，展示理论对实践的启发和实践对理论的印证。

　　作为以教师教育，尤其是在职中小学教师专业成长为重要服务领域的华东师范大学网络教育学院，在多年的实践中一直在鼓励这样一种取向，也见证了一些成功的尝试。为了进一步扶持这样一种努力和取向,让更多的一线老师获益,我们精心挑选了在远程教育实践中取得良好效果的课程,鼓励主讲教师进一步丰富成专门的教材。这些老师在主持网络课程时,收集了大量来自一线的案例与资源,这些课程生成性资源为这些书增添了生命力。我们希望这套"华东师范大学网络教育学院教师培训丛书"能实现如下两个基本功能:

一是呈现实践智慧。丛书作者均与中小学教学一线有着密切的联系:或者长期关注中小学教学实践,或者曾经从事中小学教学实践,或者目前依然耕耘于中小学教学一线。积极开展教育理论学习、研究的同时扎根于实践的信念和行为,使他们养成了对中小学教学实践的特别的敏感性。一个"平常"的教学细节、场景有着怎样的丰富意义?关于某个教学策略、原则或理念,在实践层面该如何落实?这样一些对于一线老师喜闻乐见的问题,丛书作者通常都有着独到的见解和丰富的经验。可以说,丛书里展示的正是弥足珍贵的实践智慧。

二是引发实践智慧。实践智慧有着鲜明的个体性、情境性,呈现的实践智慧并不一定能在教学实践现场原封不动地再现。但在旁观和思考这些呈现出来的实践智慧的过程中,我们能感悟到实践智慧的意义,发现教育教学实践现场的丰富性和创造空间。领域不同、话题多样的丛书,看似"散乱",但这也正是我们的用意之一:以事实说明,实践智慧的施展空间无处不在。我们提供的只是部分思考点,更多的切入点有待一线老师去挖掘。

辅助教师将教育学和学科教学中的"理论知识"与从现实的教育活动中产生的"实践智慧"相结合,使他们能够在教育现场发挥出最大的能量,这是我们的愿望和努力方向。但愿这套具有理论与实践"中介"性的丛书,能使一线教师获得真切的"实惠"。

在总结远程教师教育成功经验和推出相应精品资源之余,华东师范大学网络教育学院也致力于开辟教师培训新天地,譬如,教师远程研修基地的建立和发展,面对面体验式培训项目的开发……种种努力都是为了推动教师教育研究与实践领域的发展。我们期待着与您分享更多的经验与思考。

祝智庭
2007 年 11 月

前　言

备课是教师最基本的教研工作,备课能力是一个教师最基本的业务能力,这是不言而喻的道理。但是,在知识转型和教育改革背景下,新课程全面推出后的今天,教师的这个能力遭遇到了时代的挑战,如何备课变成了一个新的研究命题。

为适应新课程的全面推广,上海曾经进行过抽样调研,发现学校在日常教研活动中所占时间较多的前三个选项分别是:说课、听课和评课;讨论实际教学中遇到的疑难问题;教材分析。这三个选项都与课堂教学实际问题有着直接关系。而后三个选项依次是:学习课改方案与课程标准、教学设计、例行备课。这三项活动是为了解决教学的实际问题做准备的。调研报告说"讨论日常教学中的疑难问题"和"教学设计",在教研活动中安排得较多,但是效果与教师的需求之间还有一定差距。同时,"教材分析"的时间占用比与教师的需求程度有差距,而且满意程度也相对低。新课程实施中,教师如何"吃透"教材,合理地组织运用教材是很重要的,与课堂教学有着密切关系。"例行备课"、"统一进度"、"考试分析"和"上情下达"在教研活动中占一定的时间量,开展状况是教师比较满意,但需求程度却相对低下。此外,教师对"专题研讨"、"课题研究"和"命题研究"也有一定需求,但是这三者在教研活动中安排的时间比较少。有的教师谈到"课题研究"和"专题研讨"在学校教研活动中所占时间很少,但是一旦安排和组织了,教师参与了,就会有所收获,也会比较满意。

另外,承担"专业引领"任务的教研员,他们现有的指导方式与教师需求的指导方式之间还有比较显著的差异。主要表现在:

(1)"听课评课后依据经验给予教法上的指导",与课堂教学实际直接相关,也是教研员目前对学校进行指导时采用的主要方式,但超过了教师的实际需要。

(2)"作为合作伙伴一起备课、听课、评课再改进"是一种有深度的指导,是和教师的行为跟进联系在一起的,也是教师希望的指导方式,但是教研员采用的不多。

(3)"组织教学观摩评比"是教研员采用得比较多的方式,但教师对此需求低。座谈会中,教师谈到,单纯的观摩评比表演的成分多,对教学实践指导少,实际帮助不大。

(4)现实中教研员"组织专家对教学问题的多方会诊"比较少,但是教师的需求多。

教师为什么很需要"作为合作伙伴一起备课、听课、评课再改进"的方式,还希望教研员请些专家来对所存在的问题"多方会诊"?而对"例行备课"等认为并不解决问题?这正说明情况是在发生很大的变化的。原先以为一个教师必须具备的教学基本功,如教学设计(备课)和教学反思,现在因为面临新课程而变成了一种困难。可见,教师对教研员关于备课等教师行为"深度介入"、"提早介入"的这类需求,应该足以引起我们的重视。为此,笔者曾写了一篇《供需失衡,教研指导方式面临新挑战》,作为对新课程背景下教研资源需求走向的一个认识,发表在《现代教学》第209期上。

但是,教研员的队伍人数有限,要对全体教师开展关于备课与教研的面对面指导是有困难的,也是不现实的。华东师大网络教育学院要我们教研室来承担"如何备课"的培训课程建设,借助网络信息平台,让全体教师及时得到这类教研资源,并通过互动的方式经常沟通,对教师专业发展与备课水平的提高,是很有现实意义的。我们感到这是一件好事,尽管能力有限,不一定写得很合教师的"口味",但基于上述认识,还是很乐于承担,并尽我们的水平,努力完成好。

赵才欣
于上海市教委教研室

备课总论

第1章 在新课程背景下——重新认识备课

[章首引言]

基于新课程的备课要求是当前我们需要落实的任务,但是新要求是从备课基本规范发展来的。本章旨在阐明规范的备课过渡到改进备课的一般依据和要求。

《礼记·中庸》有言:"凡事预则立,不预则废。"任何一件事的成就,基于认真的准备和周密的计划。否则,尽管你忙忙碌碌,可能大多是盲目行动,难以成事。上课也是如此,必须要有预先的备课。

所谓备课,其实有狭义和广义的两种含义。"狭义备课"是指教师认真研究一定的教学内容和所面对的学生实际,确立科学的教学目标,并考虑采取哪些相应的方法,运用相应的资源,引导学生达成目标(知识、技能、方法、情感、态度等),目的是上好具体的一个单元或者一堂课。这种"备课"也叫"课前准备"。而"广义备课"是指教师不断地学习,不断更新专业知识、增加文化积累,不断总结与反思教学经验,通过增加专业储备,体现"终生备课"理念,目的是上好所有的课。"广义备课"是一个教师终生发展的岗位职责和行为追求,是职业发展的一种研修任务。图1-1是关于这个认识的示意。本书所论述的备课,主要是指"狭义备课",同时也涉及"广义备课"的一些问题。

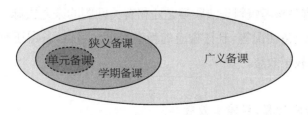

图1-1 备课的涵义

备课活动是教师最基本的教研工作,也是教研组尤其是备课组最基本的教研活动。它要求教师根据新课程理念,在落实学生主体学习地位上下功夫,在促进每一个学生自主学习上下功夫,在培养学生合作与探究学习上下功夫,在充分调动每位学生的学习积极性上下功夫,在防止学生的学习活动流于形式、切实提高课堂效益上下功夫。因此,大家都要认识到:教师备课活动已经升华为教师教学研究的一个重要内容,研究并改进备课已成为当前优化课堂教学的一个基础任务。

1.1 备课的重要意义

备课的实质是教师对自己学科思想的阐释,对学科知识体系的梳理,更是对教学活动的组织过程及其所涉及的内容、时间和空间结构的规范和优化过程。这是一个循环往复、逐步发展提高的过程。对一个教师而言,备课是上课的基础;对一门学科而言,备课是保障教学质量的基础。所以,抓好备课具有十分重要的意义。

1.1.1 确立教学计划,便于统揽全局

教学计划具有阶段性和周期性,它对应的基本单位是学期。所以,备课首先是确立学期的学科教学计划,这就是所谓"学期备课"。而正是这种"学期备课"即教学计划的研究,使一门学科在一个教育阶段的基本任务和主要目标清晰化,对教学节奏和教学进度进行总体性的统筹,对教学任务在一个学期的开始、中期和后期之间进行合理的分配,对必须安排的大的教学活动,如复习、考试测验、讲评等制订一个科学的"行事历"。这对各个单元的教学是一个全局的统揽,是开展单元或每一课时备课的基础。可见,备好课首先有利于整个学期学科教学活动的合理布局和效益提升。

1.1.2 熟悉教学对象,明确教学目标

备课的主要任务是根据课程标准,将特定教学内容有效传递给特定的学生。所以,教学内容和学生既是备课活动中的研究对象,也是课堂教学的两个基本对象。通过备课,可以对这两个教学对象开展比较深入的研究,并达到比较熟悉的程度,从而为科学制订教学目标奠定基础。对教学内容的研究,包括钻研课程标准、教材和教学参考书,以了解本门课程的教学目的、任务和要求,尤其是了解教材的结构体系及其与前后课程内容的关系,明确教材的重点、难点,并借助有关参考资料理清疑难之处和有关问题的来龙去脉。在此基础上根据课时安排、学生情况和设备情况等,制订相应的教学目标。可见,备课还有利于正确地认识教学的基本方向,体现教学效益。

1.1.3 设计教学过程,保障有效教学

备课的具体工作主要就是体现在对教学过程的设计上。教学过程涉及诸多的教学要素,主要是教材、学生和教师自己,还有教学的环境,备课设施、设备和情景等方面。要将这些教学要素有机地组合为一个整体,而且是动态的有机整体,就有了教学效益的基础。教学过程的设计需要考虑的具体任务,主要是将上述诸教学要素进行纵、横两个方向的合理联接,纵向是从教学导入、新课内容和要求的逐步展开、知识与技能的练习巩固,到教学小结等连为衔接顺畅的一个流程。横向是围绕一定的内容主题,将学生的学习活动、教师的教学活

动、教学媒体和教学情境等有机地牵为同步的、立体的互动性发展体。这样,就基本保障了课堂教学的有效性。

1.1.4 克服紧张心理,增强教学信心

一个教师进入课堂的心情,直接决定了他(她)的发挥水平,更是影响一堂课教学质量的重要因素。事实表明,教师心情或心境源于其对将要完成的工作任务的把握度。备好了课,并且对教学内容与要求、教学资源结构、运用的方法、启发学生学习的基本思路等方面,都能够基本做到"胸有成竹"、"心中有底",教师的心理就会比较放松,教学中就容易发挥出应有的能力水平。所以,备课是为教师的心理增强底气和信心。

1.2 指导备课的主要理论

怎样备课?首先是需要有一定理论的引领。一堂好课,一堂成功的课,有意无意间一定是符合了科学原理的课。有了相应理论的指导,就能够克服上课结果的偶然性。而其逻辑的起点,是基于符合教育原理的备课活动。同时,不可否认,我们的备课活动中还存在一定的认识误区和行为误区,这里有职业道德的问题,也有理论指导的缺乏问题,所以,备课很需要借助职业伦理和科学理论的正确引导。

1.2.1 当前有关备课的几个误区及纠偏思路

根据有关的调研反映,关于备课的误区主要有以下几点:

其一:对现成教案的"拷贝"

当前,还有不少教师把备课想象得比较简单,认为相同的教学内容,只要有现成的教案就可以借用。所以备课时,"拷贝"现成的教案。这样的行为,其实是不重视备课,不重视教法的研究,不重视教学效益,教学有效度自然就难以保证。

其二:应付检查,搞"形式主义"

不少教师为应付领导的备课检查,想在教案中迎合检查的要求,体现一下课改的精神和新课程的理念,表面化地搞些新名词,如将"教案"改成"学案",把以往的教学过程分解为教师活动和学生活动,但并没有教后反思、二次备课等备课要求,名为改革备课,其实只是一种形式。

其三:借"集体备课",制作"同构教案"

不少教师热衷表面化的集体备课,将这种备课看成分工写教案、互相"借鉴、共享"。有一则信息,某校的教学展示活动中,有五位教师上同一内容的课,观察到的都是同一模式的教学过程:教学导入、知识点的过渡、问题讨论、演示、小结与作业布置,都是一样的。并说明这是集体备课的"成果"。他们将集体备课后的"成果"原封不动地搬进自己的课堂,照本宣科,而没有结合或针对学生的实际。这般"集体备课",其实是"投机取巧"。

其四:教案成了搜索网上资源后的"拼盘资料"

信息时代,给教师提供了丰富的网络资源,有些教师就利用网络的优势,实现了"轻松备课"。往往是从网上下载与自己备课内容相关的教案,不加取舍地变成自己的教案,全然不顾内容是否切合自己教学实际的需要。

这些误区是需要纠正的。首先是职业道德。根据备课要求,在分析教学内容、学生基础的前提下,认真备课编写教案,履行一个教师的职责任务,是一个教师的基本岗位道德,我们不能借课改之名,丧失这种起码的职业道德。其次是业务素养。一个教师是需要学习优秀教师的经验,有一个"模仿"发展的阶段,但从根本上说,这仅仅是入门,真正要成为一个合格的教师,必须自我分析,注意扬长避短,有个性地发展,争取有一定的特长,在业务上尽快成为教学骨干。而备课是这个要求的反映,骨干教师都是从认真备课起步的。如何备课? 这就需要学习,借一些相应的理论来指导。

1.2.2 关于备课的指导理论

主要有四个方面的理论,对备课是有直接的指导意义的。

(1) 课程理论,包括儿童中心论、学科中心论、社会中心论等

课程论是以课程为研究对象的一门学科,影响当前课程建构的理论主要有如下三个。

儿童中心论是主张让学生在社会生活的实践中,亲身观察知识的表现和体验其形成过程,主张在"行—知"的流程中学习的。杜威和陶行知等教育家,是这个理论的创导者和实践者。其长处是照顾到不同学生的不同基础与需要,支持个性发展,使其体验知识概念的形成过程。缺点是知识缺乏系统,在有限时间内掌握的知识也有限。

学科中心论是主张让学生学习并承继前人的文化为主,将这些文化遗产分门别类地进行学科化的构建,知识结构完整、知识系统规范。我们一般学习的就是在这个理论指导下编制的课程。其长处和缺点正好和儿童中心论形成对照。

社会中心论是主张让学生学习社会直接可用的知识,或能为社会直接服务。所以,它既反对知识学科化,也反对知识个性化。"学以致用"就是其长处。

用这些理论的长处,来改进备课,还是具有一定价值的。

(2) 从教学论到学科教育学,包括教学流程、教学要素、学科教育功能等

首先需要考察备课的对象因素。图1-2反映的是学校教研工作的基本对象,其中备课是工作形态之首,也是教学论最基本的研究对象,反过来,教学流程和教学要素是备课中必须关注的对象。所以,备课必须借教学论来规范与提升其质量、水平。

学科教育学是"以学校的学科教学实践为中心,专门研究与之相关的教育现象的一门科学",或者是"研究学校各门学科的本质、目标、内容、方法的一门科学"[①]。在研究和认清学科本质、目标和方法等方面,备课工作的改进需要结合与利用学科教育学的有关成果。

---

① 钟启泉编译:《现代学科教育学论析》,陕西人民教育出版社1993年。

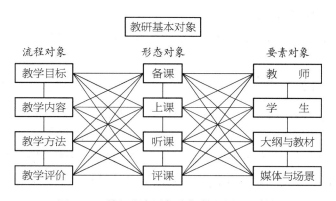

图 1-2 教研基本对象的集合(系统)示意图

(3) 学习理论,包括行为主义、认知主义、建构主义等

这是教育心理研究理论的成果在学习领域的反映。在上个世纪,这些理论影响了整个基础教育的教学研究。

行为主义的核心概念被简化为"刺激—反应(S-R)"联结,桑代克是这个理论的开创者,后经过华生、斯金纳等发展。其意义在于重视对学生学习行为和习惯的规范培养,是实现有效学习的一个基础。

认知主义理论的核心是促进学生的学习发展,皮亚杰是这个理论的开创者,后经过加涅、布鲁纳、奥苏伯尔等学者的完善与发展。其意义在于注意激发学生的学习动机,开展主动发现的、有意义的学习。这些对教学设计和备课都有着较好的启示。

建构主义理论主要是在认知主义的理论基础上发展而成。建构主义学习理论认为,"情境"、"协作"、"会话"和"意义建构"是学习环境中的四大要素。通过探索到发现,是其知识获得的基本途径。可以说,建构主义是当前影响教学模式改革的最重要的理论,当然也是影响并在一定意义上指导当前备课的主要理论。

(4) 方法论与策略论

方法和策略是从哲学层面对备课工作的理论指导。方法论的学习借鉴可以使教师的备课具有效益性,尤其是关于"比较法"、"顺序法"、"联系法"、"组合法"等一系列通性的方法论,是对备好课的很有效的指导。策略论则是在方法论的基础上,为实施备课的具体设想作弹性的指导。在此后的具体章节中,对方法与策略问题将会作比较深入的探讨,故这里仅就其总体的意义作一些提要式的概述。

1.3 备课与教学设计

教学设计是备课的主要工作和成果物化经历。根据北京师范大学教育技术学博士杨开城与李文光的描述,"教学设计是运用系统方法分析教学问题和确定教学目标,建立解决教学问题的策略方案、试行解决方案、评价试行结果和对方案进行修改的过程。"

1.3.1 教学设计的基本内容

对教学设计比较有研究的加涅与布里格斯认为,教学设计应具备几个前提条件或者基本假设:

第一,必须为个体而设计。这个观念与孔子的"因材施教"观念一致,可以说,在他们眼里,必须重视学生的个体差异才能实现教育的效果和目的。这就为在老师控制之下的学生的被动学习转化为学生富有个性化的自主学习提供了理论上的保障。

第二,设计应当包括短期和长期的阶段。这是强调教学设计不是一次具体的教学过程的思考和实施,而是作为一个系统存在着。教育是一项具有超越性特点的事业,因此,教育虽然一定是特定的社会形态下的教育思想、行为等相关因素的综合,但教育却不能仅仅是社会形态的附属品,教育的目的和效果还要遵循教育自身的规律,教育在维持社会良性运转的同时还要善于批判社会现有的秩序,要使社会在肯定和否定的双向运动中获得发展的可能。这样,教学设计实质上就是理想的教育目的能否得以实现的一个重要的步骤,因此要保证教学设计的眼前设计和未来设计的结合。

第三,设计应当实质性地影响个体发展。教学设计不是把学生当作一个没有差别的被动接受知识的群体或者整体,相反,教学设计要为个体的发展创造良好的、公平的环境,从而使每一个学生获得完成自我发展的基础。

第四,设计必须以系统的方式进行,并且要建立在关于人们如何学习的知识的基础上。加涅认为人的学习是包括不同层级的,不同类型学习的内部和外部条件是不同的。加涅的教学设计理论正是基于其"学习层级说"的,教学设计的目的就是为不同学习结果或能力的产生提供最佳学习条件。加涅和布里格斯的教学设计原理影响深远。

一个比较完整的教学设计以及设计过程,大致包括以下几项:

教学目标的制订:主要是根据课程标准的精神,针对教学内容和学生实际,注意从素质全面培养的角度入手,制订相应的教学目标。

教学资源的利用:最基本的资源是教材,包括教科书和练习册等;另外是教学用具、教学课件、补充资料等的选择利用,有些则需要根据自己的理解与能力开发。

教学环境的设想:主要是指设施配套与教学氛围的创设,要注意根据学校的条件,设法充分利用。

教学方式的设计:或者是教学模式的运用,需要根据教学内容的特点、学生的基础特点、教师本身的特长,以及资源环境的允许,来设计相应的教学方式。

教学过程的设计:一般要根据教学内容的知识结构、难易程度及其序列,加之学生认知规律,来设计教学流程。其中比较重要的是要关注师生之间的互动。

教学活动的设计:这里主要是指具体的教学活动项目与学习任务的设计。一个比较有效的新思路是,以问题带出一点点活动,就使活动增加了一些探究,这是新课程所提倡的。

教学评价的设计:评价的诊断功能和启发功能都需要发挥,所以教学评价设计可以包括作为评价依据的作业系统设计,以及对学生反馈的设想等。

1.3.2 备课与教学设计的关系

从备课角度看教学设计,主要有两个关键点:一是具体的教学对象与要求;二是对具体教学的系统设计。但这两点都必须建立在备课中的分析基础上。也就是说,教学设计一般是备课的一个组成部分(见图1-3)。备课过程中,对教学内容、学生基础、资源环境的分析是基础工作,在此基础上,教学设计就有了依据。教学设计主要就是围绕上述的几个分析进行,以教案的形式来体现教学设计的结果。而备课可能还需要根据以往教学设计实施的情况进行反思性总结,以进一步优化教学设计。

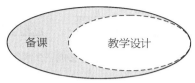

图1-3 备课与教学设计关系

对于教学设计实施以后的备课,即所谓"后备课",可以从方法的层面来进行一些归纳性研究。如:

教学目标的反思及其问题研究。考察教学设计中的目标设计与达成之间是否存在问题,对问题进行分析,研究改进的基本策略。

学习问题的诊断及其原因研究。教学设计中的学习问题,在实际实施中是否有效,对所存在的问题及其原因进行分析,确定改进的基本要求。

学习行为的分析及其问题研究。如果教学设计时对学生的基础分析不到位,或者学生的情况发生了变化,学生学习行为出乎意料,就有必要进行相应的研究。

学习环境的分析及其问题研究。包括设施设备和创设的其他教学情景,是否达到了预期的效果,如果存在问题,也同样需要分析研究。

1.4 改进备课的几个基本视角

这是从新课程的理念背景所提出的备课新视角。主要有以下几点:

1.4.1 让教学重心由教向学转移

关于"教学",可以有两个涵义:一个是"教"(teaching),一般是《教学论》中的传统概念;另一个是"教与学"(teaching & learning)。我们这里采用后一个涵义来进行讨论,所以引出了这个话题:重心由"教"向"学"的转移问题。

有一种意见是:对教师而言,应该强调"以学生发展为本",关注于"学";对领导而言(包括学校领导和教研人员),应该强调"以教师发展为本",关注于"教"。正面理解这个认识意见,就是通过发展教师的业务能力来达到发展学生素质的目的,是不同角色的关注点不同而已,目标是相同的。但这个认识意见容易给人造成的误解还是不少的。一个是教与学在概念上的"二元论",而其实在课堂教学中,教就是为了学,学受教所指导,两者是联系着的两个方面;另一个是教与学在行为上的"分离论",事实上,教学两个方面不是两条轨道,而是一个互相牵制的整体:教的行为及其变化是随着学的反应而决定的,所以,教与学是个统一的系统。

这里说的"重心转移"至少应该包括下面三个方面：

图1-4 教学重心下移的三个涵义

一是重心由教师转向学生。课堂教学的两个行为主体(从不同的视角考察)就是教师与学生。我们习惯于下这样的判断：课堂教学的质量取决于教师，教师是关键，是关注的重点，于是，教师的行为与能力一直是我们研究的重点、观察的重点，所有的教学展示或评比，也同样只关注于教师这一主体，研究的主要是教师的专业素养及其提高。我们不能说这是不对的，也不是说现在不需要关注教师，但在对新课程"以学生发展为本"理念做分析的基础上，应该明确的是，在教学系统当中，教师仅是服务者、指导者，学生才应该是真正的受益者和教学质量或结果的体现者。所以衡量一个好教师或者称职教师的标准，是能否使学生按培养目标要求得到发展。教师应该以学生为标杆来进行备课，才能符合新课程的要求。

二是重心由教材转向学材。在当前的课堂教学基本要素中，教学内容尤其是教材的地位很重要，因为我们的教师依靠教材实施教学是十分普遍的现实。怎样处理教材比较符合现代教学的要求？一个关键的着眼点或者基本思路，是设法将教材化为"学材"，化为学生可以学懂知识、学会学习的"学程"书本(非"教程"书本)。要达到这方面的要求，就需要对教材作"二度开发"，但这并不是简单地对教材做"加法"，增加学生的学习内容，而主要是将教材原有知识转变成学生能够实践体验的学习任务，更多地体现为学生自主学习、合作学习的指导书特征，这也是备课的新视角。

三是重心由教法转向学法。这是指对教学之方法的研究重心需要转移，教法应该服务于学法，教法研究应该服务于学法研究。近期所谓的教学方法及其研究，事实上已经不局限于仅对"教"(teaching)的方法及其研究，而往往涉及教与学的双向关系研究，尤其是世纪之交取得的"学习论"研究成果，更推动了大家对这个问题进行研究的积极性。从"学习心理"规律出发，对学习过程与方法的认识，已经在行为主义、认知主义基础上产生了建构主义、多元智能等理论。学习方式也由此更加丰富多彩，在原有"接受学习"、"发现学习"等学习方式基础上，产生诸如"研究性学习"、"体验性学习"、"反思性学习"、"合作学习"等学习方式。这些研究的结果，为课堂教学方法改革带来了新鲜的活力，需要在备课中加以体现。

1.4.2 注意"教"与"学"的互动

生动的课堂教学的另一个标志，就是大力提倡的互动教学，或者称为教学互动。由于其具有调动学生学习积极性的良好效果，能较好体现新课程精神，最终的教学效果也比较令人满意。为此，以"互动"作为课堂教学的设计思想正在成为一个新的关注重点。

对照课堂观察的归纳，一堂体现"互动"特征的教学课，一般可有多种层次的表现，按其互动的程度，大致有"讲解(陈述)"、"启发(自问自答)"、"启发(师问生答)"、"自主(生问师答)"、"谈话(师生对话)"、"课堂讨论(多向)"、"探究性活动"等。讲解方法在体现互动性上最差,而探究活动的互动性最强。目前影响课堂教学方法改革的关节点或困惑点,是在从"师问生答"式的启发课,到"生问师答"的启发课之间,似乎有一个难以突破的瓶颈,关键是学生的问题意识与提问能力有待培养和提高。

下面一组示意图,形象地反映了课堂教学互动不同形式的差异。

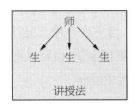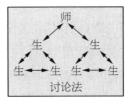

图1-5 课堂互动的示意

应该说,一些传统的教学方法,只要经过再设计与改造,是能够体现由"教"为主向"教"与"学"互动转化的要求的。我们暂且列举由"阅读"、"问答"、"演示"、"实验"等较传统的教法出发,分别作一定的改进处理,来体现教学互动的案例,试作分析。如:

师生轮读——感悟能力。善于朗读,善于在朗读中用投入的情感来启发学生对课文理解的教师,采取与学生合作的"轮读"比之于自己"领读"更能够感染学生,更能够提高学生对课文内容的感悟。有一个教学案例(选自"上海远程教育网"的课例资源库)是五年级的《开国大典》一课,该教师进行朗读教学时,就是用"老师读,同学不读;老师停下来,同学们接上去读"的方式,互动性阅读使学生深受教师情感的影响,对课文内容的理解更到位,教学效果更好。

多向对话——听说能力。这是对一般讲解或问答法的改进。改进的基本策略就是将话语权还给学生,实现师生之间、生生之间多向对话,形式上的"互动"和教学民主,是更有意义的对学生学习能力的培养。对话形式注重培养学生的听与说的能力。所谓听的能力,其实是能够将对方的话经过自己理解后,用更简要的话概括出来。说的能力,表现在对自己的观点或依据能简明地表达出来。对话中学生听与说的练习,是综合素质培养的一个重要途径,需要落实在备课中。

共同演示——观察实践能力。这是教师教学演示方法的改进。演示教学变教师一人操作为教师与学生共同操作,这是一种进步。教师一人独立的演示中(包括实验演示和内容动态化的演示),学生只是被动地观察,至于观察的效果,如是否观察了,是否观察清楚,观察到多少,等等,教师基本无从知道,教学目标的达成也不明确。而学生参与了演示就能够改善这些现象,同样作为一项任务的责任人,对其中的问题能够通过亲身所为而了解,实践能力也会因此得到培养。

小组实验——合作探究能力。这是对独立型实验(曾经提倡的"一人一桌"实验)方法的改进。小组实验形式是体现从师生互动到生生互动的一个途径。当今科技发展,个人"包打天下"式的研究(包括实验)已经基本不存在了。团队合作的研究是新的形式,需要在我们的实验教学中倡导。不同学生在小组合作实验中有角色的分工,也可以有角色的轮换,使学生既有一个角色的实践体验,更有多个角色的实践体验,这样做就能够反映科学发现需要多次反复的探究，领悟科学方法，提高科学精神，也会较好地实现合作的功能，以及较好地培养个人对于集体的责任。这些都需要在备课中加以贯彻。

1.4.3 "预设"要为"生成"留有余地

备课要注意为上课的不确定性留有一定余地，这是具有"教学策略"以及"教学机智"的教学思想。从"教学策略"上看，主要是在备课时先预设几种可能情况，当出现一种情况时有一定的相应策略应对；从"教学机智"上看，主要是在备课时就要注意根据学情，设计具有一定弹性化的教学方案，来响应课堂教学中师生与生生之间有效互动的生成过程。

为"生成"留余地的弹性化备课，要着眼于教学的多个要素，包括教学目标、内容、方法、练习以及评价等。例如设定教学目标，就不仅是局限于知识与技能，还应该涉及过程与方法、情感态度和价值观等维度；目标应该有弹性，要尊重学生之间的差异，体现"上可不封顶、下要保底线，要求有层次、对象不固定"的原则，使不同学生都有相应努力的目标，而且可以动态调整。还比如教学实施过程设计，要注意为学生的主动参与留下时间和空间；练习作业的设计，也要为教学中的动态生成创造条件。

1.5 有效备课的原则与基础

当前备课存在的主要问题之一，是在研究课堂教学基本要素的科学性方面，所以要改进备课，也需要在这些问题上下功夫。

1.5.1 加强对教材的科学分析

对教材的有效研究应该关注什么？我认为必须要从教材的编制思想研究开始。教材隐含着相应的教育功能，使用者就需要将这些思想要素予以挖掘，融会贯通，方能将其教育效益发挥出来。一般而言，教材所具有的教育功能有三个方面。一是教育价值。它是多方面的，体现在德、智、体、美诸方面。在此我们更关注的是教材对学生成为社会一员的以品行道德为核心的人格素质培养方面的功能，或者通俗地称育人功能。二是知识序列。教材具有对知识"结构化"和学习"指导性"的功能。所以，一本通过审查可以进入课堂教学的教材不会只是许多"信息源"或"知识元"的简单堆积体，内部的结构形态也不会杂乱无章，而是能够体现学科知识的呈现规律和学生认知发展规律的范本。我们需要对教材这种特点予以充分认识，发挥好其原本就具有的功能。三是核心知识。是指在一个单元中必须掌握的核心概念、重点基础知识和基本原理等。在进行教学设计时，核心知识就是一般被认为属于教材中的"重点"和"难点"，即教学中必须要落实的基础知识与重要概念。

1.5.2 做好对学情的客观分析

对学生整体基础和学生的差异性分析，是学情分析的重点。学生的基础主要是指学力的基础,包括知识技能、学习习惯与方法、学习态度与学习动力等方面。从学生的整体基础类型上看,就可以着眼于上述三个方面的理想程度,分出不同组合的不同类型。如:知识技能掌握较好、习惯方法一般、学习动力却不足的这一类学生,需要在备课时着重在如何培养良好方法与态度方面加大研究,采取措施。同时学生群体内部的差异性,需要认真分析研究。有人将学生群体的平均水平和差异程度,各分三个等级,组合成九种类型,这不仅是分析学生学习质量的办法,也可作为备课活动中对学情进行分析的基本思路。

1.5.3 认识自我的长处与不足

教师的教学基本功和专业特长,往往是影响教学效果与教师能力发挥的主要因素。备课中教师需要进行自我分析,注意扬长避短(专业发展需要取长补短),培养自己的教学风格。教学基本功主要有两个大的方面:一是基础知识,一是基本技能。前者包括学科专业知识和教学理论知识等;后者包括常规教学技能(如板书、语言)和现代信息技术等。在备课时,教师需要注意发挥自己的长处来设计教学过程,组织教学资源。所以,从这个角度来说,一个负责的教师,是不能照抄别人的教学设计或简单地从网络上下载一个教案来替代备课的,而需要在自我分析的基础上自己编写教学设计,才具有"有效教学"的基础。

1.5.4 对教学资源的有效准备

包括一般的教学辅助设备与资料和基于信息技术的教学资源。教学辅助设备与资料是相联系的,对于教师的备课而言,一是需要根据设备条件来准备能够展示或演示的资料;二是所准备的资料必须切合教学内容与学生实际,关键是要体现有需要、简洁、明了、看得懂、有启发性。要利用信息技术展示或演示的教学资源,一般以课件的形式呈现,同样需要符合"必要性"、"适切性"和"科学性"的基本要求。有这样的要求,才能体现其有效性。

1.6 针对教学环节的基本备课要求

设计好教案,是备课的基本任务,也是备课的物化成果,以及教学的基本依据。根据当前实际情况,重点需要把握如下几点:

1.6.1 教学目标的制订

制订教学目标要把握三点:第一,根据课程标准对学生学习的要求,注意从"知识与技能、过程与方法、情感态度与价值观"三个维度来整体把握,要突出伴随学习过程与学习内容相应的能力培养、思维方法和情感教育等方面的要求。这是教学目标的整体性。第二,要针对不同的教学内容及其具体要求,注意结合具体的单元结构和学习内容制订目标;教学目标制订还要针对学生的实际,从学生的知识基础和认知规律着眼,能让学生在努力前提下基本达成;还要联系不同的课型的特点,如在内容上有新授课和复习课的不同,在形式上有知识分析课和实验探究课的不同,在学习要求上有听说练习为主和写作练习为主的不同;使教学目标体现对学生的引导性,与学习内容和方式要求的匹配性。这是教学目标的有效性。第三,要根据学习内容的特点和学生的差异制订不同层次的目标要求。注意对不同层次教学目标要求的正确表述,使用"知道"、"理解"、"掌握"等具有可评价性的行为词,照顾不同学生的基础,明确不同程度和方向的学习要求,以便教学过程中的有效落实,并引导学生的素质在不同基础上都有一定发展。这是教学目标的层次性。

【案例 1-1】 关于"城市化过程"的教学目标

1. 掌握世界城市化过程的基本特点,了解这些特点的具体表现和主要原因;能正确阅读"长江三角洲城市分布图",初步分析该地域特征与其经济地位的关系。

2. 学会分析城市数目变化统计图和长江三角洲经济数据地位表上反映的知识;能联系本地城市化情况解释当地土地利用结构的变化。

3. 能自觉参与社会实践,对城市化现象开展调查了解的活动;乐于和同伴一起交流对城市问题等方面的感受或见解;能够对城市环境、交通等问题提出一些如何解决的个人建议。

——请考察这个教学目标,是否符合上述要求?

1.6.2 教学内容的处理

教学内容的处理主要有两条:一要用好教材。要根据课程标准认真钻研教材,把握住各学科教材的主要线索,处理教学内容就要从学科特点出发,注意符合认知规律,体现"抓住主线、突出重点、分散难点、安排有序"的指导思路,帮助全体学生在有限时间内掌握最基本的知识与方法;还应该联系学生与学校实际对教材作合适的选择与调整,包括学生的不同知识基础和生活经验,使教材的主题呈现与结构次序能适应不同学校的实际和不同层次学生的学习需要。二要丰富教材。要联系学生基础补充鲜活的教学内容,如针对学生的生活经验,选取一些学生能了解的社会知识充实课堂教学内容,培养学生理论知识与社会实际相联系的思想方法,正确处理知识的"预设性"和"生成性"的关系,使课堂教学的内容能够体现鲜活和生动的特点。

【案例 1-2】 音乐学科"心灵的呼唤"的内容安排

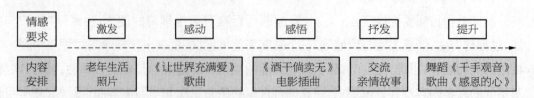

——请分析:补充的内容对教学要求的作用。

1.6.3 教学过程的优化

教学过程的设计要以提高学生的学习能力为核心目标,调动学生学习的主动性和积极性,动员学生参与到课堂活动中。教学媒体选择和教学环境创设要有利于激发学生的学习欲望和对学习问题的解决。教学小结要帮助学生对知识的结构化理解,掌握知识应用的基本方法与技能。同时,还需要突出三个重点:一,要以"学生发展为本"为理念,注意精心设计学习问题,培养学生的质疑能力、问题解决能力,以及创新精神和实践能力;问题的设计要站在学生的角度提出,符合学生"最近发展区",优化问题质量,尽量层层埋疑,步步解惑,在"问"和"答"中促使学生积极思维。二,注意加强师生之间、生生之间的交流和互动,体现教学民主,营造和谐课堂;要照顾到不同学生的学习基础,注意激发学习兴趣,引发认知冲突,可组织讨论等学习活动,体现教师主导性和学生主体性的有效发挥。三,教师要根据教学内容与要求,正确地运用相应的教具帮助教学,努力使抽象概念直观形象;要注意教学实施与信息技术的有机整合,充分利用多媒体和信息技术,增强教学的艺术感染力,努力改革和创新教学模式,提高课堂教学效率。

【案例1-3】 关于"蒙太奇与写作"的过程设计
(1) 体验环节——观看《阿甘正传》和《向日葵》的片头;
(2) 解读环节——解释"什么叫蒙太奇";
(3) 再体验环节——观看《手提琴》片段和《向日葵》的结尾;
(4) 归纳环节——"蒙太奇"的类型和功能;
(5) 巩固环节——用所给材料,按蒙太奇要求做练习。
——请比较:这个体现"建构主义"的设计相对于传统设计有何突破?

1.6.4 巩固练习的设计

作业练习的有效性是当前课堂教学的一个薄弱环节,要作为备课中的一个难点来探索。要创新作业练习的设计思路,逐步改变以知识概念记忆、再现、模仿或重复等传统性的作业面貌。作业练习要鼓励学生进行探究,包括能针对所提供的情景提出有探究意义的问题或者猜想,针对情景的项目任务设计,对一定信息作出合理解释等;要设计开放性作业、实践体验性作业和合作学习式作业等。作业形式要多样化,包括纸笔作业、口语交际作业、综合实践作业、实验操作作业、小组合作作业、个性化作业、表现性作业等;作业的设计要做到有计划、有针对性,要使学生练得精、练得巧、练到点子上,要通过"变式"练习,沟通知识间的内在联系,发展学生的思维能力,达到以点带面,举一反三,触类旁通的目的。作业应该考虑学生基础与发展的客观差异,设计作业应该体现层次性,为不同学生提供不同水平的作业,支持学生在不同的层面上巩固知识。

【案例 1-4】 闭卷作业和开卷作业的差异

闭卷作业	开卷作业
下列成语中没有错别字的一项是（　　） 　A 胸有成竹　莫不关心 　B 喜出忘外　络绎不绝 　C 变幻莫测　郑重其事 　D 成群结队　言简意该 ——考查认清字形、分辨同音字的误用。	室内有两块同样的冰，一块用毛巾包起来，另一块直接暴露在空气中。你认为哪一块溶化得会更快？理由是什么？ ——用科学知识和经验对自己的预测做出合理的解释。

——请解释：这两种作业在考察学生素养功能上的差异。

1.6.5 反馈辅导的设想

应该加强关于复习课的备课研究，注意对学生学习情况的反馈和辅导的有效设计。首先要设计好作业讲评课，注重对作业的科学讲评，回应学生的期待，既有客观的评价，还要对作业存在的问题或不足作深入分析与指导，注意分层要求，分类指导，做到讲解清晰、切合逻辑，分析学生也反思教师自己。对学生课堂学习行为要实施科学评价，注意充分肯定学生多方面不同程度的提高和进步，激励和引导学生改进学习、增强信心、提高效益。

【案例 1-5】 经验之谈：关于个别辅导的基本策略

要分析每位学生的特点，对症辅导，才会起到真正帮助学生提高的作用。因为实际教学中，鉴于班级授课制的缺点，我们不可能做到真正的因材施教，但在个别辅导中，完全可以实施。

要在教学中随时留意学生可以产生的学习问题，予以辅导，尽量做到"课课清"。如课间采用简短的、诊断性的形成性练习，发现每个学生通过教学已学会了什么，还有什么没掌握，然后为有问题的学生设计并实施补救方案。

要注意营造互查、互帮、互学的良好集体学习氛围，鼓励学生互助辅导。一般中高年级的学生，具备了参与个别辅导的能力和欲望，教师完全可以利用学生群体资源——请班级中学习较好的学生加盟，个别辅导就会更有效果。

——请评价：这些策略是否应对了学生的实际？

1.7　创新备课活动的形式

备课活动是教师最基本的教研工作，也是教研组及备课组的主要教研活动。备课活动的实施模式，因学校、学科、教师群体等特点而不同。从通识要求上说，主要指向对教学背景资源的研究和教学设计两个方面；从表现形式上说，主要指向备课的主体、时间和手段等方面。就常规方式而言，因着眼点不同，可有如下不同的具体活动方式。

从备课的组织方式看，有个体备课和集体备课之分；从备课的时间安排看，有课前备课和课后备课（二次备课）之分；从备课的手段运用看，有书面备课和电子备课之分等；最近，不少教师在实践中还创造了一些新的备课形式，如：

论坛式备课。论坛式备课的主要特点是，由主讲人主持集体备课，先行提出其备课的初步成果设想，并提出本人的一些困惑和需要讨论的问题。参与的教师各抒己见，适时发表自己的认识与观点，同时可以出示自己的备课资料。对同伴的观点和认识，可有评点的意见，也可有反对的意见，最后实现思想碰撞和资源共享。

网络备课。网络备课充分利用局域网的"主控"和"对等"的功能，利用LanStar等软件实现备课主讲人和"举手"发言人对网络的控制，使其备课内容被全部教师共享；利用网络邻居的共享功能实现教师间资源的平等共享，并设立备课成果共享文件夹，将此次备课的成果输入，逐渐积累形成体系；利用网络的搜索引擎及时查证一些相关问题，并得出解释，一并输入备课成果文件夹。

多媒体备课。就是教师利用以计算机为核心的多媒体设备，以传统的备课形式为基点，充分考虑教学内容的特点，将课堂教学中所涉及的教学内容（包括文字、声音、图片、动画等）根据一定的教学过程设计、学生的特点和实际情况，合理有序地整合在多媒体计算机中，以便利用以计算机为主要设备进行多媒体辅助教学的一种备课方法。

思考与讨论

1. 新课程背景下的备课要求和传统备课有何差异？
2. 请你举一个体现"课堂互动"的教学案例，从改进的角度谈谈你的认识与建议。
3. 根据你的了解，当前教师在备课方面最大的困难是什么？最大的需求又是什么？

第 2 章 备课的研究领域——关注教学基本要素

[章首引言]

在备课及其改进的基本思路中,必须关注重要影响要素,包括政策层面、课程资源层面、教学活动的两种对象层面以及教学环境层面等。一个成功的备课过程,就是对这些要素科学研究过程的反映。本章将就这些基本要素进行分析与阐述。

备课及其质量的影响因素是多方面的,按照一般的认识,主要包括对课程的理解能力,对教学内容的掌握能力,对课程资源的开发利用能力,对教学方法与技术的运用能力,以及将这些能力转化为教学设计的表现能力。

2.1 解读课程标准

课程标准是国家课程的基本纲领性文件,是国家对基础教育课程的基本规范和质量要求。课程标准对本学科的课程目标、各个知识模块教学目标以及教学建议进行了非常精辟的阐释,如果能细细研读,对实现各个知识模块之间的沟通与整合,对备课都将起到事半功倍的效果,为即将展开的教学活动奠定坚实的基础。因此,备课大可不必匆匆从备教材开始,而是要从备课程标准开始,这样才能居高临下备好课、上好课。

解读课程标准首先要了解课程标准的构成。各学科课程标准一般都包含这样一些部分:课程定位、课程理念、课程设计思路、课程目标、课程设置、课程内容和要求以及实施建议。备课中,要对这些部分的内容有细致的了解。特别是在做学期教学计划时,更要对各个学段的内容和要求仔细研读,整体把握这门学科在基础教育阶段的总体部署。在对某一主题或单元的备课中,则要重点把握学习要求和活动建议。各学科课程标准都具有鲜明的学科属性和具体的学科内容和要求,以下撷取课程标准中的一些关键词进行解读,为备课做好奠基。

2.1.1 课程理念

尽管各学科的教学内容和教学形式有所不同,但各学科教学的共同价值却是一致的,即通过各学科丰富的育人资源,促进学生的全面发展、学生个性的健康发展和可持续发展。

"全面发展"是全体学生的发展而不是部分学生的发展,是学生人格的全面发展而不是只重视其智力的片面发展。

"学生个性的健康发展"是学生有个性的发展而不是全部学生同一个"模式"的发展,是有利于个体成长的健康个性的发展,而不是一些不良个性的发展。

"可持续发展"是学生在原有基础上可持续的发展而不是只局限在学校的当前发展;是个人和社会的和谐发展,而不是仅仅关注个人的发展。

在备课中,要把"课程理念"这种意识自觉地贯穿于备课的全过程,有了这种意识,才能在教学目标的制订、教学环节的设计、教学内容的选择、教学形式的组织等方面自觉以新理念为指导,也才能把课程理念内化为可操作的教学行为,使课堂教学传递出新课程、新课堂的清新气息。

2.1.2 学科素养

"素养"一词,在各学科的课程标准中都有所提及,也是各学科课程理念中的一个重要概念。如,语文课程标准中提到的"语文素养",数学课程标准中提到的"数学素养"等,这些学科素养都清晰地阐明了本门学科的价值和功能。"素养"的内涵,需要教师结合学科的特点、内涵来作解读。

2.1.3 三维目标

"课程标准"中的各学科课程目标发生了巨大的变化,变单一知识目标为"知识与技能、过程与方法、情感态度与价值观"三维目标。这也就是说,教学不应单纯要求学生掌握知识,而应该帮助学生在知识、能力和情感、态度、价值观等方面都有提高。使学生在学习知识与技能,基本能力和学科思维都得到发展的同时,获得丰富的内心体验和个人感悟。

备课中,如何把课程的三维目标,转化为教学的三维目标,是要着力解决的问题,也是难点问题。首先应从"教学目标"的分析入手,将"三维目标"的思想理念融入课堂教学目标,实现"三维目标"同"教学目标"的整合,进而将课堂教学引入更深的层面。要注意的是由于"三维目标"的三个维度是紧密联系的而不是各自孤立的,它绝不是将教学目标人为地割裂为三个部分,而是根据不同的学科内容,指明学习主体"要到哪里去"和"如何到那里去"的问题。对于"情感态度与价值观"目标,在知识性较强的学科中,它常常以一种隐性状态出现,渗透在平时的学习过程与方法的运用之中,渗透在对知识的掌握之中,体现在师生交流、合作之中;而在思想品德课程中,它便是显性的、主要的教学目标。所以,教师只有对"三维目标"内涵有了真正的理解和把握,才能对教学内容有深入的分析和领悟。

【案例 2-1】《地球的圈层结构》的教学目标

课标的要求是:"说出地球的圈层结构,概括各圈层的主要特点。"依据此标准,教学目标可确定为:

1. 了解地球内部圈层划分的依据及界面;说出地球外部的主要圈层结构。
2. 运用课本插图,概括地球各圈层的主要特点。
3. 激发学生探究地理问题的兴趣和动机,养成求真、求实的科学态度。

这里没有机械地把教学目标拆为知识与技能目标、过程与方法目标、情感态度与价值观目标,但三个维度已经有机地融合在整体的教学目标中了。

2.1.4 教材

课程标准在实施建议中,对教材的编写进行了说明。这为教师更好地理解教材编写的目的,进而为实施教学提供了基础。在此基础上,解读教材,吃透教材,超越教材。

解读教材的一个关键因素是掌握教材的特点。教材特点在一定程度上决定着备课的结构、教学活动的组织和教学方法的选择。根据不同教材的特点要选择不同形式的教法。因此,教师在研读教材的过程中,特别要理出教材的特点,才有助于根据教学目标有针对性地选择恰当科学的教学方法。

吃透教材,是对教材深层次的理解和感悟。吃透教材要做到吃透教材编写者的意图、目的;吃透教材主要线索,把握知识点纵横联系;吃透教材的重点、难点和训练点;吃透教材内容的深度、广度和密度;吃透教材的德育因素等。

超越教材,是对教材的再创造、再组织,体现了新的教材观。"教材无非是个例子",叶圣陶先生的话早就点明了教材只是用来教的媒介和手段,而不是教学的全部内容,即教学要"用教材教",而不要仅是"教教材"。如果教师只是一味地接受和照搬教材,没有自己对教材的深入理解和思考,就不会用好教材,不过是充当了教材的"传声筒"。

2.1.5 学习方式

课程标准对学生的学习方式给予了特别的关注,提出完善学生的学习方式,倡导"自主探究、实践体验、合作交流的学习方式与接受性学习方式进行有机结合",实现学习方式的多样化。用"继承"和"发展"的眼光,在"继承"中有"发展",赋予接受学习以新的内涵,即"有意义接受学习",并与自主探究、实践体验、合作交流的学习方式相结合,从而使学习由传承性学习走向创新性学习,使学生由知识的被动接受者转到知识的主动建构者。

备课中,我们要注意的是引导学生进行合作学习,究竟需要不需要合作?如何合作?教师在备课中要有明确的把握。同时要多设计"体验性学习",通过活动、游戏和情境教学,让学生获得新的感受和认识,并把它们运用到现实生活中。

以上,仅仅对课程标准的一些关键词或者说是核心概念,作了一些解读。在备课中,教师还要结合具体的教学实际,对课程标准作更细致的探讨和研究。

2.2 分析教学内容

教学内容是指为实现教学目标,要求学生掌握的知识、形成的技能和体验的学习经历的总和。对教学内容的分析是指根据教学目标所确定的终点行为,对学生所需掌握的知识与技能等学习内容进行分析并揭示出学习内容中各个组成部分之间的联系,为有效教学提供内容方面的准备。通俗地说,教学内容分析为教学目标的确立提供依据,所要解决的是学生"学什么"的问题;为教学策略的制订提供依据,即"如何学"的问题;可以保证教学中不遗漏重要的内容和任务;为教学资源的开发提供内容依据。

据对教师备课的一项调查表明,教师将近90%的时间用在教学过程方法的选择和教学内容的分析。尤其对中学教师而言,因教学内容的难度加深,教师在备课中更重视对教材的分析,几乎一半的备课时间用在了教材分析上。可见,对教学内容的分析在备课中还是具有举足轻重的地位的。那么,如何分析教学内容呢?本节主要从确定教学内容的范围、内容间的关系、教学重点和难点以及教学内容的顺序这几个方面来展开。

2.2.1 确定教学内容的范围

确定教学内容的范围就是确定单元或课时教学涉及的教学内容,包括基本的事实、概念、定理、方法和知识点等。通常是先对教学中的有关信息进行归类,把实现教学目标所需学习的知识归纳成若干方面,进而确定教学内容的范围。

有的教师往往认为教学内容就是教材内容,在教学中没有必要确定教学内容的范围,只要把教材内容全部一股脑地搬到课堂上就可以了。应该说,这种做法还是大有人在的。不可否认,长期以来,我们的教学的确是把教材作为教学的《圣经》,教学中更是生怕遗漏教材上的内容,因此,教学内容几乎就是教材内容的代名词。新课程使我们对教材有了新的理解,从"教教材"到"用教材教"的教材观的转变,意味着不能把教学内容和教材内容简单地画等号。教材不过是教学的媒介、手段和载体。教材内容是学科教材专家等精心选择架构的内容体系,应该作为教学内容的重要组成部分,但却不能说它是教学内容的全部。教学内容需要教师根据学生认知、心理和原有的学习基础等具体情况,进行有针对性的选择和组织。

教师可通过这样一些问题来思考教学内容的选择与确立:

"学生学习这条规则需先掌握哪些概念?"

"教这一概念的教学要求是什么?是'记忆',是'运用',还是'发现'?"

"学习者要学会解这道题,必须掌握推论过程中哪些具体的步骤?"

……

通过这样的思考,从学生学习现状与所确定的教学目标之间的差距中,确立教学的起点和学习的内容范围,这是从学生的角度对教学内容进行的预分析。除此以外,确定教学内容的范围还要考虑课程标准和教材的相应要求,在此不再赘述。

【案例 2-2】《揭示化学反应速率和化学平衡之谜》的教学内容

教学内容	学习水平			说明
	Ⅰ	Ⅱ	Ⅲ	
化学反应速率	B			1. 学习水平中"Ⅰ"代表知识与技能的学习水平,"Ⅱ"代表过程与方法的学习水平,"Ⅲ"代表情感态度与价值观的学习水平。 2. 学习水平以 A、B、C 表示,分别代表知道/感受/体验、理解/认识/感悟、掌握/运用/形成。
影响化学反应速率的因素	B	B	B	
可逆反应,化学平衡状态	B			
影响化学平衡的因素	B			
勒夏特列原理	B			
化学平衡的应用	B			

这位教师在分析《揭示化学反应速率和化学平衡之谜》的教学内容时,通过对学生学情的分析,把本章的教学内容限定在学生初步学习化学反应速率和化学平衡的一些相关概念上,但不涉及相关的化学计算。待学生在高三分科后选修化学时,再从化学平衡常数、转化率等方面学习化学的计算,并掌握平衡移动原理在工业生产中的运用。

2.2.2 梳理教学内容之间的关系

教学内容是有一定的层次和结构的。教学内容的内在联系有两种基本形式,一是序列联系,即学习内容各组成部分是按某种次序排列的,如时间次序、简单到复杂的次序;二是部分与整体的联系,即学习内容的一部分是另一部分的构成要素。

要使真实的任务体现教学目标,则需要对教学内容作深入分析,确定知识点,明确所需学习的知识内容间的结构关系,揭示学习内容各部分之间的联系的过程。这样在设计后面的学习任务时,才能很好地涵盖教学目标中所包含的多个知识点。

如何梳理教学内容之间的关系?一般可根据学科的知识体系与内在逻辑结构,遵循着由整体到部分、由一般到个别、由简单到复杂的顺序,对知识点进行分析,使教学内容具有一定的系统性或整体性。

分析教学内容之间的联系,我们一般常采用图解分析法。这种方法用图表和符号的形式,简洁明了、提纲挈领,使分析者容易觉察内容的残缺或多余部分以及相互联系中的割裂现象。图解分析法多用于认知领域教学内容的分析。

【案例 2-3】《揭示化学反应速率和化学平衡之谜》单元知识结构图

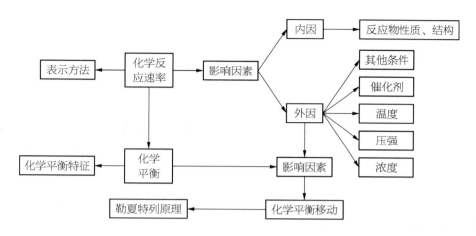

这个结构图清晰地显示化学反应速率与化学平衡虽然是两个不同的概念,但两者之间存在内在关系:一方面平衡的概念包含着速率的因素,另一方面平衡的移动总是由某一反应方向反应速率改变而引起的,有利于深刻理解各类平衡的本质——平衡移动原理,并在此基础上为后续各类平衡的教学奠定基础。

2.2.3 确定教学重点、难点

教学重点,是指对全体学生学习和理解起重要作用的部分。教学难点是指大部分学生难以理解掌握、运用的知识,复杂的技能和生疏的技巧等不易理解或掌握起来有困难的部分。教学重点、难点的确定不仅要围绕教学目标进行,还要考虑教学内容和学生实际。根据不同学段学生的实际来处理教学内容。

在备课中,教师要弄清教学内容中哪些是主要部分,哪些是次要部分,哪些是重点知识。这样,才能达到突出重点的目的。一般来说,教材中最基本、最关键的概念、理论和方法就是教学的重点。因为这些内容在教材中有着举足轻重的地位,有着承上启下、牵一发而动全身的功效。需要注意的是,教材的重点必然是教学的重点,而教学重点不仅仅是指教材重点。

教学难点决定了教学内容的深度,也就是单元或课时的知识深浅和技能复杂程度。一般教材中抽象的、复杂的、容易混淆或容易发生误解的知识是教材中的难点。

【案例 2-4】《相似多边形的性质和判定》的教学难点的确立与突破

学情分析:学生还未学三角函数,对对应角和对应边的关系的探究只能通过度量,而量出的结果常常有出入。

教学难点的确定:探究"相似多边形的对应角相等,对应边的比相等"这一结论的过程。

教学难点的突破:借助比例尺不同的两幅地图,研究两幅地图上几个城市围成的多边形间的关系,使学生在已有的知识和经验(地理学科中的相关知识)基础上,研究有趣的、具有现实意义的问题,有利于学生真正理解相似多边形的性质,使难点得以突破。

从上面这一案例,我们看到学生的知识基础、生活经验的不足,使其产生学习认知上的困难,从而形成教学难点。

2.2.4 确定教学内容的顺序

前面讲过,教学内容间的联系体现了学科本身内容的逻辑结构。那么,在确定教学内容以后,教学内容采用什么样的顺序来呈现就是随后而来的问题了。从逻辑结构考虑,一般采用归纳式和演绎式两种方式。

"归纳式",即先呈现事实、分析事实并提取某些结论,从个别结论中抽取共同的本质特征,最后归纳得出具有一般意义的结论。

【案例 2-5】《元素周期律中的有关规则》的教学顺序
1. 从卤化物与卤素单质反应现象,得出活泼性 $Cl_2 > Br_2 > I_2$。
2. 抽象出卤素性质的递变顺序。
3. 得出元素周期律中的有关规则。

"演绎式",即先呈现概括性的规则、概念或理论,然后进行精细化处理、验证、分析并理解规则、概念或理论包含的内容,最后达到对知识的全面理解和把握。

【案例 2-6】《物质的量》的教学顺序
1. 呈现"物质的量"这一概念,分析概念的内涵,理解概念包含的各部分内容。
2. 通过练习,深化对有关内容的理解,最后达到对整个概念的全面把握。

以上对如何分析教学内容作了概要的介绍。当教师通过以上步骤或方法对教学内容进行分析以后,可以自问这样一些问题,来评估一下自己对教学内容的分析是否合理和有效。

- 所选择的教学内容是否为实现教学目标所必需?还需补充什么?
- 哪些教学内容与教学目标无关,是否该删除?
- 学生已掌握了哪些内容?教学从哪里开始?
- 教学内容与学科逻辑结构的关系如何?
- 教学内容顺序是否符合学生的认知发展和心理发展?
- 教学内容的呈现顺序是否符合教学实际?

2.3 研究课程资源

随着新一轮基础教育课程改革的推进,课程资源这一概念逐渐进入人们的视野。课程资源作为课程目标实现的重要载体,对课程目标的顺利完成具有举足轻重的作用。没有课程资源的广泛支持,课程改革设想再美好也很难变成中小学的实际教育成果。

2.3.1 课程资源的内涵和分类

1. 课程资源的内涵

以往受传统课程资源观的影响,人们将课程资源仅仅局限于一本教科书、一块黑板和一支粉笔等,这种认识使课程资源处于一种封闭、单一的状态,极大地妨碍了课程目标的实现。现在,随着新课程理念的普及与推广,大家逐渐认识到课程资源的内涵是如此的丰富,以至于无所不在,无时不有。

广义"课程资源"指有利于实现课程目标的因素和条件的总和,包括一切物质条件、科学技术、自然资源、社会与人文资源。狭义的"课程资源"仅指形成课程的直接因素来源,如,教学资源和各种可以获得并能被利用于促进"教与学"活动过程的内容。

2. 课程资源的分类

依据不同的标准,国内一些研究者将课程资源划分为不同的类型,主要有素材性和条件性资源,校内和校外资源,自然和社会资源,隐性和显性资源,以及原生性、内生性和外生性资源等。

表 2-1 课程资源分类表

分类标准	课程资源分类			
功能	素材性	条件性		
来源	校内课程资源	校外课程资源	网络课程资源	
性质	自然课程资源	社会课程资源		
物理特性和呈现方式	文字资源	实物资源	活动资源	信息化资源
存在方式	显性课程资源	隐性课程资源		
制约因素	原生性资源	内生性资源	外生性资源	

虽然上述对课程资源的划分标准有别,采用方法各异,但却为我们理解课程资源的内涵提供了有益的启示。基于以上认识,倘若我们把课程资源比作一个生态系统的话,就会清晰地勾勒出课程资源系统的结构框架。这一系统主要包括人、材料、工具、设施、活动等五种基本要素,其中有些是在自然环境和社会环境中天然的、可直接利用的资源,有些是为实现一定的教育或教学目的而特意创设出来的资源。人的思想观念、行为方式,材料的物理化学特性,工具的功能形态,设施的形状、大小、颜色、用途,活动的场所、方式等,构成了极为丰富多样的、可作为课程发展所用的资源形态。这一课程资源系统的各个要素之间不断地进行着信息和能量的转换,从而使资源处于动态生成之中,不断生发出多种多样的资源形态。当然,尽管世间万物都有可能成为课程资源,但只有进入课程领域的资源才是现实的课程资源。

2.3.2 课程资源的有效开发和应用

课程资源无所不包,其中,最主要的也是最常见的课程资源包括教材、教师、学生、学校、社区资源、网络资源以及动态生成的资源等。备课中,根据需要对这些资源进行合理开发和利用将会极大地提升课堂教学的效果。

1. 开发教材资源

新的课程观认为,教材是为教师完成教学目标提供的范例。既然是"范例",教师就有对其进行选择、补充、调整的权利,真正体现"用教材去教,而不是教教材"。在备课过程中,教师要对教材资源进行二度开发,结合学生现有的知识、技能、思维水平、学习心理等实际,灵活地、创造性地使用教材。这方面的案例见第3章第2节。

2. 开发教师自身资源

教师是重要的课程资源。我们常听到一些学生议论:某某老师的歌唱得真好,某某老师的画真棒,某某老师的前滚翻动作真优美,某某老师的下水作文真感人……其实,这些老师可以充分地利用自己以及同事的特长,将其作为课程资源。不仅如此,其他课程资源能否发挥作用,发挥得好坏,关键也在教师这一资源。备课中,教师要充分把个人专长与教学内容有机融合到一起。

3. 开发学生资源

学生也是一种十分重要的、富有活性的课程资源。以往人们常常忽略把学生作为课程资源来看待。其实,学生的生活体验、个体知识、思维方式等都是教材开发与实施中的重要资源。

【案例2-7】 《公民的储蓄》一课的学生资源的开发

教师预先布置学生根据所学知识作一份"投资规划"报告,一周后在课堂展示研究成果,形式不限。一周后,学生展示成果的形式相当精彩丰富,不少小组制作了精美的演示文件,图文并茂地展现自己的研究内容。他们阐述了家庭投资的多元化,一些研究甚至突破了教材的内容,除教材中分析的储蓄、股票、债券和保险投资形式外,还提到了可以投资房产、购买彩票、炒外汇、买黄金、投资古玩、钱币、邮票和珠宝等等。学生在自主学习、合作学习过程中,形成的这些知识与经验不但成为课堂教学的有效资源,也为课堂教学开启了新的生长点。

4. 开发学校资源

学校是社会的一个有机组成部分,从某种意义上来说,一个学校就是一个小社会,里面有无穷的资源等着教师去开发。比如,实验室、电脑房、植物角、多媒体教室、图书馆,这些都是学校重要的课程资源。备课中,教师要把学校的课程资源盘点一下,充分加以利用。

【案例2-8】 探究课《多彩的植物世界》

一位老师在上探究课《多彩的植物世界》时,想到了校园里栽种的五颜六色的花。她把学生们带到了校园里,去观察、发现植物的特点和变化。学生们开心极了,有的伸出小手轻轻抚摸;有的拿起手中的笔抓紧记录;有的提着植物上下仔细对比;有的聚精会神数花瓣和叶片数;有的用直尺测量植物茎、叶长度……平时不起眼的小植物,在探究课上成了孩子们的宝,他们抓住一切可观察的资源,细致地进行着观察研究。

5. 开发社区资源

社区蕴藏着丰富的资源,能够弥补校内课程资源的不足,在学校课程开发中应好好利用。社区资源不仅包括物质资源,如公园、影剧院、文化宫、图书馆、体育场等;还包括人力资源,如社区的专家学者、企业界人士、离退休人员、学生家长等。尤其要重视学生家长这一资源。学生家长具有不同的工作背景和专长,具有各种课程的优势,一般也非常愿意为学校教育助一臂之力。备课中,教师要善于挖掘社区中的课程资源,引导学生把自己生活成长的环境作为学习的场所,像上海社会科普基地这些丰富的课程资源,有效加以利用,这样既拓展了学习的空间,也有助于把课程与生活紧密地联系起来。

【案例2-9】 皮艇课社区资源的开发

上海华东师范大学附属长风中学的学校课程——皮艇课,就充分运用了社区资源。长风中学紧靠长风公园,公园内有上海市稀缺的湖泊,普陀区体校的皮艇项目训练基地就设在这里。长风中学充分利用长风公园的地域资源和体校的教练资源,有计划地把部分年级的体育拓展课放在长风公园里,让学生都去学皮艇,去感受平时难以体验的水上竞技运动。

6. 开发网络资源

网络资源目前已经成为教师备课中撷取有用资源的重要途径。大量的音频、视频、动画、文本、图形等素材资源和可检索的文献图书都可以从网络上搜寻到。备课中,教师可以根据教学需要从网络中寻找有价值的课程与教学资源加以开发和利用,来丰富课堂教学。

【案例2-10】《太阳》一课的网络资源的利用

师生利用"浩瀚宇宙"专题学科网站进行知识的纵向拓展,组织学生浏览、查阅相关的图文资源,了解了太阳除了"大小、温度、与地球间的距离"以外的其他特点,极大地丰富了教学内容,加深了学生的理解。

7. 开发动态生成的课程资源

课程资源不仅来自那些已经物化的资料和条件,教学过程中易被人忽略的动态生成的具有潜在教育价值的教学事件,也是重要的课程资源。此种课程资源常常是一些不起眼的小事,比如,在课堂上学生突然抢话说,学生的质疑、兴奋,甚至是学生犯的"错误",这些都是动态生成的课程资源。这些宝贵的动态课程资源如能够得到充分的发掘和利用,不仅可以拓展我们开发课程资源的领域,也会使我们的课堂教学过程更富有生机和活力。因此,备课中,教师要尽可能去预测学生可能会碰到的学习难点和问题,做好引导的准备。还要尽可能在教学中及时捕捉转瞬即逝的动态课程资源,将其有效并巧妙地运用于教学活动中。

以上只是对常用的课程资源如何开发作了简要的描述。其实,备课中可开发和利用的课程资源远不止这些,只要有主动发掘课程资源的意识,因时制宜、因地制宜,生活的空间有多大,课程资源开发的空间就会有多大。

2.4 剖析学生基础

有人说,黄沙如海,找不到绝对相似的两颗沙粒;绿叶如云,寻不见完全雷同的一双叶片。那么也可以说,人海茫茫,教海无边,我们既找不到两个完全相似的学生,也不会找到一种能适合任何学生的教学方式方法。这就需要教师在备课时,考虑到学生有知识经验和智力的差异,还有学习态度、习惯、信心、兴趣等非智力因素的差异,据此找到因材施教的科学依据。

剖析学生基础,就是备学生。备学生,一般包括三个要素:学习需要分析、学生特征分析和学习内容分析。这些分析可以为后续教学内容的选择、教学方法的设计、教学评价的实施打下基础。

2.4.1 学习需要分析

学习需要是指学习者在学习方面目前的状况与所期望达到的状况之间的差距,也就是学习者目前水平与期望达到的水平之间的差距(见图 2-1 所示)。

| 期望达到的学习状况 | － | 目前的学习状况 | ＝ | 差距(学习需要) |

图 2-1 学习需要分析

比如,希望 90% 的学生以 80 分以上的成绩(总分 100 分)通过识字测验,而目前的记录表明只有 80% 的学生通过了考试,这样就找到了 10% 的学生还没有达标的差距,从而指出对学生集体而言的学习需要。

2.4.2 学生特征分析

对学生特征分析的主要目的是了解学生学习的准备状态,包括学生在进行新的学习时,已有的知识、技能、情感水平和心理发展对新的学习的适合性,以确定新学习的出发点。

根据教学设计理论,分析学生特征一般可从三个方面入手,一是了解学生的一般特征,主要是指学生的心理、生理和社会的特点。二是了解学生的起始能力,主要是分析学生对从事特定的学科内容的学习已经具备的有关知识与技能的基础,以及对学习内容的态度。三是了解学生的学习风格。学习风格是指学生感知不同刺激及对不同刺激作出反应的所有心理特征。

1. 学生的一般特征分析

心理学表明,每个学生都充满求知欲,都有一种成就心理。教师备课时,如果能从学生的心理发展水平出发,激发学生求知的欲望、探索的情趣、攻坚的意志,使学生形成一种积极的学习动机,就会推进教学向预定目标发展。比如,小学生活泼好动,好奇心强,抽象思维能力差,形象思维能力强,厌烦那些枯燥、艰涩、难懂的概念,喜欢动手操作。教师应该高度重视并充分利用学生这种积极的心理因素,根据不同的教学内容,设计出能够引发学生好奇心和求知欲的导语与操作内容,导入新课,进行新知识的传授,便于学生接受与掌握。

【案例 2-11】 "计算机的硬件结构"的备课

导语:你知道计算机是怎么设计、制造的吗?你想看一看它的"五脏六腑"吗?

内容预设:利用问题驱动学生的好奇心,拆开机箱让学生看一看内部结构,简单介绍电源盒、主板、CPU、软驱、光驱、硬盘等各部件的用途,从而缩短学生同神秘的计算机之间的距离,排除对这个高科技产品的畏难心理。

2. 学生的知识与技能起点水平分析

学生的起点水平分析包括预备技能、目标技能和学生学习态度。预备技能是学生在开始新的学习之前,已经掌握的知识与技能。目标技能是在教学目标中规定学生必须掌握的知识和技能。教师在备课中,要通过分析学生以前学习过的内容、查阅考试成绩,或与学生、班主任及其他任课教师谈话等方式,获得学生掌握预备技能和目标技能的情况。

对学生学习起点的正确估计是设计适合每个学生自主学习的教学过程的基本点,它直接影响新知识的学习程度。备课中,应十分注重学生原有的认知基础,促进新旧知识间的同化与顺应。

【案例 2-12】 能被 2、3、5 整除的数的特征

教师没有直接给出能被 2、3、5 整除的数,而是只给 0—9 这 10 个数字,让学生自己组数、自己利用整除的概念去判断数的整除性,把数的特征同化到整除中去,最后再观察、概括整除特征,实现认知结构的扩展。

这样顺着学生的思路来设计例题,既注重了概念的同化,又发挥了学生的主体作用,学生学习概念的激情也会提高。

下面一则案例中,教师在备课时没有考虑到学生已有的数学知识和经验,使得课堂教学留下了遗憾。

【案例 2-13】 "圆的周长"的教学片段

离下课还有几分钟,老师让学生看书,提出自己的疑惑。

生 1:老师,古代数学家为什么要将周长与直径的比值作为圆周率,而不是把周长与半径的比值作为圆周率?

教师先是一愣,然后尴尬地说:圆周率确定为周长与直径之比是约定俗成的。

生 2:老师,古时候没有计算机,祖冲之是怎样把圆周率算得如此精确的?

师:这个太复杂,以后告诉你。

在这个案例中,教师备课时,没有考虑到学生已有的经验,低估了学生的能力,当学生提出"古代数学家为什么要将周长与直径的比值作为圆周率,而不是把周长与半径的比值作为圆周率?"这样的问题时,老师茫然失措,只能敷衍了事。其实,学生提的这两个问题,正好与圆周率产生的历史有关,如果教师备课时考虑到这些,做好充分的准备,完全可以用通俗的方法讲清楚,而不会用"这个太复杂,以后告诉你"来搪塞学生。

3. 学习风格的分析

学习风格是学生感知不同刺激及对不同刺激作出反应的所有心理特性,是学生持续一贯的带有个性特征的学习方式,是学习策略和学习倾向的综合。不同的学生拥有不同的学习风格,不同的学习风格在整体上反映了学习者的个性类型,在备课中,教师应针对学生的学习风格,有针对性地选择教学策略,通过匹配教学策略与有意失配教学策略,有效地促进学生的发展。

例如,对场独立型的学生,培养与之匹配的注意策略时,应该根据学习材料让学生自己设计附加问题,自我提问,自我回答问题,达到自我控制与引导注意力的目的;而对场依存型的学生就需要教师通过个别指导,给学生设计附加问题,通过外部控制方式引导学生的注意力。根据学习风格选择矫正策略时,应注意让场独立型的学生参加小组学习或合作学习,让场依存型的学生学会自我控制,养成独立思维、自觉学习的习惯。教师在具体操作时,可以采用测定学习风格的量表来分析学生的学习风格从而帮助学生选择适宜的学习策略。

2.4.3 学习内容分析

学习内容分析是根据总的教学目标,去规定学习内容的范围和深度,并揭示出学习内容中各个组成部分之间的联系,以实现教学效果的最优化。即解决"学什么"和"怎样学"的问题。学习内容分析以学生的学习结果为起点,并以学习起点为终点,是一个逆向分析过程。即学习内容分析从学习需要分析所确定的总的教学目标开始,通过反复提出"学生要掌握这一水平的技能,需要预先获得哪些更简单的技能"这样的问题,并一一回答,一直分析到学生已具有的初始能力为止。分析学习内容要关注以下几点:

要了解学生在学习新知识中可能碰到的困难和障碍。针对这些困难选择适合学生特点的教学方法,从而突出重点,突破难点。

【案例 2-14】 "相遇问题"的备课

考虑到学生对"相遇问题"中一些术语的理解有一定的难度,备课过程中,某老师进行了这样的教学设计:

1. 引导学生分析理解"同时、相遇、相对、相距"这四个词语的意思。
2. 让学生用语言和动作把四个词语的意思表演出来,使静态的数学概念动态化。

随后的课堂教学实践证明,这位老师正是对学生在学习过程中可能遇到的问题有了准确的把握,通过学生的课堂表演,使学生充分理解了这些概念,为学生学习新课扫清了障碍。

要分析学生学习这些知识的过程,了解学生的思维能力。这是教师制订学生能力目标的基础,脱离了这个基础,课堂教学就会回到灌输知识的老路上去。同时,我们还应该清醒地认识到培养学生掌握正确的思维方式不是一朝一夕的事,是需要一个长期的过程才能达到的,因此教师在平时教学中应不断渗透,为学生提供丰富的数学活动,使学生有体验和处理现实问题的机会。

要设想学生提出的问题,并设计好解决方案。对同一个问题,不同的学生有不同的解决方案,教师要根据学生思维水平划分几个层次,预测每个层次的学生可能提出的解决问题的方案,以便在课堂上有目的地引导学生进行交流,使课堂教学更为流畅。

要结合学生可能出现的错误备课,采取有效措施保障教学步骤的顺利进行。当然,教师不仅要"备错"和"排除",还要教给学生查找错误产生的原因以及排除方法。这样,学生也会由于学到了排除错误的"招数"而惊喜,从而丰富他们的实践经验。

2.5 了解教学环境

教学环境是教学活动的一个基本要素,与教学质量有着密切的关系。

2.5.1 教学环境的内涵和作用

教学环境是教学活动中,对师生认知、情感和行为产生直接或间接影响的各种因素的总和。教学环境直接作用于学科教学活动并对其产生重要影响。教学环境主要包括物理环境和心理环境两种。

课堂物理环境,包括课堂的布置、设备和材料,教室里的师生数量、座位的排列方式等。课堂中的物理环境能够影响学生的学习行为和态度。

课堂心理环境,是指在课堂教学中影响学生学习的氛围和师生互动的人际关系,它是师生参与整个课堂教学活动的心理保证。课堂教学气氛,作为课堂教学过程中学生集体的情绪倾向,它一旦产生,便能作为一种相对独立的心理环境因素,反过来作用于学生的课堂学习行为,并影响整个课堂教学的实际效果。课堂心理环境融洽还是沉闷,活跃还是冷漠,主动还是被动,都会对整个课堂教学过程产生积极或者消极的影响。

2.5.2 良好教学环境的创设

1. 创设良好的师生活动的物理环境

根据教学需要,改变学生座位形式。例如,教师在讲解时,学生座位的安排应当采取纵列式以使学生都能看到教师的讲解。而在讨论时,采取圆桌式安排则有利于学生的参与和交流。这实际上改变了课堂中教师和学生、学生和学生相互之间的身体活动关系,促使师生以一种新的方式进行交流。

此外,各类实验装置、仪器,各种教具和各种图表,各种电教设备等,其作用的有效发挥都会直接影响学科课堂教学的质量。

2. 建立和谐、民主的师生关系

教师应当充分尊重学生,要充分运用"亲其师而信其道"的心理效应,强化师爱的作用。教师对学生的吸引力是建立在师生间相互尊重与合作基础之上的。只有当学生感觉到自己受到尊重时,才会在教学过程中采取积极的合作态度。要允许学生发表不同的看法,激活学生的思维,发挥学生的想象力和创造力。总之,要优化课堂心理环境,建立良好的师生关系,教师应采取积极主动的行为。

3. 创设轻松、愉悦的课堂教学气氛环境

轻松愉悦的课堂气氛,为有效组织和实施课堂教学,提供了一个有效的、良性的"场氛围"。备课中,教师要从学生的心理特征、个性特征出发,用适宜的教学方法和策略,如角色转换、合作互动、问题情境、分层施教等策略,诱导、激励学生积极主动地参与学习过程,并在学习过程中学会学习。通过各种手段解放学生的眼、脑、手、嘴和空间、时间,让学生独立观察,自己动脑思考,动手操作,动口表述,自主发现问题,质疑问难。只有这样,才能使学生自始至终保持心旷神怡的心境和浓厚的兴趣,进入"书山有路勤为径,学海无涯'乐'作舟"的最佳境界。

4. 尝试预设课堂教学活动中的即时情境

课堂教学过程中的即时情境,是教学活动中在教学内容、师生的态度与心境、教与学的体验、师生交互等课堂教学环境因素作用下,所产生的一些偶发的、短时存在的情绪、情感状态。这种教学过程中的即时情境虽然短暂,但却是构成课堂教学环境的经常性因素。课堂教学实践证明,积极的即时情境会将课堂教学环境导向师生所期望的理想状态。备课中,教师要对可能出现的即时情境进行预设,对教学过程中出现的各种消极的偶发事件,设想一下如何运用自己的教学机智化解其中的消极因素,以防止这些消极因素对正常教学气氛的干扰。

5. 及时有效地调控课堂教学的活动内容与教学策略

教师的备课是对课堂教学过程的一个预先设计,在具体的课堂教学实施的活动过程中,各种因素会随着教学活动的进行而不断地产生新的变化。因此,教师要在这样一个变化着的动态过程中,达到创造和保持良好的课堂教学环境氛围的目标,就需要在备课中回忆和预测学生的情绪表现、活动表现、问题反应表现,根据不同的反馈信息,适时灵活地调整教学内容和教学策略。在具体的教学过程中，教师便能够处变不惊，引导和指导学生调整自己的学习行为。

2.6 认识教师自我

了解自己并利用好自己的长处，是备好课和上好课的重要因素，也是形成教师教学特色和风格的基础。所以，教师自己同样是影响备课的一个基本要素。

2.6.1 认识教师自身的特征

教师自身的特征是备课中制约教学设计的主观条件。教师在教学中表现出来的不同特征，主要包括教育教学观念、教育与学习理论知识的储备、语言表达能力、教学研究能力、媒体应用能力、教学经验与教学风格等等方面。很显然，教师在考虑教学设计时必须充分研究这些因素。

如，从教学方法这个角度来看，每个教师都有自己的特点：

有的以"活"见长，"活"既表现为课堂气氛活跃、学生积极主动，也表现在教学方式和手段多样。

有的以"博"见长，"博"就是指教师知识面广、教学经验丰富，教学时常常旁征博引、居高临下、深入浅出、寓教于乐，对教材中的难点能轻而易举地加以解决。不少有经验的老教师就具备这些特色。

有的以"语言"见长，教学语言优美、活泼风趣、条理清晰，具有一定的吸引力和感染力，在教学中能发挥意想不到的作用。

有的以"板书"见长，规范、新颖、安排巧妙的板书，能帮助学生掌握教学重点，对所学知识一目了然，并利于理解、记忆和做课堂笔记，对日后复习也有益处。

此外，还有"教态"之长、"实验"之长、"运用现代化教育手段"之长等等。总之，每位教师的素质和能力是不尽相同的，往往是长于此则短于彼，巧于彼而拙于此。这就要求教师在选择教法时，要扬长避短，就实避虚，以实现教学效果的最优化。事实上，如果一个教师采用的教法与他的个性特点相适应，那么这种方法便能充分显示其优势。在备课中知己知彼，恰当选择教法，往往会有意想不到的收获。

2.6.2 积极进取，扬长避短，提高自身业务素质

教师备课除了备教材、备学生，更要备自己。备教材、备学生是为了上好课，而备自己，不断加强自身素质的"修炼"，则是为了把课上得更好。教师应该既是一个教学者，又是一个研究者——研究教材，研究学生，更要研究自己，了解自身的长处与短处。研究自己的结果，一方面在教学中充分利用、展现自己的长处；另一方面不断为自己"充电"，提高业务素质。

1. 发展教师自我提问能力

自我提问能力是教师对自己的职业活动和日常生活进行自我观察、自我监控、自我调节、自我评价后，提出一系列的问题的能力。发展教师自我提问能力，可以促进教师自我反思能力的提高，从而促进教师自身专业成长。

【案例2-15】《守财奴》教后的自我提问

一位教师在上完《守财奴》一课后，认为有三个需要面对的问题：①对于提幼稚问题的学生怎么办？②对于感情容易冲动的学生怎么办？③对于鉴赏能力弱的学生怎么办？教学是面向全体学生的教学，对一些特殊的学生，还需要寻求一些特殊的方法。这几类学生数量都极少，尤其是后两种，但既然存在，就需要解决。

2. 提升教师的自我监控能力

在教师的素质结构中，有一种素质可以称之为才华，即教师的教育能力。而教育能力的核心成分则是教师的自我监控能力，它表现为教师在教育活动中的"知其然，知其所以然"的品质。一个优秀教师的成功过程就是教育活动加反思，这种反思就是自我监控能力。

【案例2-16】 一种改变教师行为的策略——上海浦东教师"课堂教学改进计划"的制订与实施

制订"课堂教学改进计划"的基础是个人反思。反思是一种通过提高自我觉察水平来促进能力发展的途径，反思的结果是改进的目标。"课堂教学改进计划"主要由如下几方面构成：教学优势与不足的分析、改进目标与改进措施、日常改进记载。"课堂教学改进计划"的重点在于分析自己课堂教学的优势与不足，此外，还包括教材研究、教学设计、教学过程和方法以及自己的职业态度与能力等。

上海浦东"课堂教学改进计划"的实施使教师的反思意识和反思能力明显提高。其实，每一位教师都可以根据自身的优势和不足，制订适合自己的改进计划，寻求改进策略，在反思中逐步提高。

3. 促进教师自身教学行为的有效性

教学是否有效主要看教师如何优化地组织和实施教学，以有效地完成和实现既定的教学任务或目的。有效的教学行为应体现五种意识：对象意识——教学应促进所有学生学习；情境意识——创设和维护良好的学习环境；目标意识——促进学生树立正确的价值观；自主意识——培养学生自主学习的能力；裁判意识——评价学生的学习。教学中教师行为是丰富的，也是多种多样的，其中如下几种行为是得到公认的促成有效教学的关键行为，教师要促进自身积极向这些行为转变。

（1）清晰授课。清晰授课就是教师清楚地讲授、解释教学内容，从而使学生正确理解、牢固掌握和顺利应用或迁移学习内容。

（2）多样化教学。这一关键行为是指多样地或灵活地呈现课时内容。丰富教学的最有效方法之一是提问题，许多不同类型的问题，如果把它们与课时节奏和序列结合起来，就可以产生出富有意义的多样化教学。多样化教学的另一方面是对学习材料、设备、展示方式以及教室空间等的运用。

（3）任务导向。这一关键行为是指把有限的课堂时间用于有针对性地完成教学任务。有效的课程设计是根据学生的特点把课程目标具体细化为教学目标，根据学生的认知水平对教学内容进行规划，目的在于使学生获得有效学习和有益体验。

（4）引导学生投入学习过程。引导学生投入学习过程这一关键行为，致力于增加学生投入学习的时间。

（5）确保学生的成功率。教师的任务导向和学生投入率与学生成功率密切相关。中高水平成功率的教学能提高学生的成就，这是因为教师讲到了较多的处于学生当前理解水平的内容。有效教学的一个关键行为就是，组织和安排能产生中高水平成功率的教学，并向学生提出超越给定信息的挑战。

4. 提升教师自我效能感

教师的自我教学效能感是教师对自己教学能力高低的判断及对自己教学效果好坏的认识和评价。自我效能感高的教师，认为通过自己的努力可以解决学生在学业上遇到的难题，并达到一定的教学目的。而自我效能感低的教师，对于自己的教学能力和学生的发展持悲观的态度，他们不相信通过自己的努力能够取得成功。提升自我效能感的一种最基本、最重要的途径就是教育实践的成功经验。因为成功的操作经验是最有效的、最影响力的自我效能信念的信息源。因此，积极尝试新的教学方法、教学策略和教学技术，进行教学改革，积累成功的经验，教师的自信心会不断加强，自我效能感就会不断提高。

5. 不断超越自我，逐步形成自己的教学风格

教学风格是教师在教学艺术上成熟的重要标志，是教师在教学实践中经过严格历练而得以升华而形成的。教师形成自己的教学风格，是其职业能力水平的标志。评价一个教师是否已经成熟，最重要的一点，是看他在教学艺术上是否已形成了自己独特的教学风格。每一位教师都希望形成自己的教学风格，其形成过程就是教师不断更新自己的教育思想、教育观念、教学方法，不断提高自己教学技能技巧的发展创新过程，只有不断地学习、丰富自我、超越自我、形成个性、形成特色，教学风格才可能形成，进而达到更高的艺术境界。

思考与讨论

1. 请对以往的教学大纲与现在的课程标准进行比较，说说二者有何异同？
2. 备课中，您如何分析学生在学习心理、学习方法与能力方面的差异？
3. 请您结合自身的情况，谈谈自己的教学长处和不足。

第3章 备课的工作流程——明晰基本教学环节

[章首引言]

备课整体质量的保障取决于其所有组成部分工作的质量,所以,对备课流程的要求,是改进备课和实现有效教学的关键。对备课流程的考察,其实是和课堂教学的整个流程相对应的。为此,关注主要教学环节的改进,是备课质量和实效的保障。本章就从教学的环节出发,阐述相关的要求与建议。

3.1 教学目标的制订

对上海中小学教师备课情况进行的调查表明,绝大多数教师对如何制订教学目标感到困惑。其中,62.8%的教师认为,在对新课程的备课中最主要的差异体现在三维目标的整合上,认为两者之间没有差异的教师只占2.4%。可见,教学目标的制订已成为当前备课中备受教师关注的重点之一。

3.1.1 教学目标的内涵

教学目标是对学习者通过教学后应该表现出来的可见行为的具体明确的表述。它是教学活动的出发点和归宿,是教学活动的指南,是教学评价的依据。也就是说,作为教学的"纲",它保障了教学过程中师生活动具有明确的共同指向,"纲"举"目"张。从整体上看,教学目标有着不同的层次,同时,又有不同的领域划分。

教学目标一般包括单元教学目标和课时教学目标。但仅仅这样描述还不能清楚地看出教学目标在整个教育目标系统中所占的位置。我们不妨把教学目标置于大的教育目标体系中来看一看。从教育目标体系的分类层次上看,教育目标一般包括教育目的、学校教育目标、学科课程目标、单元教学目标和课时教学目标等多个层次(见图3-1),这些目标通过从一般到特殊逐级地具体化,形成一个多层级的目标体系。其中,教学目标设计要符合课程目标的要求。课程目标是教育目标和学校培养目标的体现,课程目标只有转化为教学目标并通过这一级目标的实施才能实现。因此,教学目标要依据课程目标来设计,是课程目标的详细化和具体化。在具体目标设计时,必须考虑到目标体系的横向和纵向的联系。要满足上位目标对下位目标的要求,充分实现各层次目标的连

图3-1 教育目标分类层次图

续性和递进性。

从领域上看,教学目标可划分为认知领域的目标、情感领域的目标、动作技能领域的目标。新课程的教学目标大体分为知识与技能、过程与方法、情感态度与价值观三个维度。之所以将"过程与方法"单独列出来,主要是要改善过去这方面的薄弱之处。但必须注意的是,"过程与方法"同其他两个类别不在同一个层次上,所以在阐述这方面的教学目标时,应考虑到过程与方法本身会包含知识与技能、情感态度与价值观。在涉及三维目标时,既不能将三维目标简单叠加,也不能将整体目标机械分割,而要在分析教学内容、学生状态和学生可能发展的基础上有机地加以统整。

3.1.2 制订教学目标的基本原则

1. 制订教学目标常出现的问题和不足

一位教师在执教"硫酸"一节时,把教学目标确定为"掌握浓硫酸的物理性质和化学性质,了解硫酸的用途"。很显然,这个目标只注重了知识技能目标,而缺少对学生认识过程与方法的培养和对学生情感态度与价值观的思考。另外"掌握……性质"中的"掌握",不能直接观察和测量,一般情况下必须描述学生具有这种能力的行为表现的例子。

实际教学中,教师在制订教学目标时出现的问题远不止上面这些,我们把常见的问题稍作梳理,归纳如下:

(1) 照搬照抄课程标准或者教材的目标,没有根据学生实际将课程标准和教材要求转化为可行的教学目标。

(2) 从"应试"的角度确定教学目标,即考什么就以什么作为目标。

(3) 用一册教材、一章节或单元的"教学目标"代替一节课的"教学目标"。

(4) 没有阐述教学预期结果,而是把教学程序或活动安排作为教学目标。如,"进行理解性阅读,理解课文第一部分和第二部分第一层"。

(5) 教学目标的指向是教师,对教师要做的事情进行陈述,而没有把学生作为主体,陈述期望学生发生什么变化。

(6) 列举要达到的各种目标,但没有具体说明希望学生如何达到这些目标。

(7) 局限在认知方面的目标,忽视了过程与方法、情感态度和价值观方面的目标,较少关注学生在学习过程中的经历、感受、体验。

(8) 教学目标过于笼统、空泛,无法观察、测量和评价的。如,"了解……"、"理解……"、"感知……",不能将学生的活动外显出来,无具体的质和量的规定,很难测量。

(9) 过分强调"行为目标"的可见性、可测量性,而忽视隐性目标对学生发展的促进。

还是结合上面的"硫酸"教学目标存在的问题,我们可以把教学目标作这样的修改:

【案例 3-1】 "硫酸"教学目标

(1) 能用氧化还原反应概念,分析浓 H_2SO_4 的氧化性,能举出三个表现出硫酸强氧化性的实例,并熟练写出化学方程式。

(2) 通过设计实验、动手实验、观察实验等,了解科学探究的基本方法,体验实验在化学学习中的重要作用。

(3) 初步理解"现象与本质"、"量变与质变"的辩证关系,树立辩证唯物主义世界观。

这一教学目标的设计就比较明确,便于课堂教学的实际操作,有质与量的规定,体现出过程性特点和由浅入深的阶段性特点。对具体学习内容、学习过程、学习结果都有明确的指向。

2. 制订教学目标遵循的基本原则

(1) 课程标准、教材的重点和难点以及学生的学习现状,是制订教学目标的出发点

学科课程标准是制订教学目标的根本依据。课程标准中的"课程目标"规定了教学要完成的基本目标和任务,并对具体学段的课程目标进行分阶段说明。教学目标应将阶段课程目标具体化。这样,教学目标的制订才能确保从学科课程标准中找到依据。

教材的重点、难点是制订教学目标的重要依据。教学的重点、难点是什么,学生要掌握什么,要训练什么,要达到什么程度,要根据教材内容来确定教学目标。

学生的学习现状是制订教学目标的必要依据。只有适合学生的教学,才可能成为最好的教学。因此教学目标的制订要建立在学生原有的学习基础,包括学生的心理、生理状况和学生的知识、能力基础之上,进而提出新的可以达到的学习目标。

(2) 三维目标要并重,基础目标与发展目标要并举

教学目标关系到在具体实施教学前必须明确"要到哪里去"的问题。新课程提出了课堂教学的三维目标,从"知识与技能"、"过程与方法"、"情感态度与价值观"三个维度进行整体设计,这是课堂教学的创新点,它使素质教育在课堂教学中的落实有了重要的抓手和坚实的操作性基础。

其中,"知识与技能"是指事实、概念、原理、规律等知识和观察、阅读、计算、调查等能力;"过程与方法"是指认知的过程和方法、科学探究的过程和方法、人际交往的过程和方法,特别强调在过程中获得和应用知识的方法;"情感态度与价值观",包括对己、对人、对自然及其相互关系的情感、态度、价值判断以及做事应具有的科学态度、科学精神。因此,在制订教学目标时,一定要全面考虑上述三个维度,确定具体可行、三维整合的教学目标。当然,在具体的每节课中,教学目标应有不同的侧重点。

确立基础与发展并举的教学目标。既要有保底目标,也要有拓展提高的目标。"以学生的发展为本"的教育理念,要求我们在制订教学目标时要把全体学生作为行为主体,关注每一位学生的发展。教学目标既不能太高,也不能太低,对一般学生,教学目标只要呈现出一般要求即可,对基础好的学生,教学目标就应当提得稍高一点。

【案例 3-2】《从百草园到三味书屋》第一课时教学目标
(1) 能熟读第二自然段,50%以上的同学当堂课背出。
(2) 能分析第二自然段中季节景色、方位、动静的变化,修辞手法的运用。
(3) 热爱大自然、热爱生活的感情有所增强。

这一课时的教学目标表述了学生应该达到的最低行为水平标准,绝大多数学生是应该能达到的,但没有考虑到优生的要求。对第一项目标可作这样的修改:

(1) 能熟读第二自然段,50%以上的同学当堂课背出;"20%的同学能用'不必说……不必说……单是……就……'句式口头描述一段景物"。

这样,该课时教学目标就形成了既有底线又有较高要求的层次性格局,满足不同水平学生的学习需求。

3. 要凸显学科特点,体现学科特殊的教育功能

我们经常看到不少教学目标缺失了学科特点,把学科内容边缘化,即从教学目标上看不出这是哪门学科的教学目标。如,语文与思想品德学科的教学目标,往往都会有对学生人生、价值观的思想教育要求。这就要求教学目标的制订能体现学科特点,否则很可能把语文课变成思想品德课了。因此,在制订教学目标时,必须有学科意识,不同的学科还可根据学科的一些特点来思考。如,数学学科要侧重培养学生的逻辑思维能力、想象力、严谨的科学态度等;语文学科则要侧重从工具性和人文性的角度来制订教学目标等。

3.1.3 三维目标的制订方法

1. 制订"知识与技能"、"过程与方法"维度的教学目标的方法——"ABCD"法

如何制订"知识与技能"、"过程与方法"维度的教学目标呢？一般要从四个基本要素入手:对象(Audience)、行为(Behavior)、条件(Condition)和标准(Degree)。故通俗地称为"ABCD"法则。采用 ABCD 法设计教学目标可以使目标的表述做到具体、明确、便于操作,利于指导和评价教学。如"初二学生在观看各种云图时,能将卷云、层云、积云和雨云分别标记出来,准确率达 90%。"这一目标中,"初二学生"是"对象","能标记出来"是"行为","在观看各种云图时"是"条件","准确率达 90%"是"标准"。上述这种方法由于它只强调学生的学习结果,只重视学生外在行为的变化,不能反映学生内部因素的变化。因此,比较适用于描述"知识与技能"、"过程与方法"维度的教学目标。下面对这四个要素进行分析。

(1) 对象:即阐明教学对象

教学目标制订中,教学对象或者说行为主体是学生,而不是教师,所以不要把教学目标写成"教会学生……",而应写成"高二学生"等。如果这个对象或主体已经明确,也可以从目标阐述中省略。

(2) 行为:即应说明通过学习后,学习者应能做什么(行为的变化),获得怎样的学习结果四个要素中,行为是最基本的成分。表述行为的基本方法是使用一个动宾结构的短语。其中,①行为动词用来说明学习的类型,如"操作"、"说出"、"列举"、"比较"、"背诵"、"说明"、"使用"都是行为动词,而不要用"知道"、"理解"、"掌握"、"欣赏"等动词,因为,这些动词可用来表述总括性的课程目标和单元目标,但表述课时目标则不明确,给以后的教学评价带来困难。②宾语则用来说明学习的内容。如,"学生能找出文章中陈述事实与发表议论的句子","能说出人体骨骼的名称","对照比较植物细胞和动物细胞"。在这样的动宾结构中,宾语部分与学科内容有关,学科教师都能很好地把握。

(3) 条件:即应说明上述行为在什么条件、环境等因素下产生的

它既说明了学生在什么样的情景中完成规定的行为,也说明了应该在什么样的情况下评价学生的学习结果。条件的表述常与诸如"有没有工具?""有没有时间限制?"等问题有关。如,"通过观察,准确描述……","通过具体实例,说明……"比如,一位体育教师在制订"提高平衡和空中定向的能力"这一目标的行为条件是"通过尝试动作组合,改善身体姿态"。一般而言,条件主要包括如下因素(见表 3-1)。

表 3-1 因素列表

因　素	举　例
环境	空间、光线、气温、室内外噪音
人	个人单独完成、小组集体进行、在教师指导下进行等
设备	工具、设备、图纸、说明书、计算器等
信息	资料、教科书、笔记、图表、词典等
时间	速度、时间限制等
问题明确性	为引起行为的产生,提供什么刺激以及刺激的数量

(4) 标准:即应规定达到上述行为的最低标准(即达到所要求行为的程度),是作为学习结果的行为可接受的最低衡量依据

"标准"可以用定量的方法表示,也可以用定性的方法、定性定量相结合的方法表示。例如,"至少能正确默写 80% 的词语"。标准一般从行为的速度、准确性和质量三方面来确定。

学习目标中,有些条件和标准较难区别,如"能在 5 分钟以内"既可理解为时间的条件,也可看作行为速度的标准。对这一情况不必过多争论,只要能清楚说明教学目标就可以,对条件和标准的区别并不重要。

以上四个要素,简单说就是谁(对象)在什么条件下(行为条件)做了什么(行为),以及做到什么程度(标准)。需要指出,在实际运用中,往往不需要、也不可能完全机械地按上述要求编写学习目标。在一个学习目标中,行为的表述是基本部分,不能省略。相对而言,条件和标准是两个可选择的部分,一般可以不将条件和标准一一列出。

2. 制订"情感态度与价值观"教学目标的方法——内外结合表述法

知识与技能、过程与方法维度的教学目标通常采用外显的行为目标或表现目标,指明希

望学习者表现出什么样的学业行为(学习结果的外显表现)的可观察、可操作的最终行为术语描述。但是,像情感态度价值观的隐性目标往往用行为目标很难表述,如,一篇语文课文,掌握多少生字生词,都可提出有利于教和学的量化目标,这类目标可以外显。而对课文的理解水平则很难量化,其深浅、快慢程度,就只能以"初步"、"深刻"、"透彻"等字眼加以限定,而这种限定本身有不确定性。因此,可以采用将学习结果的内隐变化和学习结果的外显表现结合起来的办法,即"内外结合表述法"来表述。

"内外结合表述法"是先用表述内部过程的术语陈述教学目标,然后再用可观察的行为作例子使这个目标具体化。这种内外结合的方法通过对学生外在行为变化的观测,反映学生内部因素的变化,因而特别适合于描述情感领域的教学目标。情感学习目标有了这些具体的行为指标作为判断依据,其可操作性无疑加强了。在表述具体的行为时,应尽可能采用可观察,甚至可测量的行为动词。

例如:"理解议论文写作中的类比法"这一教学目标,就可以这样描述:"理解议论文写作中的类比法。能用自己的话解释运用类比的条件;能在课文中找出运用类比法阐明论点的句子;对提供的含有类比法和喻证法的课文,能指出包含了类比法的句子。"在这一描述中,"理解"一词是用以描述内在情感变化的动词,是无法直接观测到的,因此,必须用"解释"、"找出"、"指出"这些外在的行为对其进行说明。这样使教学目标得以精确化。

尽管新课程教学目标按照"知识与技能"、"过程与方法"、"情感态度与价值观"三个维度来陈述,但是教师不能机械地、一一对应地照搬上述方法,每堂课都按三个维度来陈述。而应该把它当作思考教学目标的一条重要原则,然后根据具体的内容、学生与情景来确定目标的重点。如小学数学有关"统计"的内容,有位教师这样陈述课时目标:

【案例3-3】 "统计"教学目标

(1) 知识与技能目标:初步了解统计的意义,初步认识条形统计图(1个格子表示两个单位)和统计表。

(2) 过程与方法目标:使学生体验数据的收集、整理、描述和分析的过程,会用简单的方法收集和整理数据。

(3) 情感态度与价值观目标:通过对学生身边有趣事例的调查活动,激发学生的学习兴趣,培养学生的合作意识和实践能力。

这样的教学目标如果改成如下的表述,是否会更好些呢?
修改后的"统计"教学目标:
(1) 能从自己的生活中举出含有统计内容的例子。
(2) 独立或合作将一组数字变成统计图。
(3) 结合统计图,说明"1个格子表示两个单位"的含义及其意义。

3.1.4 制订教学目标的步骤

课时教学目标的制订一般有四个步骤：

目标分解 → 任务分析 → 起点确定 → 目标陈述

1. 目标分解

课时教学目标是教学目标体系中最为具体的目标，要确定课时目标，就必须明确其上位目标——单元教学目标及其相互关系，这就涉及教学目标的分解过程。第一，进行学习需要和兴趣的分析。第二，进行学习任务选择和组织。第二步以第一步分析结果为基础，确定为实现单元教学目标学习者必须完成的学习内容，分析与基本概念、基本原理、基本方法或基本过程有关的知识内容的内在的逻辑体系。如，是相对独立还是相互平行关系？是前后关系还是递进关系？据其不同的关系，将学习内容根据需要调换顺序，或形成阶梯递进式结构。

2. 任务分析

任务分析就是指对学习者为了达到教学目标的规定所需学习的知识和经验以及技能、能力、态度、情感等及其相互关系，进行具体的剖析。对课时教学目标的任务分析往往是与单元教学内容结合进行的，所以有人也把这种任务分析叫作教学内容分析。通常的做法是，从已确定的教学目标开始提问和分析：要求学习者获得教学目标规定的能力，他们必须具备哪些次一级的从属能力？而要培养这些次一级的能力，又需具备哪些更次一级的能力？……这种提问和分析一直进行到确定教学起点为止。课时教学目标可分为认知的、情感的、动作技能的等几种类型。

3. 起点确定

设计合适的教学目标需要对学习者的起点能力进行分析，即从学生现有的实际水平与我们期望的目标水平之间存在的差距确定教学的起点。教学起点的确定，直接关系到教学目标的作用发挥和教学的有效性。教学起点定得太高，则可能导致课时教学目标过高，超过了一般学生的能力，并且导致学生产生畏难心理。教学起点定得太低，则会在学生已掌握的内容上或教学活动上浪费时间和精力，并可能导致学生的厌学心理。一般说来，确定起点主要应对学习者进行三方面的分析：

首先是对学习者的特征进行分析，如，学习习惯、兴趣、方法、态度以及心智发展水平等。其次，是对学习者预备技能的分析。最后是对学生目标技能的分析，即了解学习者是否已经掌握和部分掌握了课程及其单元教学目标中要求学会的知识和技能。本部分内容详见第2章第4节。

学习任务分析和教学起点的确定是密不可分的，在设计教学目标时，这两方面的分析往往是同时进行的，二者并不存在明显的先后关系。

4. 目标陈述

目标陈述是对学习者在学习以后应达到的行为状态作出具体、明确的表述，再将这些表述进行类别化和层次化处理。教学目标的陈述要做到：

（1）教学目标要陈述的是预期的学习结果，对学习结果要有明晰的指向。因此陈述的目标主体必须是学生而不能是教师。像"教会学生……"、"使学生……"、"提高学生……"、"帮助学生……"、"激发学生……"这些写法都是不规范的，因为其所规定的目标行为的主体是教师而不是学生。

（2）有概括性、指向性和动作性，即对教学内容和行为过程要进行概括；选择恰当的具有操作性的行为动词，如"说出"、"解释"、"陈述"、"计算"、"辨别"、"比较"等，进行客观描述。

（3）目标要反映学习者的能力水平，应可测量。如，"观察实验的过程，做好必要的记录"、"能说出自己的实验假设、验证过程与结果"，这样的目标不但能反映学习者的学习情况，而且可以评价。而"了解"、"知道"、"理解"、"掌握"这样的目标，因缺乏质和量的具体规定性，且不可观察，评价就无法开展。

（4）陈述目标必须具体、准确、语言简明，切忌泛泛而论。如，情感态度类目标主要通过外部的言行来判断，避免使用"增强……意识"、"培养……态度"等。如，"培养学生对现代文学的鉴赏力"这类陈述，可作为课程目标，作为教学目标就过于宽泛了。

3.2 教学内容的处理

教学内容是落实课程标准、达成教学目标的重要载体。教材内容为教学提供重要资源，是安排教学内容的基本线索，是教学内容的重要组成部分，但却不是全部。教材内容完全符合学生实际的学习需要，一点儿都不需要作任何调整，这当然是理想的情况。但实际上，要科学、合理地组织课堂教学，必须寻找教学内容与教学现实的结合点，从目标、内容、结构等方面对教材内容进行"二次规划"，这包括教学内容的整合、教学内容序列的调整和教学内容的结构化重组。

3.2.1 教学内容的整合

尽管教材有具体的教学内容，但其毕竟是静态的，与学生生成新知的动态过程不可能完全吻合，因此，教师在实际教学中仍然需要对教材内容进行调整，而不是简单地执行与传递。当然，这种调整不是随意的，不是一概扩展，也不是仅限于教材内容范围，而是需要教师根据自身对课程标准的理解，研究教材内容之间的相互联系和学生实际学习需要，在尊重教材的基础上，根据教学目标对教材内容进行有目的的重新筛选与整合，包括新编、增删与调整教材内容，从而形成符合学生认知水平和有利于学生发展的教学内容，并做到详略适度、突出重点。

【案例3-4】"相似多边形的性质和判定"教学内容的新编

教材内容：采用从正多边形到一般多边形、从三角形到多边形这一从特殊到一般的方法归纳结论。

教材分析：教材上面的处理有其合理性，但具体操作起来有一定的困难，如，第一，学生总有疑惑，给出的两个图形是相似的吗？为什么呢？第二，探究它们对应角和对应边的关系时只能通过度量（还未学三角函数），量出的结果常常会显得非常尴尬。

教学内容的新编：借助多媒体，出示比例尺不同的两幅中国地图。

1. 在两幅地图上分别选取北京、长沙、台北三个城市，将这三个城市用线段连结起来得到大小不同的两个三角形，提出问题：①这两个三角形相似吗？②与你学过的有关地理知识联系起来，这两个三角形的对应边和对应角有什么关系？

2. 在两幅地图上分别选取四个、五个城市，画出相应的四边形和五边形，提出问题：这两个四边形（五边形）相似吗？它们的对应边和对应角有什么关系？

3. 总结出"相似多边形的对应角相等，对应边的比相等"，进而得出"如果两个多边形满足对应角相等对应边的比相等，那么这两个多边形相似"。

显然，教师没有机械地用教材内容，而是根据学生已有的地理知识，借助比例尺不同的两幅地图，研究两幅地图上几个城市围成的多边形间的关系，使学生在已有的知识和经验基础上，研究有趣的、具有现实意义的问题，便于学生真正理解相似多边形的性质，使难点得以突破。

【案例3-5】 "能被2、3、5整除的数的特征"教学内容的调整

在设计这节课时教师对教材内容进行了大胆的处理：

一是把能被2、5整除的数的特征与能被3整除的数的特征整合在一节课内进行教学。

二是重新设计例题，通过用0—9这10个数字组三位数，再判断其中分别能被2、3、5整除的数各有哪些，来探索发现能被2、3、5整除的数的特征。

这样处理的意图，一方面力图使学生整体把握整除特征；另一方面力图使学习内容具有较强的灵活性，以促进学生的思维，培养学生的观察、分析、判断等能力。

对教材的独特处理是这节课的最大特色，教师创造性地将"能被2、3、5整除的数的特征"整合在一节课里进行教学，作为整个学习任务来处理，它在知识上是一个整体，而在特征和判断方法上又各自不同，这使学生的学习过程始终处在"产生冲突——解决冲突"的过程中。如，在探索能被3整除的数的特征时，有的学生可能会提出"个位上是3的倍数"，有的学生可能会提出"某一位上的数是3的倍数"，而水平较高的学生可能会观察到"各个数位上的数字之和是3的倍数"。例题的重新设计为中学生的积极探索提供了较大的思维空间，为每个学生在不同水平上参与学习提供了可能。

在整合教学内容时，教师始终要有一种意识：要选择学生日常生活中熟悉或关心的素材、情境来作为教学内容，把知识的学习与生活实际紧密联系起来，使学生从中感悟所学知

识的应用价值。

【案例3-6】 "铝的性质"教学内容的生活化

展示铁在空气中生锈腐蚀(铁门窗锈迹斑斑,锈蚀严重,表皮脱落,裸露出来的内层铁也被腐蚀了)等图片;

展示铝合金门窗表面平整光滑,无生锈腐蚀现象。

提出"铝是较活泼金属,活动性强于铁,为什么铁在空气中被腐蚀而铝却没有被腐蚀呢?铝难道不能被空气中的氧气氧化?"由此引发学生的兴趣并展开讨论,让学生在知识的引入、问题的形成与解决中逐步建构新知,感悟化学知识的价值。

3.2.2 教学内容序列的调整

教学内容按什么样的顺序来组织和呈现,即教学内容的序列安排,是教师在备好教学内容之后要思考的问题。从教学起点到教学终点,教学内容的呈现有多种序列的可能,但大多数教师一般都会按照教材内容的先后顺序来组织教学内容。这本无可厚非,但却不适合所有的教学。因为,我们前面始终强调教材内容不是教学内容,当教学内容经过重新加工整合后,其教学内容的组织顺序必然也要随之进行相应的调整,这样才能使内容和形式相统一。因此,调整教学内容的序列,使之更符合教学实际,这样的教学才会更有效。

对教学内容序列进行调整主要可采用这样一些方式:直线式、螺旋式、自上而下式/自下而上式。

直线式编排教学内容:是把教学内容转化为一系列习得能力目标,然后将这些目标按照从较简单的辨别技能到复杂的问题解决技能的顺序,对全部教学内容按等级来排列。直线式排列的特点是各个教学内容不重复,每一环节所学习的都是新知识。这种方式对于思维能力强的学生尚可适用,可以提高学生的学习兴趣,加快学习,但是容易造成理解不深、知识不牢、技巧不熟的现象。

螺旋式编排教学内容:是将同一主题的教学内容按照由易到难螺旋上升的顺序而编排的。其特点是随着学生理解的加深,逐步扩大内容的广度,增加内容的深度和难度。这种编排顺序比较符合学生认识能力的发展规律,易于理解、掌握并巩固所学知识。但要注意内容的梯度设计,要环环相扣,否则会造成学习内容衔接的断层。

自上而下或自下而上式编排教学内容:"自上而下式"是先呈现整体性任务、显示知识的概要,然后进行精细化处理,从概要中找出细化的教学起点,展开内容,再从展开的内容中找到二级细化的教学起点,依次呈现一系列细化序列,细化的复杂程度和精细程度随着教学进程而逐渐加深。"自下而上式"是先找到教学起点,即从基本子概念、子技能的学习出发,然后采用"逐步生长"的策略,逐渐扩展知识范围,逐渐学习到高级的知识技能。

总的说来,上述各种教学内容序列,各有利弊,要吸取各种编排方式的长处,避免短处。在调整教学内容时要处理好学生的思维特点、认识规律、知识结构之间的关系。

3.2.3 教学内容的结构化重组

有研究表明,结构化的教学具有这样一些功能:它一般以概念和原理作支撑,体系简约,易于领会与接受;有利于学生学习思维方法,自主处理信息,便于理解与记忆,能在学生头脑中形成高效、合理、有序的知识结构;便于联想、迁移与应用。由此可见,教师通过对教学内容的结构化处理,让学生掌握知识间的关联是非常必要的。

备课中,教师在处理教学内容时要以条理化、结构化和整合化为原则,要把零散的知识"碎片"进行整理,使之条理化、结构化,并以便于学生理解和应用的方式呈现,这样可有效地减轻学生的学习负担。但这并不是说教学一定要按部就班地从基本的概念和原理教起,而是以形成结构化、层次化的认知结构为最终目标和总的设计原则。

教学内容结构化可采取两种策略:一是根据学情对教学内容进行适当调整或组合,加强教学主题之间的整合,使之尽量符合学生的认知水平。二是当一节或一章内容结束时,及时对已学过的知识进行归纳整理,联系以往相关知识进行整合,形成新的结构,使之与原有认知结构一体化。

【案例3-7】 小学低年级识字教学的结构化处理

如母体字"青",繁衍、派生出"清、情、请、睛、晴"等,形成一个字族。《小青蛙》就是这一字族编成的字族文:"河水清清天气晴,小小青蛙大眼睛,保护禾苗吃害虫,做了不少好事情,请你保护小青蛙,它是庄稼好卫兵。"

新教材生字随课文出现,一篇课文中出现的生字,无论在"音"、"形"还是在"义"方面都没有"嫡系",这给学生记忆和理解造成一定困难。在教学中,教师就要有意识地帮助学生进行分类识记,把新学习的生字与学过的字联系起来,并从字形、字音上加以区别,这就是帮助学生把知识结构化的过程。

3.3 教学流程的设计

教学流程是教学过程的系统展开,是把教学内容与教学手段进行合理链接,从而达成一定的教学目标。通俗地说,教学流程就是一个完整的课堂教学安排,是对整节课的一个"战略部署"。因此,备课中,关注教学流程的设计是非常必要的,也是非常重要的。

3.3.1 教学流程设计中常出现的问题

在实际备课中,虽然大多数教师会关注教学流程的设计,但往往还是会出现各种各样的问题。一位语文教师在上《卖炭翁》一课时，正赶上雪后初晴，于是他设计了下面的教学：

【案例3-8】《卖炭翁》的教学环节

环节一：导入新课

同学们，断断续续飞舞了近一周的雪停下了。今天，阳光照耀，天气暖和，是我们盼望多日的好天气。但是，很久很久以前，有一个穿得十分单薄的老人，却不喜欢这样的天气，总是期待朔风凛冽、大雪纷飞，他，就是白居易笔下的"卖炭翁"。你们知道，卖炭的老人为什么会有这样的反常心理呢？

（学生对老师的提问纷纷发表不同的见解。）

环节二：检查预习的字词。

环节三：……

上述环节的设计，其实在语文课上非常普遍。即导入新课→预习检查。粗略看来，这样的流程设计似乎没有什么不妥。教师抓住了天气突变这一特殊情境，即兴应变，设计了一个问题导入新课，激发出学生的求知欲望（从课堂教学的情况看，也的确如此），应该是一个不错的导语。但仔细深究起来，问题就出在导入新课以后，检查预习的内容是字词，这与前面导入中引出的问题没有相关性，以至于学生刚刚被激发起来的对卖炭老人的探索意识一下子烟消云散。正是因为这两个环节之间严重脱节，精彩的导入变成了一个精美的"装饰品"，对后续的课堂教学没有发挥应有的作用。

上面这个例子，其实很容易看出其中的弊病。而在实际备课中，出现的不仅仅就是环节间的脱节，还有很多更为复杂的现象。如，大量的无效环节充斥于课堂；教学环节与目标相脱离；环节顺序安排颠倒或混淆等等。因此，备课中，对教学流程的设计切记不要流于形式，而是要确确实实关注每一教学环节的设计是否合理和有意义，是否关注到了环节间的梯度，是否关注到了环节间的过渡等等。从这样的角度来思考，上面案例如能在导入新课后，通过范读、自读等各种形式的朗读，引导学生在课文的朗读中把握文章大意，求解导入中的那个问题，显然要比检查字词这样的设计好得多。

3.3.2 有效的教学流程应具备的基本特征

我们来看一个数学学科的案例——《轻与重》，这是上海二期课改小学数学教材二年级第二学期第四单元的教学内容，教材要求学生能通过实际生活经验来判断和比较"轻与重"。这既是本节课的教学重点，也是本节课的教学难点。如何更好地突破这一难点呢？教材中所显示的是用橡皮筋同时比较五件物品，而学生看到的仅仅是比较的结果。从新课程的教学理念来看，如果仅按照教材的设计来实施，虽然也能完成这一教学目标，但是，对于学生的数学思维的发展和动手实践的能力培养显然还是不够的。基于此，一位教师确立了这样的教学目标：

  知识与技能目标：通过看、掂或借助工具的方法进行轻与重的比较。

  过程与方法目标：通过观察、验证等学习活动，培养动手操作能力。

  情感态度与价值观目标：在动手操作的活动中提倡合作精神，感受数学与生活的联系。

  显然，教师在教学目标的设定上从"知识与技能"、"过程与方法"、"情感态度与价值观"三个维度对这节课的教学进行了重新定位，教学目标明确、具体。

  那么，为达成这一教学目标，教师是这样设计教学流程框架的：

【**案例 3-9**】《轻与重》的教学流程

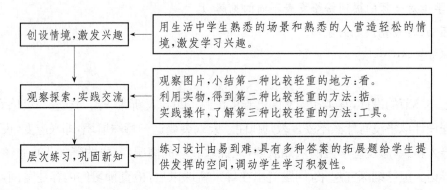

  从上面的教学流程图中，我们看到新授部分的三环节层次清晰，目标明确。第一环节，用眼睛看的方法判断"轻与重"：本环节中学生通过观察，根据自己的经验，在老师的引导下，得到了比较"轻与重"的第一种方法——"看"；第二环节，通过用手掂比较"轻与重"：学生在不能运用第一种方法的时候，会自发产生寻求其他方法的愿望，于是得到了比较"轻与重"的第二种方法——"掂"；第三环节，借助工具比较和验证"轻与重"：精心设计和选择的物体使学生在比较时产生矛盾，在矛盾中寻求解决的方法，当"看"与"掂"都不能解决问题时，需要借助工具。

  我们看到，为了增强学生的动手操作能力，教师设计了小组合作，亲身体验这一教学环节。学生亲自动手操作，用平衡尺、弹簧等工具同时比较五件物品的轻与重。由于是低年级学生，因此在小组活动之前，教师还着重介绍了工具的用法以及明确了小组成员的分工，这样既能教会学生小组合作的方法也能提高操作效率。这一环节的设计不仅培养了学生动手操作能力同时也体现了"加强数学的过程教学"这一新理念。

  从这个成功的案例中，我们可以归纳出有效的教学流程设计具有这样一些基本的特征：教学流程的每一步都必须为教学目标服务，要考虑到教学容量、教学手段、教学方式方法与教学目标的一致性；有效的教学流程甚至还要考虑到教学环节的时间分配的合理性和所采取的课型与教学内容的特征相符合。环节间的设计要有梯度，为课堂教学的逐步推进搭建"台阶"，降低任务达成难度；环节间要有适当的过渡和衔接，给人以行云流水般的感觉；环节的设计既有合理性,还要有逻辑性,不仅符合学生思维的认知规律,激发学生的认知冲突,同时还教给了学生探索新知的方法。下面这一教学流程图牢牢地抓住了教学过程与教学目标的一致性展开设计。

【案例 3-10】 "功率"教学流程图

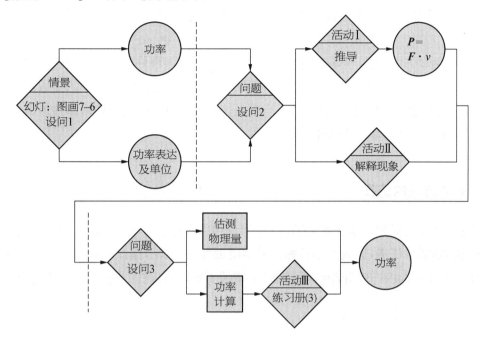

3.3.3 如何有效设计教学流程

一般而言,以问题为中心的教学流程的设计是一个不错的方式。即在对一连串问题的"讨论"与"交流"的探索过程中,在"自主探究"与"合作分享"的过程中,达成教学目标。这与教师单向的"讲授"和"传输"相比,能取得更好的教学效果,也更符合新课改的理念。我们可以从这四个方面着手:

环节一:提出问题环节。包括创设问题情境(生活情境和虚拟情境),以新鲜有趣的形式引发学生的好奇心和积极的学习情感。

环节二:问题解决环节。围绕学生已有的经验、体验来展开,设置合适的台阶,运用恰当的教学组织方式,引导学生主动参与交流讨论,凸显解决问题的过程。

环节三:得出结论环节。引导学生自主得出结论,教师不要越俎代庖,应允许不同结论的存在。

环节四:开展评价环节。通过评价,分析彼此的长短处,总结该方法与以前所学的不同之处,反思合作性学习的有效性,从而提高学生的信心,促进学生的发展。

我们知道,教学是一个教与学双向流动的过程,因此,上述的教学流程不但要从纵向进行设计,还要从横向来思考,即从教师的教和学生的学两个方面来设计每一环节的教与学双边活动。

在教师活动的设计方面,要考虑设计怎样的情境导入新课来激发学生的学习兴趣、怎样体现新课导入和教学结尾相呼应;怎样突破教学重点和难点,设计和指导开展哪些具体的活动,选择哪些教学资源;通过哪些途径收集学生的反馈信息、调控学生的学习活动;怎样进行讲解,设计怎样的问题或练习供学生使用;怎样进行归纳小结,指导学生实现知识迁移并使学习内容进一步整合与内化;采用怎样的手段来测量或评定学生的学习效果等等。

在学生活动方面,为让学习者明确学习内容以及应该实现的教学目标,教师要根据学习目标与内容为学生设计相应的学习活动,包括阅读什么材料、观察什么实验、完成什么练习、如何进行实验、怎样开展讨论、如何进行自我反馈、如何实现知识迁移等,即在教师引导、指导下,对学生一系列的学习活动进行设计。

3.4 教学方法的选择

教学方法的选择对于提高教学质量具有十分重要的意义。选择恰当的教学方法,有助于顺利地完成教学任务,达成教学目标。教学质量高、效果好,往往和教师采用恰当的教学方法有关;反之,学生在知识技能方面有欠缺、掌握不牢固,也往往与教师所采用的方法不当有关。

3.4.1 教学方法的内涵及类型

1. 教学方法的内涵

教学方法是教师在教学过程中为了完成教学任务或目标而采用的方法,它包括教师教的方法和学生学的方法。教法与学法并举,教法与学法密不可分。以下着重探讨教的方法。

实践证明:教师在备课中,对教学方法考虑得越细致、越充分,教学的效果也会愈好,而所花的教学时间也会愈少。

2. 教学方法的类型

按期望获得的学习结果的类型,可以将教学方法分为三大类。

表3-2 教学方法类型

获得学习结果的类型	教 学 方 法
认知类	讲授法、演示法、谈话法、讨论法、练习法、实验法
动作技能类	示范—模仿法、练习—反馈法
情感、态度、价值观类	直接强化法和间接强化法

3.4.2 教学方法的选择与运用

选择与运用恰当的教学方法是促进有效教学的关键。如何选择教学方法呢？

1. 选择教学方法要考虑的因素

苏联教育家克鲁普斯卡雅说过：方法的选择是由它的对象所决定的，如缝麻布要用针，缝皮子要用锥，打石头要用铁锤，等等。没有一种教学方法可以适用所有教学。教学方法的选择要根据教学目标、学生特征、学科特点、教师特点、教学环境、教学时间、教学技术条件等具体情况而有所改变。这就是说，教学方法的选择最终是由施教对象决定的，不看对象的方法是注定要失败的。

2. 选择教学方法依据的主要标准

选择教学方法依据的标准主要有两点：首先，要有助于顺利实现教学目标；其次，要有助于提高教学效率，即教学过程要高效低耗。可以说，教学目标及教学效率对选择教学方法具有决定性意义，因为教学因素之间不管采取哪种结合方式都必须保证实现教学目标，并提高教学效率。教学因素之间的结合（对某一具体教学内容和具体的师生特点来讲）若能保证教学效率最高和目标实现最优，这种结合即为最优结合，即为最好的教学方法。这就是我们选择、评价、创造教学方法的标准。

3. 几种常用的教学方法

（1）讲授法

讲授法，是教师通过口头语言，系统连贯地向学生描绘情境、叙述事实、解释概念、论证原理和阐明规律的教学方法。

（2）讨论法

讨论法，是学生在教师指导下为解决某个问题而进行探讨、辨明是非真伪，以获取知识的方法。

（3）演示法

演示法，是教师通过展示实物和直观教具，进行示范性实验或采取现代化视听手段等指导学生获得知识或巩固知识的方法。

（4）实验法

实验法，是学生在教师的指导下，利用一定的仪器设备，通过条件控制引起实验对象的某些变化，从观察这些变化中获得知识的方法。

（5）案例教学法

案例教学法，是在教师指导下，根据教学目标和内容的需要，组织学生围绕案例学习、研究、锻炼能力的方法。

（6）发现教学法

发现教学也称发现学习，是学生运用教师提供的按发现过程编制的材料进行"再发现"，以掌握知识并发展创造性思维与发现能力的一种教学方法。发现教学法具有通过发现过程进行学习和在学习过程中学习发现方法的双重含义，是一种具有较高自主性的方法。应用该方法进行教学,由学生亲自发现事物的规律,能使学生产生兴奋感和自信心,从而有利于提高学生的内部学习动机,发掘学生的智慧潜力,使学生掌握发现的方法,培养提出问题、解决问题的能力。

(7) 情境教学法

情境教学法,是指在应用知识的具体情境中进行教学的一种教学策略。在情境教学中,教学的环境是与现实情境相类似的问题情境;教学的目标是解决现实生活中遇到的问题;学习的材料是真实性的任务;教学的过程与实际地解决问题的过程相似,教师不是直接将事先备好的概念和原理告诉学生,而是提出现实问题,引导学生进行探索。

3.4.3 教学方法的优化

各种教学方法都有其长处和短处,都有其独特的功能。但没有一种教学方法是万能的,因此在选择教学方法时应根据教学的不同情况,从中选择那些最能发挥其独特功能的教学方法,多中选优。下面是选择最优化的教学方法可以参考的关系图和选择程序。

1. 教学目标与教学方法之间的优选关系

前面谈到,教学方法的选择首先要考虑达到教学目标。教学方法是为实现教学目标服务的。有了明确的目标,方法常常会"应运而生"。

表 3-3 教学目标与教学方法之间的优选关系图

教学目标＼教学方法	记忆事实	记忆概念	记忆程序	记忆原理	运用概念	运用程序	运用原理	发现概念	发现程序	发现原理
讲授	△	☆	○	☆	☆	○	□	□	□	□
演示	☆	○	○	○	□	○	○	○	☆	○
谈话	△	☆	□	☆	☆	□	○	○	○	□
讨论	□	△	△	□	□	□	☆	△	□	□
练习	○	□	☆	☆	□	☆	□	△	○	△
实验	☆	△	□	○	△	☆	□	□	○	☆

说明:☆最好;□较好;△一般;○不定

例如,对概念的学习,为了让学生掌握其本质属性,明确其内涵和外延,应特别重视其产生、发展的背景和过程,尽可能通过生动具体的实验或事实,提供充分的材料让学生观察、思考,让学生建立表象,引导概括出相应的概念,要突出概念的关键特征,重视其具体运用,在教法选用上主要是讲授法、讨论法和练习法。

【案例 3-11】 直线、射线、线段的教学过程及教学方法

1. 学生预习、感知概念。学生预习后能了解这些概念的意义,但对它们向几个方向延伸难以理解。这时,教师转入讲授阶段。

2. 教师讲授,帮助理解概念。教师先画直线。从黑板的一端一直画到另一端,甚至走出教室,还继续保持画的姿势,这形象地给学生树立了直线是无限延伸的感觉,再辅之以语言,促进学生进一步理解直线的无限延伸性。学生有了对直线无限延伸的直观感受,对射线、线段的延伸性也就容易理解了。(主要采用讲授法)

3. 学生练习,巩固概念。(主要采用练习法)

4. 师生总结直线、射线和线段的异同,深化概念。(主要采用谈论法)

当然,不同的目标,方法也是不同的,就好比不同的目的,路径自然也不同。方法没有好坏,只有合适与否,最高效地达到目标的方法就是好的方法。

2. 优化教学方法的选择程序

要实现教学方法的优化,除了需要依据有关要素,还要考虑适当的选择程序。巴班斯基等人通过调查研究,归纳出教师在选择教学方法时的一般决策步骤,对教学方法的选择具有一定的指导意义。巴班斯基提出的教学方法的选择程序有七个步骤。

第一步:决定是选择由学生独立地学习该课题的方法,还是选择在教师指导下学习教材的方法。

第二步:决定是选择再现法,还是选择探索法。

第三步:决定是选择归纳的教学法,还是选择演绎的教学法。

第四步:决定关于选择口述法、直观法和实际操作法如何结合的问题。

第五步:决定关于选择激发学习活动的方法问题。

第六步:决定关于选择检查和自我检查的方法问题。

第七步:认真考虑所选择的各种方法相结合的不同方案。

以上所谈的都是一般规律性的东西,俗话说,"教学有法,但无定法,贵在得法"。优秀的教师总是不断地研究、摸索、总结,借鉴好的教法,最终形成适合自己的教学方法。

3.5 教学媒体的选择应用

"工欲善其事,必先利其器。"跨入21世纪的今天,随着现代信息技术的迅猛发展,教学媒体的日新月异,对现代教学媒体的合理选择与应用,成为提高教学效果的辅助手段。根据各种媒体优势,分析教学内容,进行媒体优选,是现代教师必备的一项技能。

3.5.1 教学媒体的内涵及功能

捷克教育家夸美纽斯为了"让教学用书充满图像",在1658年编写了一本附有150幅插图的教科书《世界图解》,因而被西方国家誉为"直观教学之父"。这些插图作为教具也成了最早的视觉媒体。

1. 教学媒体的内涵

教学媒体是指直接加入教学活动,在教学过程中传输信息的手段。教学媒体概念与教具之间既有区别又有联系。教具主要是辅助教师呈现教学信息的工具,但它本身可以不携带教学信息。教学媒体则不然,因为教学媒体必须能够携带教学信息。

2. 常用教学媒体的功能

表 3-4 常用教学媒体功能表

媒体类型	主要教学特点	作用
黑板		使用方便、再现力强、凸显重点
投影	大画面的平面模拟	增加感性知识,清晰地形成表象,利于创设问题情境
幻灯	静态实景	
电视	动态过程	动态的视觉和听觉的结合,提供近似身临其境的感性经验
录像	声音、语言重现	
CAI 课件	抽象符号、交互作用	

例如,地理教学中,对地理名词、地理分布、地理数据、地理演变等以识记为主的陈述性知识的学习,宜选用和设计图片、地图、模型、幻灯、投影、黑板等再现力强的教学媒体辅助教学。对地理成因、地理规律、原理、地理概念等程序性知识的学习,主要应帮助学生加强理解,建立逻辑联系和空间关系,宜采用动画、录像、电视、电影、多媒体等教学媒体,突破教学难点,激发学生学习兴趣。比如"大陆漂移"、"锋面系统"、"褶皱的形成"等内容的教学,宜选用景观图片、电视、自制 flash 动画模拟演示等媒体,使学生观察到地理现象演变的动态过程及演变的各个阶段,能有效地促进学生理解。

3.5.2 选择教学媒体的依据和原则

1. 选择教学媒体的依据

(1) 依据教学目标

每门课程、每个单元、每节课都有一定的教学目标,比如要使学生知道某个概念,或理解某种原理,或掌握某项技能等等。为达到不同的教学目标常常需要使用不同的媒体去传递教学信息。以外语教学为例,知道各种语法规则或就某个题材进行会话是两种不同的教学目标。对于各种语法规则的学习,可以以教师的板书讲解为主,结合各种语法练习进行学习。练习就某个题材进行会话,可以借助各种视听设备,采用角色扮演的方法,让学习者练习会话。另外,如果要纠正学习者的读音,那么录音机就是一个非常好的媒体。

(2) 依据教学内容

根据不同学科教学内容性质的不同,选择教学媒体。如在语文课的散文教学中,可以借助录像等视听媒体向学习者提供一定的情景,使学习者有身临其境的感受,以加深他们对课文的理解和体会。

（3）依据教学对象

不同年龄阶段的学习者对事物接受能力不一样，他们的经验背景也不一样，选用教学媒体时必须顾及他们的年龄和心理特征及知识背景。另外，在两种效果接近的媒体中进行选择也可适当考虑学生的习惯和爱好。

（4）依据媒体特性

恰当地选择教学媒体的前提条件就是充分了解各种媒体的特性。只有充分了解各种媒体的优点和局限性，才能在使用中扬长避短，对它们进行综合应用。

（5）依据教学条件

教学中能否选用某种媒体，还要看当时当地的具体条件，其中包括资源状况、经济能力、师生技能、使用环境、管理水平等因素。

2. 选择教学媒体的原则

要使媒体在教学中高效、实用，必须遵循以下原则：

（1）目标性原则

目标性原则要求教师在选用教学媒体时，要有明确的教学目标，做到有的放矢。

（2）内容符合原则

学科内容不同，使用的教学媒体也不同，即使同一学科，各章节的内容不同，对教学媒体的要求也不一样。

（3）对象适应原则

不同年龄阶段的学生其认知特征有很大的差别，在进行媒体选择时，不能套用某种固定的模式。在小学低年级阶段，重点放在实施形象化教学；在小学高年级阶段，重点放在帮助学生完成从形象思维到抽象思维的过渡。在中学阶段，着重引导学生学习抽象概念，逐步发展学生的逻辑思维能力。

（4）首选性原则

即在运用不同种类媒体表现同一现象或成因时在表现效果基本相同的情况下，媒体首选时应遵循就低（低成本）不就高、就简不就繁、就易不就难的原则。用最少、最精、最简的手段，达到最理想的表现效果是首选性原则的根本所在。如运用挂图、幻灯、多媒体都可讲述的时候则选择运用挂图。

（5）结构性原则

指几种不同媒体先后出现在同一教学时段内时，应注重各种教学媒体在教学过程中的顺序设计。宜采用先低后高、先单后合、先常规后超常的阶段层次，这样才可能使学生大脑皮层在整个教学时段内不断接受相对变化的渐强信号，保持充沛精力和注意力。

（6）辅助性原则

尽管教学媒体的功能越来越强大，但教师主导作用和学生主体地位的师生关系并没有改变。教学媒体离不开教师，更不能代替教师。因此应将教学媒体摆在辅助地位，不能以媒体设计来代替学生的思维或教师的引导和启发。

【案例 3-12】 "能否用南极冰山解决沙特缺水问题"的教学媒体设计

投影——创设问题情境:沙特自然地理环境,着重于河流缺水画面,人口、经济及每年用水与供水数据,提出问题:沙特严重缺水,怎么解决?

板书——板书探究主题:能否用南极冰山解决沙特缺水问题。

投影——投影小组探究任务表。

网络——小组分工上网查询资料。

地图、图片——将世界地图、南极洲地图、气压带风带图等图片张贴于教室四周墙面。

录像——播放"泰坦尼克"电影剪辑和音乐,南极科考实况及资料,增强学生对冰山和南极的感性认识。

板书——教师将各组发言要点板书在黑板上。然后各组根据板书要点再次讨论,形成共识,教师将共识点打钩或引导学生增补,提出新的观点列于黑板上。

多媒体——展示课后探究主题:"能否用青藏高原冰川解决新疆的缺水问题。"目的是迁移知识,联系身边的地理。

该教学内容属高中阶段学习知识,学生已具有了一定的知识储备和探究问题的能力。学习的信息量大,主要涉及三风四带、大气环流、水循环原理、气象气候等等地理学中较难应用的程序性知识。使用了板书、投影、网络、多媒体、地图、图片、录像等多种媒体,运用于问题解决的不同阶段,能达到较好的效果。

3.5.3 教学媒体的合理运用

每一种教学媒体都有各自独立的特性,在设计如何运用教学媒体的时候,要考虑各种媒体的优化组合。因为正像人体各部分器官,虽然分工明确,各司其职,但它们的功能是通过优化组合才得以充分发挥的。

在选择媒体时,并不是越现代的媒体越好,也不是越昂贵的媒体越好。教学媒体的使用并不是目的,目的是为了更好地实现教学目标。目前教学媒体选择存在一种误区,认为教学媒体的技术含量越高,越能体现教学的现代化水平,而且有些教学评价还以教师是否运用现代的教学媒体为评价标准而忽略了教学效果本身。所以,选择教学媒体必须注重媒体的实际效果,不能盲目求新。教学应该把重点、注意力放在教学效果上,而不是媒体是否先进上。应该根据各个教学要素的不同情况,选择相对最佳的教学媒体,可以用简单的媒体解决问题就不需用复杂的。能用幻灯片达到教学效果就没有必要用计算机。能用录音机达成的语音训练,没有必要播放视频去扰乱学生的注意力。

同时,我们应该重视多种媒体的组合教学,根据教学内容和教学目标的需要以及各种媒体的特性,扬长避短、互为补充、有机结合,充分发挥整体功能大于各个部分之和的作用,达到教学过程的优化。

3.6 作业与练习的设计

3.6.1 作业与练习的作用与类型

1. 作业与练习的作用

正像学生不可能只是通过听讲解就能学会骑自行车一样,在把新信息从工作记忆转入到长时记忆的过程中,练习是关键的一步。

在知识的学习和技能的掌握过程中,许多知识的保持是通过多次练习和复习而达成的,练习是学习和教学的必备环节。有了这个环节,教学便能对症下药,针对不同的学习进度安排教学,对学生的学习进行有效补习。学生也有了一个自我检验和自我体验的机会,发现优点,找出不足,就能合理安排自己的学习。

2. 作业与练习的类型

一般来说,作业大致可分为以下六个方面共 19 种类:

表 3-5 作业分类向度和类型

分类向度	类 型		
形 式	口头作业	书面作业	动手操作
时间顺序	课前作业	课堂作业	课后作业
空间取向	课内作业	课外作业	
层 次	基础作业	综合作业	提高作业
指 定 性	单元作业	篇后作业	
成员关系	独立型作业	合作型作业	

根据教学目的的不同,作业和练习又可分为如下四类:

(1) 准备性和前导性的习题。这类习题运用并重现以前已掌握的知识、技巧和能力,以便学习新教材。

(2) 尝试性的习题。这类习题运用新学习和掌握的知识和方法,在运用时允许有错误,但没有达到牢固熟练的水平。

(3) 操作性的习题。主要用于培养技巧和能力,这类习题较为复杂,设有问题情境,要求迁移原先掌握的知识和技能。

(4) 检查和测验性的习题。这类习题的目的是为了弄清学生知识和能力达到的水平。

从不同角度研究,会有不同的分类结果。目前较具权威的是国际教育百科全书中对作业所划分的六种类型,它们是:

- 巩固所学知识和技能的作业;
- 扩大知识面的作业;

- 使所学知识和技能系统化的作业；
- 把所学知识和技能运用到给出的实例和情景中的作业；
- 要求学生把所学知识和技能运用到实例和场合中并独立找出答案的作业；
- 引导学生进入新课题的作业。

从这一分类中，我们看到这样一种作业设计指向，即以知识和技能的掌握和运用为核心，按深度递进，渐次划分出六种作业类型。

这种作业分类依作业的功能来划分，突出了作业的功能是要学生掌握所学的知识和技能并能运用所学的知识和技能独立地思考分析问题，特别是强调要在一定的情景和场合中运用学到的知识和技能。

3.6.2 作业与练习设计的原则

1. 作业与练习设计常出现的问题

在作业与练习设计中，常会出现这样一些问题：

(1) 设计没有明确的目的性、针对性、多样性和层次性。
(2) 从完成练习的思维操作来看，低层次认知水平的练习过多，富有挑战性的练习不足。
(3) 形式单一，缺乏变化。
(4) 设计倾向于从教师主观意愿出发，对学生的实际关注不够。
(5) 没有条件性设计或反馈矫正设计，不便于评估学生的发展状态，不便于学生反思。

下面这个案例是美国一所学校的语文作业，可能会对我们的作业和练习的布置有所启发。

【案例 3-13】 美国学校的语文作业

一位中国的留美学生，把其10岁的孩子送到一家小学跟班读书。语文教师给他们布置了两道作业："介绍你的祖先生活过的国家的情况"，目的是与美国作比较；另外一道是"你怎么看人类文化"。这样的题目对于10岁的学生来说，似乎太难了。但实际结果是该生从图书馆里借来了大量的书籍，分别完成了20页和10页的作业，语文教师在作业批语中写道："留作业的目的是想让他们开阔眼界，活跃思维。没想到读这些作业的结果，使我进入了我所期望他们进入的境界。"中国留学生问她为什么不多教给学生背记的知识。她说，有两种东西比死记硬背更重要：一种是让他知道如何获得比他所需的多得多的知识的办法；一种是综合运用这些知识去解决实践问题的能力。这里固然有东西方两种观念的差异在其中，但更为重要的一点是它说明了课堂作业的质量对于教学成效的至关重要。

2. 作业与练习设计要考虑的问题

(1) 学生是否了解与其作业相关联的学习目标？也就是说，学生是否知道通过作业他们要学的是什么？

(2) 学生完成作业是否意味着所期望的学习目的的实现?
(3) 所布置的作业能否进一步激起学生的学习愿望?
(4) 学生是否了解完成作业的方法?
(5) 学生是否清晰地了解判定其作业质量的标准?
(6) 作业的分量是否合理(从实现学习目标和时间安排看)?
(7) 学生是否熟悉作业的类型?

3.6.3 作业与练习设计的指标与原则

1. 作业与练习设计参考指标

一个优秀的作业的标志,应该能符合逐步培养和发展学生各种能力的指标,以下十个指标可以用来参考:

- 作业是否有助于学生学会从课本中找出并处理重要信息?
- 如果学生学完了各章的问题,他们是否掌握了足够的知识,可以帮助阅读并理解下一章或下一年的课本?
- 作业是否能帮助学生学会各种学习技巧?
- 学习技巧中的何时、何地、如何、为何等问题,是否在作业中都有体现?
- 学生知道怎样去完成作业吗?方法和材料能被有效地利用吗?
- 学生有完成作业所必需的背景知识吗?
- 作业是根据学生的不同能力、兴趣和个性特点来安排的吗?
- 作业是否值得学生去做?换句话说,它能够激发学生的学习兴趣吗?学生了解做这项作业的真正原因吗?
- 作业题目是否清晰、具体?
- 作业的数量和难度恰当吗?

如果对上述问题的回答都是肯定的,那就可以说这是一个优秀的作业设计。

2. 作业与练习的设计原则

作业不仅要帮助学生检查和巩固书本知识,更重要的是提供一个教给学生学习技能的良好机会,一个提供给学生思考问题、了解各种学习方法和手段的相对优点,以及运用这些方法和手段的机会。

总之,不管是何种类型的作业,作业设计的宗旨是,通过口述、书写或实践,进一步巩固和强化所学的知识和技能。作业的设计要体现出知识和技能的综合运用,应遵循以下几个原则:

(1) 内容的科学性

作业和练习设置要紧密围绕教材内容,为教学目的服务;要有助于基础知识的掌握,有助于能力的培养和思想教育。切忌漫无边际,应由随意性、单一性向有目的的、灵活多样的方式转化。

作业要体现完整性。要把作业安排纳入训练计划之内,要包括知识能力、学习态度,以及学习方法等多方面的学习,要对学生的素质进行全面的培养。

作业要体现连贯性,依据学生的认知规律和身心发展规律。

【案例3-14】 初中语文作业设计体系

积累体系:①由字词句向篇章发展;②由单一文体或形式向多样文体、多种形式发展;

阅读体系:①文体上,由记叙文向说明文、议论文及其他文学作品、应用文等样式推进;②范围上,由国内向国外、个人向群体推进;③方法上,由浏览、粗读向精读、细读、品读推进;

写作体系:①由片断、小作文向大作文推进;②由对记叙、描写、说明、议论、抒情等表达方式的单一运用向综合运用推进。

如此设计的作业,既有宏观调控,又有微观布局,横、竖、整、散都成体系,是符合学生由浅入深、由易到难、由表及里的认识规律的。

(2) 难度的层次性

"难度的层次性"其理论依据是"因材施教"原则。作业的设置也应按照学生的学习情况、心理特征以及认识水平等差异,把学生分为几个层次,对作业题目分层设置。题目分层设置,题序按由易到难的顺序排列,要符合学生学习和认识事物的规律,能够综合运用学过的知识和技能。要指导学生按照一定的步骤循序渐进地完成作业。比如:高难度层次着眼于提高综合分析能力,中等难度层次着眼于基本知识的理解和基本技能的培养,低等难度层次侧重于基础知识的掌握。争取做到各个层次的学生都能各取所需。如果遇到学生的能力一时还达不到完成作业的要求,应当提出一些能达到要求的阶梯式问题,以适应学生的学习实际,减轻学习困难学生的压力。

作业要注意其适应性。每个学生都有自己的学习速度、方式和技法,这便要求作业布置具有一定的弹性,要适应个别差异,学生能依自己的程度,作出适当反应,减少做作业的挫折感。

(3) 思维的启发性

作业设计要能够引起学生的兴趣与注意,能够激发学生的好奇与想象力,激发学生愿意独立完成作业的情感,并尽可能地挖掘学生创造性思维潜能,培养学生综合思维及解决问题的能力。题目的设计应由单一转变为多样,要有启发性,因为学生的思维作业方式各有不同。所有作业的答案也不一定都要一致,这样才会激起学生对作业的挑战,使学生乐于作业。此外,作业的设计应向学生提出自学的要求,用作业题来指导学生自学。好的作业能促进学生开动脑筋,培养他们的自学能力。而那些不需要动脑筋的作业,则无助于学生技能的培养。

(4) 题目的趣味性

美国著名心理学家布鲁纳说过:"学习的最好刺激,是对学习材料的兴趣。"孔子也说过:

"知之者不如好之者,好之者不如乐之者。"这里的"乐之"就是兴趣。可见兴趣是入门的向导。因此,应从不同的角度、不同的层次提出问题、设置作业题目,力求做到题目新颖有趣,形式灵活多样。

(5) 题量的适当性

作业太多太繁,会造成学生过重负担和主要知识与次要知识凌乱不分,产生负作用,故而切忌"题海战术";作业过少,达不到练习的目的。因此,布置作业要适量、精要,各种题型的比例要适中,要有很强的针对性。作业的总量应该在学生能负担的范围之内,还应保证学生有自由活动的娱乐时间。

思考与讨论

1. 除本章提到的几种教学方法外,您在课堂教学实践中,还有哪些更有效的方法?
2. 下面案例中的教学目标是否存在问题?如果有,请指出问题在哪里,并作修改。

【案例 3-15】《狼》的教学目标

知识与技能:熟读课文,培养语感,疏通文意,积累语言材料。

过程与方法:自主、合作、探究的学习方式。

情感态度与价值观:从寓言故事中得到有益的启示或悟出做人的道理。

3. 请结合本章所讲的内容针对某一堂课做一个教学设计,其中,教学方法的设计、教学媒体的选择过程,要有具体的说明。

第4章　在继承中创新——改进备课的策略

[章首引言]

　　备课要求的传统标准,凡至今仍符合时代的当然需要继承。但是,当新课程来到我们面前,需要落实新课程的理念和要求,传统经验就往往不够,就需要改进备课。本章旨在阐明改进备课的指导思想与基本策略。

　　首先需要讨论这样几个问题:何为策略? 策略与方法、技巧等概念有何不同? 何为改进备课的策略? 一般认为,所谓"方法",是指解决问题的门路、程序等;所谓"技巧",是指在一些操作领域(艺术、体育、工艺等)表现出的巧妙的技能;而所谓"策略",是指带有针对实际情况(包括变化)制订的行动方针和方式。从中可以了解,策略是比较上位的概念,在思想或思维层面上的;方法是比较具体的操作程序,是在理论或策略指导下的工作样式;技巧是指在解决一些具体问题中可以采取的技术。这些概念用于备课,即备课的策略、方法、技巧。所谓改进备课的策略,是根据形势需要,针对传统备课有所发展的新的备课思想和行为要求。

　　可以认为,尽管这些概念之间有差异,但是,如果都针对于一个问题或任务,如备课,其实还是有着一定的联系的。备课的策略带一定的统领性,主要是对备课方法的思想指导;备课的方法是对备课的具体程序的指导;备课技巧是在备课具体方法中体现的,这些关系如图4-1所示。

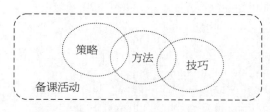

图4-1　关于备课策略、方法和技巧的关系

　　关于备课方法有多种,各有千秋,各具特色,这将在第五章中具体阐述。

　　关于改进备课的策略,一般说来,从其现实意义的角度,即符合现代课程要求的角度,主要包括资源借鉴策略、系统备课策略、预设与生成策略、同课异构备课策略等。

4.1　资源借鉴策略

　　资源借鉴策略,即通过借鉴他人已有的经验,形成自己的备课内容和备课成果。这种策略有利于开启教师的专业视野和新思维方式,有利于教师利用前人或他人的经验成果来发展,有利于教师个人业务能力在借鉴和继承中"积淀"和"创新"。具体来说,资源借鉴策略可以表现为以下几种方式:"剪贴复制"、"增删修补"、"改革创新"等。三种方式的操作及其功效参见表4-1。

表 4-1　关于改进备课的资源借鉴策略

策略		操作	功效
资源借鉴策略	剪贴复制	对杂志或网络上的优秀教学设计采取"拿来主义",进行部分或全部的剪贴复制。	能不断学习、吸取新东西,减轻教师的抄写负担。他人的公开资源被有选择地利用。
	增删修补	对自己以前的教学设计,结合教学需要,借鉴别人的一些经验,进行"局部"修订调整,作为新的教学方案。	避免重复的低效劳动,常备常新。不仅使得自己以前的经验得以保留,而且也使得别人有益的"资源"和经验为"我"所用,使得自己的备课内容不断更新。
	改革创新	对自己和别人的备课设计进行"全新"的改变,是前一次的飞跃甚至是否定。	在"资源化"基础上更加个性化,求新求变,出多脚本教案,不断提高备课水平。

上述是资源借鉴策略常见的几种方式,这种方法主要是针对教师个体行为而言,主要借鉴的是网络、报刊、他人现有的静态资源。还有一种资源是动态的,共同创造的,是通过教师个人反思、同伴互助、专业引领为一体的新型备课策略,有利于促进教师在备课过程中实现专业成长。这类似于集体备课的类型。具体操作要求见第 5 章相关内容的描述。

资源借鉴式的备课策略,要求备课教师首先广采博览,兼收并蓄,学会站在巨人的肩膀上,开放自己的思想,使自身的积累逐步丰厚。但是教师还是要在学习、吸纳他人已有经验的同时,逐步形成自己独立的思考,"化"他人为自己,不被资源的海洋所淹没。要从中提炼自己的教学思想,再去丰富教学资源。备课中,资源化最终是为了达到个性化,而不是把别人的观点简单拼凑相加,而应和谐辩证地将自己的思想和别人的经验逐步统一在备课工作中。

站在前人的肩膀上改进备课的基础是不断学习和不断积累。如案例 4-1 就是建立在日常积累基础上改进备课的一个经验。

【案例 4-1】某些教师借鉴资源改进备课的经验

如何使自己的备课充分利用别人的资源呢?我们一些教师在这方面的经验是值得推荐的。如:

(1) 博览群书。从各种书籍、报刊中吸取与教学相关的精华内容,及时了解本学科、本行业的新知识、新情况,做好读书笔记。

(2) 常听课。通过听课,学习他人的长处,认真听取评议,主动征求领导意见和同行的意见,及时改正错误;倾听学生及家长的呼声,听取学生对教学的评议,以便"对症下药",改进教学,开阔思路,不断创新。

(3) 勤写。边实践边总结,把自己积累的信息、资料、体会、办法记录下来,整理成文。

(4) 走向社会。有选择地交流,了解社会的变化与要求,使教学与社会息息相通。

改进备课可以借鉴的资源有多种,教师一般可以从四个方面来入手:一是对社区、家庭资源的利用。如社区银行中有关存款利息的知识,可以作为生活数学的学习资源,在分数的学习中应用。第二是其他学科的资源。如语文课涉及许多学科的知识,完全可以相互利用;物理与数学之间、地理与历史之间、生物与化学之间等等,都有经常可以相互利用的知识资源。第三是将其他材料上的习题和本学科例题相整合而形成的资源。这种资源需要有选择地使用,要能够起到开阔学生思路的作用。第四就是网络资源的利用。

4.2 系统备课策略

备课需要一系列的步骤(程序)和相应的技能技术,系统可以从两个维度来进行理解,一是从内容维度来看,二是从时间维度来分析。

首先,从时间维度来看,备课主要分为常年备课、学期备课、单元备课、课时备课。

4.2.1 常年备课

苏霍姆林斯基在《给教师的建议》一书中提到了教师如何备课的问题。他举例说,一个有三十年教龄的历史教师上了一节非常出色的课,连听课的教师和指导员都完全被这节课所吸引住了,就跟自己也变成了学生一样。课是怎样备出来的呢?一位听课教师问这位老师:"您用了多少时间来备这节课?不止一个小时吧?"这位教师这样回答:"对这节课,我准备了一辈子,而且总的来说,对每一节课,我都是用终生的时间来备课的。不过对这个课题的直接准备或者说现场准备,只用了大约十五分钟。"这个回答很耐人寻味。其实也就是说,好的备课不能仅仅局限于课前几个小时,它应该更多地依赖于教师长期的观察、积累、学习与体验,持之以恒,长期不断地积累。这其实也是现在所倡导的"终身备课"理念。

怎样进行这种准备呢?苏霍姆林斯基告诉大家:要读书,每天不间断地读书,跟书籍结下终生的友谊。一些优秀的教师的教育技巧不断提高,正是由于他们持之以恒的读书,不断地充实他们的知识储藏,使得他们在课堂上讲解教材时更加自如地分配自己的注意。他们不仅在教书,而且在教书过程中,给学生以心智上的训练。

4.2.2 学期备课

学期备课是指教师在教学大纲指导下对整册教材的钻研,学期备课可粗一些。学期备课后可编制出"教学进度计划表",可以是一学期的,也可以是一学年的。考虑到教学计划所涉及的要素较多,在具体制订时,应该从实际出发,选择最主要的因素,建立一个两维细目的表格,其中一个维度就是时间进程,另一个维度应该是那些主要的因素,使得一个学期或一个阶段的教学有一个系统安排,引导单元备课等行为的计划性和有序性。有些学校制订了供所有教师用的通式表,这就需要对表格的使用作一定说明。

教师可以参考以下案例提供的一个教学计划表:

【案例 4-2】 学期备课计划——教学进度表的参考样式

_____课程教学进度参考计划表

学年　　第　　学期　　授课班级：　　　　　　第　　页

周次及 起讫日期	教学章节 及内容	授课类型				教材 页码
		新授课	复习课	训练课		
第　　周 月　　日 至 月　　日						
第　　周 月　　日 至 月　　日						
……	……	……	……	……		……

使用说明：1. "授课类型"空格处，各学科可以填写本学科具有特色的授课方式；
　　　　　2. 本表格经过集体研讨后，以学期为单元进行填写；
　　　　　3. 本表经备课组和校教务处批准并备案后执行，教师可以依据实际适当调整；
　　　　　4. 本表一式两份，教务处一份，教师一份。

教务处签名：_____　　任课教师签名：_____
年　　月　　日

以上只是一种类型的设计方式。教学进度计划表有很多种设计方法，并且可以依据各个学校和学科特色，进行调整或重新设计。

4.2.3 周备课

所谓周备课，顾名思义，就是要备一个星期的教学内容。对于一个周课时较多的学科，周备课具有阶段统筹、整体设计的功能。教师在教学之前不仅要知道这一课要讲的内容，还要知道这节课的相关内容包括前后的知识联系，以及这节课在本周的教学中处于什么地位，形成完整的知识网络。只有这样，教师在教学时才能做到从整体上把握每一点滴的内容，使自己的教学有条不紊，做到前后贯通、重点突出、详略得当。这样，也有利于学生提高认识能力、加快学习进度、提高学习效率，有助于学生较好地把握知识网络，使知识系统化。

周备课的好处固然很多，但在实际操作中有部分教师认识不到周备课的意义所在，为了应付检查，周备课只是流于形式。这是需要解决的问题。

4.2.4 单元备课

单元备课是在一个单元或一个课题的教学之前进行备课，一方面可以帮助教师加深对本学科的整体理解，另一方面也可以提高校本教研中备课的有效性。

单元备课可拟出"单元的教学计划",围绕这个"教学计划"进行备课与设计。

教学单元一般按教学内容知识点划分。如"平行四边形和梯形的面积"可分为:"平行四边形、菱形和梯形的认识"和"平行四边形和梯形的面积"两个教学单元。有些教学内容涉及的章节较大,教学时间较长时,可以把知识内容按知识点构成若干个小单元。教学单元一般宜小一些,以5—6个教学时数为宜,便于作整体考虑;单元过大不宜照顾周全。

单元计划应包括以下几个部分:

① 单元名称;

② 单元教学目标;

③ 教学时间;

④ 课时安排;

课时	课题	教学内容	练习	备注

⑤ 目标测试题举例。

一般在每份单元备课后附一份与目标相匹配的测试题。

【案例4-3】 "乘、除运算及其应用"单元复习教学设计

● 单元名称:复习与提高

● 课时数:7课时

● 单元教学目标:

1. 掌握连乘、连除的运算顺序。

2. 让学生学会将生活和经验世界的实际情节用数学模型表示。

3. 会求相差数。

4. 会解乘除法的应用题。

5. 认识正方体的展开图。

● 单元重点:掌握连乘、连除的运算法则。

● 单元难点:会解乘除法的应用题。

● 课时安排:

课时	教学内容	教学要求	练习配备
1	乘除法的计算	复习第三册中有关运算的内容(乘除法、乘加、乘减、除加、除减、几个几加几个几)。	
2	乘除法的应用	解乘除法的应用题。	
3	分拆为几个几	能将14×6这类表外乘法题拆成两个表内乘法题来完成。	练习册P1

续表

课时	教学内容	教学要求	练习配备
4	连乘、连除	掌握连乘、连除的运算顺序。	练习册P2
5	相差多少	求相差数。	
6	练习	求相差数。	
7	正方体展开图	认识正方体的展开图。	

- 目标测试题：

一、口算

8×9＝　　　46÷8＝　　　6×4＋12＝　　　48÷8÷2＝　　　2×3×5＝

二、（　）里最大能填几

（　）×6＜37

三、它们相差多少？

18 和 41　　36 和 29

四、哪个是正方体的展开图？

五、应用

1. 4 听奶粉装一盒，2 盒装一箱，装 3 箱奶粉，一共需要几听奶粉？

2. 54 个同学做花，平均分成 6 组。

(1) 每组有几人？

(2) 每组发 3 把大剪刀和 2 把小剪刀，一共要多少把剪刀？

(3) 要做 100 朵花，每组做 10 朵够不够？

4.2.5 课时备课

课时备课是根据教材中每个单元明确的教学目的、任务、要求、重点、难点及其相应的教学方法，进一步从每节课的实际出发，认真研究和解决单元备课各项计划的具体落实。关于课时备课，将在本书分论部分结合具体学科展开阐述。

4.2.6 课前复案

这是在上课前教师对教案内容再度揣摩构思、默记、熟练的过程。

4.2.7 课后总结

这是教者课后回顾、反思的总结过程，可以用"教学后记"的形式表示。

这些备课从时间维度上形成一个系统,相辅相成。

其次,从内容维度来看,系统备课主要要综合考虑以下一些要素:教学目标的确定;教学对象和教学内容的分析;设计选择教学策略;设计教学过程;教学评价。这些基本要素相互联系、相互制约,构成了教学设计的总体框架与系统。

(1) 确定教学目标

教学目标的设计与确定是通过对教学对象和教学内容进行综合分析后形成的。一般来说,对教学对象的分析,主要包括:首先要了解所教班级学生的整体学习情况;其次要了解学生已经具有的与教学有关的知识,掌握了哪些?掌握的程度怎样?最后要了解学生在思维、情感等心理年龄上的差异。

(2) 教学内容分析

首先要了解现行教科书的体裁和结构,其次要了解课时教学内容与前后课之间的联系及其在全册教科书中的地位,最后了解课时教学内容中各子目的内在联系。

值得一提的是,奥苏贝尔和加涅等心理学家的研究都表明,学习者在某项学习目标上已具备的知识和技能、了解和掌握的程度是教学工作成败的关键。这就告诉我们,要搞好教学设计的蓝图,分析学习者在进入学习过程前的初始状态是关键,包括他们的认知结构的特点,知识与能力准备状况,生理、心理特点,并据此进行教学设计。单纯地根据教学内容进行教学设计,而不考虑学习者的水平和能力,不可能获得良好的效果。总之,教学设计要以学习者为中心,时刻考虑"谁在学"的问题。教学设计应该"创造一种适合所有儿童的教育,而不是挑选适合教育的儿童"。

对于如何描述教学目标,我们认为不是写教师的教学活动,而是写希望学生在学完后应知道的或能够做的行为变化。因此,在教学目标的编写过程中,要注意教学过程与学习结果的区别,不要把学习目标写成教与学的活动。但是,在实际教学中,有的教师所陈述的教学目标,指的却是教师在课堂教学中的活动,或教师指导学生进行的活动。

(3) 设计、选择教学策略

教学目标确定后,就要进行教学策略的设计。教学策略是实现教学目标的重要手段,是教学设计研究的重点。选择有效的教学方法和教学手段,是实施有效教学的必要条件。通过教学策略的设计,明确教学的形式、手段和方法,即"怎样教"的问题,促使教学过程优化与高效。

教学策略具有指向性、灵活性和多样性的特点。我们依据教学目标、相关的学习和教学理论、学习内容、学习者特点和一定的客观条件来设计、选择教学策略。

教学策略设计内容主要包括:

① 划分单元课时,组织教学内容,包括教师对教材内容的重新组织。

② 教学组织形式的选用,具体来说如秧田式的组织形式,还是梯形式的?还是小组合作式或圆桌式?

③ 教学方法的选择,如采用游戏法还是角色扮演?是辩论还是展示?是户外体验还是

观看媒体录像等。

④ 组合运用教学媒体。教学媒体包括多媒体，如 Flash、多媒体教具等；还包括一些教学资源，如背景资料。伴随着现代科技的迅猛发展，现在可供选择的教学媒体多种多样，选择的余地也很大。我们应该根据学习内容的需要、学习者的特征、教学目标的要求、教学策略的安排等选择最恰当的教学媒体。各种教学媒体各有所长、各有所短，没有一种能对所有教学情境都适用，我们应遵循"经济、有效、可行"等原则来加以选择。

（4）教学设计的评价

经过以上各个环节，就可以得到教学设计的初步方案。设计的教学方案能否带来理想的教学效果？学习需要、学习内容和学习者的分析是否准确？教学目标的确定是否具体明确？教学策略的设计是否合理？教学媒体的选择与设计是否有效？要回答这些问题，就必须对教学设计的成果进行评价。

教学设计的评价主要有终结性评价和形成性评价两种，一般采用形成性评价。教学设计方案的形成性评价，是指在教学设计方案推广应用之前，先在一个小范围内试用，以了解该方案的可行性、实用性、有效性等使用情况，如有缺陷，则予以修正，然后再试用、再修正，直至满意为止，以提高教学设计的质量，保证获得最优秀的教学效果。形成性评价注重过程，着重从观察者、教师、学生那里寻求证据。

由于总结性评价往往由独立的评价者进行，一般不是由教学设计人员本身进行，故一般不包括在教学设计的过程之中。

上述的流程并不是绝对僵硬的、线性的，它们之间有些步骤可以跨越或循环进行。

4.3 预设与生成策略

预设，就是根据教育目标和学生的兴趣、学习的需要以及已有的知识经验，以多种形式有目的、有计划地设计教育活动。

生成，是指师生依据学生的兴趣、经验和需要，在与环境交互作用中进行有效的动态性调整，以引导学生生动、活泼、主动地进行新知识的探究。

教师在备课中对学生在教学中的表现和学习目标的达成有一个基本的估计和可能性的预测。这是教师凭着自己的教学经验所作出的一种判断。一个教师教学经验越丰富，对教材吃得越透，对学生了解得越深，他作出的判断就越符合教学实际。但是教师在教学中不应局限于"预设判断"，而应当着力发展"生成判断"，一旦出现更有价值的信息，教师就要及时捕捉，使之转变为促进学生深入思考的"亮点"，或拓展、或深化、或升华……

要正确处理好预设和生成的内在联系，教师要能够及时捕捉学生中间的热点问题，走进学生的生活，了解学生，解读学生，让有教育价值的活动生成、发展、延续，让课程真正追随学生的发展。

生成的要义：以原来设计和组织预设的课程经验为基础，吸纳生成理念和做法，经过同化、顺应,把原有经验整合为自己的新经验;考虑活动方案时,多几种假设,多几种课程发展的可能性;当发现学生真正感兴趣而且有价值的事物和现象时,教师应大胆打破原来的计划,调整教育活动的内容;当发现原定的活动时间、进度不符合实际情况时,不拘泥于原定计划,而是顺应教学的自然发展,因势利导。

下面是一个科学与技术教师在上《看不见的空气》中,处理预设和生成关系的案例。

【案例 4-4】《看不见的空气》一课中的生成策略

在教学一年级第二学期第六单元的《看不见的空气》一课上,我让学生讨论这样一个问题:空气有重量吗?问题一出,学生们就七嘴八舌地讨论了起来。有的说:空气没重量,因为如果空气有重量,那我们为什么一点也感觉不到。有的说空气有重量,因为空气是一种东西,东西一般都有重量,世界上没有不存在重量的东西。……面对学生这样热烈的讨论,我也不忍心打断他们的热情。原来的教学顺序是老师安排一个演示实验,让学生通过观察了解空气是否有重量。但我临时改变了教学方法,我让全班 12 个小朋友分成了有重量和没重量的两组,并告诉他们:争论是没有用的,既然我们现在讲科学,那你们可不可以用科学的实验来证明自己的观点呢?当时教室里一下子没有了任何声音。一年级的学生从上学以来,一直是在老师的安排下做实验的,还从来没有自己设计过什么实验,一下子要他们设计一个实验,他们显得有点不知所措。就在这时候,一个平时比较调皮的男孩子说了一句话:"有没有重量用秤称一下不就知道了!"一下子教室的气氛又活跃了起来,各种各样的方法开始一一出笼:有说用电子秤的,有说用妈妈买菜用的秤的,还有的要自己做一个秤的……凡是他们看见过、听到过的秤都说上了。但我们的教室里并没有这些称量工具,只有我带来的一个天平秤。既然只能用这一个秤,学生的问题又来了,我们用什么去装、如何去装空气呢?瓶子?罐子?最后学生决定用喝水的水瓶来装空气,这时新问题又出现了,两个瓶子,装空气的事好办,但另一个瓶子中的空气又如何去掉呢?学生们又想出了很多不切实际的想法,但其中一个学生的想法引起了大家的注意,他说用嘴吸把瓶子里的空气全吸掉。大家哄堂大笑,我就让他上讲台来示范给大家看,结果是失败的。但这时候,有一个学生突然说,用气球应该可以的吧?吹气容易吸气难,大家一下子兴奋了起来,我这时拿出了本来要做示范实验的气球。问题全解决了,空气是有重量的,我们平时感觉不到,是因为我们就处在空气当中。*

这节课由于我临时的改变,不但为学生创设了轻松、活跃的学习氛围,而且使学生在活动中,敢问、敢想、敢说、敢做。在活动中,不断产生问题,又不断解决问题,唤起学生的兴趣,激活学生的思维。学生们时而凝神静思、时而眉头舒展,争先恐后,议论纷纷,形成了课堂教

---

* 本则案例中,吹进气球的主要是二氧化碳气体,而不是所要称的空气。二氧化碳和气球的重力减去气球的浮力才是气球施加在秤盘上的压力,经公式推导,这一压力为:$(\rho_{CO_2} - \rho_{空})gV$,变量仍然只有一个,即吹入气球的二氧化碳的量,因此实验结果(现象)本身成立。本则案例能够体现生成性教学,充分体现了教师的教学机智,但如能就实验的科学性向学生作补充说明,则更完美。——本书编辑注

学的一个个小高潮,激起了学生强烈的学习热情,激发了创造想象。在活动中,不但使学生们学到了知识,而且充分发挥了学生的主体作用,学生真正成了学习的主人。这样不但增加了这些孩子的自信心,而且能够更好地挖掘他们的创造潜能,使孩子们插上想象的翅膀,在"科学"这片天空中自由翱翔。

(闸北区大宁国际小学　徐　勇)

我想,这位教师在下次备课中,碰到相关的教学方法和内容,也会因为这次生成事件的经验,而对原先的备课内容有所调整和完善。

4.4　同课异构备课策略

同课异构是指同一节的内容,由不同教师根据自己的实际与理解,制订不同教学方案。教师的差异,使得所备的课在结构、风格,以及采取的教学方法和策略上各有不同,这就构成了不同的教学设计和教案。同课异构教学研讨为教师们提供了一个面对面交流互动的平台。交流中,教师共同探讨教学中的热点、难点问题,探讨教学的艺术,交流彼此的经验,共享成功;或者,针对一些教学难点和问题,从多维的角度,以迥异的风格、不同策略在交流中碰撞,开展多层面、全方位的合作和探讨,整体提升教师的教学教研水平,提高教学质量。

随着课程改革的不断深入,越来越多的教师发现,面对不同的学生,要因人而异、因地制宜,采取不同的教学方法;再加上教师之间教学理念的差异,教学经验的深浅,教学个性的迥异等种种因素,必然导致不同教师面对相同的教学内容会有自己个性化的教学设计。因此同课异构成为了一种日渐流行的校本研究形式。其基本模式是同学科同主题的内容,由不同的教师设计不同的教学方案,在不同的教学班级进行教学,体现出不同的教学风格,带给教师教学研究更多的思考和感悟。

4.4.1　如何理解同课异构的含义

同课异构是由学生学习的基本特点决定的。《基础教育课程改革纲要》指出课程内容要关注学生的经验,各学科的课程标准也都对关注和丰富学生的经验提出了具体的要求,这对深化教学改革、促进学生的发展有着重要的意义。同课异构活动,正是认识到学生的个体差异性,让教师在教学研讨活动中,能够基于学生不同的认知水平、学习能力、生活体验,设计出符合学生学情的,能有效达成教学目标的教学方案。

但无论怎样的"异构",都需要重视"同"的价值。因为,我们的教学内容是一样的,教学目的大体相似,教学对象的年龄特征、认知水平相似,这在一定程度上决定我们的教学设计在很多方面"同"。有人极力倡导"羞于雷同",这未免有些矫枉过正了。"异构"的目的是要求教师根据学生和教师的实际开展教学,提高教学的有效性,而不是为"求异"。因此在"异构"中并不排斥教师使用相同的材料,也不排斥教师使用相同的方法,只要是适合教学要求的、有效的都可采用。

总的来说,同课异构教学研讨活动中,如果教师的教学设计有太多的"异",则意味着不成熟,也标志着危险。但太多的"同"意味着简单的重复、机械的操练,难以体现教学的价值。

4.4.2 同课异构备课的要求

同课异构要突出集体备课研讨

年级学科组集体研讨是同课异构的重点,学科牵头教师要带领全体学科组上课教师就教学重难点、重难点突破的手段、教学环节、教法学法、课堂教学反馈训练点、德育点进行研讨,达成共识,以确保基础知识、基本能力的"两落实"。实际上,集体备课研讨的过程也是提高学科全体教师分析能力的过程。集体备课研讨后教师要结合自己所教班级学生的特点和教学优势,对课堂教学进行充分的预设,写出教学详案。

同课异构要突出"做一次诚实的不欺骗自己的评课"

评课是同课异构的又一个侧重点。同伴教师听完课后,在充分肯定上课教师成功之处后,实事求是地指出上课教师的不足,真诚地提出自己的教学建议才是评课的目的。缺少有价值的商榷、没有对立面的争论,一味的"形势一片大好"的"吹捧"的评课是自欺欺人的虚伪的评课,它对教师专业成长没有促进作用。开展同课异构教研活动,诚实评课是重点,我们可以采取"书面案例式"的方式进行评课,这样可以有助于说实话,减少评课的盲目性。

同课异构要突出听课、评课后的反思和"二度教学设计"

听完同伴教师上课后,听课教师在上课前有必要根据同伴教师上课的情况进行反思,对自己的教学进行"二度教学设计",以便改进自己的教学,使课堂教学更加圆满。

"二度教学设计"是指在课前充分预设的课堂教学的基础上,在课上具体实施时,面对有别于预设的生成事件,及时调整原先的教学目标、教学方法、教学内容、活动方案,在头脑中即时进行的教学设计或在课后反思时进行的重新备课和教学设计。

"二度教学设计"可分为两个大方面。一是课后"二度教学设计"。吸收同伴教师上课的长处,弥补自己教学设计的短处,或从同伴教学中吸取教训对照改进自己的教学设计;二是在课上根据学生的实际情况,发挥教学机智,对原有的教学设计进行临时调整。教师要在学生出错处、出新处、出疑处、出异处展开课上"二度教学设计"。

【案例 4-5】 同课异构的备课活动

为了让教学回归到教学的基本元素中来,让更多教师关注创造性地使用教材,真正实现以"教育资源优质化,特色课程多元化"的学校课程特色理念,推动教师和学生的共同成长,上海东昌中学东校开展了同课异构为主题的协同教研活动,也拉开了《提高课程效能,焕发师生生命活力》的学校新一轮发展教育计划的序幕。

本次同课异构活动选择了新编教材预备年级鲁迅作品《社戏》这一课为主题,由学校已有30年教龄的语文年级组长韩惟群老师率先上课。整堂课,韩老师让同学们通过质疑的形式,对文中难点进行提问,凭借自己对鲁迅作品三十多年的研究进行一一解答。而另一位年轻的教师王晓云则通过组织学生朗读和多媒体形式,帮助学生理解课文。同样的课文,不同的老师,教出来会有怎样的效果?年轻教师和老教师如何在教学上取长补短?东昌中学东校开展的教师同课异构教学研究,为教师们搭建了一个交流实践的平台。

东昌中学东校韩惟群老师告诉我们:其实对课文的理解也是多元的,也就是所谓的条条大路通罗马。用不同的形式上课,同样是解读课文,切入方法不一样,可以产生更多的教学方法和形式。学校还将开展跟进式的听、评课活动,引导教师深入地剖析教育教学中学生的关注点,教学方式与学生的学习方式的关系等问题,提高课程效能,焕发师生生命活力,使"教学有价值、教学有效果、教学有效率、教学有魅力"。

这次学校开展的以同课异构为主题的协同教研活动,在上课、听课和评课的过程中,一些刚刚踏上教师岗位的年轻教师从老教师身上吸取了不少教学经验,而他们从大学带来的最新教学理念也让老教师得到了不少启发。东昌中学东校李永明校长说:年轻的教师有很多科学的做法,因为年轻教师思想比较活跃,他们掌握新技术比较快,老教师在这些方面相对滞后一点,他们之间在互动过程中,互相学习,互相提高。据了解,东昌中学东校的同课异构教研活动给教师和学生带来了学习探究的活力,他们将会继续研讨下去,使教师有机会静下心思剖析教材,近距离研读学生,体会创新的快乐。

4.5 反思性备课策略

反思性备课策略在本书第7章将有详细的阐述。

4.6 备课策略使用注意点

备课策略并不是一种模式,而是一种思路,即教师在新的教育形势下,要形成备课观念上的很多转变,而不是机械地去套用一种方法或一种程序。

4.6.1 注重在一定教育教学理念下指导进行系统的备课

备课具有理性化特点,理念应是设计的灵魂,没有理论的指导仍然是一个简单的教案。教师们在进行备课时应该具有理性的思考,要将理论与实践结合得紧密些。教师要在吸收传统备课优点的基础上,根据课程改革和教育发展趋势,对新形势下的备课进行改革完善。

传统备课的主要问题有:强调教师作用,忽视学生能力培养;强调教学的预设性,忽视教学的生成性;强调知识传授,忽视激发情感;强调解题技巧,忽视生活运用;强调学科本位,忽视课程整合。针对这些问题,应按现代教育教学理念对备课进行革新。

表 4-2 传统备课与现代备课的比较

教学目标	以教师为阐述主体,使学生掌握双基和培养能力。	以学生为阐述主体,在知识与技能、过程与方法、情感态度与价值观方面都得到发展。
教学分析	教材教法和教学重点难点分析。	对任务、目标、内容、学生实际情况等方面进行综合分析。
教学过程	传授知识、鼓励学生模仿记忆的以教为中心的教学过程设计。	创设情景鼓励学生在体验、探究、发现、思考、问题解决过程中获得自身提高和发展的教学过程设计。
策略制订和作业设计	1. 传授的策略和帮助学生记忆的策略; 2. 以传统媒体为主; 3. 以技能训练,知识(显性)记忆和强化作业设计为主。	1. 学法指导、情景创设、问题引导、媒体使用、反馈调控等策略; 2. 多媒体的教学设计; 3. 根据不同需要如知识、技能、方法、态度、能力的培养来设计学习训练。
效果评价	掌握知识技能,解决问题。	知、情、意都得到发展,为终身可持续发展奠定基础。

4.6.2 关注备课诸要素之间的有机联系

一门课程各个章节、单元和主题之间是有机联系的整体,它们在知识与能力上存在层次上的关联。一般来说,备课有三个要素是主要的,一是教学目标的确定,二是课堂教学流程的设计,三是学习训练与学习评价建议。其中,对于课堂教学流程的设计,建议在设计的时候结构化或图形化,这样有助于一目了然。课堂教学的过程设计,建议主要抓住情境的创设、问题的设计、活动的开发三方面来进行。学习训练与学习评价建议,建议最好有评价的示例与说明,而不是原则性的要求。

备课还应该包括教学反思,这在后文中有具体阐述。

4.6.3 精心设计"三维"教学目标

备课要明确知识与技能的目标,包括事实、概念、操作、逻辑、关联、结构等;还要突出过程与方法的目标,包括体验、感悟、探究、实践、合作、交流等;更要整合情感态度与价值观的目标,包括人与人、人与社会、人与自然等价值观、态度,以及相互关系的理解等。建议教师有意识地提炼每个章节、每个单元或每个主题在这三个方面的课程价值:一是核心概念(对应着知识与技能目标),二是学习过程(对应着过程与方法目标),三是特定的教育价值(对应着情感态度价值观目标)。

这样备课就容易明确、具体、适切,体现对教学过程的引导。

4.6.4 重点体现"教与学"方式的改革

新课程改革倡导实践体验、自主探究、合作交流的学习方式与接受性学习方式的有机结合；倡导"做"、"想"、"讲"有机统一的学习过程；倡导合理灵活地利用各种课程资源和信息技术进行学习。因此我们在备课中一要强化活动设计：情境启示——问题引导——活动探究——应用巩固；二要重视环境设计：自然环境和人文环境的统一。

当代备课的研究和实践在发达国家已相当流行，有的国家（如美国）已设计并编制出教学设计软件。教师在备课时只要把相应的数据（如学生特征、教学目的、现有媒体情况等）输入计算机，就可得出教学设计结果。但是教育的情境是复杂多变的，人是具有创造力的，这种机器化的教学设计违背人创造的本性，是相对机械的。

4.6.5 注重实现从"备教师"转变为"备学生"

新课程改革强调教学要从注重教师的教，转变到注重学生的学。那么在备课策略上，教师要多"备学生"，在备学生中，要做到"六个了解"：

（1）了解班级基本情况。如学生的构成、智能结构、学习情况，以及多数学生对自己教学所持的态度等。

（2）了解学生个体情况，如学生年龄、身体状况，以及家庭教育环境等。

（3）了解学习基础。如整体及个人的学习基础，优、中、差学生的比例。在讲课前还要了解学生是否具备学习新知识前的预备性知识，新课可能产生的困难与障碍，学生对学习新知识的兴趣等。

（4）了解学生对教学方法的意见。如对哪些方法适应，哪些方法不适应，喜欢什么样的方法，不喜欢什么样的方法等。

（5）了解学生个性差异。通过各种渠道、各种方式了解学生的兴趣爱好、气质类型、性格特点、智力差异等，从而为因材施教提供依据。

（6）了解学生的变化与进步。要全面准确地了解学生，不仅要从静态上来了解，还要从动态上来了解。特别要善于发现学生的进步，哪怕是微小的进步，都要及时地强化引导，使之体验到学习成功的愉悦，产生巩固自己成绩的动力和继续前进的愿望。

思考与讨论

1. 您认为在新课程改革形势下，存在最好的备课策略吗？请阐述你的理由。
2. 结合自己的教学年限、学科，为自己制订一个改进备课能力、促进专业发展的计划表。

第5章 不同方式的组合——备课形式与要求

[章首引言]

备课的形式因人而异,丰富多彩。着眼于不同的视角,备课的类型又有不同的称谓。但是不管是何种备课类型,都有基本的规范要求。本章将针对常规备课形式和一些新形式,分别阐述其基本的特点和要求。

从不同的角度划分,备课可以有多种类型。从人员角度分,有个体备课和集体备课(合作备课);从工具角度分,有电子备课和纸笔备课;从次数角度分,有一次备课和多次备课;从时间角度来分,有课前备课和课后备课;从范围角度来分,有单元备课和课时备课;从内容角度分,有新授课备课、练习课备课、复习课备课、检测课备课、活动课备课、信息交流课和实践活动课备课……

这些类型的划分并不是截然对立的。比如个体备课中就涉及运用各种不同的工具,不同内容的备课,也涉及备课次数等。所以本章将常规教学下的备课分成个体备课和集体备课两种形式,把其他备课形式需要注意的要点融合进去进行阐述(如图5-1)。同时,对专题教育课程要求以及开放背景下的备课形式作简要分析。

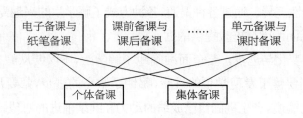

图5-1 不同备课类型的关系示意

5.1 常规教学下的备课形式与要求

5.1.1 个体备课

每一位教师都拥有各自的知识结构、教育经验、个性气质、人生阅历和教学风格。每一个教师面对的学生和学生群体,状况也是千差万别的。同样,对于相同的教学内容,不同的教师在理解上也有一定的差异。因此教师需要了解自己的特质,针对自己的学生和教学内容,进行个性化的备课。

本书在第1章中曾经指出,当前有些教师备课有几个行为误区,如将备课变成教案的"克隆",找来现成的教案一抄了事;备课走"形式主义"、"换汤不换药"、"穿新鞋走老路";或者将备课成了网上资料的"拼盘",简单地从网上下载一些相关内容组合成教案等。真正有价值的备课应该从新课程的理念出发,在完整理解"以学生发展为本"的备课要求的基础上,思考与实践自己的备课工作。

个体备课是一个创造性的劳动过程,具有针对性。个体备课要结合不同的教学内容与要求,针对自己的学生群体,遵循备课的原则和要求进行。一般认为,个体备课要达到"四结合":

(1) 单元备课与课时备课相结合

备课应将单元备课与课时备课结合起来,对每个单元的知识点进行合理的布局、分配,不能用同一模式处理不同的课时。备课应通览全部教材,注意其章节内部的系统性、因果性、关联性,同时注意与相关学科的联系,进行单元(章节)备课,并进而进行课时备课,以使前后呼应,首尾相连。否则,"备一节,讲一节"、"讲哪节,备哪节"、"明天课,今天备"地孤立备课,教学效果势必不佳。

(2) 课前备课与课后备课相结合

课前备课,能够帮助教师在教学前明确目标、梳理思路、熟悉内容、把握要求。课后备课,有利于让教师根据自身情况、班级特点和实施效果,对课前的备课内容进行反思、修改和完善。

(3) 纸笔备课与电子备课相结合

纸笔备课是传统的备课方式,有利于教师在课堂上直接使用,帮助记忆思路,并且能随时记录下学生的反应,圈点出不符合实际教学要求的设计,便于课后修改。电子备课有利于资料的保存和网络上的共享。

(4) 个体备课与集体备课相结合

集体备课前的个体备课能够为集体备课奠定良好的基础;集体备课后的个体备课有助于教师个体决定对共同研究成果的取舍和运用,并结合自己的经验智慧,"化"为自己的东西,这样才能显示出自己的特色,用起来得心应手,讲起来生动活泼。

5.1.2 集体备课

通过集体备课让每一个参与者收获更多的思想和方法,助推自己的专业成长,最终促进学生发展,这是集体备课的核心价值所在。

集体备课是教师校本教研、合作研讨的一种有效形式。它要求同学科或相关学科的教师为实现相同的教学目标和完成共同的教学任务,通过集体讨论、共同研究、合作攻关、智慧碰撞等形式制订出教学预案。集体备课要求老师们共同对教学的目标、资源、技术、方案等进行设计、补充、创造,实现优势互补和资源共享,激发群体的合作意识和探究能力,更准确地把握课堂、吃透教材,实现整体教学水平的提高。

(1) 集体备课在要求上要做到"四统一"和"一灵活"

① 统一教学目标;

② 统一教学重点、难点;

③ 统一教学进度；

④ 统一教学训练与检测；

⑤ 灵活运用教学方法。

(2) 集体备课在组织安排上要做到"六定"

集体备课需要备课组的教师都尽可能参加。在日常繁忙的工作中，大家凑到一起很不容易，要保证每次集体备课的质量和效率。因此集体备课在组织安排上要注意做到"六定"。

① 定时间；

② 定地点；

③ 定负责人；

④ 定内容、主题；

⑤ 定中心发言人；

⑥ 定要求。

每学期由备课组长根据上述要求，制订集体备课计划，基本保证两周一次，可根据实际需要增加。集体备课时，由备课组长组织，备课组长或备课组内的骨干教师轮流主讲，其余教师发表意见，开展互动交流。学科组长每学期检查一到两次，收集集体备课质量信息，并随时记录下来。集体备课要求做到"人人思考、相互交流、合作探究、共同成长"。

(3) 集体备课要做到"两个注意"

一是不一定要完全局限于固定的时间、地点、人员和形式。

集体备课是一种常规的教研方式，虽然它要求"定时间、定内容、定人员、定地点"等，但也不要完全受制于时空。

集体备课实际是利用集体的智慧来探讨问题、交流看法、促进备课和教学水平的提高和质量的提升。而这种探讨可以充分利用每周固定的集体共有时间进行，也可以随时进行。因此除了办公室、教室、操场上等，教师还可利用一切可供沟通的场所完成每一次交流；在探讨时，不一定非要小组的所有成员到齐才进行，三两个人照样可以进行研究；集体备课可以在年级、教研组、备课组进行，还可以跨越学科界限。在条件允许的情况下，适当组织跨年级的教师集体备课，这样更有利于知识的前后联系和学段教学的衔接。

集体备课要"形散神聚"，不但需要固定时间地点的形式上的"集中"，而且更需要随时随地的实质性交流。

二是集体备课要注意问题引领，注重可操作性和实在性。

集体备课不是走形式、做秀，其指向是预测并解决教学实践中可能出现的问题，从而提高教学的针对性和有效性。

备课是上课的准备、教学的前奏。集体备课如果仅仅着眼于形成文本是不够的，还必须关注问题的讨论。集体备课的功能如果只是定位在设计教案，就容易使教师只关注教案的各个构成要素而忽视自己独特性的存在，最终导致集体备课求同略异，丧失针对性，缺少特殊性，从而流于形式。故每次备课要解决哪些问题，这些问题从哪里来？应从自己的教情、学情来,也可从教过这部分内容的教师那里得到。带着问题去备,才能让我们的教学方案更有价值!如果集体备课能帮助教师解决实际教学中的问题,就会激发老师们的热情,吸引他们积极参与到集体备课中来。

(4) 集体备课要防止"四个误区"

集体备课作为促进教师成长、提高课堂效益的重要教研途径,容易陷入一些误区,导致效率不高,这些误区往往表现为:

一是重时髦形式,轻实在内容。

集体备课是有内容指向、目标引领的,所有活动、对话都必须围绕具体教学内容和备课目标进行。集体备课不能只有集中、合作的"外表",而没有互动、碰撞的"灵魂"。如果年级组的几位教师围坐在一张桌子周围,表面上煞有介事,议论纷纷,实际上却是无关宏旨、泛泛而谈,集体备课就成了纯粹的走过场。

二是重集体交流,轻个体实践。

不少教师误以为有了固定或轮值的主备人,有了集体备课,就可以"蜻蜓点水",甚至可以不用再钻研教材教法等自行备课了,何乐而不为?如果教师长时期坐享其成,那么个体的发展就会停滞。没有了个体的发展和前期的个体备课,也就不存在集体备课中的精彩生成了。

三是重一家之言,轻广纳良言。

调研发现,集体备课往往由组长、骨干或轮值教师首先作中心发言,之后其他教师随声附和、人云亦云,成为没有争辩、质疑和评价之声的"一家之言"。这种争论、对话的缺失,实质上掩藏着教师个体钻研合作精神的缺失,集体备课"互动合作"的本质也就荡然无存。

四是重共性教案,轻个性教案。

在实践中,有些教师采用"拿来主义",全部照搬集体备课的内容。这是不可行的,因为集体备课不可能照顾到教师自身特点和班级学情。所以教师需要作适当的调整和丰富,以求形成适合教师教和学生学的个性教案。

有些学校实行统一进度、统一教案、统一教法的"三统一"政策,并认为是一种"优质资源整合,优质资源共享"。这种"大一统",势必使教学活动出现单一、呆板的局面。过分依赖集体备课的教案,轻则出现"消化不良"的现象,重则使一些教师丧失最基本的备课能力。

5.1.3 个体备课与集体备课的关系

目前,集体备课已经成为中小学所认同和使用的一种常见方法,教师们尤其是年轻教师,在集体备课中得到了快速成长。但是在实践中也出现了一些重集体备课轻个体备课的情况,不仅影响了备课效率,严重的甚至导致了一些教师专业化发展的停滞。因此,我们要正确认识个体备课和集体备课之间的关系。

(1) 个体备课是集体备课的前提和基础

每位教师在参加集体备课前,都要做好充分的准备:熟悉集体备课的内容、钻研教材、设计教学方案、做好发言准备等;备课中发现的问题、所做的思考以及心得体会也应记录下来,以便与同伴探讨。如果不在集体备课之前进行个体备课,集体备课的水平就无法提高。可以说,以"个体"促"集体",能大大提高集体备课的质量和水平。

(2) 集体备课是对个体备课的提升和完善

集体备课的过程是教师相互矫正、反思提升、完善提高的过程。相对于传统的个体封闭式备课,集体备课能使教师在沟通、交流、研究、讨论中对备课思想、资源、技术、方案进行再设计、再补充、再创造,进而实现智慧的碰撞和资源的共享,实现教师间的传帮带和整体业务水平的提高,培养教师的合作意识和探究能力。同时还可以克服个人备课的片面性和随意性,提高教师教学的科学性。

(3) 集体备课与个体备课和谐共生

指向"和而不同"的集体备课要在充分酝酿、日趋完善的集体备课智慧的基础上,能动地发挥教师个体潜能,保证在多次修订集体教案中显现教师个人的教学魅力。这样教师把集体备课与个体备课有机地结合,根据自己的教情、学情,批判地吸纳集体生成的智慧,修正原先的教学思路,解决制约教学的诸多问题,设计并撰写自己的教学方案。

5.2 专题教育课程的备课形式与要求

新课程体系中,针对社会发展形势的要求,设置了一定的专题教育课程,这是一种短期的"微型课程";另外,还根据需要提出了一些加强教育的专题教育要求,使备课也面临了新的任务,有了新的要求。下面以上海中小学新课程的实施要求为例,进行分析。

5.2.1 民族精神教育和生命教育的备课要求

这两项专题教育都有一定的"纲要"的指引,各学科根据"纲要"的精神,结合学科的年级教学任务,具体设计教学的过程与方法。如小学高年级的音乐,联系教材内容所制订的"落实两纲"教学设计,有如下要求:

(1) 主题与具体学习内容

《乡情》——包括"美丽的草原我的家"、"太阳出来喜洋洋"、"新疆是个好地方"、"放牛山歌"等。

(2) 民族精神教育教学要求

了解我国地大物博、幅员辽阔,初步培养民族自豪感。

(3) 生命教育教学要求

能感受到音乐作品中描绘的"牛羊成群"、"骏马飞奔"、"彩蝶纷飞"等草原的自然美景,联系生活实际,逐步唤起学生爱护自然、保护美景的环保意识。

(4) 教学建议

在演唱、舞蹈、演奏等技能的学习中应提倡以听觉为先导,必须在音乐实践活动中进行。

引导学生在自主学习、比较探究的过程中,勇于发表自己的见解,交流自己对音乐作品特点的理解。

鼓励学生通过肢体模仿到简单动作创编学跳民族舞蹈,背唱、演奏主题旋律,熟悉民歌民乐,了解民族音乐文化的博大精深。

重视学生个人才能的展示,指导学生运用现代教育技术手段搜集相关音乐资料,通过"小小音乐会"、"六一舞会"、"迎新歌会"等形式,交流或展示学生在课内外的音乐民族精神教育和生命教育的学习成果,以激发学生的学习兴趣。

【案例5-1】 小学语文《家乡的桥》的教学设计

一、教学目标

1. 理解课文内容,了解作者家乡小桥的特点,感受水乡之美;
2. 品味课文语言,有感情地朗读课文,体会作者爱乡、怀乡之情;
3. 学习并欣赏文章的写作特点,学习表达方式。

二、教学过程

1. 谈话引入,语境创设
2. 欣赏范读,整体感知

(1) 配乐,自由读全文。

要求:读准字音,读通课文;交流印象比较深刻之处,用笔做记号。

(2) 板书交流,梳理课文,结合朗读。

3. 品味积累,欣赏朗读

(1) 学习"造型"一节

① 课文介绍了两种桥。选择自己喜欢的一座桥,重点读一读,在脑海中想象这座桥的样子。

② 出示图片,个别朗读。(演示)

③ 理解"抓典型"的写法。

④ 引读第二节,欣赏各种各样的桥。

(2) 学习"桥名"一节

① 师生合作读桥名。(变换句式,体会不同的表达方式)

② 出示有关"王维的诗"的资料,理解"撷取"。

③ 媒体演示,欣赏各种桥名字体。

④ 讲述民间传说,体验坐船观桥听故事的感受。

⑤ 创设表达机会,畅谈感受。

(3) 学习"乐园"一节

① 欣赏朗读,读出自己的感受。

② 师生合作,引读这一节,体会"先概括后具体"的写法。

4. 师生对话,总结全文

(1) 师生合作,在对话中总结全文。

(2) 品读:长相忆,最忆家乡的桥。

三、板书设计

家乡的桥 { 造型千姿百态
名称充满情趣
孩子们的乐园

5.2.2 环境教育的备课形式与要求

这一专题教育是在当前中小学中比较普遍的教育培训项目,教育部和省市(如上海市)教育行政曾颁布过相关的《教育大纲》,并开设了有一定课时要求的教学活动。如上海市2004年颁布的初中阶段环境教育的内容标准(如表5-1所示):

表5-1 初中:环境教育专题教育内容标准(12课时)

教学内容与要求	教学活动建议
1. 了解当前主要的区域性和全球性环境问题,探究其后果。 2. 结合地方实际,理解不同生产方式对环境的影响。 3. 了解可持续发展的基本含义,理解可持续发展战略的必要性。 4. 了解地方政府和社会组织在解决地方环境问题方面的重要举措。 5. 反思日常消费活动对环境的影响,倡导对环境友善的生活方式。	1. 看录像、图片或文字资料,了解全球及我国的主要环境问题,以及这些问题对自然和社会发展的影响。 2. 调查和比较清洁生产与非清洁生产的异同。 3. 根据有关资源或能源消耗的统计数据,预测50年后的资源或能源发展状况,讨论环境承载力问题。 4. 与地方环保部门或环保组织成员座谈,或请他们做讲座,介绍各自在环境保护与建设方面的工作任务和成效。 5. 分组收集一些商品的外包装,分析这些包装的作用及其对环境的影响。 6. 辩论:是不是只有高消费才能保证生活质量?

教师可以根据"教学活动建议",进行这一专题教育的备课设计。

针对这种专题教育的备课,需要联系学生的学习基础,适当拓展学科领域,结合学段要求来进行。如高中关于"循环经济与垃圾处理"专题的一个教学设计(案例5-2):

【案例5-2】 "变废为宝,大有可为"的教学设计(备课设想)

1. 阅读指南

通过材料阅读,你将了解:

怎样利用垃圾中的能量?解决垃圾问题最积极的措施有哪些?"城市矿藏"是怎样形成的?减少城市垃圾的有效途径有哪些?

2. 探究活动(交流收获)

(1) 调查所在学校各部门用纸状况。

(2) 调查学校学生簿本使用情况。

(3) 调查星级宾馆"一次性用具"的消费状况。

3. 网上搜索

(1) 上海"分类收集,焚'废'为电"的"御桥生活垃圾发电厂"信息;

(2) 有关"固体废弃物能利用"的信息等。

4. 问题聚焦

上海每年有大量的废纸被作为垃圾扔掉。据统计2003年全市生活垃圾中的废纸约有50万吨,其中可利用的约25万吨。而2002年上海进口的废纸就达30万吨。进口废纸的价格是每吨1200美元,本地的废纸只有每吨1200元(人民币)。回收1吨废纸能生产0.8吨再生纸,可以少砍17棵大树,节省3立方米的垃圾填埋场的空间,还可以节省一半以上的造纸能源,减少35%的水污染。一些发达国家都非常重视废纸的回收,美国的废纸回收率是50%、欧盟为55%、日本为65.3%、英国为72%,而中国只有27%。

算一算:

如果上海把可利用的废纸全部回收的话,那么可以节省多少外汇?

如果上海把可利用的废纸全部回收的话,那么可以少砍多少大树?

如果上海把可利用的废纸全部回收的话,那么可以节省多少填埋空间?

如果上海把可利用的废纸全部回收的话,那么可以生产多少吨再生纸?

如果上海把可利用的废纸全部回收的话,那么可以节省多少生产成本?

(注:汇率按目前人民币兑美元的汇率计算)

5.3 开放背景下的备课形式与要求

这里所谓开放的背景,是指不同于向预设教材内容取材的成规,备课行为需要作一定相应的准备。

5.3.1 利用社会资源的备课形式与要求

利用社会教育资源开展学科教学是新课程所提倡的一种新教学模式,可以让学生基于真实情景建构知识概念、培养学生理论联系实际的学习思想与习惯、提高学生的社会责任感。实施这种学习方式,关键是设计"学习活动指南",这是教师备课的重点。

利用社会资源的"学习活动指南"编制主要环节与合理流程,如图5-2所示。

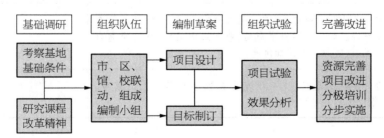

图5-2 利用社会资源学习的设计流程

各社会教育基地"活动指南",在具体体例上可根据实际有一定创新,但必须注意包含以

下四项内容要素:

资源介绍:包括资源特色、场馆对学生的基本容量、相关学习资料等;

学习目标:兼顾知识与技能、过程与方法、情感态度与价值观等;

活动项目:主要是适合年级、学科以及活动内容和要求等;

作业设计:指导学生在这一场馆开展学习的具体任务和作业安排。

【案例 5-3】 "走进火车站"活动设计

(一)"走进火车站"活动的内容与要求

资源配合	内容与要求	活动建议
1. 铁路站和铁路运输展厅。 2. 上海铁路南站模型。 3. 其他有关上海铁路客运站的资料(如反映上海最早铁路站的杨柳青画等)。 4. 室外模拟站台。	1. 了解火车站在铁路运输中的地位、作用及建筑特点。 2. 认识铁路上海站的历史变迁,探究它与上海城市发展的关系。 3. 分析上海新客站、上海南站的选址根据,体会它们的相互关系及对周边地区交通、商业及经济发展的影响,从铁路上海站的发展演进中体会与时俱进的上海城市精神。	1. 参观馆中的铁路和铁路运输展厅。 2. 弄清不同时代铁路上海站的位置、规模及当时的城市格局,探究其中的关系。 3. 观看上海新客站、上海南站的建筑模型,了解认识其如何发挥大型铁路客运站的功能,如何与市内交通换乘形成科学便捷的交通网络。 4. 比较不同时期和地区的铁路站,从中体会铁路站的建筑风格特色如何因地而异、与时俱进。

(二)"走进火车站"学生项目活动学习单

序号	任务	内容填写
1	准备一张上海市地图,在上面标出不同时期铁路上海站的位置,并大致描出当时的市区范围,注明城市人口规模。	
2	从展出的火车站图片或模型中选择一个写一句话,概括其风格特点,并让人们知道它是火车站。	
3	根据你已有的历史、地理知识,说说上海铁路站是怎样随着上海城市的发展而发展的。请列出提纲。	
4	铁路站不能孤立地存在,它必须与城市交通、公路客运等有机地结合。如果要调查上海站(或上海南站)附近的交通布局情况,设想一下应该如何进行?	
5	结合你参观的场景,说一段发生在列车和车站上的故事。(自编或改编均可)	

5.3.2 基于网络信息平台的备课形式与要求

网络备课是在以学校局域网和 Internet 为网络环境的背景下,以共享交流为核心,利用

LanStar、网上邻居、IE 等局域网或网络软件等平台,以教师们课前做好的备课素材为基本资源,充分地利用 Internet 网络海量知识、搜索导航等功能辅助备课。

网络备课的基础是备课资源的建设。电子备课资源主要包括以下几种:

(1) 电子教案资源库

电子教案就是将原来纸质载体的教案输到电脑中,并以 Word 文件格式保存。这种基于新课程教育教学理念设计的电子教案应该是覆盖全部新教材章节的系统化教案资源。

(2) 电子课件资源库

电子课件,就是教师个人或群体把一些比较适合于多媒体、网络环境境况下进行教学的内容,制作成 PowerPoint、Authorware、Flash 或网络形式的课件。这里电子课件资源务必与电子教案资源库进行搭配,否则多媒体的适用性就会受到质疑。电子课件受到计算机水平和网络综合应用水平较高的教师的欢迎。在建设上,可以按步骤逐步推进。

(3) 电子试题库

各类考试及测验能够及时反馈我们教学的成效,但不停地出试卷是一件繁重的工作。切实减轻教师负担,构建新课程条件下的电子试题库显得尤为必要。基于现实的技术开发实力来讲,最佳的途径就是购买试题资源库系统,做好试题的输入和整理工作。同时为了提高教师的教科研水平,通过一定的奖励措施切实鼓励教师原创试题。

(4) 元数据资源库

为了加快我国教育信息化的进程,教育部教育信息化技术标准委员会制订了《基础教育教学资源元数据规范 CELTS-42》,其中将元数据定义为用于描述学习资源、数据对象、学习技术系统构件特性的结构化数据。简单地讲,就是符合教育资源库建设规范的能够直接用于课堂的教学资源的"模块"。新课程电子备课资源开发过程中,要提高备课的成效,就应建立元数据资源支撑系统,避免教师查找资源上的无序和时间上的浪费。

思考与讨论

1. 结合自己的学科特点,根据本学期的教学内容,计划一学期备课所要采用的类型以及相关要求,并阐述选择相应备课形式的理由。

2. 网上的一则报道:说某学校开展对外公开课,五位教师上的都是同一节课,听课人听到的都是同一个模子:一样的导入,一样的话;一样的讨论,一样的题目;一样的过程,一样的调子。大家感到纳闷,询问后才知道,这是之前集体备课的"成果"。请问你如何看待这件事情?

第6章 备课的主要成果——教案及其分析

[章首引言]

如果说备课是上课的基础,那么,教案是上课的基本依据。所以,备课的结果是反映在一份教案上的。在新课程的背景下,一份有价值的教案必须具有哪些要素?应该具有哪些特征?如此等等问题都需要清晰化。本章试图就此作一些阐述。

教案是教师备课结果的主要呈现形式。以授课单元或章节为单位编写的具体教学方案,是授课思路、教学内容、教学技能的客观反映。

与教案相关的另一个概念是"教学设计"。对教学设计的理解有多种,一般比较公认的解释是:"运用系统方法分析教学问题和确定教学目标,建立解决教学问题的策略方案、试行解决方案、评价试行结果和对方案进行修改的过程。"该定义与张祖忻、史密斯、雷根、皮连生、何克抗等专家所定义的"教学设计"概念大体一致,即他们都强调教学设计是一个系统化的过程,包括如何编写目标、如何进行任务分析、如何选择教学策略与教学媒体、如何编制标准参照测试等。这些操作是必要的,也是最基本的。正是这些教学设计的系统化操作程序使教学系统设计理论和方法得到了广泛应用。

这样看来,教案是教学设计的呈现形式,而教学设计是形成教案的一个"系统化"过程。两者有着天然的联系。

现在,又有一些教学理论与实践者,根据新课程的理念,或者是参照国外"学程设计"①的思想,提出了一个"学案"的新概念,这是相对于"教案"的新概念。将教学设计看作包括对"教"的设计和对"学"的设计,形成一个统一的系统,将重心由"教"移到"学"。这些关系可以用图6-1来示意。

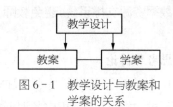

图6-1 教学设计与教案和学案的关系

6.1 教案的主要内容

一份优秀的教案主要包括以下一些内容与要求:

(1) 全面具体的教学目标;
(2) 定位准确的教学重点;

---

① 莱斯利·P·斯特弗、杰里·盖尔主编,高文等译:《学程设计:教师课程开发指南》,华东师范大学出版社2002年。

(3) 实用必需的教具学具;

(4) 切中要害的学情分析;

(5) 突出活动的教学过程;

(6) 务实灵活的练习设计;

(7) 美观助学的板书设计;

(8) 有利成长的教学反思。

【案例6-1】《圆的认识》教案设计

圆 的 认 识

教学内容:教科书第93—94页例1、例2、例3、练一练、练习十七第1、2题。

教材简析:圆的认识,是在学生认识了长方形、正方形、三角形等多种平面图形的基础上展开的。教材的编排是先借助实物揭示出"圆",让学生感受到圆与现实的密切联系,再引导学生借助"实物"、"圆规"等多种方式画圆,初步感受圆的特征,并掌握用圆规画圆的方法。在此基础上,再引导学生通过折一折、画一画、量一量等活动,帮助学生认识直径、半径、圆心等概念,理解半径和直径的意义以及它们之间的关系,同时掌握圆的基本特征。教材通过对圆的研究,提高学生解决简单实际问题的能力,也为以后学习圆柱、圆锥等知识打好基础。

教学目标:

1. 知识目标:使学生在观察、操作、画圆等活动中认识圆,知道圆心、半径、直径;能借助工具画圆,能用圆规画指定大小的圆;能应用圆的知识解释一些生活现象。

2. 能力目标:使学生在活动中进一步积累认识图形的学习经验,增强空间观念,发展数学思考的能力。

3. 情感目标:使学生进一步体验圆形与生活的联系,感受平面图形的学习价值,提高学习数学的兴趣、增强学好数学的信心。

教学重点难点:

重点:掌握圆的特征,理解直径和半径的关系。

难点:学生通过自己动手操作,尝试得出圆的相关特征。

教学准备:

1. 多媒体课件、大小不等的圆片。

2. 直尺、三角板、圆规、圆形纸片、硬币等圆形物体。

课时安排:一课时

环　节	学生自学事宜	教师引导事宜
明确自学重点 （3分钟）	自学重点一： 1. 知道圆心、半径和直径。 2. 能借助圆规画任意大小的圆。 3. 在你的圆中标出圆心,任意画一条半径、一条直径,用相应的字母表示。 4. 画半径是3 cm的圆。	板书课题,明确重点。
围绕重点自学 （5分钟）	自学提示一： 1. 请打开书,看看书上第94页例2。 2. 说说圆各部分的名称。 3. 说说你是如何画圆的?	独立阅读课本,理解圆各部分的名称。
明确自学重点 （3分钟）	自学重点二： 1.（1）在同一个圆里,可以画多少条半径,多少条直径? （2）在同一个圆里,半径的长度都相等吗?直径呢? （3）同一个圆的直径与半径有什么关系? （4）圆是轴对称图形吗?有多少条对称轴? 2. 说说你在操作中有什么发现?你是怎么想的,又是怎么操作的?	明确自学重点,组织学生认真分配自学任务。
围绕重点自学 （15分钟）	自学提示二：第94页的例3 1. 请同学们在圆纸片上画出半径,看能画出多少条?请同学们用直尺量一量画出的半径有多少厘米? 2. 你发现了什么?请四人小组讨论：在同一个圆里,半径有什么特征?直径有什么特征?它们之间有什么关系? 3. 你还有什么发现吗?	引导学生动手操作,主动探索,并发现圆的有关特征,理解直径和半径的相互关系。
点拨自学得失 （4分钟）	你还有什么疑问吗? 小结： 在同一个圆里,有无数条直径,也有无数条半径。 在同一个圆里,半径都是相等的。 在同一个圆里,直径都是相等的。 在同一个圆里,直径都是半径的两倍。 圆是轴对称图形,有无数条对称轴。 直径是一个圆里最长的线段。	
巩固自学成果 （10分钟）	1. 填空; 2. 判断; 3. 拓展延伸（圆的应用）。	引导学生解决练习中的问题。

板书设计： 　　　　　圆的认识

画圆：

1. 定点　　　　　　　圆心:o

2. 定距离　　　$0\ d$　　半径:r

　　　　　$r=$

3. 旋转　　　　　　　直径:d

上述教学案例是数学学科的,也是教师结合"自学引导"的思想所设计的一份教案,具有一定的独特性。

根据不同学科、不同内容的备课要求,教案栏目可以有适当调整。比如教具学具可能对于一些理科课程更加需要。练习设计可能对于一些工具性的学科更加需要。当然教学反思也不是绝对的要求。

6.2 教案的基本形式

围绕这些主要内容,教案可以采取多种形式。这里介绍几种典型的教案形式。

6.2.1 "O"型教案

针对传统备课形式中,对于同一教学内容反复备课往往会浪费许多时间,因此造成抄教案的现象,有些教师提出了"O"教案的备课形式。即教师可根据自己的特点及实际情况编写教案,可在教材、教参上批注,画出重难点,也可以在以前的教案上圈点修改,可作提纲式编写,有时甚至还可以什么都不写。这种形式的备课不仅节约了教师备课的时间,更重要的是教师在批注的时候往往会形成自己的观点,在以前的教案上圈点修改,也有助于教师对从前的教学进行反思,找到教学的新思路。

6.2.2 方案库和案例合作教案

"方案库"教案是一种弹性化的备课方案,它打破了传统的"单线结构"的备课,为教师的教学提供了多种路径。它将备课环节分为"创设情境"、"教学新知"和"拓展延伸"三个部分,每一部分都由好几个方案构成,一旦在教学过程中遇到意外情况,教师即可调整自己的教学路线,选择别的教学方案。

所谓的"案例合作式"备课,就是教师将个人备课的心得和设想,写成片段的、短小的案例,如导入设计、情境设计、朗读指导设计、教学思路设计、探究问题设计、实践训练设计等片段,并通过校园网与其他老师交流合作,互动探究,最后由教师各自选择组合,形成自己的教案。这两种教案写作的优点是能够集教师智慧于一体,综合开发利用教学资源,既避免了集体备课的形式化、同质化,又使教师在备课时不再闭门造车。这种备课又不同于互抄教案,因为每一个老师提供的教学案例或方案,都有很大的空白点,每一个使用它的老师可以根据自己和班级学生的特点进行补充、组合。

6.2.3 "分栏式"教案

这是对传统的教学过程做了大胆革新,将其细化,分为"两栏",即教师活动、学生活动,"三栏"还可以添加"设计意图"。这种类型的教案写作比较强调学生的主体活动,几乎每一个教师活动的旁边都有学生的活动过程,尤其值得注意的是,这种教案将设计意图也写在旁

边,有助于教师在课后进行反思。例如:

【案例 6-2】《看物体》教案设计

看 物 体

教学目标

1. 通过观察,知道用眼睛可以观察物体的外部特征,体会眼睛的重要作用,初步经历有序观察的过程。

2. 积极参与游戏,体验完成游戏的成就感,初步养成有序观察的习惯。

3. 在活动过程中,积极参与交流,认真倾听他人的发言。

教学准备

长毛绒玩具、罐子、杯子、盆花、电风扇、拼图教具等。

教学过程

一、观察身边的物体

学 生 活 动	指 导 要 点
1. 观察:观察教师提供的玩具。 2. 交流:描述观察到的玩具的特征。 3. 观察:观察身边的各种物体。 4. 交流:描述观察到的各种物体的特征。	1. 引入时,教师可先利用身边的物体,通过问题提示("老师准备的是什么?你们是怎么知道的?")让学生直接进入本课的学习。 2. 在活动中教师可引导学生仔细观察物体的颜色、形状、大小、数量、动静等特征,使学生明白眼睛可以观察到物体的这些特征。 3. 学生观察时,教师应指导学生观察的方法,让学生初步体验有序的观察,如从上到下、从左到右、从局部到整体。

(行为观测点:有序地观察各种物体,描述它们的特征。)

二、游戏"看图找不同"

学 生 活 动	指 导 要 点
1. 观察:观察教材中的图片(娃娃),比较两幅图片中的不同。 2. 交流:交流两幅图片的不同点。 3. 比较并记录:比较活动作业中图片的不同点。(活动作业 P1)	1. 在观察比较图片(两个娃娃)的不同点时,教师要有意识地引导学生进行有序的观察。教师可圈出学生找到的不同的地方,为学生独立完成后面的活动手册做示范。 2. 教师还可以寻找一些类似的游戏图片,组织学生开展活动,引导学生经历有序观察的过程。

(行为观测点:在有序地观察中找出图片的不同,积极参与交流。)

三、拼图游戏

学 生 活 动	指 导 要 点
1. 拼图：利用教师提供的材料，开展拼图游戏。 2. 交流：拼图活动中的体验、感受。 3. 总结：交流"有序观察"在拼图游戏中的作用。	1. 教师应事先准备好学生用的拼板，可根据拼板的难易程度采取不同的组织方式，比较简单的可不配对照图；对于比较复杂的，可配上对照图，供学生参考。 2. 在学生交流过程中，教师可请拼得比较快的学生介绍，使学生认识到有序的观察能帮助我们完成拼图游戏。

（行为观测点：积极参与游戏，完成拼图；认真倾听他人的发言。）

（上海市杨浦区控江二村小学　陆　瑾）

6.2.4　大纲式教案

这种教案写作形式的特点是课前的教案往往非常简单，只有最基本的几个教学步骤，但在课后根据学生上课时的反应进行补记。教师在备课的时候更多的是备教学设想、教学流程。这种方式最明显的特征是，与"分栏式"备课正好相反，学生的活动在教师备课写教案的时候是空着的，因为学生的活动教师是无法预设的。教学中留有空白是让学生的思想有更大的自由度，使他们的创造力有更大的发挥空间。这样的教案需要教师对文本形成多角度的理解，才能应付课堂上学生生成的各种情况，才能和最大多数学生对话。同时对教师课后补记的注重，也为教师的成长提供了途径。

这几种教案，前两种是着重于教师备课的改革，后两种则重在备课中对学生活动的改革。这些新的教案写作形式至少具有这些优点：

● "O"教案、方案库和案例合作备课使教师从沉重的教学任务中解脱出来，教师无需重复劳动。在备课的过程中，教师可以把大部分精力放在对文本和教学策略的钻研上，放在对自己和别人教学设计的反思上，进一步提高教学水平，从而使备课成为教学研究的一个组成部分。

● 无论是"分栏式"备课，还是大纲式备课，教师在教案写作时都必须考虑到学生的反应，真正做到心中有学生。"分栏式"备课将学生的活动列入教案写作范畴，使教师的教学更具有操作性，并可将课堂中学生的实际反应与教师预设的活动进行比照，从而准确采取适当的教学引导。大纲式备课虽然将学生的活动作为空白留到课后补充，但教师在写作教案时仍然必须考虑到学生的情况。这些教案的写作形式已经不再是传统的几种模块，灵活开放的教案写作使教师丰富的备课风格得以体现。

6.3　多媒体技术支持的教案

随着电脑的普及，纸质教案不再是展现备课成果的唯一形式。电子教案、多媒体课件、教学网页的出现，使备课形式更为多样。

6.3.1 电子教案

"电子教案"就是在电脑上写教案。虽然在形式上教师似乎只是将原先的纸质教案搬到了电脑上,但是这种电子教案的出现弥补了传统纸质教案的不足之处:

(1) 便于大规模地修改。纸质教案一旦形成基本就固定不变了,但电子教案允许教师根据实际情况大规模地修改教学思路、增删教学内容。

(2) 便于长时间保存。一个教师如果工作十年,他至少会有二十本教案。若要进行资料整理,梳理二十年的教学思路,将是一个浩大的工程。电子教案的好处就在于既能长时间保存,又能方便教师整理,使教师能够更好地进行备课研究。

(3) 便于随身携带,放入小巧的优盘即可。

6.3.2 多媒体课件

除了纸质和电子教案外,多媒体课件也成为备课形式之一。多媒体课件将文字、图片、视频、音频集合在一起,创造了一个光、声、电结合的奇妙世界。

多媒体课件不仅有利于教师在备课时有目的地选择学生的作品制作成课件,在课堂上展示,还有利于教师创设课堂情境。多媒体课件利用声音与画面营造出来的教学氛围,如果教师能好好利用将对教学起到促进作用。一般来说,多媒体备课可以有以下几种形式。

(1) 演示型课件。在备课的过程中将教学内容整合进多媒体演示流程。教学时以教师演示为主,也就是教师操作,学生观看。多媒体演示可以使教学内容变得更加直观、形象,还可以帮助教师较好地掌握课堂的主动性,较顺利地完成教学任务。

(2) 交互型课件。这种备课形式需要一些基本条件,比如教师需要制作一些交互式的教学课件,如果让学生通过计算机操作,需要有一定数量的计算机设备,学生也必须掌握一定的计算机及相关软件的操作技术等。但这种备课方式在教学实践中,可以让学生较多地发挥自己的主观能动性和创造性,还可以让学生抛开原有工具,尝试新的创作工具。比如在美术教学中,有"图案设计"这一教学内容,在学生有一定操作基础的前提下,就可以让学生通过计算机来完成设计作业,这些设计作业要求教师在备课时就可以根据不同年龄段学生的特点设计成交互型(也可以安排一些自由创造型的内容)的练习,让学生在人机对话与主动学习中既学到一些基本知识,又能通过计算机完成一定的设计创作练习。

(3) 流程图型课件。这是一种比较特殊的备课形式,它几乎适用于小学的所有学科,兼有演示型与交互型两种备课的特点。它要求教师在备课时先设计好教学过程中的全部大环节,把每个(或学)的环节以任务的形式展现出来,然后在每个环节中设计一些相关的任务,安排一定的教学活动,教学实践中可以按不同的课堂发展趋势通过不同的路径完成教学任务。流程图式的备课多考虑学生的主动性的发挥和创造性的体现,给教师尤其是给学生有一定的发挥空间,又能较好地完成教学任务。这种备课的方式在样式上更多地运用超文本链接方式。

(4) 探索式课件。包括除上述几种形式以外的其他课件呈现方式,需要广大的教师在教学实践中不断地寻求和探索。比如运用特定的软件让学生参与到教学过程的设计中去等等。又比如在理科一些实验中,设计一些做实验的软件,让学生在使用这些软件的过程中,理解实验背后的科学内涵。

6.3.3 教学网页

多媒体课件的不足是它一旦制作完成就很难改变,而且这种课件往往是单向的,互动性不够,如果教师没有考虑到这一点,会使教学重新陷入机械、程序的预设圈套之中。因此许多教师为了解决这个弊端,开始纷纷利用网络技术,运用网络的互动性,制作教学网页。根据需要,可以制作一篇文章的教学网页,或制作一个单元的教学网页,形成几个板块,如作者介绍、课文背景、文章评论、练习引导等。这样的教学网页便于学生进行自学,培养学生寻找资料、独立思考的能力。最重要的是,现在的许多教学网页还设置了互动平台,供学生和老师就阅读中的某些问题进行讨论。

6.4 板书设计的艺术

板书是教师运用文字、符号或图像,呈现教学内容和学生的认识过程,使知识概括化和系统化,帮助学生正确理解,增强记忆,提高教学效率的教学行为。

有人认为,现在都强调运用现代信息技术手段进行教学了,板书已经成为"一支粉笔加一张黑板"时代的过时的方式了。但实际上,板书仍然具有现代信息技术所不能达到的功能。教师把教学要点用题号和标题、概括的文字、图表等板书在黑板上,再用联线、加强符号、彩色粉笔随时加以渲染,使一节课的内容简明扼要、系统清晰地展现在学生眼前。这样的过程不仅能够起到吸引学生的注意力,突出教学重点,加强教学的系统性、结构性的作用,而且容许学生的思维有一个缓冲的过程,有利于学生进一步深入地思考、理解与记忆。如在教师将一些词汇的英文和中文对照着写的过程中,孩子不仅潜移默化地知道了书写的顺序,而且也增强了记忆的效果。现在很多老师过分强调课堂教学的现代化与信息的大容量,将很多内容用PowerPoint的形式快速地放出来让学生浏览,长期这样,对于孩子的思考、思维、记忆是不利的。

另外,好的板书还是一种美的享受,教师漂亮的字体,巧妙的构思,不仅会使学生感受到板书的形式之美,而且会从教师的"艺术创作"中体会到教师的内在品格之美。教师能在黑板上写一手好字,画一手好画,能够很好地梳理出课堂内容的结构框架,也可以增强教师的魅力,从而激发学生对本学科的兴趣。

6.4.1 板书的类型

(1)提纲式。提纲式的板书,是对一节课的内容,经过分析和综合,按顺序归纳出几个要点,提纲挈领地反映在板书里。

(2) 表格式。表格式的板书，适用于对有关概念、物质的性质、试验进行分类与对比，从而认识其异同和联系。

(3) 图表式。图表式的板书用文字、数字、线条、关系框图等来表达，这种板书适用于将分散的相关知识系统化，对某一专题内容进行分析、归纳和推理，或提示某一专门知识中的若干要素及其联系。

(4) 练习式。这种形式具有较强的启发性，教师在黑板上只列出表格或留出间隔，但不写出答案，给学生留有思考的余地，这种板书同时可以起练习题的作用，可以复习巩固所学过的知识。

(5) 综合式。综合式的板书，即以上四种板书的综合运用，再配合图画、图表等，构成了一节课完整的板书体系。

板书中，除了文字性的板书，还有图画和一些图表的板书。对于某些学科的教师如地理教师、自然教师、物理教师、化学教师、生物教师、科学教师、美术教师等来说，掌握一些基本的素描技巧，一些常见的动物、植物、实验器具、重要地理事物、地图等的画法尤其重要。

6.4.2　板书的载体

如果从板书载体的维度来划分的话，以上所说的都是粉笔板书的不同类型，它已经被使用多年了，有许多优点，但也有一些不足。如粉笔末会污染环境损害师生的健康，教师的劳动量大，所用的教学时间较长等。随着现代教育技术的进步，现在已出现了一些不使用粉笔的板书方式。

(1) 幻灯板书。这种板书可以在课前在幻灯片上写好、画好，使用时用投影幻灯打到屏幕上去。幻灯板书能克服粉笔板书的缺点，且保存的时间长，可以多次重复使用。但使用时滞留的时间短，且受光线、设备等限制，有时不够清晰。这种板书多在做练习或分析问题、所用的文字资料繁多、图表较复杂等情况下使用。

(2) 拼结粘贴式板书。这种板书是教师在课前在较硬的纸板、纸条上写好或画好板书内容，背面贴上双面胶或利用磁性黑板，上课时一边讲一边把相应的纸板或纸条贴到黑板上去，它既可以克服粉笔板书不卫生、劳动量大等缺点，又不受光线、设备的限制，且规范、美观，是颇具生命力的一种板书形式。若将大家普遍使用的文字板书、图表、景观图由工厂印制为产品公开发行，则既可以节省教师的备课时间，又能保证板书的质量。

6.4.3　板书的结构布局

板书布局是指各部分板书在黑板上的空间排列，以及与教学挂图、幻灯屏幕、小黑板、电视机等的合理对应。教师在备课的时候应将各部分内容在黑板上的位置事先安排好。

板书的结构取决于所学内容的知识结构、学生的认知水平及教学过程的安排，但各个重点、难点、知识点之间的关系要一目了然。板书结构还要体现各部分的关系，如从属关系、并列关系、因果关系及递进关系等。板书要体现学生的认知过程，讲究先后次序，哪些内容写在前面为后面的知识做铺垫,哪些内容写在后面呼应前面的知识,都不能随意变化。

6.5 "学案"设计

要实现素质教育的大目标,改变以教师为中心的旧的课堂教学模式,构建以学生为主体的新的课堂教学模式,作为教学最基础的工程——备课,就必须从以备教为主转变为备教、备学相结合,以备学为主。而学案设计就是这个理念的体现。

6.5.1 学案设计的内涵

学案在目标要求、课堂角色、教学方式等方面不同于教案。教案是教师认真阅读教学大纲和教材,经过分析、加工、整理而写出的教学方案,它着眼于教师讲什么、如何讲,侧重于使学生"学会"。而学案则是在教案的基础上为培养学生学习能力而设计的一系列问题探索,由学生直接参与,并主动求知的学习方案,它着眼于调动学生学习的主动性,引导学生获取知识、培养学习能力,它侧重于使学生"会学"。学案应包含两部分内容:一是学生用的学案,它侧重于学习内容的设计;二是教师用的导案,它侧重于指导如何学,主要围绕学案中"问题讨论"或教材的重、难点进行课堂教学设计。

6.5.2 学案设计的原则

(1) 主体性原则

学案是教师为配合学生主动求知而设计的学习方案,所以教师在设计学案时要以学生的"学"为中心。备课时,不仅要备大纲、教材,了解教学目标,教材重、难点,知识编排设计等,更重要的是要备学生,了解学情,研究学生的认知水平和已有的知识水平,使设计的学案有较强的针对性,同时还要考虑学法指导的渗透,使学生懂得如何学。

(2) 探索性原则

要让学生学得懂、学得有兴趣,关键在于所设计的导学问题是否有探索性,能否激发学生的求知欲望。因此,教师要依据教学目标和教学内容,依据学情,精心构建导学问题链。问题设置要科学,有启发性和趣味性,并有一定的层次和梯度,符合学生的认知规律。

(3) 主导性原则

强调学生的主体性,并不意味着教师可以"放羊"。恰恰相反,教师要立足主导地位,肩负"导演"的责任。学是主线,导是关键,备学案要在"如何导"上下功夫。

【案例6-3】《从百草园到三味书屋》学案设计

第一课时:学习"百草园"部分

一、学习目标

(一) 理解回忆性散文的双层观照,即百草园对"儿时鲁迅"的影响和"现在鲁迅"对百草园的再认识；

（二）感受百草园"乐园"与"学园"两种特性的合一，感受童年生活的美好；

（三）体会鲁迅的语言风格。

二、学习过程

（一）导入

让我们一起来欣赏一首带给我们美好记忆的歌曲——《童年》。欣赏完了歌曲之后，你内心有什么感情要抒发吗？是呀，童年的记忆多么美好，童年的我们自由自在，无拘无束。今天，让我们一起跟随鲁迅走进他的童年，探寻他成长的足迹！现在，让我们去百草园走走看看吧！

（二）解读

1. 放读

带上一颗童心，寻找一种乐趣

（1）问题呈现：百草园曾是鲁迅儿时的乐园，那么它会是你的乐园吗？请同学们放声朗读描述"百草园"的内容，带上一颗童心，去寻找一种乐趣！

① 玩乐中有乐趣；② 故事中有乐趣；③ 实践中有乐趣。

（2）问题探究：

① 鲁迅成年时对百草园的记忆是"其中似乎确凿只有一些野草"，这样的百草园怎么会是我儿时的乐园呢？

（因为对于儿时的"我"，那是一个自由的世界，是一个自由嬉戏的场所。在自由的心灵中，世界是美丽的，是魅力无穷的。百草园是孩子精神世界的乐园，不是大人的，也不是物质的。如果用大人的眼光来审视百草园，那显然它是无趣的；而鲁迅正是以孩子的视角来观照百草园的，所以字里行间才能渗透情趣。）

② 将"长妈妈曾经讲给我故事听"改为"长妈妈曾经讲给我一个迷信的、可笑的故事听"，这样好吗？为什么？

（与原句比，改句完全是用大人的视角来看故事。在儿时鲁迅的心目中，根本就是很认真地把长妈妈所讲的故事当回事的。而现在尽管已经完全明了了故事的性质，但鲁迅在叙述上依旧不添加现在的看法，字里行间处处留有空白，即将整个故事还原到了原始状态，保持了童趣，凸显了幽默。）

预设追问：

a. 长妈妈为何要如此虔诚地给我讲这个"美女蛇"的故事呢？

b. 讲故事的背后隐藏的其实是长妈妈怎样的情感呢？

c. "美女蛇"的故事给儿时的鲁迅带来了什么呢？

d. 想想鲁迅当时的那些想法与举动，你内心产生的情感是怎么样的呢？

e. 鲁迅现在想起这事，内心是怀着一种怎样的情感呢？

f. 鲁迅用文字把这种情感直接表达出来了吗？那么鲁迅是以什么身份叙述这个故事

的呢?

g. 长妈妈讲述的故事完全是荒唐而可笑的,儿时的鲁迅固然不知,但今天的鲁迅早已知晓。可是鲁迅始终没有对长妈妈的行为给予一句的批评,从中你能感受到鲁迅先生的为人吗?

2. 默读:带上一颗慧心,寻找一种知识

(1)问题呈现:百草园的确是鲁迅儿时的乐园,那么在成年鲁迅的眼中,他还仅仅是乐园吗?请同学们快速默读描述"百草园"的内容,带上一颗慧心,去寻找一份收获!

① 自然知识;② 保护意识;③ 生活技能。

预设追问:

a. 这么多的知识,是在什么样的心灵状态下获得的呢?

b. 由此,我们是否可以揣测鲁迅先生写此文的目的除了回忆童年乐趣,还涉及了一个什么主题呢?

(三)结束

百草园是鲁迅儿时的"乐园",也是鲁迅在那时未曾认识到的天然的"学园"。可是鲁迅终究是要随了大人的愿,去那真正的"学园"的,那么就让我们一起在鲁迅的猜想中离开百草园,结束今天的童年之旅吧!

思考与讨论

你认为作为一个新教师,如何准备教案,才能促进自己的迅速成长?

第7章 教学反思——保障不断改进的"课后备课"

[章首引言]

　　一个完整的备课过程,应该包括课后的教学反思。和课前的备课一样,反思也有自我反思和团队共同反思。也有人提出,其实教学反思需要贯穿于备课与上课的全过程,基于这些认识,本章将就此作一些讨论。

　　叶澜教授说过,一个教师写一辈子教案不一定成为名师,如果一个教师写三年的教学反思,有可能成为名师。这句话充分反映了教学反思对于教师专业发展的重要作用。

　　一些教育调研显示,教师往往习惯于将课堂教学的低效归因于学生素质差、学科内容难、外部条件欠佳、配套设施不全、家庭教育失败等外部因素,而对自身素质问题往往认识不足。针对这种情况,新课程非常强调教师的教学反思,尤其是对于自身的反思。

　　反思是人特有的一种心智活动,也是人有意识地考察自己的行为及其情境的行为。教学反思是指教师自觉地把自己的课堂教学实践作为认识对象,进行全面而深入的冷静思考和总结,是对自己的教学行为、教学观念和教学效果的再认识、再思考,以进一步提升教师业务水平,促进学生发展的行为。教学反思作为提升教师专业素养的一种重要手段,它让教师在反思后奋进,发现问题就整改,遇到困难则深思,找到经验就升华。教学反思的真谛就在于教师要敢于怀疑自己,敢于和善于突破、超越自我,不断地向高层次迈进。

　　教学反思并不是必须在课后进行的,有不少教师将反思提前或贯穿在备课过程中。有一个称为"D-G-E-C"的教学反思模式可以说明这种现象。其要点中的四个环节关系,如图7-1所示。

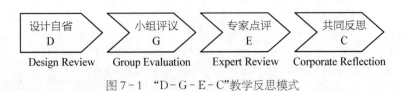

图7-1 "D-G-E-C"教学反思模式

　　但是,应该明确,课后的反思性备课,因为已经有了系统的实践体验,对改进备课的功效可能更明显。

7.1 教学反思的动因与类型

7.1.1 教学反思的动因

　　上海市黄浦区曾对中小学教师在新课程背景下的备课情况作了调查,调查的内容与样本都较多,涉及教师备课方式、备课所花费的时间、耗时最多的备课内容、备课资源的来源、对现代信息技术的应用、备课成果的呈现形式、集体备课和个体备课的执行情况等,还特别调查了教师对备课的反思。在关于反思的调查中,教师认为备课体现新课程要求比较成功的有两点:一是对教材分析,一是教法设计;但在对学情的分析、教具的选用(含制作)、作业设计等方面,存在明显不足。

在反思基础上,教师对改进备课提出的需求与建议,归纳起来一共有 23 条,对其中特别有价值的举例如下:

(1) 有统一的教材分析、统一的教学要求,让教师在此基础上结合学情适当修改;

(2) 教参应明确教学内容的难易程度和学生应掌握的程度,有单元目标中的重点、难点,能够按新课程三维目标来写每一课的教学目标,便于教师联系学情来制订有效教学目标;

(3) 有足够的在校备课时间,增加集体备课的时间;

(4) 提供备课资料(包括文字的和音像的),如优秀的教学设计、教学录像等,使教师有更多时间去考虑学情和课后反思;

(5) 加强校际备课,尤其是对一些周课时数少、本校教师少的学科;

(6) 加强备课活动的目的性、针对性、计划性、有效性,制订好备课计划,设计好每一次活动的内容,做好活动记录,反思落实情况,做到专题化、主题化、系列化、规范化。

该项调查经过认真总结反思,提出了改进备课需要理清和处理好的七对关系:

一是个体备课和集体备课:提倡在个体备课基础上的集体研讨和智慧共享;集体备课的形式需要校本的,也需要跨校的。

二是课程标准和学生实际:课程标准需要进一步细化,尤其是对教学要求、重点难点的明确,有这个基础,再结合学情,教学目标才有效。

三是电子教案和手写教案:希望以电子教案为主体,可以在以往电子教案的基础上,结合当前的学情修改,减少重复劳动,在对学情的分析上多花一点时间。

四是统一格式和自由格式:希望有统一格式的要求,但这不是机械的统一要求,要允许并鼓励教师彰显个性,形成自己的风格。

五是借鉴课件和自制课件:这两种资源都有实践的价值和需要,关键在于学生的基础,以及教师本人的特长,最好在资源共享的基础上,自主开发。

六是备课预设和课堂实际:备课应该是一个动态的过程,包括课前、课中和课后。所以提倡在教案基础上教学,在教学过程中优化教案。

七是专家引领和同伴互助:希望有教研员、学科带头人和骨干教师参与备课组活动,并发挥每一个教师在备课中的智慧与积极性。

这些关于改进备课的调查结果和反思建议,对教学反思是有一定指导价值的。

7.1.2 教学反思的类型

按照教育教学的先后顺序,可以将教学反思大致分为:

（1）教学前反思：教师在进行教学之前，结合以往的教学经验，对教学内容再次梳理，使教学成为一种自觉地实践的过程；

（2）教学中反思：教师在进行课堂教学阶段，对某些教学现象、教学环节及时敏锐地剖析，确保高质量、高效率地进行；

（3）教学后反思：教师对整个教学阶段的总体回顾，带有批判和总结性质，取长补短。

从教学反思间隔时间的长短来看，可以将教学反思分为：

（1）课后反思：一节课下来就总结思考，写好课后心得或教学日记，这对新教师非常重要；

（2）周后反思或单元反思：即教师一周教学下来或一个单元讲完后进行反思，发现问题及时纠正；

（3）期中/期终反思：即通常的期中/期终质量分析，这是相对比较完整、全面的分析。根据期中/期终考试情况，通过召开学生座谈会，听取家长意见，从而进行完整的整合思考；也可以以一个学期、一个学年或一届教学为周期进行宏观反思。

……

7.2 教学反思的内容

反思什么？一般来说，教学反思可以就以下内容进行记录、思考：

7.2.1 教学过程中的优点

（1）三维目标的达成度与有效途径；

（2）教学过程中达到预先设计的教学目的、引起师生积极互动的有效途径；

（3）课堂教学中临时应变得当的措施与方法；

（4）突出重点，分解教学难点的方法；

（5）设计合理、条理分明的板书；

（6）某些教学思想方法的渗透与应用的过程；

（7）教育学、心理学中一些基本原理使用的感触；

（8）教学方法上的改革与创新；

（9）反思学生在交流研讨时需要点拨之处和点拨的时机；

……

当然并不是所有学科、每节课都要反思记录。教师只有做个有心人，经常记录这些成功的经验，并应用到今后的教学中，才能推陈出新，不断进步，教学才能趋于完美。

7.2.2 教学中的不足和失败之处

即使是一个教学经验非常丰富的教师，在一节课上或某些环节上也会出现这样或那样的不足,教师可以认真冷静地对这些过程进行剖析,回顾并探究解决问题的方法,以便在今后教学中加以改进,这对教师积累深层次的经验,大有益处。

7.2.3 教学机智

课堂教学中,随着教学内容的展开,师生的思维发展及情感交流的相互汇合,往往会因为一些偶发事件而产生瞬间灵感,这些"智慧的火花"常常是无法预料、突然而至的,若不及时利用课后反思去捕捉,便会因时过境迁而烟消云散,令人遗憾不已。

7.2.4 学生的独特发现

教学反思不应该仅仅停留在教学内容的处理和教学方法的优化上,教师应该时刻关注自己的教育对象——学生。教师通过教学,会发现某些学生身上有着自己以前所不知道的独特的兴趣爱好和特长、闪光点、思维特点等,对于这些,教师也应该进行记录,并作为今后因材施教的基点。

教师应当充分肯定学生在课堂上提出的一些独特的见解,这样不仅使学生的好方法、好思路得以推广,而且对学生也是一种赞赏和激励。同时,这些难能可贵的见解也是对课堂教学的补充与完善,可以拓宽教师的教学思路,提高教学水平。因此,将其记录下来,可以作为今后教学的资源。

表 7-1 某区对教学反思的指标、指向

反思项目	反思指标内容	反思价值体现
教学目标反思	学科核心任务(本意性特征); 教学目标与主要取向; 课程适应学习主体; 促进学习主体的主动发展。	对学科教学目标的深入理解,为今后教学目标的制订积累经验。
教学内容反思	对内容整体的价值认识与把握; 内容的选择、调整建构与主要指向; 超越教材的教学资源把握; 内容组织处理与落实。	考查对教学内容的整体理解,总结有效开发利用教学资源的经验。
教学过程与方法反思	学科主要学习方法的把握与运用; 学习过程要素及组织(主体的实践性与状态、认知的逻辑性与效能); 评价的运用与对学习的促进; 教学手段的运用(现代媒体技术)。	对教学流程的设计、教学手段的运用等反思,有利于今后教学设计的提升。
教学效果反思	学习认知任务的有效、高效完成; 学习心理与经验水平的提高; 全员学习效益。	对预设与生成之间关系的新认识。
教师素养反思	学习指导(教学环节与过程的调控、目标落实等); 教学基本功(教态、语言、板书、工具操作)。	便于扬长避短,发挥教师的优势。

7.3 教学反思的基本途径与策略

7.3.1 研究式反思法

教学反思注重对原有经验的批判性反思，这样才能不断体现教育创新。但是，教学是一种复杂的社会活动，对教学行为和教学经验的反思需要根据一定的理论而进行。因此，对有关教育教学理论、学习心理等的系统学习和思考是教师进行有效反思的前提，也是教学反思的一个基本策略。

在理论的指导下，教师的教学实践水平才能不断提高，同时对理论的思考也有助于教师将外部教育教学理论积极转化为现实的教学实践。教学反思有利于消解理论与实践之间的对立，教师既是教学实践的主体，又要对教学理论的发展提供案例和经验总结。而教学的反思也可能弥补现有教学理论的不足，从而完善现有的理论。

7.3.2 自我提问反思法

教师要养成在对自己的教学进行自我观察、自我监控、自我调节、自我评价后提出一系列的问题的习惯。这种方法适用于教学的全过程。如设计教学方案时，可自我提问："学生已有哪些生活经验和知识储备"，"怎样依据有关理论和学生实际设计易于调动学生的教学方案"，"学生在接受新知识时会出现哪些情况"，"出现这些情况后如何处理"等。备课时，尽管教师会预备好各种不同的教学方案，但在实际教学中，还是会遇到一些意想不到的问题，如学生不能在计划时间内回答完问题，师生之间、生生之间出现理解分歧等。这时，教师要根据学生的反馈信息，思考"为什么会出现这样的问题，如何调整教学计划，怎样的策略与措施更有效"，从而顺着学生的思路组织教学，确保教学过程沿着最佳的轨道运行。教学后，教师可以这样自我提问："我的教学是有效的吗"，"教学中是否出现了令自己惊喜的亮点环节，这个亮点环节产生的原因是什么"，"哪些方面还可以进一步改进"，"我从中学会了什么"等。

7.3.3 观摩与研讨

"他山之石，可以攻玉"，教师应多观摩其他教师的课，并与他们进行对话交流。观摩与讨论的目的在于通过同事之间的相互观察、切磋、讨论和批判性的对话来提高教学水平。因为教学反思如果仅仅局限于教师个人行为，必定受到教师个人视野和思维惯性的局限而难以发现问题，但通过和同事、专家的相互观摩研讨，就可以为教师的教学反思提供新的思路与经验借鉴，发现新的问题。教师教学行为的转变与改进必须借助于同事和专家的帮助，集体的智慧是教师成长的源泉。在观摩中，教师应分析：其他教师是怎样组织课堂教学的？他们为什么这样组织课堂教学？我上这一课时，是如何组织课堂教学的？我的课堂教学环节和教学效果与他们相比，有什么不同，有什么相同？从他们的教学中我得到了哪些启发？如果我以后上这一课时，会如何处理？……通过这样的反思分析，从他人的教学中得到启发，得到提高。

教学反思需要跳出自我，反思自我。这就要求教师要经常地开展听课交流，研究别人的教学长处，尤其是要研究优秀教师、特级教师的教学思想。当然教师也可以主动请别人观摩、讨论自己的课。通过各种观摩学习与研讨，找出理念上的差距、解析手段和方法上的差异，从而提升自己。

7.3.4 体验与撰写反思日记

为了更清楚地理解自己的教学行为和工作环境，教师需要对自己的教学行为自觉地体验与反省。众所周知，专业知识是建立在专业经验的基础之上的，这需要不断地积累、总结与反思。

前文对教师需要反思的几方面内容已经作了分析，教师可以通过撰写日记的形式对这些方面进行教学反思，积累经验。譬如可以将自己的教学反思日记按照时间记录，也可以按照内容的划分记录，如："经验篇"、"问题篇"、"探讨篇"、"学生篇"、"优秀教学设计篇"、"案例集锦"等。

7.3.5 案例研究法

教师可通过阅读、课堂观察、调查和访谈等途径收集典型的教学案例，然后对案例作多角度、全方位的解读。教师既可以对课堂教学行为做出技术分析，也可以围绕案例中体现的教学策略、教学理念进行研讨，还可以就其中涉及的教学理论问题进行阐释。如发表于《中小学管理》2005 年第 1 期上的《一次失败的集体备课》，就是一个用案例分析法对一次集体备课行为的失败原因进行多角度、全方位反思解读的典型案例。

7.4 对教学反思的反思

教学反思的重要性不言而喻，但是在实践中却产生了很多误区。主要表现为：一些教师写教学反思像记流水账一样，只是对自己的教学过程进行一些简单的描述，再加上一些泛泛而谈的教学评论，缺乏对教学现象和教学本质的深度思考，因而成效并不大。更有甚者，干脆"保持沉默"。造成教学反思浅层化或沉默化的原因有三：一是反思态度不够严肃。为了应付检查，浅尝辄止，泛泛而谈，缺乏针对性。二是缺乏正确的理念引领。教学反思应该受正确的价值观的指导，要解决反思什么的问题。三是不敢反思或不愿反思。一些老师总认为反思是一个浸润了浓厚科学气息的名词，非常人所能说清道明的，自己的一点感想，说出来怕贻笑大方，不说也罢。也有教师认为自己完成教学工作就已经耗费了大量的时间和精力，甚至还会透支，好不容易有了一点自由，还不轻松一下，何苦给自己加压呢？

于是教师的教学反思只不过是应付学校检查，甚至还有的是从网上下载来的；备课笔记中的教后小记只是大而化之、不痛不痒的文字，没有实质性的内容。试想，类似的反思又怎能促进教师的专业发展、改进我们的教育教学实践?

当前,教师教育教学反思主要存在以下问题:

(1) 反思重数量不重质量;

(2) 反思缺少深度和思想;

(3) 反思没有理论的支撑;

(4) 反思没有和实践结合;

(5) 反思缺乏恒心与持久;

(6) 反思没有专业的方向。

7.5 课后备课与教学有效性

教学过程实际上是对教学设计的一次检验与评价。教师可以反思教学目标是否恰当,课堂内容量的安排是否合适,活动的设计效果是否明显,学习训练的设置是否有层次感、有梯度,知识点上有什么发现,组织教学方面有何新招,解题的诸多误区有无突破,启迪是否得当,训练是否到位等等。及时记下这些方面的得失,并进行必要的归类与取舍,考虑一下再教这部分内容时应该如何做,反思原先的备课内容,进行教学的"再备课",即所谓的"课后备课"。这样可以做到扬长避短、精益求精,提高教学效益,把自己的教学水平提高到一个新的境界和高度。

当然对于不同学科,反思的内容应该更加有针对性。例如小学科学课建议还要从以下几个方面进行反思:

(1) 实验材料的准备是否科学、有效、充分。

(2) 教学中学生的"奇思妙想",发现学生思维、活动中的闪光点或备课中设计不到位的地方。

【案例7-2】 对教学方法的反思

在做"纸团不湿"实验时,通过对学生活动的观察,发现了教师在教学设计时考虑不周的地方。比如:有部分学生在做实验时,从水槽里拿起杯子后马上就把杯子倒过来,造成杯子边沿少量的水流入杯中,使纸团上沾了少量的水,使学生产生会有少量水进入杯子的误解。

(3) 处理教材的心得。

(4) 教学中学生提出的非预设的科学问题与意外的科学实验现象。

【案例7-3】 对学习方法指导的反思

如,《液体的热胀冷缩》实验课上,学生用插了吸管、装满"红水"的塑料小药瓶做实验。往水槽里倒进热水后,学生们都观察得相当仔细,看得我心里暗暗高兴。"老师,吸管里的水柱下降啦!""我们的也下降啦。"不会吧? 我半信半疑地凑过去看个究竟。啊,果然水柱在下降呢,这是怎么回事? 很快我想到了其中的原因,稳定了自己的情绪。"大家观察得真仔细,请继续观察,看看呆会儿还会有什么现象发生?""水柱又上升了!"紧接着学生们又像发现新大陆般地叫起来。在往水槽里加冷水后,学生观察得更细致了,他们发现水柱先是上升的,后来才会下降。说实话,在备课时,我想当然地认为往水槽里加热水后水柱只会上升,加冷水后水柱只会下降,可压根儿就没有想到会出现这样复杂的情况。我接着请学生汇报观察到的现象,分析了其中的原因,让学生在明白液体具有热胀冷缩性质的同时,也为学生理解固体的热胀冷缩做了准备。这意外出现的现象,在课堂上成了极好的教学资源。感谢这些可爱的孩子们! 他们教了我一招:凡事不能想当然,任何实验都要自己先做过,那样才会对各种可能出现的情况做到心中有数,然后在此基础上思考提高科学课教学有效性的办法。

——姜红方:《在反思中成长》

教学反思应成为教师的一种存在方式和专业生活方式。教学反思是一种有益的思维活动和再学习活动。一个优秀教师的成长过程离不开不断地教学反思这一重要环节。教学反思可以进一步地激发教师终身学习的自觉冲动,在不断的反思中不断地发现困惑,"教然后知困",不断发现一个个"陌生的我",从而促使自己拜师求教,书海寻宝。教学反思可以激活教师的教学智慧,探索教材内容的崭新表达方式,构建师生互动机制及学生学习的新方式。

思考与讨论

1. 如何才能让教学反思真正促进教师的专业成长?
2. 一位语文教师在教学反思中写道:

"作为青年教师,课上都比较注重学生的活动,以体现对'主体'的尊重,注意课堂气氛的营造以显示思维的活跃。但常常让其他老师听完之后却感到缺少一种让人回味的东西。比如,提出的问题往往质量不高,缺少凝聚着教师独到的体悟和发现而给学生带来启发的问题。再比如课堂上讨论虽然热烈,但教师却往往拿不出高人一等的见解,致使学生仍在原有的认知层次上徘徊。一味地灌输和注入固然不妥,但离开了教师的归纳、巧妙的点拨和渐入佳境的引导,又怎么能有好课呢?"

请问你是如何理解这位老师的教学反思的?

3. 结合自己的学科背景,分析自己在教学反思中还要关注哪些具有学科特色的内容。

第8章 建立持续改进的机制——备课质量的评价

[章首引言]

　　课堂教学是一个有目标有计划的系统工程,备课是这个系统工程的具体体现。对这一系统工程进行评价管理,就是针对各个教学环节的目标达成加强管理。建立科学合理的评价体系,能够使教师明确专业发展方向,调动工作积极性,取得应有的效果。本章主要对备课的质量如何进行评价作一定阐述。

　　备课质量是指教师的备课行为和备课结果与规范要求的符合程度。备课质量需用一定的指标和标准来衡量。备课质量评价就是指这种"衡量"的工作,或者说,核心是对该质量的价值判断。但是,按照现代评价理论,其意义、功能和具体内容大大超出"衡量"的本身含义。

　　备课质量评价主要应该包括如下几个方面的工作:在一定评价思想指导下,确定评价的指标与标准;收集评价的相关信息;设计评价的实施方法与环节流程;实施评价判断并分析评价的结果;对评价资源进行开发利用等。如图8-1表示:

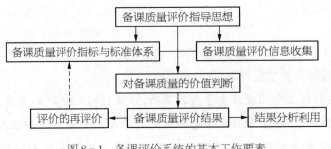

图8-1　备课评价系统的基本工作要素

8.1　备课质量评价的意义与原则

　　对备课的质量评价是教学业务管理的组成部分,也是在一定程度上导向教师专业发展的重要平台。所以,实施备课评价的本质意义在于促进教师专业发展,以实现教学的有效性。而评价的原则就在于保障其有效性导向价值的实现。

8.1.1　备课质量评价的意义与价值

　　根据现代评价理念,以评价的指标和标准为标杆,被评价者经过不断努力,向这个标杆逼近,实现评价的目标,是评价的核心内涵,也是其最主要的意义和价值。对备课质量的评价同样具有这样的意义和价值。

备课评价意义,可以体现如下几个促进。一是促进有效教学:对备课质量的考察,可以体现对教学实践科学性与可行性的预测,提高教学的有效性;二是促进教师教学反思:让教师在参与评价和解读评价意见(建议)过程中反思自己的备课行为和教学设计,使教学能力得到一定提升;三是促进备课要求的规范化:在听取各种评价意见或建议的基础上,优化备课的标准体系,规范备课行为;四是促进校本教研的有效开展:使备课评价成为校本教研的一个制度,同时也使校本教研能够结合当前的教学主要问题来进行,体现校本教研的有效性。

当然,备课是一项系统工作,对备课既有通识意义上的要求,也有一定学科与教师个性和重点要求。对备课质量评价的改进,就是要在继承的基础上根据课程改革有所发展,体现与时俱进。在学校层面上,传统的备课评价,对每个教师、每门课程的备课要求注重了通识性,主要围绕"教学基本环节",包括"教学目标"、"重点难点"、"教具准备"、"新课导入"、"教学过程"、"教学小结"、"作业布置"等,对每一项提出共同的要求。但这样还不够,过于机械化,还需要针对学科的特点,鼓励不同教师的创造性。只有这样,才能实现备课评价的意义和价值。

所以,这里所说的备课评价的意义与价值,实质是对上课的最终结果而言,就是所期望产生的效益,主要包括课堂教学的有效性、教师专业发展的有效性和校本教研的有效性。

8.1.2 备课质量评价的原则与指导思想

备课质量的评价,应该基于现代教育评价理论的新发展。大体而言,以下几个基本原则有必要在实施评价时遵循:

一是增值性原则。传统评价往往局限于对评价对象的结果予以判断与赋值;而现代教育评价理论将评价的最终目的定在促使评价对象逼近目标的发展状况上,主张评价与指导相结合,通过客观评价、诊断现状与目标的差距,指导评价对象寻找问题症结,落实改进与发展措施,从而实现评价本身的增值性。

二是全员参与原则。现代教育评价理论特别强调评价是开放过程,是由评价者和被评价者共同参与并完成的。这是因为,一方面,被评价者是局内人,对评价对象、内容最熟悉,最有发言权,所以他们既是被评价者,也应该是评价者;另一方面,被评价者参与评价可以克服许多心理障碍,避免产生负面效应。所以这个原则最主要强调被评价者对评价的参与。

三是模糊性原则。这个原则有两个背景:首先,评价需要有一定的指标与标准,但包括备课质量在内的这样的评价对象,其指标设计和标准制订无法实现统一,只能根据一定的价值观来作规定,尽管有量化的分值与不同的权重,但本质还是模糊的。其二,评价结果的表述,既有定量的数据,也有定性描述的语言,像备课质量这种评价,更应该是这样的,这就是模糊性原则的基本涵义。

四是形成性原则。现代教育评价理论十分看重结果的形成过程,主张从分析的、静态的评价转向综合的、动态的评价。将评价渗透到评价对象活动的全过程和全方位，不仅所获得的评价信息会因此相对完整些，而且还容易实现两者的同步发展，有及时诊断、研究、指导的时空，容易实现评价增值。同时，评价本身也是一个发展、改进的过程，对事物的价值判断需要有个积累的基础。所以，可以说，形成性原则反映的是评价的本质特征。

五是激励性原则。备课质量评价作为教育评价的一个组成，对其进行价值判断，需要使被评价者了解所取得的成绩，有什么贡献，明确还存在什么不足，应该作哪些努力，就可以使被评价者思考如何做改进才能更有价值。这样的评价具有导向作用，促使被评价者站在更高的层次，实现评价的增值性。[①]

根据这些原则，可以得出一些实施备课质量评价的指导思想。如：

(1) 要有明确和有针对性的备课目标

高质量的有效备课是为了课堂的有效教学，而有效教学的依据是课程标准。所以，教师备课的现实目标就是达到课程标准的要求。比如：教师的备课有效目标必须要注重学生能力的培养，同时还要强调师生双边或多边的活动。

(2) 要有切合实际的备课方式

从新课程的要求出发，备课形式应该是丰富多彩、灵活多样的。要因课程内容、教师能力水平的不同而异。如：实践活动类型的课程，应该以场所、器材、学具及活动的组织安排等准备为备课形式；而自然实验类课程应着重花功夫做好实验的物质准备、分组安排等。这些要求即使不写在备课教案上，也要在备课活动中体现。又如：有平行班级的备课，应大力提倡"集体备课"的方式；而对教龄长、经验丰富、素质高的教师还应提倡在书上"点划批注"，让他们在分析与研究教材方面对年轻教师起到示范作用。

(3) 要有能促进教师专业发展的备课过程

根据新课程开放性和选择性的一些特点，备课评价还应该考察是否符合学科特点和教师特色。要有利于教师的专业提高和学生的发展，备课时就要注意发挥教师的个性特长，使所教课程具有教师的风格；同样，还需要兼顾不同学生的特性，注意在适应学生差异性上留有余地。当然，这些要求还要与学科的特点相联系。

(4) 要有提高备课质量的研究机制

以往多数学校把教学研究的重点放在"课堂教学及其评价上"，而对备课的研究却相对忽视了。其实，"备课"不仅是教学的重要环节之一，是教师上好课的关键所在，更是有效教学的基础。应该多花些气力在研究备课上，以产生出"事半功倍"的效果。在新课程的推广中，关于备课的研究应该是比教学其他环节的研究更为重要。但就新课程实施层面上的备课问题，还需要通过评价列出研究课题，建立一种可持续改进的机制。

目前，许多学校和教师都在探索符合新课程要求的"有效备课"操作形式，并提出了一些有推广价值的建议。如下面的案例，就是某学校关于评价并优化备课行为的新要求。

---

① 赵才欣等：《论"上海中小学课程教材试验评价方案"的科学性及其实施》，载《上海教学研究》1994(5)。

【案例 8-1】 某校对备课质量的若干评价要求

一、尊重学生

1. 尊重学生,不仅指尊重学生人格,还包括教学中必须真正还学生主体地位,以学生的发展为本,突出学生在探索知识的过程中的主体角色,教师是导引者、组织者,是学生学习活动的促进者;

2. 教师必须充分了解学生的思维现状,掌握学生的思维特征和规律,寻找教学的最佳切入点和结合点;

3. 教师必须了解学生的困惑与需求,寻找最近发展区,加强教学设计的启发性和针对性。

二、鼓励交流

交流是一种意识,也是一种综合能力。

1. 必须让学生有发表意见、有表述自己观点的时间和空间,即学生充分享有发言权;

2. 教师应该引导学生合乎逻辑、简明扼要地表述自己的观点;

3. 教师应该培养学生倾听他人意见的意识。

三、服从理性

以理服人是服从理性的最朴素思想。

1. 教师应该在教学中引导学生遵循逻辑思维的基本规则和方法;

2. 结合学科特点,教师应该渗透科学认识论和方法论的思想;

3. 在教学过程中,教师应该通过归因析理,培养学生规范、科学地解决学科问题的能力。

四、思维开放

包括过程开放、问题开放、方法手段开放。

1. 过程开放,即教师应引导学生参与知识或问题的形成、提出、抽象概括及应用全过程;

2. 问题开放,即设计开放式的问题情景,引导学生逐步掌握研究开放式问题的一般方法和程序;

3. 方法手段开放,即根据具体的思维情景(课题)或实际问题,鼓励学生探究,引导学生自己设计解决问题的方案,倡导利用网络资源等现代技术手段搜集信息、筛选信息、分析整理,并对自己探究的结果不断修正。

五、强化体验

有效学习必须通过学生的内在思维进行。

1. 教师应该以自己的情感体验驱动学生的情感体验;

2. 教师应当激励学生积极主动领悟,增强感悟能力;

3. 教师应探索通过归纳总结引导学生积累认知经验,形成解决问题的策略知识。

六、效益优化

学习必须讲究方法,教学必须追求效益。

无论课内课外,教师应该将效益意识内化为自觉行为,力求占学生时间短,但对学生影响深,使学生收益大,有利于学生继续学习和发展。

8.2 备课评价的指标与标准

建立一套符合新课程要求的新的备课评价指标和标准,是促进教师实施有效备课的关键。按照课程改革对课堂教学的新要求,教师的备课评价应该体现学科特点、教师特色,要有利于教师的提高,有利于学生的发展。无论是哪一门课,无论是老教师,还是年轻教师,只要能按这个总要求去备课,就都是好的备课。

8.2.1 备课质量的评价指标要求

一次好的备课,应从哪些方面去考察?这就是指备课质量评价的指标设计问题。对备课质量的评价指标,首先是事关教学要求的指标,而对备课态度、方式、过程等实践评价指标,则主要还是通过分析反思来体现,对此本章将在"评价内容"一节中有所涉及。以下主要就基于教学环节的备课评价指标进行讨论。

备课质量的评价指标,一般可以分 2—3 个指标层次来讨论。下面所列出的一级指标有六个,每个一级指标下都含有若干个二级指标,各指标的基本解释如下:

1. 教学思想

(1) 学科育人功能(结合学科特点的德育功能发挥方面);
(2) 响应新课程理念(注意创新精神、实践能力培养等方面);
(3) 关注学生差异(体现因材施教,关注各类学生都能在原有基础上的发展方面);
(4) 国际化视野(全球观、科学发展观,整合各流派之长等方面)。

2. 教学目标

(1) 三维目标有机整合(注意知识技能、过程方法、情感态度等均衡发展方面);
(2) 符合学生基础(注意根据学生各方面的基础,体现目标适切性方面);
(3) 符合学科规律(反映学科特点的明确性,体现学科思想和方法等方面)。

3. 教学内容

(1) 明确内容的教育价值(能准确地反映教学内容对学生的教育价值等方面);
(2) 教材处理得当(对教材结构分析、加工、整理,详略和衔接处理合理等方面);
(3) 重点突出得当(关注内容的重点,揭示内容最本质的方面);
(4) 补充资料得当(针对教材内容联系学生生活经验的材料补充有效性方面)。

4. 教学环节

(1) 教学环节的齐全性(主要教学环节都有反映,组合的合理程度等方面);
(2) 教学环节的流畅性(注意教学环节之间的自然过程,整体过程流畅性等方面);
(3) 教学环节的时空分配(落实相关教学环节的时间、空间安排的科学合理性等方面)。

5. 教学方法

(1) 指导学生学习方法(符合学生认知规律,注意循序渐进,重点完善学法指导,促进能

力发展方面);

(2) 启发性(有效提问和注意引导讨论,启发学生积极思维,激发学生学习兴趣和学习动力,引导学生主动学习、探索、创新、实践等方面);

(3) 学习情境的创设(运用信息技术、实物演示等引导教学互动、探究体验;允许学生有异议、"走弯路"、"有错误"等方面);

(4) 体现理论联系实际(注意引进课外、校外的社会实际深化对知识点理解方面);

(5) 适应学生的教学机智(注意为不同学生的学习特点留有一定余地,注意让学生愉快、轻松、有序、和谐地学习;注意方法运用自如、灵活多样、形式多变等方面)。

6. 作业巩固

(1) 对已完成作业的评价(反映学生已经完成作业的讲评与辅导方面);

(2) 作业设计符合培养目标(注意引导学生探究、选择、合作、实践等方面);

(3) 难度、数量对学生的适切性(注意体现"减负增效"等要求方面)。

至于有关备课的过程评价指标,比如对课程、教材的研究与分析,对学生基础水平以及差异情况的分析等未涵括进来。但,对这些情况的评价,人们感到指标不一定能够完整或客观地加以反映,似乎运用"档案袋"评价,由被评价者自主选择可供说明的材料,更加可信些。所以在这里,对其相关指标的设计从略。

8.2.2 备课质量评价的标准体系

在一般情况下,评价的标准是针对相应的指标来制订的。这样的标准是按指标分列,是关注细节的评价标准。为了便于评价的实施,标准还需要考虑分等第来制订,如:一等(或优秀)的标准、二等(良好)的标准等等,以便在具体评价的实施中可以有所对照,也容易转化为评价的工具,并给出相应的数值。

在制订备课质量评价标准的分等时,要参照一般的评价经验,采取"偶数分等法",而不是采用"奇数分等法",这样可以在评价时避免在奇数间选择中间等第的"趋中心理":大家选择中间的评价值,产生很小甚至没有区分度的数据。所以"偶数分等法"可以提高评价结果的有效度。下面的一个标准,虽然没有分指标来表述,但确是按照"偶数分等法"制订的一个案例。

表 8-1 备课(教案)质量评价标准

优 秀	良 好	一 般	较 差
目标明确;重点突出,难点突破,内容翔实,教法新颖,学法有方,问题启发,注重互动,环节齐全,思路清晰,教案规范,书写认真,练习科学,板书合理,反思有效,经验丰富,提前备课,留有余地。	目标明确;重点突出,难点突破,内容翔实,教法得体,学法有方,环节齐全,思路清晰,教案规范,书写认真,练习科学,板书合理,提前备课,留有余地。	目标明确;重点突出,内容合适,环节齐全,方法尚可,教案合格,书写一般,练习偏少,注意板书,提前备课。	目标不全;重点指出,内容稍乱,纷乱无方,环节不全,思路不清,教案简单,书写一般,无提前量。

在制订标准时,还可以简化,只制订"优等"和"中等"两个标准,"良好"和"差等"的标准,由这两个标准用于实施时推理派生。下面的一个案例,就是按这个思路制订的(见表8-2)。

表8-2 某校关于备课评价的标准系统

教学环节	观察点	权重	等级标准 A	等级标准 C	评价等级
1.内容	1.1 钻研教学大纲	5	掌握所授课程在本专业人才培养过程中的地位和作用,理解本门课程与其他课程的相互关系;钻研吃透教学大纲精神,明确本课程的教学目的、任务和"三基"内容与要求,掌握本课程内容的深度、广度及要点、重点、难点、疑点和弱点。	了解所授课程在本专业人才培养过程中的地位作用,了解本门课程与其他课程的相互关系;基本明确本课程教学目的、任务和"三基"内容与要求,基本掌握本课程内容的深度、广度及要点、重点、难点。	
	1.2 钻研教材	15	清楚与本课程有关的"已学课程"和"后续课程"的内容及相关知识点,钻研透本教材的知识结构,弄清教材的重点章节和各章节的重点、难点,对插图的构思及意义、练习的安排与解答等了如指掌,并有针对性地适度拓展备课内容;能够深入挖掘教材中有利于学生能力培养和思想提高的潜在因素,寓于讲稿之中。	了解本课程教学内容与已学课程的关系,基本清楚本教材的知识结构,明确教材的重点章节和各章节的重点、难点,对插图的构思及意义、练习的安排与解答等做到心中有数。	
	1.3 准备教学资料	5	能够广泛阅读有关教学参考资料,并能结合教材的不足给学生推荐学习参考书,能够针对所授课程的内容,广泛搜集典型案例,并融入教学内容之中。	能够阅读有关教学参考资料,向学生推荐学习参考书,能够针对所授课程的内容,寻找典型案例,准备用于教学。	
2.学生	2.1 学生知识基础	5	了解所授对象的生源构成,清楚学生的文化基础和已学课程情况,研究学生的知识水平现状。	基本了解所授对象的文化基础和已学课程情况。	
	2.2 学生学习能力	5	了解学生的思想情况、品德意志、学习态度和思维方式,了解学生自习情况和学习习惯,掌握学生在学习方面的个体差异。	基本了解学生的思想情况、学习态度和思维方式,了解学生自习情况和学习习惯。	
	2.3 学生学习要求	5	针对本课程,收集学生在学习上的疑点、难点和对教学的意见等,能根据所获得的信息,及时恰当地设计或修订教学方案。	了解学生的学习要求,并在教学方案设计中有所体现。	

续 表

教学环节	观察点	权重	等级标准		评价等级
			A	C	
3.方法	3.1 讲授次序	2	备课时能够根据学生的认知特点,根据由浅入深、由近及远、从具体到抽象、循序渐进的教学原则来编写教案,对导入新课、讲授、复习巩固、小结等过程设计合理。	备课中能够根据教学的基本规律研究如何导入新课、讲授、复习巩固、小结等过程。	
	3.2 讲课重点	8	能够针对课程特点,在备课中注意突出重点,化解难点,抓住关键,处理弱点(易混、易错内容),能够科学合理地安排教学内容。	能够从本课程要求出发,注意突出重点,化解难点;能够合理地安排教学内容。	
	3.3 教学方法	10	对于学生在学习过程中易混淆、易差错或易疏忽的问题,能采取设问、质疑、比较、讨论等方法搞清楚;能够采用讲授与自学、讨论与交流、指导与研究、理论学习与案例分析、理论学习与实践实习相结合的教学方法,注意因材施教和个性化教学,强化学生的学习动机。	能基本克服"满堂灌"的现象,采用某些启发式的教学方法,并注意到因材施教。	
	3.4 教学手段	5	根据学科专业特点积极采用现代化教学手段进行教学,有自主开发的教育软件或CAI课件,不断更新教学手段。	部分章节能够采用现代教育技术进行教学,注意教学手段的改进。	
4.结构	4.1 教学步骤	3	能够结合讲授内容合理安排教学步骤,对学生预习、导入新课、讲授新课、复习巩固、课末小结等有精心的构思,做到有条不紊、环环相扣、严谨有序。	有关学生预习、导入新课、讲授新课、复习巩固、课末小结等过程基本完整。	
	4.2 时间分配	5	能够根据不同内容、不同要求及重要性,科学划分教学时数,同时结合讲授内容合理安排每次课的时间进程,做到内容紧凑,时间分配科学,留有余地。	各章节教学学时安排合理,每次课教学内容适当。	
	4.3 教学组织	8	精心设计教学环节,师生双边活动安排适当。能够采用班级授课、小组讨论、实地考察参观等多种教学组织形式。	能有效设计教学环节,教学组织形式合理。	
	4.4 板书设计	4	有详细的板书设计,图表交代清楚,投影、幻灯等手段交互应用科学可行,布局合理,富于启发,充分显示重点内容。	有的板书设计,布局合理,条理比较清楚,重点内容容易得到体现。	

续 表

教学环节	观察点	权重	等级标准 A	等级标准 C	评价等级
5. 教具	5.1 教具器材	5	熟悉常用教具器材的功能和使用方法，教案设计中明确上课演示要用到的教具和器材名称。	备课中列出了各章节教学中要用到的教具和器材。	
	5.2 案例资料	8	针对专业课程教学需要，对典型案例资料进行梳理，其资料的引用和介绍写入教案，做到安排紧凑，突出实效。	对典型案例资料进行一般性的梳理，教案中有文字说明。	
	5.3 实验试做	2	课前对演示性实验应亲自试做，对试做中出现的问题有原因分析和处置方法，精心设计实验程序。	对不太熟悉的实验进行试做。	
6. 进度	6.1 教学进度表	2	认真编写教学进度表，表中各项目完整，说明清楚，理论教学、辅助教学（实验、操作、讨论、习题）等环节安排科学；教学进度表在学期第一周编制完成，经教研室主任和教学单位教学负责人审核后及时上报。	表中各项目完整、清楚，理论教学、辅助教学（实验、操作、讨论、参观、习题课等）等环节安排比较恰当，能按时上交教学进度表。	
	6.2 教案	3	课堂教学目标明确，安排教学内容详细，重点突出，各项目填写规范、内涵完整、整体和谐。教案按规定要求分章节编写，在讲课前已全部完成。	课堂教学目标比较明确，重点突出；各项目填写较规范；教案按规定要求分章节编写，并在讲课前完成。	
	满分共计（分）	100			

使用说明：对教师的备课质量进行评价，等级分为 A、B、C、D 四档。按《备课环节质量标准》中 A、C 的标准，低于 A 高于 C 为 B，低于 C 为 D，打出评价项目的得分。评价总分 $S = \Sigma$（评价分值×等级系数），等级系数：A = 1.00，B = 0.75，C = 0.5，D = 0.25。

评价结果：优秀：$100 > S \geq 85$；良好：$85 > S \geq 75$；合格：$75 > S \geq 60$；不合格：$S < 60$。

表 8 - 2 所示的"教学环节"其实就是"一级指标"，"观察点"就是"二级指标"。加上"权重"，就可以作为评价工具实施评价了。

8.3 备课的基本评价内容

备课的哪些项目内容可以或者值得我们进行评价？大体说来，最基本的就是备课的活动和备课的成果两个方面。

8.3.1 备课活动方式与内容——备课行为

从备课的形式上看，可以考查的备课行为有：

（1）集体备课与个体备课

一方面，同学科的教师可互相切磋，集思广益，可以采用集体备课和学生参与备课等形式，增强交互性；但又不能只依赖这种"集体备课"，必须是在个人认真准备的基础上，借助集体智慧，应根据自身情况、班级特点，决定对共同研究成果的取舍和运用，具有自己的特色。

（2）"抄教参"备课与"开放性"备课

多年以来，大家已习惯于根据参考书在备课本上备课的方法，觉得这才是备课，这确实是常规的做法。但随着科技发展、时代进步，应善于依据学生情况，对教材作选择性调整，增加一些有用的内容。还要尽量多设计几套教学方案，为课堂上的灵活运用做好准备。

（3）"文本式"备课与"电子化"备课

以个人电脑、网络技术和多媒体为标志的现代信息技术，为教学方式与教学模式的变革提供了物质基础。充分发挥信息技术的优势，为学生的学习和发展提供丰富多彩的教育环境和有力的学习工具。互联网、学校远程 IP 教育网的开通以及越来越完备的电子备课系统的出现，为备课提供了不少的便利。我们可以共享这无穷尽的备课资源，提升自己的备课水平，缩短自己的备课时间。

从备课的实践安排上看，可以考察的备课行为有：

（1）假期备课与课前备课

利用寒暑假时间集中、思考集中、大脑思维处于最佳状态的特点，提前备出一学期或几周的课是必要的。但上课前进行再备课，更不可少；一般说，学期前备课只能是"粗备"，那么周前备课就是"细备"，而课前备课则属"精备"。课前备课包括：重温教案、掌握动态、准备教具、考虑教法，以及充分估计课中可能出现的问题和采取的对策等。

（2）课前备课与课后备课

多数教师只重视课前备课，而忽视讲完一节（次）课进行回顾、反思、小结的所谓课后备课。在课堂教学实施之后进行的"课后备课"，或称"教后记"，可以对课前备课与课上实践进行总结经验，吸取教训，调整修改，充实提高，能使备课——上课——再备课——再上课这一系列备课行为循环往复，备课质量螺旋上升。

从备课的内容选择上看，可以考察的备课行为有：

（1）一般备课与重点备课

一般备课的关注范围广泛，比较全面。但也要注意抓住重点，如：重点章节与单元；主要概念、原理与规律；抓纲带目：备其"精华"、"精要"、"精辟"部分、"精练"语句等。体现点面结合，点面相映，轻重相宜等方面。

（2）单元备课与课时备课

单元备课可对每个单元的知识点进行合理的布局、分配。注意以通览全部教材为基础，注意其章节内部的系统性、因果性、关联性，进而进行课时备课，以使前后呼应，首尾相连，承前启后，左右配合，而不是"备一节、讲一节""讲哪节、备哪节""明天课、今天备"这样的孤立备课。

8.3.2 学科教学计划——学期备课情况

要承担一门学科教学,首先必须对这一门学科的全部内容非常熟悉,还必须对本学期的教学对象熟悉,从整体上来把握本学科一个学期的教学,这就是学科学期教学计划。学科学期教学计划包括指导思想、学情分析、全册教材分析、学期教学总目标、教学进度、评价工作安排、教研专题及研究措施、教研课安排、个人业务学习安排、学科实践活动安排等。其中,指导思想、全册教材分析、学期教学总目标、教学进度、教研专题及研究措施为共性内容。学情分析、评价工作安排、教研课安排、个人业务学习安排、学科实践活动安排等为个性内容。对备课质量的评价需要关注这一情况。

这里,"学期教学总目标"应区别于教学内容或教学要求,要以学科课程标准为指南,充分考虑学生的认知水平,体现各年级段及各学科的教学特色;"全册教材分析"不仅指对教科书的分析,还应包括对必要的教辅资料进行简单介绍;"教研课"应汇报本学期教研专题进行研究的进展或成果;"学科实践活动"可结合教材中的内容适当安排,一般每学期以3—4次为宜。

将学期教学计划作为备课质量评价内容,还可以折射出教师的备课态度。有的教师不是对这学期全部教学内容都吃透后上讲台的,而是明天要讲什么内容他就去熟悉什么内容,准备多少就讲多少。不明确本节课在整个课程中占什么地位,会对以后的课程起到什么作用。这实际上是一种不负责任的态度,这样的备课,非但达不到前后贯通的效果,就连教师自己也可能讲到后面忘了前面。如果能搞清楚本门课程与其他课程的相互关系,就更好了。教师准备的教学内容是整体性的,备课才会充分。

当然,作为新教师更需要有这样的备课行为。新教师在熟悉全部教材内容的基础上,还必须认真阅读有关学科的课程标准和教学计划,这样才可以确定每个章节的学时数。一节课该有多少内容也是有科学依据的。在熟悉教材全部内容并按课程标准确定了章节的学时后,便可以开始准备每一单元或每节课的教学。

8.3.3 教案或教学设计——单元备课档案

一般来说,在对备课质量的评价中,单元备课的成果如教案或教学设计,往往都是最重要的内容。除了日常性管理性质的评价外,档案性质的教案或教学设计完整资料是评价主要的关注目标。为了便于评价的实施,这样的档案资料需要符合一定的要求,如:

教案可有详案和简案,但新教师或新开课宜用详案,符合一定条件可逐步过渡到简案。因为教案具有指导性,任课教师在授课前应熟悉并在授课中依照执行。

档案性的教案或教学设计资料主要包括:

(1)封面。应包括:学科所属、课程名称、授课的总课时(或学分)、使用时间(学年学期)、授课班级、授课教师等内容。

(2) 每一单元或课时的教案(教学设计)。应有统一的格式和要求,一般应包括:授课时间,授课内容概要,教学目的要求,教学重点、难点,作业题、思考题的布置,参考书及参考资料,主要教具、教学环节学时分配等。

(3) 课后反思材料。

具体的教案或教学设计内容,可参考上节"评价指标与标准"的阐述。

8.4 备课的评价方法与模式

长期以来,备课质量评价在学校往往为教学管理所取代。最初,学校检查教案,在教案本切口上盖上公章,使每一页的页边上都沾上一点红色的印泥,以此杜绝重复使用旧教案的现象。后来时代发展了,但教学管理上的观念却没有大的改变,代替盖章的措施是,发给教师统一的备课本,每学期一册。有的学校对教案的篇幅,提出平均每课时至少多少页的要求;对教案格式提出统一规定,称为"备课常规"。这些都不是真正的备课质量评价。符合现代评价理念的评价方法与模式,其精神不是在"管",而是在"导"。以"导"为主旨的评价方式,大体有以下几种。

8.4.1 现场调研和资料分析

深入学校现场的直接调研是评价信息最真实的方式。这种方式包括参加教研活动、听课、座谈与问卷、查看备课档案等。在考察学校教研活动的过程中,要把观察重点放在对备课的研究上,如学校教研所反映的备课思想、备课组织形式、备课的主题设计、备课活动中团队作用和个体作用的协调发挥、备课反思、备课结果的有效性和备课资源开发利用等。同时还可以考察备课制度等方面的情况。

运用听、评课方式,检查教师的备课效果,发挥听、评课对充实教师教学经验和实现有效备课的作用,也是一种可行的方式。备课是上好课的前提,通过各种形式的听课,可以有针对地检查教师的备课情况。加大听课力度,可以督促教师备好课。

关于对备课细节的情况评价,在现场开展座谈、访谈和问卷方式,同样很有效。问卷的设计应该符合如下一般要求:

一是基于持续改进理念(仅作为反思资料);二是要通俗而简单(一看即能理解和回答);三是一般不宜记名(增强真实性、可靠性)。下面是一个问卷的问题设计案例:

【案例8-2】 考察备课中作业情况的调查问题设计:

自由记述形式:如"你每天完成(数学)作业的时间是多少?""你认为老师布置的哪类作业最难?"

排序形式:如"请对老师讲过的课按你感兴趣的高低进行排列";"请你对做过的(物理)实验按喜欢程度进行排列"。

比较选择形式：如"从下列答案中选出你的兴趣项目(A　B　C)"；"下列学习方式中你最常用的是(A　B　C)"等。

资料分析即档案分析方式，就是用查阅反映学校与教师备课质量情况的相关文档方式来进行评价。这种方式也可以不在现场进行，但在现场进行的优点在于评价者对被评价者可以主动地提出调阅更多所需要的材料档案，能够比较全面地实施备课质量的评价。

8.4.2　指标评价与档案袋评价

最具有操作性的方式，被认为是"指标体系评价"。按照一定的评价指标，根据相应的标准来判断，再加上分值的计算、衡量，就可以得出一个评价值（见表8－4）。有人称这是被动式的评价，而"档案袋评价"是主动式的评价，由被评价者自己将认为有代表性的材料提供给评价者。

档案袋评价最初是画家和摄影家用来汇集自己的作品，向委托人展示成果的方式。运用到教育上，档案袋评价法就是指汇集评价对象的作品样本，展示教师的备课过程表现和进步状况。其内容可以包括教材分析、教案或教学设计、教学资源如课件等，教具和学具、教学反思、相关作业等，以展示学校或教师备课的有关历程及结果。可见档案袋不是一个狭隘的观念，参照档案袋评价法的备课评价其实包括了一个工作进程，涵盖从起始阶段到完成阶段的整个跨度。教师往往是选择档案袋的主要决策者，这样他们就拥有了判断自己备课质量和进步的回顾、反省的过程和机会。当然档案袋内容的选择也可以由教师与学校领导共同决定；档案中的内容并没有硬性的标准，具有极大的灵活性。关键是必须清楚建立档案袋的目的，所要面对的评价者是谁；档案袋的使用还需要一定的目的和精心设计，它不能沦为有关材料的简单累积，否则哪怕经过精心设计，其结果也未必符合档案袋评价的要求。

根据评价的需要，档案袋评价可以有不同的类型。表8－3提供了若干思路：

表8－3　综合型的档案袋评价要素介绍

类　　型	内容基本构成	主　要　目　的
理想型	备课系列成果、教研组小结、其他附件或说明。	综合评价备课质量。
最佳成果型	选择最好的备课成果，相关的成果说明、图解或电子附件等。	考察最佳备课成果。
精选型	按一定比例、栏目和覆盖面分别选择较好的备课成果。	在一定范围内评价成功的备课成果。
文件型	学期教学计划、实施进程记录、最终结果、基本经验等。	对备课制度的记实性评价。
过程型	基本同上	基本同上（重其发展）

8.4.3 他人评价和自我评价

这是从评价的主体角度来区分的评价方式。他人评价就是在具体评价实施时将被评价者的角色界定为绝对的评价对象。如组织备课评比,以此激励教师备好课,就是他人评价的典型方式。这种方式内容包括:教案或教案集的评比,根据提供的教材现场备课质量评比,教学资源开发利用(课件设计)评比等,这种评比有助于学校形成有效备课的风气,推动教师的备课实践研究,进而促使学校教学质量的提高。

自我评价则是教师及其群体自觉的一种评价行为。如有些教师在探索"教学设计有效性的教学评价模式"(DGEC),所谓"DGEC"就是基于反思的评价模式,备课:"设计自省(Design Review)"、"小组评议(Group Evaluation)"、"专家点评(Expert Review)"、"共同反思(Corporate Reflection)"四个环节,其中有三个环节是"自我评价"。

【案例8-3】 某校对教师备课质量的综合评价制度

科学的管理方法应将备课、上课、测效有机结合起来,通过三者的结合让教师树立整体意识,知道备课是为了上课,上课是为了学生学习,要使学生学好,最重要最基础的工作是备课质量要高,从而激发教师增强备课质量观,淡化备课的应付检查的倾向。

1. 从说课看备课。重视教研组的功能,教研组组织教师在开学初说课标、教材,周教研活动说其间的教法,展开互评讨论活动,并记录在案。

2. 从课堂看备课。组织校长、教导主任、教研组长听、评课小组。推门听、评课。关注教师课堂传授知识、培养能力,以及知识衔接、教材过渡的情况,设置分等量表。

3. 从教学媒体运用看备课。教师课堂是否恰当运用媒体演示,化解重难点。运用下水文指导学生作文。

4. 从效果看备课。检查作业通过率,测评合格率。

5. 从课堂创新尝试看备课。运用符合时代要求的教育教学理念,尝试创新。

6. 从教育科研看备课。学期下达硬任务,按月检查教研笔记,督促教研进度,强调成果表达。

评价办法:业务负责人推门听课,查备课本、教研笔记,访问学生,测评。

由此可见,对备课质量的评价模式,往往是经过学校和教师自己不断主动探索的结果,形成了许多"草根"模式。而其背后,是因为学校或教师自身发展的需要,更是促进学校与教师有效备课、有效教学的需要。

8.5 备课质量评价工具的设计

目前,对于课堂教学的各项评价中,听课评价的工具设计(较多的是"听课表")相对比较成熟,而备课评价的工具(如"备课质量评价表"),似乎还比较少见。说明关注备课质量的意识还没有达到用评价方式来推动的程度。

8.5.1 备课评价工具的基本要素

所谓评价工具是操作层面的用具。一个比较完整的备课评价工具,以"指标体系评价"方式为例,最少要反映以下三个基本内容:

(1) 评价内容。主要参照评价的指标体系(需要细化到最低指标,如二级或三级指标)。

(2) 判断依据。主要参照评价的标准体系(需要对照若干等第划分的行为描述)。

(3) 评价表达。主要参照评价的计量系统(需要依据各项指标的权重,以及加权方法)。

图 8-2 就比较通俗形象地表述了备课质量评价的要素组成:

图 8-2 "指标体系"的备课评价工具组成要素

如果是采用"概括性问题"的评价方式,则主要是相关的问题系统。这些问题可以供评价者采集信息、设计问卷时采用。这些可参见上节,如档案袋评价。

8.5.2 备课评价工具的设计思路

首先是"指标体系评价"方式的设计思路。一般以一个评价的"双向细目表"为表现形式,这个表的一个维度是指标系统,包括一级指标到二级指标;另一个维度是判断系统,包括评价标准的掌握、评价的渠道方法、等第的划分等。

如果要进一步提高操作性,还需要对这个评价表的使用作一定的说明。大体包括各指标的具体含义、对列出的评价信息对象的具体指向、等级标准的标志性说明、权重系数和计量办法等等。

对此,可以参考下列某一学校的案例。

表 8-4 某校备课质量评价表

教师姓名:

评价项目	观察点	分值	评价内涵	评价方法	评价等级			
					A	B	C	D
备课态度	01 钻研课标	6	关于本课程对素质培养中地位作用的理解,对内容与要求的理解,对课程的重难点的分析与把握。	查看教师教学进度表。				
	02 钻研教材	7	对教材结构、知识点的理解,对重难点的分析,对教材的挖掘与开发程度。	查看教案和课件。				
	03 备课进度	6	教学进度表上交时间,教案、讲稿检查及完备程度。	学期初、学期中的教学检查。				

续 表

评价项目	观察点		分值	评价内涵	评价方法	评价等级			
						A	B	C	D
备课质量	04	备内容	15	是否与课程标准相符,是否采用集体备课,对教学内容的熟悉程度,内容取舍是否得当,是否能更新教学内容、反映新的科研成果。	查看教学进度表、教案和讲稿,由领导、同行进行评价。				
	05	备方法	15	教学过程的完整性,教学方法是否得当,是否采用先进的教学手段,有无学法指导等。	同上				
	06	备学生	10	对学生知识水平、学习态度、学习能力及要求等方面的调查与研究情况。	查看教师的备课笔记、教案和作业。				
	07	备结构	10	各章节在教学步骤、时间安排、组织教学、板书设计及课件运用等方面的完整性和一致性。	查看教案、讲稿和课件,由领导、同行进行评价。				
	08	备教辅	10	对教具、演示器材的熟悉与准备情况,教参资料及有关案例的收集准备。	同上				
备课效果	09	教学进度表	6	教学进度表的规范与完成情况。	查看教学进度表后,由领导、同行进行评价。				
	10	教案	15	教案的完成、更新情况,教案内涵的完整与形式的规范情况,是否有所创新。	查看教案后,由领导、同行进行评价。				
	满分共计(分)		100						
评价结论	评价得分								
	评价人签字				评价日期		年 月 日		
备注	评价结果计算公式 $S = \sum X_j \cdot Y_j$,其中 X_j 分别表示 A、B、C、D 四个等级的权重值。($A = 1.0, B = 0.75, C = 0.5, D = 0.25$),$Y_j$ 表示各评价要素的分值。 评价结果标准分优秀、良好、合格、不合格四种。 优秀:$100 \geqslant S \geqslant 85$;良好:$85 > S \geqslant 75$;合格:$75 > S \geqslant 60$;不合格:$S < 60$								

在一般情况下,对由评价工具得出的结果还需要进行技术分析与处理,才能予以公布或者反馈。目前,这种分析与处理已经完全可以借助一些分析软件,运用一定的信息技术来进行。对于采用其他方式进行评价的结果,同样可以用现代技术来进行处理。

8.6 备课评价的结果分析和资源利用

要实现备课质量评价的增值,功夫应该花在对评价结果的分析,以及对其资源价值开发与应用上。本节试图就此作一定的阐述与介绍。

8.6.1 备课评价的结果分析与反馈

对备课质量评价的结果怎么进行分析？一种最简单的方式,就是根据结果所反映的具体赋值,进行排次序、分等第、施奖罚。这种方式既不能促进课堂教学的有效提高,也不能使教师的专业发展找到相应的方向,不符合现代教师专业发展的理念。

其实,教师所需要的是对自己备课成果的认同和真实的意见,学校通过不同的方式在对教师的备课情况进行评价后,也需要不失时机地给予热情的反馈与引导。只有这样,方能够实现学校、教师、教学的多元发展。下面的一个案例就反映了这种情况。

【案例 8-4】 某学校对备课评价的反馈经验

学校总是按照惯例对教师的备课教案进行月常规检查,由于每次都事先打好招呼,教师很少会出现严重缺备或漏备的可能。久而久之,大家似乎不再过多地考虑备课的质量好坏。其实,教师和学生一样,大多数教师表面上看起来并不太看重备课检查,装得若无其事的样子,其实是多么希望学校领导在检查备课本时,能认真看看,给自己美言几句,对成功做法写上一点表扬的评语和激励性的评价,哪怕只是点滴的肯定也好,从中也能得到一点安慰、鼓励和满足。

于是每次检查后,我们都要在第一时间,召开教务会,对于备得好的教师给予充分的肯定,精彩的做法和到位的地方提出表扬,对有创意的设计给予大力张扬和推广,对有进步的教师,哪怕是微不足道的"亮点"及时给予鼓励和表扬；对备得不太好的教师,尽量用委婉的话语给予启示和点拨,提出中肯的意见和建议,指明努力的方向。这样就最大限度地调动起教师的积极性和主动性,提高了备课质量。

对备课质量评价结果的分析是一个有步骤的系统工作,包括备课评价指标的细节分析、备课行为的追踪分析、备课质量的总体分析等。

针对指标的细节分析,可以了解教师在备课中对哪些教学环节(一定指标)的理解和设计、驾驭能力是其长处,而哪些是其短处。让教师知道自己在备课中的优势和不足,以及自己今后努力的基本方向。

针对备课行为的分析,是为了探究备课评价结果的"所以然",分析其背后的因素。借助一定的访谈(本人与他人)记录,与评价结果作对照分析,更深入地提出取得成就的必然因素,以及问题存在的主要原因。

备课质量的总体分析，主要是肯定教师的成绩，以此为基础，对照其他同伴，了解还需要在哪些大的方面作出努力，并树立一个新的奋斗目标。

8.6.2 备课评价信息的资源开发与利用

长期以来，大家对评价后继资源开发是不重视或者重视不够的，备课质量评价更是如此。学校往往只满足于评价以后对教师的奖励或批评，教师往往满足于已经被认可的成绩。而其实在更多的方面、更深的层面上，学校和教师都可以针对具体评价信息开展资源化分析，并进行开发。

例如，备课的内涵层面有着资源的价值。备课的内涵极为丰富，有对教材的钻研，有对学生的了解，有对教学过程的设计，有对教学资源的开发和利用，还有教育教学理论的学习，对每一环节的具体评价都显示了一种提示信息。通过仔细分析教学中如何引导学生理解和记忆新知，如何在熟悉的情境中运用知识和技能，如何在新情境中创造性地运用已掌握的知识、技能，如何设计好讲授要点、课堂提问、作业布置等这些教学过程的评价信息，提取其中有价值的经验，并进行整合，使之清晰化、条理化、深刻化，就可以在更广大范畴内予以推广。

教师备课质量的差异也是一种资源。从横向看，有的教师备课很认真、有特点或特长、很经典；有的教师备课少思想，只是抄写别人的教案或者自己以往的教案，而且往往牵强附会，不得要领。这种情况就需要用优秀的教案来启发，或者以问题教案来研究，改进教师群体的备课行为。要使教师知道，想成为一个合格的教师，必须首先学会在学习名师基础上独立备课，就像许多名师谆谆告诫青年教师的那样：教师成才备课始。从纵向看，即使是一名成熟的教师，对教学艺术的追求也是无止境的，每一次研究教材、设计教学思路，每一次授课后都会有一些新的问题、新的收获，用教案的形式记录下来，留待以后作进一步的思考、完善，将是一件非常有益于教学的事。

下面的案例，是某校在对教师的备课评价后，针对教学目标制订的反思。

【案例 8-5】 关于教学目标制订问题的反思研讨

评价反映，绝大多数教师的备课都是在教材分析的基础上确定教学目标，据此选择教学方法，设计教学方案的。对于教学目标的认识有以下几种不足：①往往从"应试"的角度确定教学目标，即可能检测什么就以什么作为目标；②常常局限在认知方面的目标，忽视了情感方面的目标，至少是对情感方面的目标重视不够；③过分强调所谓的"行为目标"的可见性、可测量性，阻碍了学生良好思维品质的发展；④往往只重视教学的结果（教学目标的掌握），很少关注学生在学习过程中的经历、感受、体验。事实上，平时的课堂教学对促进学生发展这个总目标究竟起到怎样的作用，在一定意义上说并不在于学生每一节课中具体明确地知道了什么，而在于他们在课堂教学中有什么样的表现。如果一节课把精力放在使学生掌握那些所谓具体的、明确的知识目标上，满足于学生一节课后能"记住什么"、"说出什么"，那样做无助于学生的发展。

当然,还有其他角度的资源开发与利用思路。例如,将在备课质量评价中评出的优秀教案或教学设计收集汇编成册或上网推广;将评价中发现的倾向性问题作为教育课题组织项目研究,提出改进的行动策略;将一些典型的有效备课的活动做成"范例资源",刻成光盘作为进一步优化备课的学习或研讨材料等等。备课质量的评价只是手段、只是一次机会,而教师的终身发展、有效教学的探索是长期的任务和职责。

思考与讨论

1. 备课质量评价的指标体系和标准体系有何差异?

2. 有人认为,备课的最终形式就是教案。而实际上,关于教案的要求有很多,在条条框框中形式主义的成分居多,为了应付检查,为了保持备课本的整洁、保持书写规范,写教案往往蜕化成一项机械、呆板的体力活。教师由此对写教案产生了反感,认为是一项负担,极想摆脱,提出:"可以废除教案。"——请你对此谈点想法。

第9章 "以人为本"——备课与教师专业发展

[章首引言]

　　一个名教师的成长一般都经历了从模仿到创新的发展之路,其中课堂教学是打造名师的基本阵地,而备课则是"战斗"前的准备工作。面对新课程,备课的改进需要教师专业的回应,教师专业发展又需要针对新课程的要求。从某种意义上说,教师的专业发展就是优化备课的主要根源。本章主要针对备课改进要求和不同层面教师的专业发展关系作一定阐述。

　　面对新课程给教师带来的种种挑战,校本教研已成为教师专业发展的一个重要载体,而在校本教研中,分析备课的新要求和现实问题,反思自身的教学行为,提升课程的执行力,是教师专业发展必经的渠道。

　　新课程呼唤备课的改进给教师专业发展带来的课题,大体说来,除了课程层面的要求外,主要还是教学环节设计方面的新要求。例如,教学目标"知识与技能"、"过程与方法"、"情感态度与价值观"三个方面的整合中,怎样进行"过程"、"情感"目标的科学表述?课程内容的处理与充实要体现贴近学生生活,实现重组,而我们很多教师对现今的中小学生的兴趣和理想不是很熟悉甚至不知道,或者是不赞同,这又如何落实?教学要与信息技术相整合,包括教学设计中引入不同类型的教学课件,还要体现互动,传统的专业素养遭遇革命性的挑战,教研活动能否解决这些问题?还有"探究"、"合作"等教学模式与学习方式的改革怎样在教学实施中落实?课程评价怎样实现注重过程与差异?如此等等,总之一句话,如何把课程改革的新理念落实到备课中,给教师专业发展带来了新的挑战。

　　教师的专业发展,必须有一定的支柱,一般认为支柱有三个,就是"专业引领"、"同伴互助"和"自我反思"。"专业引领"要求请专家发挥作用,但更重要的是要有先进理论、技术和经验的引领。"同伴互助"是基于校本的教研活动和课堂实践的共同话题。这里的同伴其实是由教师群体结成的"学习共同体"。"自我反思"是提升教师发展内驱力、自觉力的必需。当教学反思成为了一个需要、一个习惯、一个制度,教师的发展就有了动力机制。

　　教师的专业发展,有相应的"向度",如理论和法规向度、经验积累向度、行动研究向度。而其中行动研究就需要教师本身的主动积极性。图9-1形象描绘出基于备课改进的教师专业发展概念。

　　要支持教师进入上述发展状态,需要建设一个相应的文化氛围,提供让教师个体智慧助推群体教师前行的"现场",形成备课改进和教师发展之间"实践——学习——反思——研究——再实践"可循环的"改进——发展"互动系统。

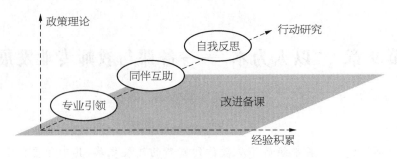

图 9-1 基于改进备课的教师专业发展

9.1 改进备课是教师专业发展的新课题

新课程的改革要求教师在教学过程中,从重视教师的教转变到重视学生的学,从重视知识传授转变到重视学生发展以及多元目标达成,从只注重学习结果到更注重学习过程,从树立自己的教师权威转变到习惯和学生平等对话,从重视统一规格转变到重视差异教育,从重视知识文化的继承转变到重视学生的创造精神和实践能力的培养……这些都对教师过去习惯的教学思维和备课思想带来明显冲击。

教师专业发展是有规律可循的,需要我们对其内涵结构加以认识。教师专业发展的内涵结构,包含其承担教书育人职责的能力、知识、技能、情感态度等,针对这个结构范畴,要注意落实到教师主动改进备课的指标层面,明确目标,形成教师专业发展的行动蓝图,这样有利于教师明确自身专业发展方向。

9.1.1 教师的备课观念需要转变

教师对教学过程的认识首先需要转变。教学过程是一种特殊的认识过程,是通过教和学的渠道,将一般的文本知识和实践体验转化为学生认知结构,并在这个过程中发展学生的多方面能力,养成必要的道德情操的过程。这一定义反映了教学过程的本质属性,但流于抽象。新课程改革引进了诸如建构主义等学习理论来影响教学过程,把教学看成是以教与学之间的"对话"为基础,教师的价值引导和学生自主建构相统一的过程。这就为教学过程赋予一些新的内涵:教学过程是一种"唤醒",是学生和教师潜能、智慧和情感的唤醒;教学过程是一种体验,是师生从感知和经验升华为对价值的叩问;教学过程是一种"视界融合",是书本、教师和学生视野的交汇融合;教学过程是学生的自我理解过程,而不光是对教师和书本的理解过程。这种观念是需要教师在备课时逐步树立的。

对教学过程新的理解必然带来了新的教学关系,教师不再是对学生发号施令的权威,教师与学生之间不是一种简单给予、被动接受的关系。随着新课程改革的深入,教师和学生最终应该建立起平等、民主、自由、同情、公正、宽容、鼓励和帮助的交往关系和"伙伴"关系。但是,要将这些理念贯彻到备课中去必然是一个长期的过程。在传统大教学班(多的可达 50 多学生一个班)的建制下,教师要面对更多有差异的学生群体,想建立起新课程所要求的平等关系,还存在制度性的困难,同时目前学生也有一定的不相适应性;在课堂空间和人数没有改变的情况下,教师对课堂教学的主宰地位,在我们的课堂文化传统和社会中还会长期延续。新课程要求的新教学关系在备课中的建立,实际上还是旧的教学传统被改变和新的教学文化被确立的长期过程。

所以,将对教学过程的本质理解转化为备课的观念,促进教师专业发展,需要教师加强学习和持续不断地实践反思,也就需要依靠"专业引领"、"同伴互助"、"自我反思"。

9.1.2 教师的备课视野需要拓展

最主要的是需要拓展知识的视野和技术的视野,并能体现在备课活动之中。

关于知识拓展,应该包括横向跨学科的知识拓展和纵向学科发展的知识拓展。新课程带来的变化之一是课程内容的整合,要求按"学习领域"组合一定学科,指导学科拓展的思路。这是基于以学生发展为本和知识创新的时代背景的。传统学科的围墙长期以来不能突破的现象是受"学科中心论"所影响的,社会发展到"后工业化"时代,知识的综合和交叉成为一个趋势,课程与教学必然面临新要求。教师的备课和教学设计需要有适应性调整,专业发展尤其是知识拓展也就必须顺应这种备课的新要求。

同时,学科纵向发展加快的现实,也需要教师在课程标准的指引下予以关注。课程尤其是教材的内容通常是前人经验与积累的文化,所以是面向过去的,是过去所谓成熟并公认已经证明是正确的知识,这是无可非议的。但学生却生活在现在,面对的是当前日新月异的现状,要使课堂教学贴近学生生活和社会发展,就需要将知识视野后延,把目前学科的有些新成就、新理论引入教学中。教师的备课需要体现这种要求,教师的专业发展同样需要有相应的要求,要时刻关注学科的发展,拓展学科视野,并注意将学科新鲜知识的引进在备课中落实。

对于技术层面,一个合格的教师也需要拓展视野。随着以计算机、网络和多媒体等为标志的信息技术快速发展,数字化时代下的课堂教学正在发生着巨大的变化,支持学科教学的数字化资源丰富多彩、加速增长,学科教学的资源不断增加,冲击着传统的教学模式。同时学生的学习也需要这种资源的帮助与指导,这样作为教师的教学技术就需要提高,更需要关注信息技术带来的丰富的教学课件以及各学科前沿发展信息等资源,在备课时加以研究与应用。教师专业发展需要了解和掌握数字化资源,这和有效改进备课也是相关的。

9.1.3 教师的备课行为需要适应

新课程实施中,为教师所熟悉并运用的新教学方式具有一些共同的基本特征,这就是以学生发展为本的理念,引导学生积极主动地参与学习,促进师生之间积极有效地互动,教师更多地把自己视为促进者、指导者、合作者,为学生的主动建构提供时间、空间、物质条件、心理环境的支持,使学生形成对知识的真正理解,促进学生的自我反思。这些背景要求需要教师的专业发展在备课行为上有所体现。

(1)"将备课进行到底"——时间维度注重反思的"后备课"行为

备课是为上课服务的,但上课后的反思其实也是备课,即"后备课"。教师在课后可以自问:"知识满足学生了吗?教学技能是否完善了?教学中情感和态度对学生产生积极作用了吗?价值观正确吗?"等等。课后反思的意义主要在于:检查本节课课堂效果:所用的教法、学法是否恰当?教学目标的达成度如何?成功点有哪些?什么环节需要改进?最终可更新课堂教学设计,从而提高自身的教育教学水平。课后反思性备课,可以针对上课中出现的问题及时修补,对教学过程进行总结,如对某个教学环节估计有误,或对教材内容的组织处理及所采用的教法不太合理时,上课很容易表现出来,若发现后及时进行修改,下次上课就可以避免这些问题。不论是失误的修改,还是经验的总结都是非常具有针对性的,都会使我们的工作得到很好的改进。许多教师教案组成当中有"教学后记"这一部分,"教学后记"实质是课后备课,坚持写"教学后记"可以改进教学中的不足,积累经验,完善自我,在提高教学成效的同时不断提高自己的教学能力,有效促进自己的专业发展。

(2)"深入教学现场的备课"——空间维度注重情景的"场备课"行为

现代课堂教学的一个特点还表现在情景的创设和社会资源的运用上,将课堂延伸到更广的空间。从情境创设来看,要把学校现有的教学设施、设备,包括实验器材、多媒体教室、挂图、模型、图书馆等,看作情景的物质基础,加上一定的问题情境和作业情景的设计,使课堂教学体系成为一种基于真实情景的学习经历,让学生学会学习。这就对教师的备课行为有了新的要求。从社会资源的应用来看,要把社区或学校周围的课程资源如森林公园、博物馆、科技馆、植保站、实验田、自然保护区、养殖场、果场等与学科教学整合起来,使课堂延伸到这些具有教育教学价值的场馆、场地,通过设计一定的项目学习活动,设计相应的学习单元或作业,帮助学生学习和应用真实的知识,体验知识的价值。这种情况对教师带来新的备课要求:要把课堂放在更大的真实的教学现场中思考,探索"场备课"的新形式。下面的案例反映某校在"中国乳业博物馆"的教学实施概况。

【案例9-1】 一所小学在社区的某博物馆中的教学活动

我校根据不同年级、不同学科的特点,充分挖掘、利用教材中的科普教育因素,与博物馆的教育因素有机整合,提升教学内容的科技含量。如:二年级《品德与社会》中"吃出健康来"一课,四年级《自然》第一单元"保持健康"等。老师通过博物馆内"草怎样变成牛奶"的奶牛模型、会摇头摆尾欢呼的荷斯坦奶牛模型、牛奶运输车、酸奶工艺流程模型等的讲授,让学生知道牛、牛奶、乳品的概况,牛奶生产的一般过程,认识饮奶与身体健康的关系;在日常生活中能科学饮奶,引导学生关注健康,提升生命质量。

(3)"利用网络平台的备课"——技术维度注重互动的"电子备课"行为

以计算机、网络技术和多媒体为主要内容的现代技术革命的出现,为教学方式与教学模式的变革提供了物质基础,而互联网、学校远程 IP 教育网的开通以及越来越完备的电子备课系统的出现,为我们的备课提供了不少的便利。我们可以利用声、光、色把我们难以实现的实验,在一堂课内完整地模拟出来。各种各样的素材纷纷呈现,实现了许多"不能言传,只能意会"的梦。网络上同行们的优秀课件、优秀教案,是我们无声的老师。我们可以共享这无穷尽的备课资源,来提升自己的备课水平。对网络资源的需求,尤其是广大教师,已经不仅仅限于聊天、游戏、查找资料、收发电子邮件等一般功能,进行即时的在线研讨,与专家进行点对点的零距离交流,以及和各地教育同仁就教育教学问题进行深入切磋,已经成为教师群体共同的需求。教师和学生都可以方便地利用丰富的网络资源、共享的网络平台进行交流、互动、研修、学习,真正打造学习型社会,实现终身学习。这样的时代特点,对广大教师的备课同样是机遇与挑战,事实上,许多学校教师的备课行为也在悄悄地发生"革命",下面的一个案例是某校一个教研组的备课经验。

【案例 9-2】 某校的"网络备课"概况

我们在以学校局域网和 Internet 为网络环境背景下,以共享交流为核心,以 LanStar、网上邻居、IE 等局域网或网络软件等为平台,以教师们课前做好的备课素材为基础,充分利用 Internet 网络海量知识、搜索导航等功能辅助备课。

本网络备课活动充分利用局域网的"主控"和"对等"的功能,利用 LanStar 等软件实现备课主讲人和"举手"发言人对网络的控制,使其备课内容被全部教师共享;利用网络邻居的共享功能实现教师间资源的平等共享,并设立备课成果共享文件夹,将此次备课的成果输入,逐渐积累形成体系;利用网络的搜索引擎及时查证一些相关问题,并得出解释,一并输入备课成果文件夹。

应该看到,教师的备课行为转变会是一个长期的过程,教师长期形成的备课行为的惯性对新的教学行为构成思维和习惯上的阻力,这需要我们采用校本培训、校本教研等新的教师专业教育方式去突破,使他们逐步将改进备课的要求转化为相应的备课行为。

9.2 备课改进与教师有层次的专业发展

对教师发展的研究表明,教师发展要经历适应期、关键期、成熟期、高原期、优秀期,且各阶段彼此联系、互为基础和接续。当然,教师个体之间还存在着心理素质、能力素质、生活环境的差异,它们在各阶段的发展进度和效果也不尽相同,所以,在教师专业发展目标的确定与达成上,既要有差异性发展的目标意识,又要有共同发展与个体发展有机统一的目标追求。下面将备课要求结合教师的发展阶段分三个部分来阐述。

9.2.1 青年教师与备课基本功的锤炼

青年教师到岗的专业发展,主要还是以夯实教学基本功为主。一个教师的教学基本功,概括起来无非是掌握"教什么"和"怎么教"这两个本领。对于前者,学科的专业知识当然是最基本的,但还需要有学科的思想与方法;而后者,需要从了解并依据学生学习规律出发,在诸如教学设计、课堂语言以及板书,教学基本手段和现代技术应用等备课能力方面,下一定功夫,做到能运用自如。

下面所示的一个案例,是上海市开展中小学教师全员培训时对青年教师提出的关于教学基本功的专业要求,其中主要着眼点是对备课的改进。

关于中小学青年教师教学基本功的若干指标要求

(1) 学科专业知识

掌握本学科课程标准和教材所涉及的基本原理、基础理论与知识,并能深入浅出地进行运用;

初步了解本学科的发展脉络,以及新近的主要观念、理论等成果,并能结合教学加以运用或应用;

初步了解与本学科相关的社会教育资源,能结合教学加以应用。

(2) 教学理论与实践的相关知识

基本了解本学科主要的教学理论和流派;知道本学科的教学常规要求,并能在教学设计与教学实践中体现;

理解课程改革对学科提出的新理念,并能结合教学任务,在备课、上课、个别辅导和作业设计等环节中有一定落实;

初步了解教育科研、教学研究的基本要求,探索教学模式的改革,能在课堂教学中有所体现。

(3) 课堂教学常规技能

板书设计科学合理:符合课程标准,体现本学科特色,内容正确、条理清晰,结构简洁,字迹工整,板书具有启发性,能注意引导学生进行知识梳理和建构;

教学语言准确规范:能用普通话表述,言语正确、浅显、清晰,语速与节奏符合学生接受水平,语调具有一定的感染力;

教具使用比较熟练:了解与本学科相关的常规教具,能有针对性地选择一些教具、学具运用于教学,演示较清晰,操作较熟练,效果较好。

(4) 教学新技术应用技能

初步了解现代教学技术的基本特点,能使用计算机、投影仪等设备进行辅助教学,具有结合教学应用网络技术和多媒体技术的初步能力;

一般了解信息技术环境下的学科教学资源现状,能结合单元教学选择有针对性的信息资源进行教学实践,能指导学生开展一定的拓展活动;

具有初步的教学课件的运用能力,在课堂教学中,能结合一定教学内容,有针对性地进行运用和改进教学课件的实践探索。

9.2.2 骨干教师与备课特色的形成

骨干教师是在青年教师基础上发展而成的。他们在积累了相当的经验后,结合自身的特点和学校等条件,选择在某些方面做一定突破,逐步形成自己的教学特色,其中包括了备课的特色。骨干教师的备课特色可以在教学技术(或艺术)层面进行考虑:

(1) 问题设计方面的技术特色

在备课活动中对问题设计的研究,在教学设计中对问题设计的具体实践和安排,都是对骨干教师专业发展的基本要求。问题可以分若干层次,如有的是"What"(包括 when、where 等)层面的,有的是"Why"层面的,有的是"How"层面的,被认为最有价值的是"If"层面的,即转换一个情景下的问题,这对学生创新能力培养是具有一定促进作用的。

(2) 资料补充方面的技术特色

对于教学内容来说,教材永远是基本的,但又是不可能适合所有学校与学生的,所以需要补充贴近学生生活的内容资料,使"课堂犹如一池活水"。在这方面,教师应该具有相应的专业素养。资料的形式包括文字的、图像的、音响的、影像的等,如报刊文摘、图片、录像、录音等。但都要符合科学性、教育性、适切性、启发性等原则要求。

(3) 作业设计方面的技术特色

新课程带来的学生作业改进的要求,是以往教师从未遇到过的。有人认为,新课程需要的作业从形式上看包括:实践作业、书面作业、口头与听力作业、表演作业等。从要求上看包括:模仿作业、探究作业、可选择性作业等,答案不一定唯一。符合这些要求的作业设计还没有成熟的经验可参考,需要教师在研究中实践开创。在这方面形成专业特色是十分有价值的。

(4) 手段运用方面的技术特色

现在的教学手段可以说是丰富多彩、纷繁复杂、目不暇接,这是数字化时代的必然现象。由于网络技术和软件资源的支持,教学手段可在掌握技术的基础上不断发展。

对一名骨干教师而言,上述技术特色可以拥有一项,也可拥有多项。

9.2.3 名教师与备课风格的发扬

有学者在对教师专业发展的课堂教学行为研究中提出了名教师应有的"教学风格",并对其进一步概括,从而导引出"教学风格"的谱系研究,对每一种"教学风格"同学生发展进行相关分析。[①] 这项研究对思考建立现代课程教学模式有很好的启发与指导作用。

根据这个研究,可将"教学风格"的主要类型归纳为十一种:

---

① 高文主编:《现代教学的模式化研究》,山东教育出版社1998年。

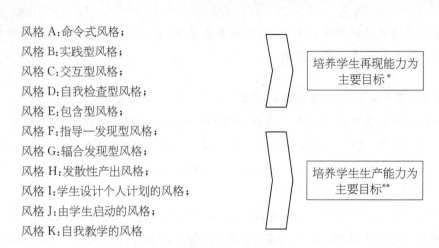

风格 A:命令式风格;
风格 B:实践型风格;
风格 C:交互型风格;
风格 D:自我检查型风格;
风格 E:包含型风格;
风格 F:指导—发现型风格;
风格 G:辐合发现型风格;
风格 H:发散性产出风格;
风格 I:学生设计个人计划的风格;
风格 J:由学生启动的风格;
风格 K:自我教学的风格

图 9-2 教学风格的类型归纳(谱系)

然后,将不同"教学风格"对学生素质发展的影响,分五个发展渠道进行分析,这五个发展渠道是:身体发展渠道、社会发展渠道、情感发展渠道、认知发展渠道和道德发展渠道。身体发展渠道所反映的是人的力量、灵活性、平衡性、协调性、敏捷性及完成体育活动需要的技能发展等;社会发展渠道表现的是学生与他人相互作用所需的社会技能的发展,如语言行为、交往、风度等;情感发展渠道表现的一般是师生之间的信任、学生对自身安全的感觉程度、与他人相互作用时学生的安全感等;认知发展渠道表现了学生从事各种认知操作,如记忆与回忆、对照与比较、综合与分析等发展情况;道德发展渠道主要表现为学生能够真诚待人、信任他人等品质的发展等。在进行具体分析时,是根据学生在各种"教学风格"中所表现出的独立性程度来衡量其在各个发展渠道中位置变化的。研究者用了一个表格来归纳:

表 9-1 对教学风格谱系的功能分析

各种教学风格对学生不同发展的关系

	←极小					极大→
身体发展渠道:	A	BCDF				EGHIJK
社会发展渠道:	A	BF	EG	D		C H IJK
情感发展渠道:	A	BCDEGH			G	CADEFHIJK
认知发展渠道:	A	BC		DE	FG	HIJK
道德发展渠道:	A	B	G?			FCDEHIJK

注:A——K 是图 9-2 中十一种"教学风格"的代号

名教师的教学风格其实是在实践中逐步形成的。也有人将教学风格分为"典雅型"、"新奇型"、"激情型"、"理智型"、"综合型"等几种。不同风格的结果是在课堂中体现的,但是在备课中形成的。

---

* 学生再现能力,即学生复制和再现知识的能力。——本书编辑注
** 学生生产能力,即学生发现与创造新知识,及利用知识解决问题的能力。——本书编辑注

9.3 教师的群体发展与备课的改进机制

教师专业发展说到底需要建立在一定的机制基础上,才能够达到可持续发展的效果。对于备课环节而言,同样需要这样的机制建设。建立在机制基础上的备课文化,是保障教师的群体性发展的必要条件。本节就此作简单分析。

9.3.1 建设促进教师专业发展的现代备课平台

对于现代备课来说,网络备课平台的建设是不可或缺的。

组成网络备课平台的资源,主要有如下九个方面:

(1) 媒体素材:媒体素材是传播教学信息的基本材料,可分为五大类:文本类素材、图形(图像)类素材、音频类素材、视频类素材、动画类素材。

(2) 题库:题库是按照一定的教育测量理论,在计算机系统中实现的某个学科题目的集合,是在数学模型基础上建立的教育测量工具。

(3) 试卷素材:各个学科有典型意义的试卷集合。

(4) 课件与网络课件:课件与网络课件是对一个或几个知识点实施相对完整教学的用于教育、教学的软件,根据运行平台划分,可分为网络版的课件和单机运行的课件。网络版的课件需要能在标准浏览器中运行,并且能通过网络教学环境被大家共享。单机运行的课件可通过网络下载后在本地计算机上运行。

(5) 案例:案例是指有现实指导意义和教学意义的代表性的事件或现象。

(6) 文献资料:文献资料是指有关教育方面的政策、法规、条例、规章制度,对重大事件的记录、重要文章、书籍等。

(7) 常见问题解答:常见问题解答是针对某一具体领域最常出现的问题给出全面的解答。

(8) 资源目录索引:列出某一领域中相关的网络资源地址链接和非网络资源的索引。

(9) 网络课程:网络课程是通过网络表现的某门学科的教学内容及实施的教学活动的总和,它包括两个组成部分:按一定的教学目标、教学策略组织起来的教学内容和网络教学支撑环境。

要发挥这些资源的作用,就需要制订相应的应用机制。如体现"以人为本",要有恰当的激励机制,用与不用要不一样;又如,要有使用的管理机制,对一般教师,要求在使用后提供使用的简单评价报告,对骨干教师,需要提出"使用者同时也是开发者"的理念要求,这其实也是一种不断丰富、完善现代备课平台(包括备课资源库)的责任机制。

9.3.2 催生促进教师专业发展的校本备课文化

教师专业发展需要有一个良好的学校文化背景作支撑。这个良好文化背景的创设应从两个方面着手,一个是物质文化,一个是制度文化。

完善校本备课的物质文化。对于校园文化中的物质文化,有一些不同的界定。其一,物质文化是指校园文化的物质载体,包括校园环境、设施和开展活动所需的物质形式等。其二,物质文化是指学校的建筑设施和文化设施等,它使校内整体设施形成一个和谐有序体现美的景观,对人们的审美理想、审美情趣的发展变化产生影响,是进行文化活动的基础和条件。其三,物质文化是指校园文化中看得见、摸得着的那部分,也称为硬文化。硬文化是校园文化的物质外壳,是校园文化的表层结构。

从这些不同的认识中提炼出核心概念,这就是校园文化中的物质文化包括一切物态化的硬件和景观化的环境,是制度文化等一切软文化的载体。

按照这种基本认识,所谓"校本备课文化"中的物质文化,也就是保障备课活动能正常开展和进行改进研究的基本设施设备和环境。从文化的层面认识这些物态化的硬件与环境,需要遵循最低保障和持续改善相结合的原则,其底线是真正具有"保障"功能,产生教育文化的价值。而与其相应,在教师的专业素养中,就需要具有应用这种硬件资源和环境的技术与能力,使之能真正体现作为备课物质资源的价值。

完善校本备课的制度文化。在学校背景下的所谓制度文化,是指为校园文化活动开展提供管理和保障的制度。校本备课的制度建设,是其中的一个组成部分。

备课制度,主要包括备课研究制度、备课检查制度、备课奖励制度等。

在校本备课制度层面上,备课研究是最基本的制度。不同的学校对教师备课行为的制度要求可能不尽相同,但总体来说,都可以从研究的内容和形式这两个方面加以分析。内容的选择同时代的要求和学校的问题相关。如有所学校就根据某些教师提出的问题组织研究,这些问题有:没有教案能不能上课?如何备课既能发挥教参的作用,又能使自己的教案高效、实用?教案电子化后,需不需要打印出来,带进课堂?是否需要实行网上分工备课,固定备课格式,以便资源共享?如果必须带教案进课堂,是否需要废弃无纸化办公,再改回到备课本时代,用笔书写成文本教案?等等。研究的形式也是重要的制度内容,如有的学校强调集体备课,并按照:"个人初备→集体研讨→修正教案→重点跟踪→课后交流"这种基本程序进行。这些制度长期坚持,就会发展成一种校本备课文化。

备课检查制度是许多学校都坚持的一种对备课的管理举措。一般情况下,学校的备课检查是分期进行的,如分期初、期中、期末三次检查,检查的重点也有所区别:开学第一周对教师的备课检查,要求寒假备课提前两周,暑假备课提前一个月(由教导处和教研组长负责);期中考试后一周全面检查,对全校教师的备课由学校分管领导进行检查,要求全体教师备完三分之二的课(重点看教案的过程设计,前一阶段的教后记完成情况);而期末进行的第三次备课检查,重点检查教案在使用过程中的修改情况及教学反思记录。当检查成为一种制度,教师便会将之看作业务工作的一个重要任务,习惯了之后,就会成为与教师备课行为相关的一种学校文化。

备课奖励制度是在检查与考核基础上执行的。检查备课质量时需要将考核指标与标准都向教师交代清楚,根据考核或检查的备课质量情况分出等第,按照质量等第设计实施奖励,这是对教师备课行为的正面导向。具体可参见上章关于备课评价的介绍。

思考与讨论

1. 电子化备课的推广将给教师带来哪些机遇与挑战?
2. 教师的专业发展是有一定的阶段要求的。如果你已经成为学校的一名骨干教师,请从处在成熟期对新手教师进行引领的角度,设计一个具有个性特色的备课改进方案。

学科备课分论

分论导言——改进各学科备课的若干建议

备课是教师的教学基本功,也是教师日常教学工作的重要组成部分。然而这个每位教师在岗一辈子都做的事,真正要做好并不容易。尤其是在新课改的背景下,备课的理念在更新,备课的内涵也在丰富,有效备课,优化备课,创新备课显得更为重要。考虑到不同学科具有的学科属性和功能不同,本节在梳理七大学习领域(语言文学学习领域、数学学习领域、自然科学学习领域、社会科学学习领域、技术学习领域、艺术学习领域、体育与健身学习领域)共性要求和学科自身特点的基础上,提出改进各学科备课的九条建议。这些建议并未穷尽也不可能穷尽备课的每一个细枝末节,它只是一种框架、一种思考、一种指向,目的是为进一步提高备课质量,提供一些视角。

一、备课要有把课改新理念内化为可操作的教学行为的意识,但不必期望一节课能体现课改的所有新理念

新课程的全新教学理念得到了广大教师的普遍认同。如以学生的发展为本;以德育为核心,注重培养学生的创新精神、实践能力和积极的情感;为学生提供多种学习经历,拓展学习时空,关注学习的过程,丰富学习经验;倡导自主探究、实践体验和合作交流的学习方式,鼓励学生敢于质疑、敢于实践、敢于创新等等。但这些理念能否有效贯彻,关键还在于每一位教师是否真正把这些理念咀嚼、理解、消化、内化为自己的教学思想,以此来指导自己的课堂教学实践,并在实践中加以贯彻。

从备课入手是贯彻课改新理念的第一步,教师在备课中要有把课改新理念内化为可操作的教学行为的意识,并自觉地把这种意识贯穿于教学目标的制订、教学环节的设计、教学内容的选择、教学形式的组织这一备课的全过程。只有这样才能让课堂充满活力,从而传递出新课程、新课堂的清新气息。

但在备课中,我们也应客观地看到,期望一节课中完美地体现课改的所有新理念是很难做到的,也是不切合实际的。备课并不是把课改的所有新理念简单相加,生搬硬套地贴上"标签",而是应根据每节课的教学实际,有选择地突出新理念中的几点,并保证能有效地贯彻到教学实施过程中,这样的备课才是真实的,才是有意义的。没有最好的备课设计,只有最适合的备课设计。备课中学会了选择,才能抓住课改新理念的精髓。

二、备课要着眼于促进学生的主动发展、全面发展和可持续发展，要综合考虑学生的学习起点与终点，考虑学生的差异性，进行有针对性的分层设计

尽管各学科的教学内容和教学形式有所不同，但各学科教学的共同价值却是一致的，即通过各学科丰富的育人资源，促进学生的主动发展、全面发展和可持续发展。这是"以学生发展为本"的思想在课堂教学中的具体体现。

在以知识传授为中心的传统教学下，备课往往只关注知识的习得和技能的训练。而在新课程理念下，备课要关注的不仅仅是知识和技能，而且还包括创新精神和实践能力的培养、人文精神和科学精神的培养等等。这些综合构成了学生持续发展的不竭动力。因此，在备课中我们要在每一环节上都想着学生的发展，想着这样的教学设计对学生的发展起到什么作用。如，对教材的处理是否能吸引学生的学习兴趣；问题和情境的设计是否能激活学生的思维；教学方式的选择是否有利于学生主动探究；教学过程是否预留给学生思考和讨论的足够时空等，简单说就是要时时把学生的需要放在首位。

从学生的发展着眼，要求备课要从学生的现实需要和未来发展出发进行设计，要找准学生学习的现实起点和发展目标，还要了解学生心理、生理和认知特点以及学习态度，了解学生已具备的相关知识与技能的基础，了解学生的学习风格等。

从学生的发展着眼，要求备课要考虑学生的差异性，要考虑各层次学生的接受情况，并尽量把这些纳入教学设计的每一环节。备课还要备学生的种种可能，并细化到考虑让每一个孩子都参与的程度。

从学生的发展着眼，要求备课要针对不同类型的学生进行有针对性的分层设计，包括教学要求，教法设计，重点、难点的考虑，作业和训练的分层设计等等。

三、备课要对教学全过程和各类教学基本要素进行周密思考和整体策划

为了达到预期目标，任何一种有目的的教学活动，都必须在活动之前进行周密思考和整体策划，这是提高课堂教学质量的关键。一般认为，备课主要涉及教学对象（学生）、教学目标、教学策略、教学评价，这四者之间相互联系、相互作用、相互制约，构成了教学设计过程的基本要素。上述第二条建议，已对教学对象（学生）进行了分析，以下仅涉及在备课中如何备好其他三个要素。

教学目标的制订要做到科学、合理、适切，要有可操作性与可检测性。教学目标关系到在具体实施教学前明确"要到哪里去"的问题。其他要素均要围绕实现教学目标来进行，因此教学目标的制订极其重要。教学目标要以全体学生为行为主体，从"知识与技能"、"过程与方法"、"情感态度与价值观"三个维度进行整体设计，目标指向学生的预期学习结果。其中，"情感态度与价值观"对教学效果影响巨大，会触及学生的情感和意志领域，触及学生的精神需要，更要精心思考和设计。

教学策略要有利于教学的整体规划。教学策略是在具体条件下，为实现预期目标所采

用的途径和方法，也就是在明确"要到哪里去"后，解决"怎么到那里去"的问题，主要解决教师"如何教"和学生"如何学"的问题。备课中，对教学策略的考虑一般包括教学组织策略、教学内容传递策略和教学资源管理策略。其中，教学组织形式、教学结构程序策划、教学媒体材料设计与开发等，均属于教学策略的范畴。在教学设计视野中，教学策略是保证教学目标实现的有效途径和方法，必须作为教学设计的重点。

教学效果要通过反馈评价来调控。教学评价包括诊断性评价、形成性评价和总结性评价三种，它的目的是将学生的反应输出状态与预期目标相比较，看看"有没有到那里去"。备课中，要先确立评价指标，然后从成果和影响两个方面进行教学评价设计，使教学设计工作沿着预定的方向进展。课后，还要对收集到的教学反馈信息进行分析与处理，从而获得对教学设计方案和实施过程进行修改的信息，使教学更加趋于完善。

四、备课要在深刻理解课程标准的基础上，解读教材，吃透教材，超越教材

课程标准不但是教材编写的依据，也是教师进行教学活动的指引。课程标准对本学科的课程目标、各个知识模块教学目标以及教学建议进行了非常精辟的阐释。如果能细细研读，对实现各个知识模块之间的沟通与整合、对备课都将起到事半功倍的效果，为即将展开的教学活动奠定坚实的基础。因此，备课要从备课程标准开始，这样才能居高临下地解读教材、把握教材，进而超越教材、用好教材。

解读教材的一个关键因素是掌握教材的特点。教材特点在一定程度上决定着备课的结构、教学活动的组织和教学方法的选择。根据不同教材的特点选择不同形式的教法。因此，教师在研读教材的过程中，要特别理出教材的特点。

吃透教材，是对教材深层次的理解和感悟。吃透教材要做到吃透编写者的意图、目的；吃透教材主要线索，把握知识点纵横联系；吃透教材的重点、难点和训练点；吃透教材内容的深度、广度和密度；吃透教材的德育因素等。

超越教材，是对教材的再创造、再组织，体现了新的教材观。"教材无非是个例子"，叶圣陶老先生的话早就点明了教材只是用来教的媒介和手段，而不是教学的全部内容，即教学要"用教材教"，而不要仅是"教教材"。如果教师只是一味地接受和照搬教材，没有对教材的深入理解和思考，就不会用好教材，不过是充当了教材的"传声筒"而已。

五、备课要重视教学环节的有效设计，关注环节间的梯度、过渡和合理性

教学环节设计是把教学内容与教学手段进行合理链接，为达成教学目标而服务的过程。在备课中，有效的教学环节的设计和安排能促进教学目标的达成。然而，事实上，备课中教学环节的有效设计却往往被广大教师所忽视，大量的无效环节充斥于课堂，这主要表现在：环节与目标相脱离；环节设计流于形式；环节间的衔接脱节；环节顺序安排颠倒或混淆等等。一般而言，进行有效的教学环节的设计可以从以下四个方面着手：

提出问题环节，要注意创设问题情境，包括生活情境和虚拟情境。并通过新鲜有趣的形

式引发学生的好奇心。

问题解决环节,要围绕学生已有的经验、体验及未来的发展展开,设置合适的台阶,运用恰当的教学组织方式,引导学生主动参与交流讨论,凸显解决问题的过程。

得出结论环节,引导学生自主得出结论,教师不要越俎代庖,应允许不同结论的存在。

开展评价环节,通过评价,分析彼此的长短处,总结该方法与以前所学的有何不同,反思合作性学习的有效性,从而提高学生的信心,促进学生的发展。

其实,从比较成功的一些课中,我们可以归纳出有效环节设计的主要特点,也许可以为设计有效的教学环节提供一种思路。如,关注环节间的梯度,为课堂教学的逐步推进搭建了"台阶",降低了任务达成难度;关注环节间的过渡和衔接,给人以行云流水般的感觉;关注环节设计的合理性,不仅符合学生思维的认知规律,同时还教给了学生探索新知的方法;关注教学容量、教学手段、教学方式方法与目标的一致性;考虑教学环节的时间分配的合理性,所采取的课型与教学内容的特征相符合。

六、备课要关注师生双边活动,既要重视备教法,也要重视备学法

新课程倡导教学过程是师生双边互动的过程。这打破了以往教师对学生的"控制",教师把话语权下放给学生。由此师生关系也由以往的"一言堂"转为一种"对话"。师生双边活动具体表现为与每个环节特定教学内容或任务相适应的教学组织方式与方法、学习方式与方法、学习工具的具体运用和操作。尤其是教法和学法更是教师备课时要关注的。

备课要备教法。"教学有法而无定法",体现了教学方法的层次多样性和形式灵活性。教师备教法既要熟练掌握讲授法、谈话法、讨论法、实验法等传统教学方法,还可以采用个性化的教学方法。如情景教学法、快乐教学法、诱导教学法、感悟教学法、探索教学法等。

备课要备学法。教师教学不仅要让学生"学会",更重要的是要让学生"会学"。教师要以培养学生的良好学习方法为重点,引导学生养成良好的学习习惯,激发学生的求知欲,帮助学生树立学习信心。因此,教师在备课中还要备学生的学法,即根据学生年龄、心理和已有知识水平及教学要求等特点,给学生以高效的学法指导。从课前预习、听课笔记、知识记忆、分析运用,到课后训练、笔记整理、知识梳理拓展等方面都应该有相应学法点拨和示范指导,以便让学生效仿。

七、备课要合理整合各种教学资源,选择恰当的教学媒体

教学资源是构成教学的要件之一。教学资源的整合包括社区、家庭资源的整合,媒体、网络资源的整合,其他学科资源的有机整合等。备课中的教学资源的整合包括对大量丰富的信息资源进行分类、筛选,剔除无用资源,使零散的资源变为系统资源,以发挥其最佳的教学作用。整合教学资源要求给学生提供的资源是优质的,这样,资源的教学效用才能充分发挥。整合教学资源要求分门别类自建资源信息库,储备大量的教学资源。

教学媒体的选择成功与否也会直接影响到教学效果的高低,因此,树立科学的媒体观是

教师的当务之急。应该考虑以下几个标准，来选择相对最佳的教学媒体。教学媒体是否适合特定的教学内容；教学媒体是否适合学习者的智力水平、知识水平；教学媒体能否达成教学目标；教学媒体的使用与学习的效率是否相一致等。教学媒体的选择也并非越现代越好，越贵越好，能用简单的教学媒体可以解决的问题就不需用复杂的教学媒体。也可以整合各种教学媒体，扬长避短，充分发挥整体功能大于各个部分之和的作用，达到教学过程的优化。

八、备课是对课堂教学的预设，但这种预设不应是封闭的、刚性的，而应是开放的、弹性的，要为教学的生成留有空间

预设是课堂教学的基本特性，是保证教学质量的基本要求。教师在课前备课中必须对教学目的、任务和过程有一个清晰、理性的思考和安排。开放的、弹性的预设应具有这样几个特点：预设要有预见性，尽可能从学生角度对课堂上可能出现的情况有所考虑。预设要有情境性，创设一种以学生为主体的具体的教学情境来推进教学，生成课堂亮点。预设要有灵活性，要为课堂教学的调整留有空间，真正实现预设中有生成、生成中有预设，从而达到最佳的教学效果。备课中，开放的、弹性的预设要对教学过程进行多维设计，从不同教学思路的追问、学生间的交流与质疑和创造性地使用教材等方面加以考虑。

九、备课要注意不同课型的差异性，从不同角度来探索与创新课型设计

课型没有严格的划分标准，如果以一节课主要完成某一特定阶段的教学任务作为课的分类标准，一般分为新授课、练习课、复习课、实验课、讲评课等。不同的课型，备课也有不同的侧重点，要根据课型的差异，积极探索，创新设计。

新授课以学习新知识为主要任务，一般只要求学生初步形成概念、认识规律、了解方法，体现教学目标的分阶段要求。在备课时，教师要充分考虑学生的认知能力、理解能力、接受能力，同时也要考虑学生已有的知识经验以及熟悉的实际生活背景，兼顾学生的年龄特点和学习习惯。对新授课的重点、难点以及如何采取有效的方式来突破，要做到心中有数，并加强反馈训练。

练习课是为了巩固和深化所学内容。练习课的目标设定一般比新授课和实验课略高一些，制订目标时既要考虑训练内容、形式以及学生的实际基础，又要体现层次性和个性化要求，以保证全体学生都能受到良好的训练。

复习课是为了对已学过的内容进行综合、归类、转化和辨别，挖掘知识的内在联系，把所学的知识融会贯通起来，使学生对知识的掌握更加准确，从而提高运用知识解决实际问题的能力。复习课的备课要明确复习重点、难点、步骤、方法、反馈与评价等，要在双基练习、能力训练方面做文章。通过多种方法使学生头脑中形成清晰的知识网络，构建成知识框架。复习课中的配套练习，要做到精选、精练、精讲。要选取包含学科知识点、能力点、学科思维特点和考点的题目。

实验课以学生动手操作为主。实验药品的准备、教具的使用和如何演示实验是备课中

要充分考虑和合理安排的。对于实验用的药品,事先要进行周密的检查,以免临时发生问题,措手不及。教师还要思考如何充分利用教具,使讲授内容更加生动活泼、形象易懂,引发学生兴趣。对于需要演示的实验,教师应预演一遍。最好是用正确的和不正确的操作方法各做一次,把实验中可能产生的现象搞清楚,可能出现的问题想周到。

讲评课对于巩固双基、规范解题、熟练技巧、开阔思路、提高学生解决学科问题的能力、培养学生的创新意识具有重要意义。讲评课的备课要求教师在课前对学生答题的情况进行分类统计,了解答卷基本情况、各题得失分人数,对学生的典型错误要找准原因,并按知识点归类,设计变式训练。备课中还要考虑如何创设情景,引发学生讨论、思考、主动参与,从而达到举一反三的目的。

各学习领域学科备课指南

语言文学学习领域备课指南

本学习领域包括语文和外语这两门学科。语言文学学习领域主要通过字、词、句、篇的学习和听、说、读、写的语言实践活动来进行,符合该领域特有的工具性、人文性和实践性特征。但因为一门是母语教学,一门是非母语教学,所以在备课上,同领域两门学科又呈现出不同的个性化要求。语文学科要遵循母语教学的规律,注重整体感悟,加强与生活紧密相连的听、说、读、写等语言实践。在教学目标的制订上要考虑到字、词、句、篇的因素,考虑到蕴含在字、词、句、篇中的语言知识和思想意义。英语学科则要遵循英语教学的规律,注意英语中语言知识与社会文化的内在联系。在备课中,教师既要注意教材中相关的文化因素,还要注意思维因素,以话题为主题、以活动为主线,开展"任务型"(task-based)教学。

中小学语文学科

【备课要求】

语文课程是中小学阶段的一门基础课程,它对学生理解和掌握科学文化知识、形成学习能力、培养审美情趣和文化修养,乃至其终身发展,都起着重要的奠基作用。为了更好地贯彻新课程精神,体现工具性与人文性相统一的课程特征,使"以学生发展为本"的理念转化为教学行为,切实提高课堂教学质量与效益,备课应遵循以下要求。

1. 科学制订教学目标

教学目标的确定要以学生的发展为着眼点,充分考虑到学生的已有知识积累、生活积累和思想认识水平,关注学生的兴趣点、障碍点和发展点,将学生的昨天、今天、明天综合在一起,把握学生在学习过程中可能产生的问题,有针对性地确定恰当的教学目标。

教学目标的确定,要将知识与技能、过程与方法、情感态度与价值观三个维度作为一个整体来考虑;要充分发挥语文课程的功能特点,在学科教学活动中落实民族精神教育与生命教育,使"两纲"教育与语文教学水乳交融;要把国家意识、文化认同、公民人格作为民族精神教育的重点内容,培养学生对中华民族历史、文化、生活方式的归属感和对伟大祖国悠久历史、优秀传统的认同感,引导学生形成现代公民的良好道德品质和行为习惯;要结合教学内容,对学生进行认识生命、珍惜生命、尊重生命、热爱生命,提高生存技能和生命质量的教育活动,通过文学作品中的典型人物和典型事件,联系现实生活,陶冶学生心灵,使学生认识自我,学会调适,感悟人与人、人与社会、人与自然和谐相处的重要性。

语文学习是通过对具体的语言文字的感受来理解、体验、领悟、鉴赏内容,培养、提高思想认识水平的,因此,目标的确定要考虑到字、词、句、篇的因素,考虑到蕴含在字、词、句、篇中的语言知识和思想意义。但是,目标定位不能从概念出发来落实字、词、句、篇,而是要从语言的积累、语感的培养、语言运用规范的发现等角度来考虑,应充分理解课程标准提出的"随文学习适度有用的语言知识"的含义;在考虑字、词、句、篇的同时,还要考虑文本内容、作者思想感情的因素,要使学生在学习过程中有所发现、有所感悟。要充分认识到"过程与方法"这一维度对学生发展的重要意义。不要把"过程与方法"窄化为静态知识的辨识与运用,窄化为文本内容的静态分析与综合,更不能是概念的演绎;要在教学设计的过程中明确地提出,怎样发掘学生的学习潜能,激发学生学习的内驱力,培养他们的问题意识,促使他们在学习过程中自主地调整学习思路,养成良好的学习习惯;要引导学生在感受过程、探求方法的同时,落实基础知识,形成基本技能,提升文化品位,提高思想认识水平。

要注意每堂课、每一单元的教学对学生发展的作用,在教学目标确定时要突出重点,并努力使目标明确、集中、具体、恰当。要将一堂课的目标与一个单元的目标、一个阶段的目标结合起来考虑,有些目标应有适当的反复。

2. 正确把握教学内容

教师要有独立钻研教材的能力,能在正确解读文本的基础上,深入体验、感受文本背后隐含的作者思想、文化背景及文化内涵,能关注语言表现形式。要挖掘教材中蕴含着的丰富的民族精神教育与生命教育的内容,并结合自己的学识水平和专业特点,进一步了解、认识、认同、融合博大精深的中华民族文化。

备课要沉浸到内容文本之中,逐步形成整体意识。要在读的过程中,敏锐地捕捉动情点、疑惑点,并据此深入钻研,整体把握文本内容和作者的思想感情,与文本、作者进行对话;要在阅读过程中发现问题,并能借助相关资料和工具书思考问题、解决问题,领会、感悟蕴含在文本中的道理,逐步形成自己的认识与见解;要充分发掘祖国语言文字的魅力,感受祖国语言文字丰富的文化内涵和审美价值;能梳理作者的行文思路和自己的阅读思路,找到词句与词句之间、段与段之间以及关键语句、语段与文章中作者思想感情的内在联系;能及时记录自己的感受,为确定教学思路打下基础。

语文教材只呈现承载教学内容的文章,不直接呈现教学内容,教师要开发、确定课文的教学内容,成为语文课程实际的开发者和再创者。对于教材和所补充的一些短小的文章,尤其是古诗文,要力求在理解的基础上熟读成诵。

3. 合理设计教学过程

阅读教学应注重整体感悟,加强语言实践,注意激发学生的阅读兴趣,培养语言感受能力和表达能力。现代文阅读的教学,要引导学生"沉入"文本,使他们能整体感知文本内容和作者的思想感情,能不断地依据自己的已有积累和思想认识水平来体验和感受,并在体验与感受的过程中不断与文本对话、与作者对话、与教材编写者对话,在对话过程中产生共鸣或产生疑惑;要促进学生自觉地运用比较的方法,逐步地形成思辨能力。应以教材中具体的语言材料为抓手,引导学生在动态的语言实践过程中感受语言表达的精当与规范,领悟语言表达的特点,积累规范的书面语言。依据教材的特点,引导学生在语言实践的过程中随文学习适度有用的语文知识。能联系具体的语言环境,理解和辨别词义、体会词语的感情色彩,能在具体语言环境中识别比喻、拟人、反问、排比、夸张等常见的修辞方法等。文言文教学的基本定位是促使学生加深对民族传统文化的了解和认同,充实文化底蕴,提升文化品位,并在学习过程中,吸收语言精华,提高书面语表达能力。文言文阅读要针对不同学段学生的认知规律和实际差异。

注意培养学生的写作兴趣,提高书面语表达能力。写作教学要从学生的实际经验出发,让学生有话可说、有情想抒,要把培养学生的写作兴趣和动笔习惯放到重要的位置。写作练习要把观察、思考、感受、认识等习惯的培养与审题、立意、选材、构思、布局等技巧的指导结合在一起,重在思想认识水平与语言表达能力的培养与提高。要让学生从现实的生活中提取素材,表达自己的真情实感;要鼓励学生大胆想象,将对生活的实际感受与对未来的憧憬联系在一起,表达自己的思想和自己的追求。

注重学生的口语交际,使之与阅读、写作等相结合。口语交际能力的培养具有实践性,教师不必过多地预设与传授有关口语交际技能方面的知识,而是要创设符合学生生活实际的交际情境,要使学生产生身临其境的感觉,迅速进入教学指向的交际情境中,从而调动内在真实的情感体验,激发起强烈的表达欲望;要使学生懂得交际语境对交际口语的制约作用,学会在一定的场合、一定的时机得体地说话,从真正意义上提高口语交际的能力。要把握口语交际中双向互动的特点,引导学生关注倾听对象,发现倾听者的情绪和思想情感上的反馈,及时与倾听者交流。在进行教学设计时,要注意学生口语交际能力发展的序列,在学生表达、交际的过程中给予必要的指导和点拨。

4. 精心设计学生作业

作业的设计应注重学生语文素养的整体发展,注重综合运用知识的能力的培养,注重解决问题过程中积极情感和坚强意志的培养,注重学生间的相互合作。作业要针对教学目标,注重学生语言文学素养的整体发展,注重综合运用语言文学知识的能力的培养,注重在解决问题过程中积极情感和坚强意志的培养,注重学生间的相互合作。

阅读教学的作业设计应以学生已有认识与感受为出发点,把对语言的感受能力与对文本内容的理解能力综合在一起考虑,让学生在把握文本内容的基础上,主动学习优秀、典范的语言,并能吸收、内化,使之转化为自己的语言;要注意新的语言材料的选择,能让学生由此及彼地思考问题,并从中发现一些规律。

写作教学的作业形式应多样化,要把学生写随笔和课堂写作练习综合起来考虑。应鼓励学生及时记录自己的所见、所闻、所思、所感,引导学生形成写随笔、杂感、札记的习惯。课堂写作练习要有一定的序列和一定的量,要改变教师随意命一个题目让学生作文的状况;一学期的课堂写作练习一般不少于8篇;在一定阶段,应让学生集中在某一专题(话题)多角度地写作,让学生将对生活的感受与写作融为一体。

作业可由教师个人进行精心设计,也可由备课组共同设计,应体现题目的典型性、内容的开放性、操作的动态性以及学生的选择性等。作业不能过于琐碎,也不能过于功利,要让学生有一个吸收、内化的过程,要让不同层次、不同兴趣爱好的学生都能有所发展,有所提高。要注意作业设计的疏密度,长期作业应与短期作业相结合,坚决摒弃机械、反复的操练。每天的作业量应有合理的控制。

【单元分析示例】

小学五年级第二学期第四单元教学简析

一、单元教材分析

本单元的主题思想为热爱祖国、热爱生活,共安排了六篇课文。按本单元所要体现的主题可将选文分为两大板块:《长江之歌》、《别了,我爱的中国》、《梦圆九天》,分别采用了不同的体裁(诗歌、散文、新闻特写),从不同的角度表达了作者的爱国之情,是对学生进行民族精神教育的好题材;《蝴蝶泉》、《奇迹》、《天窗》主要让学生发现并懂得人间的真善美,感受生活的美好,从而激起他们热爱生活、珍惜生命的情感。

热爱祖国 { 《长江之歌》歌颂祖国山河
《别了,我爱的中国》抒发爱国情感
《梦圆九天》歌颂航天精神

热爱生活 { 《蝴蝶泉》感受大自然的神奇
《奇迹》感受人间真情
《天窗》学会发现美、创造美

《长江之歌》是一首抒情诗,是电视纪录片《话说长江》的主题歌歌词,王世光作曲,胡宏伟作词。诗歌运用高度概括、凝练的语言,讴歌了中华民族的母亲河——长江那宏伟壮观的气势、悠长古老的历史及其伟大不朽的功绩,表达了中华儿女对伟大祖国真挚而由衷的赞美和依恋之情。

全诗共分两部分:第一部分(第1节):写长江源远流长、雄伟博大、多姿多彩;第二部分(第2节):写长江古老悠久、气势磅礴、力量无穷。这两部分以"我们赞美长江,你是无穷的源泉;我们依恋长江,你有母亲的情怀"一组回环贯通起来,把长江源远流长、历史悠久、贡献巨大融为一体,给读者以强烈的艺术感染,进而升腾起对祖国大好河山的热爱之情。

教学时,教师可将诗句"我们赞美长江,你是无穷的源泉;我们依恋长江,你有母亲的情怀"作为切入口,以对长江"赞美"、"依恋"的真挚感情作主线,联系上下文,紧紧围绕对"无穷的源泉"和"母亲的情怀"的理解,细细品味诗句的深刻含义。同时,歌词的语言对仗工整,节奏鲜明流畅,实为进行朗读训练的好材料。所以本课的教学重在指导朗读,教师应在帮助学生理解文本内容的过程中,采用多种形式引导学生反复吟诵,让学生在读的过程中逐步领悟长江所蕴含着的人文内涵和精神价值,从而激发其民族自豪感。

同主题其他文章分析略。

《蝴蝶泉》节选于《徐霞客游记·滇游日记》,题目为编者所加。本文是文言文,作者运用精辟、洗练的语言,描绘了蝴蝶泉迷人的景色,让人深切地感受到大自然的神奇以及古代人对美好生活的向往。

文章共有四句话,可分为三部分。第一部分是第一句,作者从整体上描述了蝴蝶泉的大致布局。它主要由一树、一泉组成,树在泉的孕育下变得尤为苍劲——"树大合抱",泉在树的映衬下显得更为明净——"清冽可鉴"。第二部分是二、三两句,生动地刻画了农历四月蝴蝶泉的美丽奇观。前一句描绘的是花美、花奇,"发花如蛱蝶,须翅栩然,与生蝶无异";后一句描绘的是蝶美、蝶奇,"连须钩足,自树巅倒悬而下,及于泉面,缤纷络绎,五彩焕然"。虽只两句,但字里行间无不充溢着美和奇,让人不得不惊叹语言之凝练,自然之神奇。第三部分是最后一句,从游人的纷至沓来、络绎不绝中,映衬出这一景象的怡人,同时也反映出人们对美好生活的热爱和向往。

同主题其他文章分析略。

二、单元教学目标

1. 能结合阅读内容,根据自己对字词掌握的实际情况,自主确定所要学习的生字、新词,并能比较熟练地运用字(词)典,联系具体的语言环境,进行独立识字。

2. 继续培养学生品味语言、体会感情的阅读能力。能联系上下文和自己的积累,结合课外资料,品味课文中含义深刻的词句,并能自然地将自己的理解和感悟融入到朗读之中,体会作者的情感。

3. 在阅读中初步领悟文章的基本表达方法及表达效果,并结合"说写双通道"有选择地进行适度积累、运用和迁移。

4. 能根据课文内容,自主查阅、搜集和处理有关资料,培养拓展阅读的良好习惯。

5. 通过本单元的学习,培养学生热爱祖国、热爱生活的情感。

三、单元教学建议

1. 关于单元阅读训练目标——品味语言,体会感情

(1) 重视方法指导

学语文首先就是学语言,作者的思想感情是凭借语言表达出来的,因此"品味语言的方法"是学生最基本的也是最为重要的一项语文能力。教学中教师应根据课文的语言特点,教给学生多种"品味"的方法。如,比较中辨别(省略原句原段中的某些词句与原句原段比较;用其他词句替换原文的词句并与原文进行比较等);联系中想象(联系上下文、联系生活经验、联系新旧知识、联系课外资料等);朗读中体悟等。同时对于小学高年级的学生来说,"品味语言"除品词品句外,还应在阅读中揣摩文章的表达顺序,初步领悟文章的基本表达方法。

(2) 尊重个体体验

在落实这方面的目标时,教师一定要引导学生自己读进文本,逐渐产生真切的自我感悟和独特理解,并敢于在交流中发表自己的想法,形成良好的自主学习能力。尊重和珍视学生

阅读中的独特体验是我们教学中应该十分注意的,尤其是当教师还没有完全了解学生的"独特"体验时,不能轻易肯定或否定。教师要重视交流过程中的指导,并根据学生实际把握好度,不要从成人的角度要求学生理解得多么深刻。

(3) 适度地运用和迁移

"品味"的目的在于运用,教师可结合词句的品味,设计相应的小练笔。本单元课后的"说写双通道"根据课文特点,安排了仿写、改写的练笔要求,教师应尽可能在指导学生阅读课文的过程中对相关的知识、方法作必要的渗透,重视读写结合,在说清楚的基础上进行写的训练。

2. 关于资料链接

本单元中部分作品离学生的生活实际距离较远,教师在课前或课后有必要让学生查阅相关的资料,如了解作者的写作背景,了解事情发生的时代背景,以帮助学生更好地理解课文内容,更好地读懂文中含义深刻的句子。但要注意几种倾向:①课前学生搜集资料漫无边际,不懂得如何筛选;②课内交流学生照本宣"读",不懂得如何分类归纳;③学生还来不及理解文本,就过多、过早地补充其他教学内容;④课后拓展要求笼统模糊,没有检测的手段。

【教学设计借鉴】

小学语文:《别了,我爱的中国》教学设计

一、教学目标

1. 能在阅读中自主学习生字,积累"终将"、"呈献"等词的含义。

2. 能联系上下文及相关的课外资料品味关键词句的含义,初步感受借景抒情的表达方式。

3. 在了解作者不忍离开祖国的基础上,通过有感情地朗读课文,体会作者的爱国之情。

二、预习要求

1. 让学生了解20世纪初中国的现状,主要选取英日帝国主义制造的"五卅惨案"和蒋介石发动的"四一二反革命政变"这两个典型事件,感受当时中国正处于外忧内患的局面。

2. 补充郑振铎在这两个事件中的爱国行为及相关作品,重在了解其爱国行为,对其作品只要略有感受即可。

3. 读通课文。

三、教学过程

教学程序	教师活动	学生活动	设计意图
一、导入揭题	1. 简介写作背景。 2. 板书课题。	齐读题目。	勾起学生对课前所了解背景的回忆。

续表

教学程序	教师活动	学生活动	设计意图
二、整体感知	1. 引导学生思考：临别时，作者的心情是怎样的？ 2. 教师归纳梳理。 3. 指导学生读题。	1. 自由轻声地朗读课文，边读边思。 2. 读后交流。 3. 有感情地朗读课题。	1. 初步感知课文内容，理清文章脉络。 2. 奠定文章的情感基调。
三、研读重点内容	1. 文中哪句话直接告诉我们作者是不忍心离开祖国而去的？ 2. 出示："我不忍离了中国而去，更不忍在这大时代中放弃自己应做的工作而去。"指名读。 (1) 作者为什么"不忍"离开祖国而去呢？ 板书：不忍 指名交流，适时引导、点拨，指导朗读，并在过程中适时提炼。 板书：挚爱的亲友 受难的祖国。 出示填空：我不忍离了_____而去。 点明"借景抒情"的表达方式。 出示："别了，我爱的中国，我全心爱着的中国！" (2) 令他"更不忍"离去的又是什么？ 指导学生根据注释，结合课前资料了解"大时代"，通过媒体出示补充资料，从作者所做的具体事情中理解"应做的工作"。 再次出示："别了，我爱的中国，我全心爱着的中国！" 3. 离别是痛苦的、内疚的，但作为爱国热血青年，想得更多的是什么呢，引导学生读6、7小节，找出感触最深的句子，并说明理由。 组织交流。 出示填空：我终将归来。 第三次出示："别了，我爱的中国，我全心爱着的中国！" 指导补充完整，出示：我不忍离了中国而去，更不忍在这大时代中放弃自己应做的工作而去，我暂时的离开是为了_____。	1. 快速看课文，划出有关句子，交流。 2. 读句。 (1) 默读1—3小节，边读边思。 先同桌交流，再班内交流。 在相互交流中，在教师指导下，从第一节中体会作者对亲人的不舍和担心，从2、3小节中体会作者对帝国主义的愤恨和对祖国的眷恋，并有感情地朗读相关内容。 根据填空对1—3小节进行归纳。 读"别了，我爱的中国，我全心爱着的中国！"读出自己的理解和感受。 (2) 自由读第5小节，边读边思。 在了解"大时代"和"应做的工作"的基础上，感受作者的无奈、痛苦、自责的心情，从而体会作者对祖国的高度责任感，并通过朗读表达出来。 再读"别了，我爱的中国，我全心爱着的中国！"读出自己的理解和感受。 3. 自读6—7节，找句，思考。 班内交流，在教师指导下有感情地朗读。 根据填空对6、7小节进行归纳。 第三次读"别了，我爱的中国，我全心爱着的中国！" 交流。	品味关键词句，理解作者离别时的复杂心情，并通过反复朗读，层层推进，使学生真切体会作者的爱国情感。 借助课外资料，加深学生对课文的理解和感受，培养学生主动拓展阅读的习惯。 在理解课文内容，充分体验情感的过程中，分步训练学生概括段落大意的能力，在此基础上完整表达课文的主要内容。 在教师的引导下初步领悟文章的表达方式——"借景抒情"。
四、拓展提升	1. 音乐渲染，出示同时代战斗在各条战线上的勇士的图像，配以文字简介。 2. 布置拓展阅读要求。	1. 观看媒体，默读简介。 2. 课后搜集有关爱国者的故事。	激起学生对时代英雄的敬佩之情，从而进一步触发其爱国情怀。

四、教学设计说明

1. 在品读中体会作者的爱国情怀

品词析句能力是学生进行语文学习必不可少的能力,教师要注意训练。在本文的教学中,教师主要以情感为线索,紧紧围绕对"别了,我爱的中国,我全心爱着的中国!"这一中心句的深入领悟组织教学。教师先紧扣"我不忍离了中国而去,更不忍在这大时代中放弃自己应做的工作而去。"这一关键句中的"不忍"和"更不忍"进行分步品味,在自读自悟的过程中,逐渐明白郑振铎是因为对亲友的不舍、担心,对正在受难的美丽的祖国的眷恋,对自己"应做的工作"——和各条战线上的战士一起救祖国与人民于水深火热之中——的坚定,而不忍离去的。在此基础上,反复朗读"别了,我爱的中国,我全心爱着的中国!"作者强烈的爱国情感充溢心间。然后围绕他的"誓言"进一步感悟其回国报效的坚定决心,情感再次得到提升。

2. 通过背景资料补充加深情感体验

由于学生与作者所处的年代不同,所以在社会环境、生活方式、价值观念等方面都有相当的距离,要想让学生真切体验作者离国时的复杂心理,无论在经验储备还是情感储备上都是明显不足的,这正是教学的难点,因此适时适度地补充相关资料是必不可少的。主要从两方面着手:一是课前了解,侧重于让学生通过查阅资料了解帝国主义和国民党反动派的罪恶行径,让学生感受当时的中国正处于内忧外患、民不聊生、民族存亡的危难之中,激起学生的民族忧患意识;同时让学生通过阅读郑振铎所写的相关作品,体会其爱国情感。二是课中渗透,侧重于补充郑振铎具体的爱国行为,主要在理解文本内容的过程中采用师生对话、媒体介绍等教学手段,帮助学生走进文本,走进作者的情感世界。

3. 在训练中体现学科的本意

作为高年级学生,培养概括能力有利于提升其整体理解和感悟课文内容的能力,在教学中,教师除在学生初步感知课文内容时,训练了学生的概括能力之外,在重点研读时还设计了两个训练点:① 在学了1—3小节后,教师出示"我不忍离了而去。"② 在学了6、7小节后,出示"今天我离开祖国,是为了,明天我终将归来。"这两个练习就是在引导学生在理解所学内容的基础上,进行小结、梳理、概括,并掌握概括方法,同时也进行了表达训练。

五、补充资料(略)

初中七年级语文《社戏》教学设计

一、教学目标

品读课文中富有感染力的语句,体会作者在文中透露的故乡情思。

二、教学重点

品读重点语句,真切感受作者寄托于人、情、事、物的浓浓乡情。

三、教学过程

(一)导入,整体感知

师诵:"异乡的天空/我是断线的风筝/异乡的水面/我是无根的浮萍/异乡的夜晚/月亮

很瘦／如何也装不下／想家的心情……"

这样的想家心情对我们这些身在故乡的人而言,或许更多是从文人的笔下体味到的。今天,老师和大家共读鲁迅的小说《社戏》,看看作者是如何推开这扇想家之门,倾诉自己的故乡情思的。

(二) 话题讨论

上堂课我们初读了课文,感受到平桥村真是"我"生活的乐土,生龙活虎的小伙伴,丰富多彩的农村生活在"迅哥儿"的记忆中留下了难以忘怀的印象,文中的结尾这样写道:"真的,一直到现在,我实在再没有吃到那夜似的好豆,——也不再看到那夜似的好戏了",然而,上节课上我们分明发现豆是普通的,戏也很乏味。预习中,很多同学也对此提出质疑,那我们就围绕这一问题谈谈自己的看法。

(重点研讨:看戏来之不易;来去路上情景交融的描写;"偷"豆情节)

普通的豆之所以好吃,乏味的戏之所以好看,是因为那时、那地、那景、那人。在"我"的记忆中,这场好戏是在故乡这个舞台上,热情质朴的乡亲和"我"合演的一场让我永远眷恋的好戏。

(三) 迁移解读

老师想起了诗人杜甫在《月夜忆舍弟》的两句诗:"露从今夜白,月是故乡明。"明明是普天之下共享的一轮明月,偏说故乡的月亮最明。诗人对故乡、对亲人的感怀表达得淋漓尽致。这和鲁迅笔下的好豆、好戏真是异曲同工。这样饱含作者深情的描写也再现在我们本单元的其他文章中,我们一起来再度走进文人笔下的故乡,找一找,说一说。

小结:可见,文人心中的故乡情思是相通的,或钟情于故乡的产物,或流连于故乡的山水,或寄托于故乡的人情……普通的人、景、事、物因为作者心中有爱,就处处有情了。那些大自然中的故乡,是游子们心中的精神家园。

(四) 生活链接

大家可以设想一下,多年以后,你们长大了,因为求学,因为工作,离开了家乡,那么故乡的哪些人、景、事、物会让你时常记得回味呢?前一时期,我们做了一份乡情报告,大家可以结合自己的乡情报告来交流。(讨论,交流)

看这些照片有什么感受?知道这张照片的摄影者吗?请有关同学说说当时拍这些照片时的情况吧。

教师归纳:用自己的慧眼和自己的真情去感受我们普通的生活,然后完善自己的乡情报告。那时你会发现,故乡的美离我们很近。

(五) 总结

家乡,是一樽陈年的酒,在遥远的他乡你会闻到它的香气;家乡,是一杯耐泡的茶,愈在寂寞处愈能品出它的甘甜;家乡是一幅永不褪色的山水画,总是在游子的梦中悄悄贴出。台湾诗人席慕容说"乡愁是棵没有年轮的树。"不老的乡情,写不完也道不尽。

● **教学设计说明**

《社戏》共设计两教时,第一教时阅读课文,扫除文字障碍,熟悉课文,并进行初步解读,感受到豆是一般的豆,戏是乏味的戏。第二课时重点读析富有深意的结尾,并拓展到其他课文的"温故知新"。

在教学形式的组织上,运用"话题讨论"的方法,关注学生的内心体验,促进学生在语言实践中自主感受,体验文学作品的语言魅力以及投射出的文人关怀,促进学生语言运用能力和思维能力的同步发展。通过小组讨论、全班交流,使不同层次的学生参与其中,一旦思维激活,生生之间相互启发,就会出现鲜活的感悟,异彩纷呈。

新课程强调凸显个性,尊重学生的个性化阅读行为,因此,课堂应尽可能多留空间给学生。通过质疑探究,使学生原有的感受得以提升。

"生活链接"以单元综合学习"我眼里的青浦"做一份乡情报告,体现"大语文"的理念,同时也意在开发具有本地特色的教育资源。以"语文综合学习"这种新的课程设置形式来丰富学生的学习经历,这样有利于扩展学生的视野,为学生的研究性学习提供了空间。

中小学英语学科

【备课要求】

英语课程是中小学阶段外语课程中最普及的一门基础课程,对学生理解多元文化、培养国际交际能力、提高外语修养有重要作用。为确保新课程的有效实施,确保英语学科进一步体现出工具性、实践性的学科特征,确保学生语言知识、语言技能和情感态度得到均衡发展,教师在备课中应体现以下要求。

1. 制订适切的教学目标

课堂教学目标的制订要有整体观念,处理好宏观整体教学目标与每一堂课微观教学目标的关系,充分考虑到每一年级、每一单元、每一篇目在主题内容、功能、语法等方面的联系,抓住主线,使课堂教学目标明确、适切、有序。

课堂教学目标的制订必须体现以学生发展为本的理念,确保学生基础性学习内容的落实,拓展性学习内容的渗透,同时加强对学生进行研究性学习的引导,使每位学生在知识、能力和情意上都有不同程度的提高。例如在功能上英语学习的总体目标为学会:

(1) 表达思维活动(同意、帮助、邀请等)、情感态度(喜欢、感激、同情、愿望等);

(2) 形成道德态度(抱歉、宽恕、感谢、赞成、关心等);

(3) 融合社会文化(介绍、问候、告别、就餐、看病、庆贺等)。

在制订课堂教学目标时,除考虑到不同学生、不同教材结构上的差别外,还要体现出不同功能的课型的目标差异。例如:在以口语练习为主的教学中,既要注意学生语音、语调的准确、流畅,也要注意学生在引用信息材料、举例来说明问题、阐明观点等方面的正确性与合理性;在以阅读为主的教学中要注意提高学生对文章内容整体的领会能力,同时注意培养学生逻辑推断能力、领悟隐含意义的能力、综合分析材料的能力;在以写作为主的教学中要注意培养学生用规范、纯正、流畅的语言表达思想,同时也要注意培养学生正确的书写习惯,包括字母、词句、标点、应用文格式等要求;在以语法为主的教学中要力求抓住重点,简明、易懂、实用地在情景中归纳小结,注意让学生在不同情景中灵活、准确地运用语法知识,而不是背规则,啃条文,更不应该用题海战术来练习语法知识。同时,不同课型的教学都要注意情景的设计,加强对学生学习兴趣的激发,实际应用能力的培养,英语思维习惯的养成,交际能力的逐步提高,真正体现英语学科的工具性和人文性。

2. 科学地处理教学内容

教师应加强对教材的研究,按照课程标准要求安排教学内容;各校可根据实际情况,在课程标准指导下选择教材,在保证课程标准规定的基本素材、呈现形式、功能意念和语言知识的前提下,可对教学内容作一定的调整,并允许学生有选择地学习。充分整合网络、报刊、音像等资源,确保课堂教学内容的丰富、扎实和适切。

英语教学的内容要注意语言知识与社会文化的内在联系。具体教学设计中,教师应根据教材内容有选择地给学生补充相关的文化习俗、风土人情,帮助学生了解异国文化和民族文化。同时,在教学中要贯彻"寓思想教育于语言教学中"的原则,继续加强德育渗透,让学生在了解中外文化差异、尊重异国文化的前提下,树立以爱国主义为核心的民族精神。

学习内容应根据不同学校、不同年级、不同学段的特点和要求作相应处理,或制订校本教学大纲,特别要抓住重点和突出难点。尤其要注意小学生初学内容的适切度和进度,初中、高中起始年级的内容衔接。各学段起始年级可在新学期开始时设计有一定内容载体的专题活动,帮助学生复习巩固已学知识,调整学习方法,适应新阶段的学习要求,从而缩小学生间的差距,便于顺利转入正常教学。

3. 设计有效的教学过程

必须遵循学生的认知规律和心理特点,从学生已有的知识基础和认知能力出发,精心设计教学过程。整个教学过程要能激发学生学习语言的兴趣,鼓励学生积极投入创造性活动,从而使学生达到自主地接受语言材料,自觉地调整语言合作行为,主动地运用英语完成语言任务、解决实际问题的目的。

教师在组织学生操练新学的语言知识时切忌枯燥乏味,除运用多种课堂活动形式和组织形式外,还应设计合理的贴近生活的学习情景,把教学任务融入贴近学生真实生活的语言环境中,为学生创设理解语言、练习技能、运用语言的学习环境,并进一步培养学生用所学语言分析问题、解决问题的能力,为学生最终完成学习任务打下基础。同时还应考虑到在课堂中最大限度地模拟社会生活场景,这种模拟主要不是指道具的模拟,而是活动的模拟、角色的体验、思想的交流,让学生习得自主的学习习惯和内化、探究的学法。

4. 设计有针对性的作业

课后作业是课堂教学内容的延伸和巩固。课后作业要求针对性强,能充分体现当堂或一单元内所授的重点和难点知识,充分显现课堂教学中三维目标的推进,达到使学生强化和巩固课堂所学语言知识和技能,培养和提高语言的实际运用能力的目的;对教师而言,课后作业是检验课堂教学效果，有效地调整和改善教学内容、方法的依据。在作业布置时要杜绝不顾及所有学生的英语水平而片面地求多、求难的现象。

教师的工作应具有创造性，教师要用自己的课堂教学设计参与课程发展进程。教师要善于整合课内外、校内外的多种资源，注意教学任务与真实生活相结合，机械操练与情景练习相结合，单项练习与综合练习相结合，听说练习与书面练习相结合。同时，在实践中教师应自觉为基础性教学、拓展性教学、探究性教学三个层面的教学发展积累经验。

【单元分析示例】

牛津英语（上海版）四年级第二学期共有三个模块（Module）。下面分析的是模块三（Module3）。模块三共有三个小单元（Unit），每个小单元的分析模式如下：

单元分析：Unit 1 Colours and Places

一、知识目标

1. 主要词汇

spring, autumn, afternoon, evening, between, near, above, cage, mountain, beach, lizard, rock, shine, in spring, in the afternoon, at the top of the tree, above a mountain, at the beach, sport, volleyball.

2. 主要句型

Who is swimming? 及其回答。

Where is/are...? 及其回答。

The leaves are green in spring.

The... is at the top of/above the....

Put/Mix/Add....

Beside..., there is/are....

3. 熟读词汇

summer, winter, toast, temple, fall, around, collect shells, sail his boat, do an experiment, the Tan family, add.

4. 拓展句型

What's he/she doing under the tree? 及其回答。

二、能力目标

1. 能简单描述自然界的颜色变化和物体的方位。
2. 能用现在进行时态描述生活中的一系列活动，并能用简单问答了解信息。
3. 能了解有关颜色调配的指示，并能简述调配颜色的步骤。
4. 能简述故事 *The bird, the cat and the dog*

三、情感目标

让学生热爱大自然，感受大自然的魅力。

四、教学建议

1. 收集一些自然界颜色变化的资料，让学生感受自然界的神奇，鼓励学生写观察日记。

2. 了解学生的爱好和家庭背景，让学生拿出自己的家庭照片进行讨论学习，从而掌握由 Who 和 Where 引导的现在进行时的特殊疑问句及其回答。

3. 用剪贴画等形式，让学生掌握介词的用法。

4. 背诵、熟读内容

背诵：Look and read（page 32），Look and read（page 33）。

熟读：Look and read（page 34），Read a story（page 35）。

5. 学会做实验：Do an experiment（page 32）。

五、参考词汇

make sand castles, mix … with …

【教学设计借鉴】

小学英语：Module 3　Unit 2　Time

Teaching contents：

1. Words and expressions：_____ past _____, half past _____,

　　　　　　　　　　　a quarter past _____

　　　　　　　　　　　clockface, hour hand, minute hand, second hand

2. Structures：I usually _____ at _____.

3. Functions：Be able to express the time by using the preposition "past".

　　Using the simple present tense to express one's daily life.

Language Focuses：

1. The pronunciation of the word "quarter".

2. To get some information about the time-lag.

Teaching aids：

multimedia, reading paper.

Teaching procedure：

学习目标	导学方法	铺垫	新授	拓展	设 计 说 明
能愉快而迅速地进入学习英语的状态。	Pre-task preparation 1. Everyday quiz What are the landmarks of these countries? China/America/Australia/France/Egypt/England	√	√		通过每日小测试的活动，拓宽学生的视野，积累各方面的知识，激发学生的学习热情，同时也为引入新授内容做好铺垫。

续 表

学习目标	导学方法	铺垫	新授	拓展	设计说明
感知并学习新单词。	While-task procedure 1. Learn the parts of the clock clockface/hour hand minute hand/second hand		✓	✓	通过直观的图片了解钟的各部分英语名称,增加相关的语言输入量。
初步感知、理解新单词。 能操练时间表达(past)。 能初步运用新知进行问答操练。	2. Learn "_____ past _____" A. Elicit the expression by the clock. B. Read and spell the word "past". C. Read: "twenty past one". D. Ask & Answer. E. Pair work.		✓	✓	通过新旧单词之间的比较,训练学生的单词拼写能力。让学生运用已学的拓展的提问时间的句子进行问答,既复习旧知,又操练新授内容。

初步感知理解新单词。
能操练"半点"时间表达。
能初步运用新知进行描述。
	3. Learn "half past _____"
	A. Comprehend and read the phrase.
	B. Quick response.
	C. What time does QPTV News begin?
	   It begins at _____.
	D. Talk about tonight's TV programs.
	   I want to watch _____.
	   It begins at _____.
		✓	✓	✓	通过直观的画面让学生正确理解单词的意思。谈论学生喜爱的电视节目及其开始的时间,活跃学生的思维,调动学生学习的积极性,让学生在巩固新知的同时体会知识的价值。

初步感知新单词。 能操练"一刻"的时间表达。	4. a quarter past _____ A. Comprehend and learn the word "quarter". B. Read "a quarter past seven". C. A quarter past _____.	✓	✓		通过圆的形状一切四,帮助学生深刻理解单词的含义。
初步感知新句型。 学习新句型。 能初步运用新句型进行表达。	5. I usually … at … A. the sentence: "I usually have breakfast at a quarter past eight." B. usually _____ at a quarter past eight. C. usually _____ at _____.		✓	✓	学习过程循序渐进,采用小步子多环节的方法,使学生学得更扎实。 从半控制操练到学会用新句型表达,形成说的能力。
能整合新旧知识介绍自己的日常生活。	Post-task activities 1. talk about the daily life. A. recite by the teacher's daily life. B. talk about the daily life. C. listen to an American boy's daily life and complete the timetable.			✓	用几句话介绍日常生活,培养学生言语叙事的能力。让学生带着问题去听美国男孩的日常生活介绍,训练学生的听力的同时了解异国小孩的日常生活。
了解各个国家的时间是不同的。 能根据时差计算出具体的时间。	2. different time in different places. A. Model: time in Washington D. C. B. read and discuss the time in London and Moscow.		✓	✓	了解有关时差的知识,拓宽学生的知识面。

续 表

学习目标	导学方法	铺垫	新授	拓展	设计说明
了解有关时间的谚语。	3. Learn some proverbs about time. A. Time flies. B. Every minute counts. C. Time and tide wait for no man.		√	√	学习谚语，感受时间的重要性。
巩固运用所学内容。	Homework 1. Read the text on page 36 and 37. 2. Write down your daily life. ＊For tomorrow's quiz: Try to find out the time－lag between Beijing and the other cities.			√	作业的布置是课堂的有序延伸和拓展。

● **教学设计说明**

一、教学任务分析

本课例教材为牛津英语(上海版)四年级第二学期 Module 3(模块三)中的 Unit 2(第二单元)第一教时。本模块主题是 Things around us(我们周围的东西)。第一单元是关于颜色和地方；第二单元是关于听到的东西 Listen，包括 Sing a song；Say and act；Look and talk (Kitty's day)；Say a rhyme；Listen and write。本课选择的是 Say and act；Look and talk (Kitty's Day)，主要涉及时间的英文表达法和日常生活的行为动词表达法，主要学习运用有关"past"的时间表达法。为了分散知识难点，"to"的时间表达法被安排在下一教时进行学习，本教时主要学习掌握并运用"past"的时间表达以及与时间相关的日常生活实际的描述，体现言以叙事的语言功能。

二、教学目标的制订

牛津教材二年级第二学期学过询问时间的问句、整点时间的表达法和部分日常生活的行为动词(以祈使句形式学习的)。本课教材提供的主要知识点为询问时间的问句、半点时间的表达法和日常生活的行为动词(也是以祈使句形式呈现的)。也就是说新的知识点就是半点时间的表达法。根据四年级学生的学习能力和发展潜能，我们在教材提供的关于时间表达和日常行为的表达这两个方面进行了拓展。把学生学会半小时之内的表达方式(分钟是五的倍数)和描述自己的日常生活的英语运用能力作为本教时的教学目标。具体如下：

1. 语言知识目标

(1) 能用 ... past ... , half past ... , a quarter past ... 表达具体的时间。

(2) 能听说理解以下内容：clock face, hour hand, minute hand, second hand。

(3) 能用句型 I usually ... at ... 介绍自己的日常生活。

2. 语言能力目标

(1) 了解美国孩子的日常生活，感知文化的差异。

(2) 了解有关时差的知识信息，拓宽知识面。

(3) 学习有关时间的谚语，感受时间的宝贵。

(4) 通过听力训练,培养学生的英语听力。

(5) 通过课后作业,培养学生写的能力。

3. 情感态度目标

(1) 在宽松愉悦的学习氛围中,调动和保持学生学习英语的积极性。

(2) 在循序渐进的教学过程中,激发学生的求知欲望,并让学生体验成功的喜悦。

(3) 在丰富有趣的教学环节中,渗透多样的知识信息,拓宽学生的视野。

三、主要教学策略

1. 学习任务与生活实际相结合,让学生有话可说,有话能说。四年级的学生英语学习已有一定的基础,对英语学习有较为浓厚的兴趣,对新鲜事物有强烈的好奇心和求知欲望。因此,在教学设计中,充分考虑学生的年龄特点,设计了丰富多样的生活内容,如,谈谈喜爱的电视节目,说说自己的日常生活等,这些活动与生活紧密联系,使学生有话可说,能调动学生的学习积极性,并主动参与学习。

2. 语言学习与文化了解相结合,保证学生扎实的知识技能的形成,注重学生视界的拓宽。通过落实"一循环、四环节"的模式,根据知识与技能形成的认知规律,由浅入深,层层递进,保证每一位学生学得扎实有效,并在学习中体验成功的获得,为其树立学习英语的自信心,保持和提高其英语学习的兴趣和热情。同时,为了满足学生强烈的求知欲望,本节课中适时地拓展与时间相关的知识信息,让学生了解异国孩子的日常生活。通过阅读,了解世界各地与北京之间的时差和珍惜时间的相关谚语等等,增加学习的信息输入量,拓宽学生的知识面。

四、期望达到的效果

期望在整堂课中能体现"以学生发展为主体"的教学理念,并努力实现"知识与技能、过程与方法、情感态度与价值观"三维一体的学习目标的达成。期望通过师生共同的英语实践活动以及学生多方位的体验,培养学生语言能力和思维能力,并使他们逐步形成积极的、良好的生活习惯。

中学英语:Sea Water and Rain Water

I. Contents:

New functions:

A: If there is ..., there will be ...

B: If there is ..., we/they will ...

C: If it doesn't rain, ...

D: If it rains too much, ...

II. Teaching aim

1. To let the students learn the adverbial clause of condition(if clause)

2. To let the students learn the text and express their own idea with the sentence "If ..., ... will. ..."

3. To let them know the importance of water and make good use of water.

Ⅲ. Teaching tools:

1. Oxford English 7A P50—51

2. A cassette and a cassette player

3. Multimedia

Ⅳ. Teaching Procedure:

教 案 设 计	作 用
Ⅰ. Presentation 1. Elicit the topic——Water Show students the title of this module and unit. And ask them "how many natural elements have we learnt? What are they?" (fire, wood, water...) 2. Ask students "what do we usually use in our daily life, rain water or sea water?"	Before the class, we will do some revision about this module and emphasize that the natural elements are necessary and important to the earth and the living things on it. Then the teacher leads the lesson into the next part as well.
3. The usage of water at home Show students a group of pictures about the usage of water at home to enlighten them to think about the question "what can we use water for at home?" After that, let them answer the question one after another.	To review the structure: Use... to do... Use... for doing... And do a good preparation for the new sentence structure: "what will happen at home if there is no rain?"
Ⅱ. Consolidation: 1. What will happen at home if there is no rain? 1) Elicit the structure: If there is no rain, ... will .... We can't live without water. Ask students to imagine "what will happen if there is no rain?" Then ask them one more question to help them to understand well. T: Can we take a shower everyday if there is no rain? S: No, we can't. T: Good. If there is no water, we will have no water to take a shower everyday. Then show the structure: If there is no rain, we will have no water to... (Read together)	Elicit the new structure: A: What will happen at home if there is no rain? B: If there is no rain, we will have no water to....
2) Ask more students to answer the question: What will happen at home if there is no rain? 3) Show them another structure: If there is no rain, there will be no water to.... (Read sentence patterns together)	Semi-control practice about the structure "If there is no rain, we will have no water to..." and elicit another important structure "If there is no rain, there will be no water to...."
4) Pair-work After eliciting the structures, ask students to do the pair-work with their classmates. e. g. A: What will happen at home if there is no rain? B: If there is no rain, we will have no water to.... If there is no rain, there will be no water to....	Initial free practice. Let them know when and how to use the structures correctly. And it is a useful device to develop imagination, oral language and speaking skills.

续 表

教 案 设 计	作 用
5) Listen and read Listen to the text and read after the tape sentence by sentence.	To be familiar with the text.
2. The usage of water in the countryside 1) Ask students to imagine what will happen if there is no rain in the countryside, then show them two pictures to enlighten them.	Develop their imagination and make them know about the text. Try to master the main structures.
2) Fill in a form while listening. Listen to the text and try to take notes while listening. Tell students to write down some key words about what will happen to plants, animals, human beings and fish if there is no rain.	Train the skill of taking notes and let them be familiar with the text.
3) Listen to the text again and read after the tape.	Improve their pronunciation and intonation and make them be familiar with the text.
3. The usage of water in the city 1) Show them two pictures to make "if" sentences. When they make the second sentence about firemen, elicit the structure: If it doesn't rain, people will be hurt in a big fire. (read together) 2) Ask them: What will happen to you if it doesn't rain?	Elicit the structure: If it doesn't rain, ... will .... Practice this sentence pattern.
4. If it rains too much, what will happen? Show them pictures about buildings, traffic, human beings and animals in flood. Let them know sometimes water is dangerous although it is useful and important in our daily life.	Elicit the structure: If it rains too much, what will happen? Practice this sentence pattern.
5. Group activity: Give them two topics: 1) If it doesn't rain, what will happen? 2) If it rains too much, what will happen? With the help of models, discuss them with group members.	To choose either of the two topics. To use the new structures they learnt just now.
6. Show students beautiful pictures about the earth and tell them we are so lucky that we can live in this beautiful blue planet. Without water, all the wonderful things will disappear. We should try our best to protect and save water and our earth will become more and more beautiful.	Let them know we can do a lot to protect the earth. Firstly, we should protect lakes, rivers from being polluted ...
III. Homework: 1. Read and recite the text on page 50. 2. Write a short passage (at least 50 words) We can't live without water.	

● **教学设计说明**

一、教学目标

本堂课的课题是 Sea Water and Rain Water,是牛津教材 7A 的 Module3 Unit3 中第 50 页上 Look and Read 部分的内容,语篇中有很多句子都是主句为一般将来时的 if 条件状语从句,这也正是本堂课的教学重点。

根据教学内容,设置了三个教学目标:

第一，要求学生能够理解并初步掌握 if 条件状语从句。语篇当中很多句子都是 If 条件状语从句，因此，从句的学习和操练是本堂课的一个关键点。

第二，在学习 if 从句的基础上，理解第 50 页上有关"水"这一主题的语篇，并根据课文内容，进行简单的说话和意见表达。这篇文章为我们提供了一段有关水资源的信息，主要谈论，"假如没有水，会发生什么"，其中，列举了许多生活中的场景。

第三，在学习语言的同时，让学生了解水资源的可贵和重要，从而唤起他们珍惜水资源，保护水资源的主人翁意识。假如说前两个教学目标是立足于语言知识技能的培养，是显性地呈现在课堂教学当中的；那么，这第三个教学目标则是从培养学生的情感、态度、价值观出发，是作为一条暗线隐性地贯穿在课堂教学始终的，从一开始谈论水的用途时，就作为伏笔埋下，并且，在以后的环节中，也将紧紧围绕着"没有水会怎么样"这样一个主题层层推进。

二、内容处理

本堂课中，if 从句是课文的重点，而课文又是句型的依托，两者相辅相成。这里，由于课文本身也是由三个相对独立的部分组成，教师把句型的分层操练和课文的三部分的理解和感知分别结合起来，注意到知识的内在联系，注意到语言知识和社会文化的内在联系。

三、教学过程方式

在课堂一开始，就从最近谈论的 Natural Element 着手，直接切入本课的话题"水"，让学生用以前学过的词组"use sth. to do"来谈论水在生活中的用途。同时，在屏幕上提供了许多有关生活中使用水的图片，比如，washing clothes, watering flowers/plants, doing some cleaning, washing dishes 等等，这一环节的目的就是让学生复习一下与用水有关的词组，它们不但会在课文中出现，在接下来新句型的操练当中也都会被用到。

在 if 条件状语从句的教授过程中，根据学生的认知规律由易到难、循序渐进呈现、操练、运用语言知识。具体分了以下几步：

第一，替换练习(pair work)，让学生使用刚才铺垫环节中出现的词组进行操练。

第二，连词组句，在学生对 if 从句有了初步的了解后，老师导入下一环节，"在乡下，如果没有水会怎么样？"这一部分的课文，老师是通过听力来呈现给学生的，并且提供给学生一张表，要求学生用 key words 记录下 Plants\Animal\Human beings\Fish 在没有雨或是水的情况下，会怎样。然后，让学生根据记录的内容，用 if 从句回答，What will happen to plants if there is no water in the countryside?

第三，主题说话，课文第三部分是关于城市中如果没有水，会发生什么。内容不多，只有两句话，教师通过图片引出课文中的句子，再开展讨论，让学生发挥想象，进行造句。

在课文内容处理结束后，为了巩固所学知识，帮助学生内化知识，在知识点之间建立联系，根据学生的情况，还作了适当的拓展。课文中较多出现了 if 后面跟 there be 句型，在教学设计中，又增加了 if 后面使用行为动词的操练。最后，在综合操练环节，要求学生利用学过的知识结合本堂课的内容，围绕 If it doesn't rain, what will happen? /If it rains too much, what will happen? 进行意见表达。

数学学习领域备课指南

数学领域对于学生发展的独特价值在于帮助学生提升思维品质和数学素养,学会抽象符号表达和提高数学语言表述的水平。因此,数学学科的备课在教学目标的制订上要考虑学生对新的概念、定律、法则、公式等的认知水平和理解程度,已形成的数学基本能力等。在教学过程的组织设计上要让学生感知数学知识的现实背景,引导学生从已知探究未知。在训练上,例题要体现典型性、示范性和启发性。习题的设计和选择要体现基础性、层次性和可选择性,使数学训练适应不同学生发展的需要。

中小学数学学科

【备课要求】

中小学数学是面向全体学生的一门重要基础课程。在学习数学基础知识、掌握数学基本技能和思想方法的同时,数学课程对培养学生的数学素养,尤其对培养思维能力以及辩证唯物主义世界观、方法论等具有独特作用。为了把先进的教育理念转化为教学行为,改进和优化教学方式与学习方式,切实减轻学生过重的学业负担,大面积提高课堂教学的质量和效益,提高学生的综合素质,提出以下几点备课意见。

1. 合理制订教学目标

教师应根据课程标准、教材和学生的实际,从"知识与技能"、"过程与方法"、"情感态度与价值观"三个方面制订单元和每节课的教学目标。制订的目标应该考虑通过教学让学生获得哪些数学基础知识;结合有关知识的教学可以渗透哪些数学思想、数学思考方法,培养哪些能力;应该进行哪些思想道德教育,怎样突出民族精神教育和生命教育,如何进行学习习惯的培养。提出的目标要符合学生认知规律,要明确具体,具有针对性和可操作性。

每节课的教学目标要恰当。要根据教学内容和学生的实际确定教学目标。教学目标要做到既面向全体,又能区别对待,使各层次水平的学生都能学有所得。要允许学生对知识有一个逐步掌握的过程。

新授课的教学目标应明确指出:学生对新的概念、性质、定律、法则、公式等应达到怎样的认知水平和理解到什么样的深度和广度;经历哪些基本的数学活动过程;形成哪些初步的数学基本能力;体会哪些基本的数学思想方法;形成哪些良好的数学学习态度和习惯。

练习课(复习课)的教学目标应明确指出：巩固与加深理解哪些新的概念、性质、定律、法则、公式等；如何对知识进行梳理、归类、比较；采用哪些措施和方法组织有效练习和复习；进行哪些综合运用知识的练习；形成哪些数学基本能力；获得哪些积极的情感体验。

2. 科学安排教学内容

教师要充分理解和把握课程标准，合理安排课堂教学内容，确定教学的重点，明确突破的难点；要有意识地结合教学内容设定有机落实学科教育的要求；要通过对教材的分析研究，领会教材编写的指导思想，理解在教材中写些什么内容，为什么要写这些内容，怎样写这些内容。教师在把握教材实质的同时，又要跳出教材，要"用教材"，而不能仅仅是"教教材"。把静止的教材变成鲜活的知识，并以教材为载体，灵活有效地组织教学；也可在教学过程中，根据学生的实际，对教学内容作适当的调整和处理，采取有效的教学方法。

数学教学内容的呈现应以学生具体知识背景和认知发展水平为依据。小学数学学习中，有关数与代数的教学要重视算理，不以背诵法则代替算理，加强估算，可以在掌握基本算法的基础上，鼓励算法多样化，允许学生选择适合自己的算法。图形与几何的教学要加强实践操作，注意培养学生的空间观念。数据处理的教学要让学生经历收集、描述、分析数据的过程，初步体会统计对决策的影响，逐步形成统计观念。初中数学内容的呈现应直观、有趣、贴近学生的生活实际和知识经验；高中数学内容的呈现也应根据学生实际知识背景设计问题情境，采取适当的表达方式；既要有数学实际问题的应用内容，也要有对实际问题的"数学化"。数学教学内容的安排不仅要考虑现成结论的呈现，还要考虑这些结论的形成过程；内容要具有弹性，为不同个性的学生留有选择的余地和发展的空间，满足多样化学习的需求。

3. 精心设计与组织教学过程

教师必须遵循学生认知规律和心理特点，从学生已有的知识基础和认识能力出发，精心设计教学过程。整个教学活动要能激发学生探求新知的兴趣和欲望，为学生提供更多的从事数学活动的机会，帮助他们在自主探索和合作交流的过程中真正理解和掌握基本的数学知识与技能，领会数学思想与方法，获得广泛的数学活动经验。

教师对教学过程要设计运用多种教学媒体和安排学生的实践操作活动，要注意引导学生积极参与教学过程中的探讨活动，让学生在动手实践、自主探究与合作交流的过程中，正确理解所学的概念、性质、定律、法则、公式等的含义，从中有意识地培养学生观察、猜测、实验、验证、推理与交流等能力。教师要充分揭示思维活动的过程，例如：概念的形成过程、结论的推导过程、方法的思考过程、问题的发现过程、规律的揭示过程。在课堂教学过程中，教师讲解要通俗易懂，条理清楚，逻辑性强；要体现"少而精"，应留出空间和时间，鼓励学生多动手、多思考、多提问、多质疑、多交流。对于重点教学内容和关键部分，教师要有效点拨，适时疏导，排除思维障碍，使学生切实掌握；对于知识难点，要设计合适的坡度，及时引导、突破；对于容易混淆的概念，要多用比较的方法，区别其异同。

要把学习过程视为问题解决的过程，学生自己提出需要解决的问题，并积极地去解决它。因此,教师要创造激活学生思维的条件,为学生创设质疑情境,使学生有机会发现问题和提出问题。要精心设问,引发学生探究;要善于设疑,启发深入思考。教师提出的问题要问在实处,有利于揭示知识的本质;要问在疑处,有利于区分和辨析知识;要问在深处,有利于加深对所学知识的理解。同时从低年级起就要逐步培养学生的问题意识,鼓励学生多思考、多提问、多质疑。要引导学生从不同的角度、不同的思路提出问题和解决问题。

4. 注重作业练习的有效性

作业练习是数学教学中学生基本学习活动之一,要加强基础性练习。学生的数学意识、数学能力的培养,对数学思想、数学方法的领会,以及对数学问题的探索、想象和猜测,都要在学习和掌握基础知识的过程中进行。因此要保证学生掌握必要的数学基础知识和基本技能。同时要注意综合性练习,提高综合运用所学知识解决实际问题的能力。

数学练习要注意设计层次化和形式多样化。例题的设计和选择要体现典型性、示范性和启发性。对习题的设计和选择要体现基础性、层次性和可选择性,尤其要充实具有实践性、应用性、探索性和开放性的数学习题,做到基础性作业与发展性作业协调互补,使数学练习适应不同学生发展的需要。作业要适量,布置要适度,要控制作业的深度和难度,不要随意拔高作业要求,不能单纯追求解题技巧。

要精心组织好课内练习。课内练习的组织要有目的性、针对性和层次性;要有梯度和适当的重复,要有恰当的深广度和容量。学生课内做练习,教师应巡视,掌握典型错误,及时评析,当堂反馈纠正。要重视学生解题的规范性、合理性和独创性。要注意数学作业练习的方式不应只局限于对习题的演练,还可以安排动手制作、小论文写作、数学阅读、查找资料、收集信息,处理数据等作业,使作业多元化。

【单元分析示例】

小学三年级(下)第四单元分析

一、单元简介

本单元属于几何小实践,它包括三角形、面积、长方形和正方形面积的计算、面积单位"平方米"的认识四个内容。在学习本单元之前,学生已经具备以下知识经验:

1. 初步认识了三角形,并掌握了三角形按角分可分为钝角三角形、锐角三角形、直角三角形,初步具有分类的思想。

2. 认识了长方形和正方形,并知道长方形、正方形边和角的特征,还知道正方形是特殊的长方形。

3. 初步认识了轴对称图形,掌握了轴对称图形的性质。

学习掌握好本单元内容,可以较好地发展学生的空间观念,提高学生观察事物的能力,并为以后继续学习相关知识打下扎实的基础。

二、单元教学目标

1. 通过学生动手操作(搭一搭),来进一步认识三角形,初步感知三角形三条边的关系。

2. 在学会按角分类的基础上，知道三角形还可以按边分类，按边分可分成任意三角形、等腰三角形、等边三角形。

3. 在折一折、画一画活动中探索等腰和等边三角形的性质。

4. 理解面积的含义，会用方格数表示平面图形的面积。

5. 通过摆小正方形，理解求长方形与正方形面积的计算方法，并会求长方形与正方形的面积。

6. 培养学生实践操作、合作探究的能力。

7. 建立1平方米、1平方厘米的概念，知道用平方厘米表示较小图形的面积，平方米表示较大图形的面积。

8. 让学生初步感受转化与凑整等一些数学思想与方法。

三、教学建议

1. 单元重点

(1) 通过动手"做一做"、"折一折"等活动，进一步认识三角形、三角形的分类和等腰三角形、等边三角形的某些性质。

(2) 构建"面积"的概念，会用方格数表示平面图形面积。

(3) 探索和掌握"正方形与长方形的面积"的计算方法。

(4) 建立单位"平方厘米"、"平方米"的概念。

2. 单元难点

(1) 认识并掌握等腰三角形、等边三角形的一些性质。

(2) 理解"长方形与正方形的面积"的计算方法的推导过程。

3. 单元课时安排

(1) 三角形——2课时

(2) 面积——2课时

(3) 长方形和正方形的面积——3课时

(4) 1平方厘米、1平方米——1课时

4. 教学应注意的几个方面

(1) 加强操作活动，发展空间观念

实践操作能使学生在亲身活动中建立起事物清晰的表象，有助于学生抽象概括出事物的特征。如教学认识三角形时，可以给学生提供三种不同规格的小棒，让学生分别去搭各种各样的三角形，然后在搭好的三角形中让学生自主分类，说说这样分的理由，为学生学习按边分类做了充分的准备，同时也让学生更清晰地感受分类的过程，为进一步认识三角形（任意三角形、等边三角形、等腰三角形）奠定了基础。

(2) 处理好具体与抽象的关系

在教学时，要充分遵循小学生认识事物的规律，让学生充分经历"具体实物——表象操作——数学形式"的过程。例如在教学长方形与正方形面积时，可以让学生用1平方厘米的小正方形摆满长方形,学生很清晰地发现要求长方形的面积就是求几个几。然后启发引导学生只要每行摆1个小正方形,每行的第1个就表示1行,然后让学生发现只要长方形一条边的长度是几厘米,就想象能在上面摆几个小正方形,这样"摆满——每行摆1个——不摆",学生经历了一个具体、抽象的思维过程,促进了学生思维的发展。

(3) 充分利用现代媒体的优势

发挥现代化教学手段的优势,化静为动,化难为易,把枯燥乏味的数学知识变得生动、形象。三年级的学生空间想象能力较弱,学习几何知识有一定的困难,而现代媒体具有直观的特点,是培养学生空间想象能力的好方法,也是促进学生理解和掌握几何知识的好方法。

教材所提供的配套课件可以根据实际教学需要,进行灵活运用,在必要的时候可以进行修改与完善。

(4) 创造性地运用教材

现代教学观认为:教师应当成为教材的决策者,而不是教材的附庸者。照搬教材,照本宣读,不利于教师对教材的理解。教师要大胆创新,站在学生发展的角度,根据需要对教学内容作适当的调整与重组。例如:长方形与正方形的面积这一内容,教材把长方形与正方形同时呈现,让学生用分解小正方形的方法去探索计算面积的方法。在教学设计时,可以把长方形的面积作为重点来处理,正方形面积的教学可以利用长方形、正方形之间的关系,用迁移的办法来解决。另外,面积单位"1平方厘米"、"1平方米"概念的建立可以放在一课时进行,这样不仅节约了时间,提高了课堂效率,同时也培养了学生的思维。

(5) 注意数学知识与生活的联系

建立面积单位概念很抽象,教师可以利用学生已有的知识经验、自己的肢体部位,帮助学生建立概念。如建立1平方厘米的概念可以提问学生:你身上的哪些地方的面积大约是1平方厘米,学生通过观察,发现自己指甲、趾甲的大小、黑眼珠的大小大约是1平方厘米。建立1平方米的概念,可以通过学生举例(如正方形的饭桌面的大小),也可以通过了解自己家住房的情况,直观理解1平方米的含义。

(6) 注意培养解决简单实际问题的能力

长方形与正方形的面积计算,在日常生活中经常用到。教学时,除了完成书上的练习之外,可以通过让学生量一量自己书本的长与宽,教室的长与宽,课桌桌面的长与宽,算出书本、教室、课桌桌面的面积,来引导学生探索解决实际问题,培养学生实际运用能力。例:小胖家买了一个餐桌,长1米,宽80厘米,想在上面配放一块玻璃,问这块玻璃需要多大?

高中《函数的基本性质》单元分析

一、教材分析

函数的基本性质主要指函数的奇偶性、单调性,函数的最大值、最小值。本单元是整个函数教学内容的精髓,是学习反函数、幂函数、指数函数、对数函数、三角函数、二次曲线等内容的基础,又是与其他知识点组成综合性问题的纽带。函数的性质揭示的是自变量与函数值之间的一种特殊的数量关系,直观反映的是函数图像的对称性、增减性、点的位置等等。依据新教材的数学课程标准,又考虑到学习的对象是高一的学生,因此教学内容的选择既要考虑到学生有函数方面的知识基础,又要考虑到学生的抽象思维能力、逻辑推理能力还比较弱。基于这样的状况,问题可从学生对函数已有的认知基础入手。比如,在函数奇偶性一节教学时,可从生活中具有对称性的直观问题入手;单调性教学时,可选取学生已知的一次函数、二次函数、正比例函数、反比例函数等作为铺垫材料,学生易于理解、掌握。

本单元的教学重点是函数奇偶性、单调性的概念理解及性质的应用;难点是函数的图像性质在解决函数最值等问题中的灵活应用。教学设计中应以重点的教学内容作为课堂教学的主线,紧紧围绕重点内容展开教学,对于难点部分的教学内容要分散在各类问题中,这样可以突出重点,克服难点。

二、教学目标

本单元教学的知识目标:理解函数的奇偶性、单调性、最大值、最小值等概念,会利用定义判断函数是否为奇函数、偶函数或单调函数,掌握奇偶函数或单调函数的图像性质,会用函数的性质求某些函数的最值。

本单元教学的能力目标:加强函数奇偶性、单调性判断的图形观察能力及数学逻辑推理能力,会结合函数的定义域对函数的最值问题进行分类讨论,加强数与形结合的能力,加强数学知识与现实生活之间的联系的能力。

本单元教学的情感目标:通过生活中有关函数奇偶性、单调性、最值问题研究,提高学生学习函数性质的积极性,激发学生学习数学的情感;通过学生之间、师生之间的合作交流增强学生的合作意识与团队精神;在问题的探究、讨论、交流的过程中培养学生严谨的治学态度与良好的思维习惯。

三、教学中的几点建议

1. 根据学生的基础,函数的奇偶性学习可以安排两个课时,第一课时为奇偶性定义及其判定方法;第二课时介绍它的几何意义及进一步深化。也可以第一课时完成偶函数的定义及简单问题的判定方法;第二课时完成奇函数的定义、判定及对奇偶性问题的适当的深化。函数的单调性可以安排一课时,函数的最值安排一课时。函数的奇偶性、单调性、最值问题的综合问题也安排一课时。

2. 为了使学生从知识、能力、情感上得到尽可能大的发展,本单元的教学设计应尽可能做到以下几点:①引进新概念的过程,也是培养学生探索问题、发现规律、总结归纳的过程。因此,教学时不要生硬地提出问题,要注重情境设计,激发学生兴趣,力求顺乎自然、水到渠成。②引导学生经历直观感知、观察发现、归纳类比、分类讨论的思维过程,发展学生的思维能力,在教学设计与整个教学过程中教师要牢牢把握住上述各个环节。③数形结合是数学教学的一个重要着眼点,一方面可以通过数量关系的讨论来研究图形的性质,另一方面也可以通过图形的性质来反映函数中变量之间相互关系。因此数形结合可以使数与形相互启发、相互补充、相互印证。函数的奇偶性、单调性、最值问题都可以结合图形来讨论,可以使问题直观、明确。

【教学设计借鉴】

小学《长方形与正方形的面积》教学设计

一、教学内容

三年级数学新教材,第一学期第 52 页。

二、教学目标

1. 通过摆小正方形,理解求长方形与正方形面积的计算方法。
2. 会求长方形与正方形的面积。
3. 培养学生实践操作,合作探究的能力。

三、教学重点与难点

会求长方形与正方形的面积。

理解求长方形与正方形面积的方法。

四、教学过程

(一) 复习用数方格算图形面积的方法

1. 出示

如果每一个小方格表示 1 平方厘米。数一数,这个图形的面积是多少平方厘米?

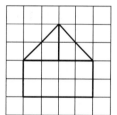

2. 你是怎样知道的?

3. 揭示课题

(二) 通过操作探究,理解长方形面积的计算方法

1. 直观操作

(1) 摆小正方形

① 出示 4×3 的长方形,请同桌两人合作,想方法求出这个长方形的面积。看哪一个小组的小朋友办法多,办法巧。

② 你是怎样摆的?你摆了几个几?板书:

$$4 \times 3 = 12(平方厘米) \qquad 3 \times 4 = 12(平方厘米)$$

③ 还有不同的摆法吗?你的办法很巧妙。

(2) 每行摆一个

① 出示一个 5×4 的长方形,你能不能用巧妙的方法来摆一摆、算一算呢?

② 你是怎样摆的?摆了几个几?还有不同的摆法吗?

板书:$5 \times 4 = 20$(平方厘米) $4 \times 5 = 20$(平方厘米)

③ 观察:4×3表示什么？12表示什么？

5×4表示什么？20又表示什么？

原来这两个长方形的面积都可以看成是几个几，因此，都可以用乘法来计算。

2. 表象操作

(1) 测量

① 出示17×8的长方形，如果也像刚才一个一个地在上面摆小正方形，你会有什么感觉？

② 那么除了摆，还可以用什么办法也能知道每条边上摆了几个小正方形呢？

③ 量一量长方形的两条边，在脑子里面想一想可以放几个小正方形？

④ 要求这个长方形的面积就是求什么？算式怎么列？还可以怎样列式，表示几个几？

(2) 出示有刻度的长方形，要求它的面积可以看成几个几？算式怎么列？

3. 归纳小结

(1) 观察这三个算式，这里的4、5、17表示长方形的什么？3、4、8表示什么呢？12、20、126呢？

(2) 看来，长方形的面积就等于长×宽，板书：

长方形面积 = 长 × 宽

(三) 巩固练习

1. 求下列长方形或正方形的面积（单位：厘米）

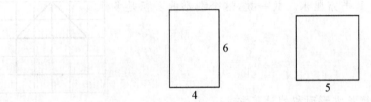

① 独立完成。

② 交流。5×5=25(平方厘米)，你是怎样想的？

看来，正方形的面积，同样也可以用几个几来算。

这两个5都表示正方形的什么？那么正方形的面积怎么求呢？板书：

正方形面积 = 边长 × 边长

2. 量一量，算一算下面长方形名片的面积。（单位：厘米）

3. 机动。

(四) 总结

今天，我们学习了什么？有什么收获？

● **教学设计说明**

"一期"教材中,"长方形与正方形面积"这一内容安排在四年级学习,教材编排注重的是通过多个例证,让学生找出面积与长和宽之间的关系,最后得出长方形面积的计算方法(公式);然后,再安排一定量的运用公式来求图形的面积或解决生活中实际问题的习题来巩固公式。这样的教学,容易造成学生死记公式、机械套用公式的问题,对长方形面积计算公式缺乏真正的理解,也就是学生只知道长方形的面积等于长×宽,而不清楚其中的来龙去脉。本节课力图打破传统的教学方法,为学生提供充足的探究时间和空间,让学生真正经历探究长方形面积计算方法的过程。

本节课是在学生已经知道了面积的含义,会用数方格的方法(一方格表示1平方厘米)表示面积多少的基础上进行教学的。教学目标是,第一,通过摆小正方形,让学生理解求长方形与正方形面积的计算方法。第二,会求长方形与正方形的面积。第三,培养学生实践操作、合作探究的能力。为了实现以上教学目标,在教学设计时主要考虑了以下几个方面。

一、加强操作活动,切实感受、体验学习内容,真正经历从具体到抽象的学习过程。

本节课的教学,准备采用合作的学习方式,让学生通过动手操作、积极思考、合作交流,发现求长方形的面积就是求"几个几"的问题,使长方形的面积计算方法与乘法意义建立联系,通过摆小正方形的操作为学生建立"几个几"的概念提供具体的帮助。

本节课探究新知的设计共分三个层次。

第一个层次:用1平方厘米的小正方形摆满图形(长方形)。

学生根据已有的学习和生活经验,自然会想到两种摆法。第一种横着摆,第一行摆几个,摆了这样的几行。第二种竖着摆,第一列摆几个,摆了这样几列。无论是横着摆还是竖着摆,要求一共摆了几个小正方形,就是求"几个几",使学生初步感悟到长方形的大小与"几个几"之间的关系。

第二个层次:用1平方厘米的小正方形沿着长方形的长和宽摆(不摆满)。

这一种摆法让学生看出"几个几"比第一种摆法要困难一些。这个环节我准备充分引导学生之间的互动,通过让学生用眼看、动手数、用口说等有效的学习活动,促进学生对知识的理解与掌握。同时让学生经历一个从具体到半具体的认识过程。

第三个层次:脑子里面摆小正方形。看到长方形的长是几厘米,脑子里面想一行摆几个,宽是几厘米就想摆了这样的几行,要算一共有几个小正方形就是想几个几,也就是长方形的面积是几。由于有了前面两个层次所提供的例证,学生就能充分地感受到原来长方形的面积都可以看成几个几来算,促进学生对面积意义的理解。最后,让学生通过观察、比较,概括出长方形面积的计算方法。

二、抓住知识内在联系,培养学生的迁移能力

本节课教材共安排了两个知识内容,即长方形面积和正方形面积的计算方法。在处理教材时,把重点放在探究长方形面积的计算方法上,把正方形面积的计算方法的教学放在练

习中,让学生运用长方形面积的计算方法解决正方形面积的计算,不仅进一步理解了长、正方形之间的内在联系,同时也发展了学生的推理能力和空间想象能力。

三、从摆到算,自然过渡

整节课的设计主要是在学生操作的过程中探求新知。在摆的过程中,让学生体验到了由易到难、由简单到复杂的过程。刚开始,设计让学生在4×3的长方形上摆,接着让学生在5×4的长方形上摆,最后教师拿出一个15×7的长方形让学生继续摆,通过几次操作,学生很快体会并思考:这样摆太费时间了,还有什么好方法来知道长方形的面积呢?教师接着因势利导,强调用摆小正方形来算长方形面积的方法太麻烦,用"还有什么好方法来知道长方形的面积呢?"引导学生探索。这个问题打破了学生建立起来的平衡状态,迫使学生想别的办法去解决问题,以达到新的高一级认知平衡。

(上海青浦区佳禾小学　沈菊芳)

中学《函数的奇偶性(一)》教学设计

● **教学目标**

(1) 理解偶函数概念,会利用定义判断简单函数是否为偶函数,掌握偶函数图象性质。

(2) 体验由具体到抽象及数形结合的思维方法。

(3) 增强自学能力,逐步由"学会"向"会学"转化。

(4) 增强审美能力。

● **重点与难点**

重点:理解偶函数概念及掌握偶函数的判定。

难点:偶函数图象性质的证明。

● **教学手段**

运用计算机、计算器、实物投影仪等多媒体技术。

● **教学流程**

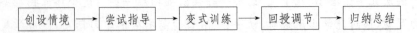
创设情境 → 尝试指导 → 变式训练 → 回授调节 → 归纳总结

● **教学过程**

教学环节	教学程序	设计意图
创设情境	我们有过许多对"美"的感受。 如"对称美"就大量存在于我们的生活中,你能举出"对称美"的例子吗? 在数学学习中,我们也可感受到这种对称美。 教师通过Ti-83 Plus图形计算器进行演示,绘制麦当劳图案(图1),再把图案放置在平面直角坐标系中(图2)	高一学生虽已具有一定的抽象思维能力,但在很大程度上还依赖于感性认识。由生活中的"对称美"谈起,并举麦当劳图案作为轴对称的实际例子。从学生已有的感性认识出发,创设轻松愉快的探索情

续 表

教学环节	教 学 程 序	设 计 意 图
创设情境	（图1）　　　（图2） （有选择地画出学生提出的一些函数的图象，如下图）看来，数学中的对称形式也很多，这节课我们就同学们谈到的与 y 轴有对称关系的函数进行深入的研究，从中发现一些性质——"函数的奇偶性"（偶函数）。 （板书课题）	境，使学生感兴趣；进而转入对函数解析式及数量规律的研究，强调了感性与理性的对比与融合。培养学生的参与热情、发现意识和创造力。
自主尝试	在学生已经有了一定感性认识的基础上，要求学生带着下列问题去阅读课本，思考问题（有目的地自学） （投影仪打出思考问题） 1. 课本是如何引入偶函数概念的？ 2. 偶函数的定义是什么？ 判断下列命题的真假： （1）如果在 $f(x)$ 的定义域内，存在一个实数 a，使得 $f(-a) = f(a)$，那么 $f(x)$ 为偶函数。 （2）如果在 $f(x)$ 的定义域内，存在无数个实数 a，使得 $f(-a) = f(a)$，那么 $f(x)$ 为偶函数。 （3）如果在 $f(x)$ 的定义域内，任意一个实数 a，使得 $f(-a) = f(a)$，那么 $f(x)$ 为偶函数。 （4）如果在 $f(x)$ 的定义域内，存在一个实数 a，使得 $f(-a) \neq f(a)$，那么 $f(x)$ 不是偶函数。 3. 如何判断一个函数是否为偶函数？ 下列函数是否为偶函数？为什么？ $f(x) = x^2$ $f(x) = x^2, x \neq 0$　$f(x) = x^2, x \neq 1$ $f(x) = x^2, x \in (-1, 1)$ $f(x) = x^2, x \in (-1, 1]$ 4. 如何证明一个函数是偶函数？ 看例一 5. 偶函数的图象有什么特征？ 并加以证明。 6. 偶函数的图象特征，有何应用？ 7. 其他问题。 学生自学，教师巡回观察，收集反馈信息。	在教师引导下，让学生带着问题去独立思考、自主学习，并通过对问题的思考，提高理解能力，强化自我意识，促进由学会向会学的转变，形成良好的思维品质。

续 表

教学环节	教 学 程 序	设 计 意 图
点拨指导	在学生上述学习活动的基础上,对上述问题的结论归纳,揭示偶函数的本质,要求学生明确以下两点: 1. 函数的定义域 D 关于原点对称是这个函数为偶函数的必要条件,这个命题是隐含在定义之中的。要引导学生对定义中的每句话、每个词、每一个式子都要认真体会和理解它的含义,这样做有助于提高学生阅读数学书籍和学习数学的能力。 2. 偶函数的图象关于 y 轴成轴对称图形,这一性质的证明要抓住三个要点: ① a 是 $y = f(x)$ 定义域内的任意一个实数 ② 点 $A(a, f(a))$、$B(-a, f(-a))$ 都是函数 $y = f(x)$ 图象上的点 ③ 因为 $f(-a) = f(a)$,所以点 $(-a, f(a))$ 与 $(a, f(a))$ 关于 y 轴对称	让学生把阅读理解得到的想法提交小组讨论和全班交流,鼓励学生提出自己的各种想法。 在活动中,教师要把握好讨论的方向和深度,适时地作引导和点评。教师的话不在于多,而在于巧妙,适时到位。最后对学生通过讨论产生的疑惑要给予解决,融教学内容于解答启迪之中,从而完善学生的知识结构。 通过学习交流,使学生体会从个性事物中发现普遍性的规律,渗透普遍性蕴于特殊性之中的辩证唯物主义思想。 在形成概念和表述概念这一环节,着重渲染定义的发生过程,突出重点,培养学生观察分析、抽象概括能力,渗透"从特殊到一般"的数学思想,有效实现教学目的。
巩固练习	做练习(1)中 1、2 两题 学生以小组形式讨论,选派代表发言 请同学们总结一下判断函数是偶函数应注意哪些问题? (1) 偶函数的定义与特征 (2) $f(-x) = f(x)$ 的含义与"变式" (3) 对非偶函数的认识	学生集思广益,合作学习。 让学生写解题过程,谈体会。 进一步明确偶函数的本质。 让学生用定义判断,注意解题规范。
回授调节	(补充)例:判断下列函数是否为偶函数? ① $y = \sqrt{x^2-1} + \sqrt{1-x^2}$ ② $y = \dfrac{\sqrt{1-x^2}}{\|x+2\|-x}$ ③ $f(x) = (x-1)\sqrt{\dfrac{1+x}{1-x}}$ 对例②,教师启发学生用 Ti 计算器显示图形,然后再用定义证明它是偶函数。 进一步探讨:通过这节课的学习,你有哪些新的发现?还有哪些疑问及新的联想。	为更好地揭示定义的内涵,加深学生对定义的理解,结合教材例题的典型作用,补充①、②、③ 小题,培养学生分析问题、解决问题的能力。 体现 Ti 计算器在解题中的验证和探索功能。 通过创设探索情境,给学生创建自主探索的氛围,培养学生的判断能力和实践能力,充分发挥学生的主体地位。
归纳总结	师生共同回顾这节课的学习过程,体会"生活美"与"数学美"的联系(学生总结,教师点评)。 通过偶函数的学习,从中体验数形结合、具体到抽象的思维过程。对数学规律的发现过程也有了高一层次的认识。 作业: 1. 阅读教材第 63—64 页 2. 练习 必做题:练习册第 23 页 1—4 题	使学生再次体验获取知识的过程,引起进一步思索。 巩固学习知识,给学有余力者留出自由发展空间。

续表

教学环节	教 学 程 序	设 计 意 图
归纳总结	选做题:判断下列函数的奇偶性 $y = \begin{cases} x(2-x), & x \geqslant 0 \\ -x(2+x), & x < 0 \end{cases}$ 3. 研究与思考:满足关系 $f(a+x) = f(a-x)$ (a 为非零常数) 的函数的图象是否为轴对称图形? 如果是则关于哪条直线对称,并证明你的结论;如果不是,说明理由。	

● **设计说明**

1. 背景

"函数的奇偶性"是函数的一个重要性质,常伴随着函数的其他性质出现。函数奇偶性揭示的是函数自变量与函数值之间的一种特殊的数量规律,直观反映了函数图像的对称性。利用数形结合的数学思想来研究此类函数的问题为我们展示了一个新的思考视角。函数的奇偶性也是学生今后研究三角函数、二次曲线等知识的重要铺垫,而且灵活地应用函数的奇偶性常使复杂的不等式问题、方程问题、作图问题等变得简单明了。

由于这节课是函数性质学习的第一课时,因此如果通过学生对实物的观察、分析;对课本的阅读、理解来获得函数的奇偶性就显得比较顺。这样一方面与学生的认知结构相吻合,另一方面也可以增强学生的阅读理解能力。另外根据我班学生的情况,本教案在例题的选择及处理方式方面也可作适当调整。

2. 研究的重点、难点

偶函数的概念属于揭示内涵的概念,在教学中要注重"种属"关系的分析,突出概念"属差"的研究,使学生明确概念的本质属性。因此,本节课的重点是理解偶函数的概念及对偶函数的判定。对高一学生来说,由于初中代数主要是具体运算,因而代数推理能力较弱,许多学生甚至弄不清代数形式证明的意义和必要性。因此教学难点是有关偶函数问题的证明。教学的关键是抓住实例,结合直观的图形,充分发挥数形结合思想的功能,将学生的感性认识提高到理性认识。

3. 教学设计的理念

数学教学是师生共同参与的学习过程,在这个过程中学生是活动的主体,教师的引导要为主体达到学习目标服务。通过学生的自主学习活动,使他们在感知的基础上理解知识的内在联系,从而使他们在获取知识的同时体验过程,提高能力。本堂课的设计正是以这个原则为宗旨的。例如,用麦当劳图案作为轴对称的实际例子来引导学生对偶函数图像、性质进行探索,调动了学生的自主学习的积极性;通过阅读理解、交流学习的形式导出偶函数的概念,使学生体验了知识探究的过程;导出偶函数的定义后,教师不是直接给出偶函数的性质,而是进一步引导学生带着问题去阅读、理解、观察、分析,使学生对偶函数的概念及性质不仅知其然,而且知其所以然。

在什么时候让学生集体自主活动为宜?该安排的时间应多长?等等,都是教师安排学

生自主活动时要考虑的重要问题。在教学手段方面本堂课充分发挥了多媒体辅助教学的作用,值得指出的是图形计算器的使用,使学生想象、发现的空间更加广阔,使得许多难以描绘的函数图像轻松可得,降低了学习难度。当然也要注意到不能因为现代技术的使用而降低思维培养的要求,比如判断函数 $y = \dfrac{\sqrt{1-x^2}}{|x+2|-x}$ 是否为偶函数,在学生用 Ti 计算器得到关于 y 轴对称的结论后,还需要用定义来证明它是偶函数。

4. 教学设计启迪

(1) 带着问题寻找资料、阅读、思考,目标明确,要求具体,效果好。但是阅读自学的时间与问题的难易程度要恰当,如果流于形式,那么就达不到教学目的。

(2) 学生的学习交流需要教师的精心指导,使课堂学习交流不局限于问题解决,而且能够培养学生表达能力、探索精神、团结协作精神。

(3) 学生的学习过程是一个不确定的过程,即使教师作了认真准备,也不可能完全预料探究的全过程,因此教师要不断提高对课堂教学的调控能力,善于根据学生活动情况作灵活调整。

(4) 传统的"接受式"教学,注重的是知识的传授与运用,对于理论知识的习得应当说很有作用;"探究式"学习注重实践、探究,注重自主活动,注重学习过程,能激发学生的主体意识,有利于创新精神与实践能力的培养。一个好教师要善于将两类教学方法有机结合。

(上海青浦高级中学　陆康其)

社会人文学习领域备课指南

本学习领域包括小学品德与社会,中学地理、历史、思想政治(思想品德)、社会等学科。其中,品德与社会、思想政治等学科要以品德教育为核心,对培养学生成为具有良好的社会公德和文明行为习惯、富有民族精神及社会责任感的合格公民起着奠基作用。教学设计要坚持认知、体验与实践相结合的原则,融知、情、意、行于一体。教学方法上要积极创设教学情境,引导学生用多种感官参与,在生活模拟、情境体验、角色扮演等教学活动中得到启迪和发展。其他社会人文类学科同样要帮助学生联系社会实践逐步培养科学观点,了解人类社会的现状特点和发展脉络,认识人类文明与进步的规律,培育人文素养,形成正确的世界观、人生观和价值观,增强社会责任感和使命感。

小学品德与社会学科

【备课要求】

品德与社会学科是以学生社会生活为基础,以品德教育为核心,促进学生社会性发展的综合性基础课程,是小学德育的主导渠道,也是实施民族精神教育和生命教育的重要课程,对于培养学生成为具有良好的社会公德和文明行为习惯、富有民族精神及社会责任感的合格公民起着奠基作用。

1. 合理制订教学目标:要以学生发展为本,依据课程标准和"两纲"要求,紧密结合学生实际,确定各单元和各节课的教学目标,要求适度、明确、具体。要全面准确地把握教学目标,注重知识与技能、过程与方法、情感态度与价值观三方面的有机整合。可根据具体教学内容和学生的实际情况有所侧重,特别要重视情感态度和价值观的培养,重视学生方法和能力的获得,防止把《品德与社会》课变成单纯的知识传授课。教学目标的表述要以学生为主体,体现针对性和层次性。基础性目标要求全体学生必须掌握和达成。在此基础上,应根据学生的差异设置发展性目标,使不同学习水平的学生都得到发展。

2. 有效研究与处理教学内容:教学内容要以学生的生活为基础,关注学生的生活经验,结合本课程涉及的思想品德、历史、地理、生活与劳动等相关知识,注意有针对性地对学生进行国家意识、文化认同、公民人格的启蒙教育和珍惜生命、热爱生命、提升生命质量的启蒙教育。教学内容的组织应遵循贴近生活、贴近实际、贴近学生的原则,加强教学内容的针对性和时代性。要准确把握教材内容与"两纲"的结合点。教师要在认真钻研教材和"两纲"的基础上,确定教学的重点、难点,科学地处理和运用教材,做到既要依据教材,又不拘泥于教材,创造性地使用教材。要注重开发和利用校内外各种课程资源。教师要善于发掘和运用身边鲜活的与学生密切相关的生活问题与社会问题等素材,拓展教学内容,特别是民族精神教育和生命教育要充实生动典型的实例,增强教学的实效性。要合理组织教学内容,容量恰当。教学内容的呈现方式也应灵活多样,有助于激发学生的学习兴趣,易为学生接受。

3. 精心设计教学过程:要坚持认知、体验与实践相结合的原则,融知、情、意、行于一体,精心设计教学过程。教学设计必须从学生的实际出发,以学定教,充分发挥学生主体作用,形成教学互动。教学过程中各教学环节及课堂提问的设计、教学方法和手段的运用,都应有明确的目的性,要符合小学生品德形成和社会性发展的规律,讲求教学的实效。

要落实本课程的课程理念,改进教师的教学行为。遵循榜样诱导、情景感染、活动体验的规律,把自主学习、合作学习、探究学习与接受性学习有机结合起来,注重生成性教学。引导学生在有效的教学活动中体验、感悟、探究,促进知与行的统一。

要依据课程特点和学生身心特征,结合教学内容,采用生动活泼、形式多样的教学方法和手段开展教学。积极创设教学情境,引导学生用眼看、用耳听、用脑想、用嘴说、用手做、用体行,多感官地参与,让他们在生活模拟、情境体验、角色扮演、游戏娱乐、讨论交流、质疑辨析、实验演示、操作实践、成果展示等教学活动中得到启迪和发展。

要充分发挥教师在课堂教学中的主导作用。教师须掌握必要的学科专业知识,体现良好的教学素养。尊重学生,面向全体,教学民主,善于倾听和激励,体现师生互动,营造和谐的教学氛围。教师要善于调动学生学习的积极性,注重学法指导,适时启发点拨,进行必要的补充、修正、归纳和提升,使学生在原有水平上有新的提高。

要注重课堂教学与信息技术的整合。根据学校的实际和教学的需要,正确有效地运用现代信息技术和网络资源,以提高教学效率。同时要指导学生合理运用现代媒体等手段,学会收集、处理信息。

要注意拓展教学渠道。《品德与社会》的教学必须与其他相关学科的教学、班主任工作、少先队活动和课外教育活动有机结合,与家庭教育、社区教育有机结合。必要时应走出课堂,到实地进行教学,还可请校内外有关人士参与教学,以形成教育合力,增强教学的实效性。

【单元分析示例】

一年级第四单元《我长大了》单元分析

- **单元教材分析**

本单元是本册教材的最后一个单元,由《成长的脚步》、《说说我自己》、《我的成长纪念册》、《奔向新学年》四篇课文组成。此时正是学生即将告别一年级,进入二年级学习的交接时期。一年的学习时间虽然不长,但是由于他们的心理、活动方式与内容、接触对象及在家庭、社会的地位发生了变化,他们的思想行为、获取知识、身体心理、情感意志、人际交往和个性方面也随之有了质的变化和发展。为了让学生在新的学年里获得更好的发展,有必要让学生通过了解自己的成长与变化,学会认识自己以及他人与自己成长的关系,并对自己提出要求和期望,促进学生不断取得进步。《上海市中小学生生命教育指导纲要》中小学阶段的教育内容,着重是帮助和引导学生初步了解自己的生长变化,初步树立正确的生命意识,养成良好的生活习惯,促使小学生身心健康地发展。因此,本单元的主题更是生命教育的重要内涵。

本单元的导入图展现了一个孩子从出生到上小学的变化。这种变化在身高、动作行为两个方面突出地表现出来。同时画面中还展示了小树苗的生长过程,喻为儿童的成长如小树不断长高,枝繁叶茂,最后成为有用之材。

《成长的脚步》通过男女两个孩子从出生到上学期间拍摄的照片,体现了孩子在成长过程中发生的变化以及孩子在不同阶段表现出的特点。另外,教材还出示了孩子成长过程中留下的一系列纪念品,如儿时的玩具、衣服、获得的奖状等,既是成长的见证,又反映了孩子成长过程中身心的进步。

《说说我自己》通过三组成长过程中正反事例的对比画面,进一步反映"我长大了",同时说明自己的成长离不开父母、老师和同学的关心和帮助。

《我的成长纪念册》是让学生回顾自己的成长经历,总结在身心、技能方面产生的变化,选择一些典型的事例,通过绘画、照片、简单的文字说明,为自己的成长留下美好的纪念。

《奔向新学年》一课的画面展示了两个学生对新学年中自己会做什么事的一系列想象,反映了小学生热爱生活,积极向上的愿望和要求,并为迎接新学年,取得新进步提出了具体的目标。

本单元的编写紧扣主题,由浅入深,各课之间有较紧密的联系。一方面是让学生认识自己的成长过程以及各方面带来的变化;另一方面是引导学生正确认识周围人对自己的成长产生的作用,针对自己的不足之处,进一步明确努力的方向。

● **单元教学目标**

知识:

认识自己身体与心智两方面发生的变化,并发现自己的长处和弱点。

知道自己的成长离不开父母、长辈付出的心血以及老师、同学对自己的帮助和鼓励。

方法与能力:

从家庭及父母那里搜集了解成长过程中的照片、生活用品、纪念物以及小故事,在课上进行交流。

学会制作成长纪念册,并进行展览交流。

情感态度价值观:

体验成长与进步的喜悦,并感受父母、老师的抚育之恩。

对自己产生信心,愿意发挥自己的长处为集体做事,并能对自己的进步提出新的愿望和要求。

● **单元教学重点与难点**

认识自己的身心变化及长处与不足,体验成长的喜悦,感受父母、老师、同学与自己成长的关系,对自己的进步提出新的目标要求。

对体重(kg)、身高(cm)等的认识;制作成长纪念册,找出自己的不足,制订行动计划。

● 单元教学流程

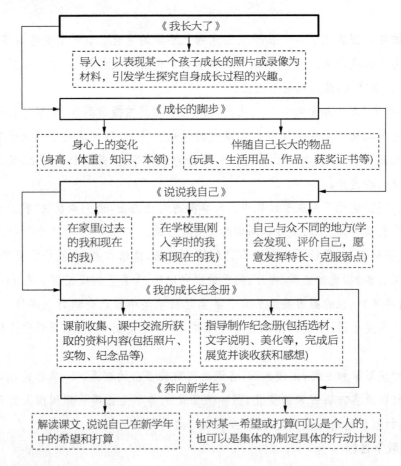

● 单元教学建议

1. 本单元教学内容贴近学生,贴近学生的生活,除了有效运用文本教材以外,可有机充实本班学生成长过程中的故事以及父母、老师抚育孩子的感人事例,还可借助学生成长中摄下的照片、留存的实物、纪念品、日记等课程资源,激发学生探索、交流成长过程的兴趣。这一单元的教学应注意三维目标的有机结合,并要突出重点,在情感态度价值观方面更应有所侧重。

2. 本单元的教学要注重"活动化教学",采用生动活泼、灵活多样的教学方法引导学生感悟体验和探究。教学《成长的脚步》,可让学生称体重,量身高,并与出生时的身高体重比较;还可通过过去的照片与现在的照片作比较;另外通过出示纪念物、交流成长中的事例、展示才能等让学生深刻体验成长的喜悦。教学《说说我自己》可通过父母辛勤抚育孩子成长的录像,让学生感受长辈的关爱;还可让学生与教材中的人物进行对比,找出共性与个性。《我的成长纪念册》一课的教学,学生制作的纪念册形式可多样,要求不必过高,主要使学生通过这一过程,增强成长的愉悦感。教学《奔向新学年》,教师要有意识地引导学生针对自己的不足,提出努力目标。可以是一种好习惯,也可以是一项新技能,体现在学习、思想品德等各方面,主要是1—2项新要求、新愿望,不必面面俱到。但必须要面向全体,让各位学生都有发言交流的机会。

3. 本单元有些课文的教学,教师也可以与学生平等交流,可让学生看看老师小时候的照片,谈谈老师成长中的故事。有条件的还可请学生家长进课堂参与教学。

4. 本单元教学结束后可围绕单元的教学目标对学生的学习进行综合评价。

5. 本单元建议安排7—8课时进行教学。

(上海青浦区教师进修学院　张大跃)

【教学设计借鉴】

《成长的脚步》教学设计

● **教学目标:**

知识与技能:

1. 了解自己从出生到进幼儿园及小学过程中发生的几个主要变化。

2. 从身高、体重、衣服、食物、餐具、玩具和用品等方面,理解自己的变化。

过程与方法:

1. 学会从日常生活中收集相关信息,培养学生处理和分析信息的能力。

2. 让学生在称称体重、量量身高等活动中切身体会自己在生理上的变化。

情感态度与价值观:关注自身的变化,比较过去与现在的不同,从中体验长大的含义,体会自己的成长离不开父母的养育、老师的教育。

● **教学重点与难点:**

了解自己从小到现在的一些主要变化。

体验长大的含义。

● **教学准备:**

(学生)收集成长纪念物、照片等。(教师)多媒体课件等。

● **教学过程:**

(一) 情境导入,发现自己长大了。

1. 出示班中一位小朋友婴儿时的照片(配以笑声、牙牙学语声),猜猜她是谁?

2. 请小朋友自己介绍。

3. 讨论她和照片上有什么不同?

4. 揭题:出示课题,齐读。

师:伴随着第一声啼哭,你来到了这个世界,从一个小娃娃成长为一个一年级的小学生。今天,就让我们一起来回忆一下自己成长的脚步。

(二) 展示交流,感受自己的变化。

1. 体验我的"昨天"与"今天"。

师：首先让我们来开展一个有趣的活动，让我们一起回到人生的起点。

（1）出示出生证：看看出生证上有些什么。

（2）出示模拟娃娃：比一比，抱一抱，问：你有什么感受？

（3）读读自己的身高和体重。

（4）量一量各自的身高和体重。（请听课老师帮助测量）

问：小朋友，你有什么发现？

（5）除了身高和体重，你还有什么变化呢？

师：不错，我们不仅身体长高了，人长结实了，还学到了许多知识、学会了许多本领。我们快乐地生活着、成长着。在我们成长的过程中，爸爸妈妈给我们拍下了许多可爱而又难忘的照片，留下了许多美好的记忆。

（6）课件出示一位小朋友的几幅照片，体会成长的过程。（配以解说）

2. 分享童年的快乐。

师：一张照片、一件物品都留下了你们成长的足迹，留下了你们童年的欢乐。也许，每一件小小的物品背后还有一些有趣的故事呢！

（1）分小组交流故事，并在组内展示自己小时候的照片、玩具、衣服、奖状等。

（2）学生代表交流。

① 小围兜　芭比娃娃　第一颗乳牙　学步车……

② 奖状　才艺表演（钢琴演奏）

奖状　一学生家长讲故事

问学生：你有什么心里话想对妈妈说吗？

③ 观看录像

师：其实，在你们的成长过程中，除了爸爸、妈妈，自己的亲人，学校里的老师也时时刻刻关心着你们的成长。

（三）展示成长过程，总结课文。

师：小朋友，今天我和大家一起体验了你们的昨天与今天，分享了你们童年的快乐。

1. 小朋友，此时此刻，你最想说的是什么？

师：是呀，你们就像是一棵棵小树苗，在阳光下茁壮成长。你们长大了，你们高兴吗？让我们一起说：我们长大了！

小伙伴们互相祝贺。

2. 多媒体演示全班小朋友的成长照片，齐唱：《小树快长高》。

● **教学设计说明：**

本课是本册教材最后一个单元中的一篇课文，也是学生即将告别一年级，进入二年级学习的一个交接时期。对于一个刚进入学校的学生，一年的学习时间虽然不长，但是由于他们的心理、活动方式与内容、接触对象及在家庭、社会的地位发生了变化，他们的思想行为、获取的知识、身体心理、情感意志、人际交往和个性等方面也随之有了质的变化和发展。期望通过本课程的教学,让学生通过了解自己的成长与变化,探寻成长的过程,从而学会认识自己以及自己的成长与周围人的关系,并对自己提出要求与期望,让学生在新的学年里获得更好的发展。

(一)以生命教育指导纲要为依据,课堂教学重视生命教育内容的渗透。

生命教育是《品德与社会》课的有机组成部分。生命教育着眼于全体学生的身心和谐发展,为学生的终身幸福奠定基础,引导学生热爱生命,建立生命与自我、生命与自然、生命与社会的和谐关系,学会关心自我、关心他人、关心社会,提高生命质量,理解生命的意义与价值。

本教学设计着重引导学生从身高、体重、衣物、玩具等方面,理解、体会自己的变化,学会认识自己、关心自我;引导学生在关注自身变化的基础上,体验长大的含义,从而进一步体会到自己的成长离不开父母的养育,学会关心父母、关心他人。

(二)以生活为本,强调儿童在自身活动中获得经验。

本教学设计强调儿童在自身活动中获得经验。教学中,组织学生展示收集到的成长过程中留下的纪念品(出生证明、用过的物品、看过的书、获得的奖状和照片等)。让学生读一读自己的身高和体重。通过自身的观察、调查、了解等活动和互相交流,扩展他们的经验认识。尽可能地挖掘可利用的资源,激励和引导学生主动进行实践体验和社会探究。

(三)以活动为主,突出儿童在课堂生活中获得体验。

新课程重要的理念之一,就是要改变传统教学中的师生关系,改变学生被动学习、接受式学习的局面,突出学生的主体地位,教师扮演支持者、辅助者、合作者的角色。因此,我在备课时设计学生的活动,在课堂上则把握学生参与活动的面和度。通过这些活动,使学生学会自主学习、合作学习、探究学习。

课前活动:1. 布置学生收集资料和用品时事先有具体的范围和要求:在家里寻找一些自己从小到大的照片,以及小时候用过的东西或生日纪念物;请父母讲一些自己成长过程中的故事。2. 对学生收集资料的情况有记录和评价,其评价注重过程评价,评价的目的在于鼓励学生积极参与,培养学生搜集信息的能力。3. 指导学生对收集来的材料筛选、分析,培养学生分析处理信息的能力。主要让学生通过活动,调动激活已有的知识,回忆、反刍已有的生活经验,或者让学生掌握与自己生活背景有关的素材,或者激发学生的学习情趣,以增强教育的针对性。

课中活动,目的在于弘扬学生的主体性,让学生真正以主人翁的身份参与到课堂生活中来,让学习过程真正活起来,让学生在课堂时空中真正动起来。1. 设置特定的情景,引导学生入境,从中萌生真切的感受和体验。课文开始,全班做"猜一猜她是谁"的游戏。扣住这个环节,教师及时请主人公来介绍自己,谈谈感受,向其他同学说说你的感想。通过游戏、提问,学生就能体会、感悟到自己长大了。2. 创设活动的机会,让学生站起来,走出位置,和自己的小伙伴一起比一比、抱一抱;称一称,量一量。使学生关注自身的变化,切身体会到自己成长的脚步。3. 搭建展示才能的舞台,让学生唱一唱、跳一跳、演一演,展示各自才能,获得成功的体验。

《品德与社会》是贯彻落实生命教育指导纲要的主阵地。因此,在教学时一方面要凸现显性课程的功能;另一方面要以活动促活跃,引导孩子们从活动中感悟,在活动中提高,更要注意把握好活动的尺度,以增强活动的实际效果。教师调节好自身的情感,调控好学生的情绪反应,把握好课堂的氛围度,就一定会提高课堂教学的实际效果。

新课程改革给课堂带来了生机和活力。新课程更加关注学生的生活体验,强调让学生在活动中学习,在活动中成长。自主参与活动是品德与社会课程教学的基本方式,教师应让学生在参与活动的过程中进行知识的建构、能力的开发和道德的陶冶。

(上海青浦区东门小学　顾月琴)

中学思想品德与思想政治学科

【备课要求】

思想品德和思想政治课程是对中学生比较系统地进行公民品德教育和马克思主义常识教育的基础课程,是中学德育工作的主导渠道。为了切实提高中学思想品德和思想政治课程教学的针对性和实效性,使本课程的学习有助于学生思想品德和思想政治素质的提高,现依据新课程的要求,提出有关课堂教学备课的建议。

1. 合理制订教学目标

应依据本学科课程标准关于课程目标的规定,结合教材内容和学生实际,从知识与技能、过程和方法、情感态度与价值观三个维度对学期教学计划和教学目标作出总体设计。

制订知识与技能目标,要明确通过每个单元的教学,学生应该获得哪些基本知识,并且对知识的掌握程度有清晰的要求;要明确通过课堂学习和社会实践活动,学生应掌握哪些基本技能,技能目标要与学生认知水平、能力基础相适应。

制订过程和方法目标,要选择本课程的重点知识,结合学生的学习基础和发展需要,引导学生了解或体验知识的生成过程,让学生有接受和处理信息、探究和讨论问题、观察和服务社会等多种学习经历;要根据单元教学内容,确定具体的教学方法,并对学生进行相应的学法指导,明确本单元教学中学生应重点掌握的学习方法。

制订情感态度与价值观目标,要结合相关教学内容,在课前了解学生思想认识和行为习惯中存在的问题,针对学生的实际状况,确定课堂教学中提高学生思想品德和思想政治素质的具体教育要求,对学生的情感态度和价值观进行有效的引导和熏陶。

教学目标制订时,要重视学生有基础知识学习、学科实践活动体验、思想道德修养等多方面的学习经历。要从提高学生的思想品德和思想政治素质出发,让学生经受多种学习能力锻炼。要注意不同年级之间和同年级不同单元之间教学内容的层次差异与相互衔接,注意同一班级集体不同学生群体的特点,合理制订多层次的、符合学生实际的教学目标。

2. 科学处理教学内容

教师要以本学科课程标准为指导，认真钻研教材，把握教材知识体系和逻辑结构，同时要深入了解学生的思想认识实际、思想品德状况和心理情感特征，有机结合学生实际，确定各个单元的教学重点和难点，详略得当地安排教学内容。

要充分领会德育课程教材的内容特点，把握好基础知识教学与思想政治道德教育的关系。初中思想品德课的教学，结合学校生活、家庭生活和社会生活实际，着重对学生进行道德教育、法制教育和健康心理品质引导的同时，也要使其掌握必要的社会科学知识。高中思想政治课的教学，在引导学生学习马克思主义经济常识、政治常识、哲学常识和文化常识的同时，也要对学生进行道德教育、法制教育和健康心理品质的引导。

要结合思想品德与思想政治课的学习内容，加强民族精神教育和生命教育。民族精神教育要以爱国主义教育为核心，以国家意识、文化认同和公民人格为教育重点。生命教育要以科学人生观教育为核心，以珍惜生命、尊重生命、理解生命的意义和价值为教育重点。民族精神教育和生命教育，要结合学科内容和学生思想实际有机进行，注意提高教育教学的实际效果。

要坚持贯彻理论联系实际的原则，适时适度地引入时事政治内容，精选时事政治资料，应用于课堂教学，实现思想品德和思想政治教育与时事政治教育的有机结合，以激发学生关注社会现实和参与社会生活的热情。可以依据学生实际对教材内容进行适当的处理和调整。教学要依据教材，又不拘泥于教材，要创造性地使用教材，弥补教材内容的某些不足。要依据课程标准把握教材内容，注意深浅适度，不可脱离学生实际任意加深难度。

3. 优化教学过程的设计

要力求从学生的生活经验和观察视角出发，营造民主和谐的学习氛围。教师要通过师生互动和生生互动，采用情境渲染、案例剖析、角色模拟、操作体验等活动形式，鼓励学生积极参与教学过程。教师还要善于培养学生大胆质疑的精神，鼓励学生真实地表达自己的思想和情感，努力成为学生健康成长的知心朋友和引领者。

要引导学生积极参与课内外的学科实践活动，千方百计让学生动起来，让学生在活动中体验和感悟。要加强对课内外的学科实践与探究活动的指导，帮助学生掌握了解和研究社会的基本方法，培养学生的合作精神，增强学生的社会责任感。对于学生的实践和探究活动的成果，教师要选择适当的方式引导学生进行交流和展示。

要加强思想品德和思想政治课程教学与信息技术的有机整合。在课堂教学中要有效利用信息技术和网络资源，充分发挥多媒体课件辅助课堂教学的作用，切实提高课堂教学的效益。要善于将多媒体课件与板书等传统教学手段的使用有机结合起来。多媒体课件的使用，必须服务于课堂教学，有助于发挥教师的主导作用和学生的主体作用。

要重视思想品德和思想政治课程教育资源的开发和利用。教师要善于利用校园资源和社区资源、社会资源和自然资源、文本资源和音像资源，从中提取和整理相关信息，应用于课堂教学。要充分重视各种教育资源、教育渠道的有机整合，将思想品德和思想政治课的教学与学生的班团队活动、社区志愿者活动、社会考察活动等社会实践活动结合起来,扩展学生的学习和实践体验空间,提高教育教学的实效。

4. 设计知行统一的练习系统

本学科的练习设计,要按照加强认知、培养能力、提高思想觉悟和指导行为实践的要求,构建知行统一的练习体系。要根据思想品德和思想政治课的教学目标,综合知识与技能、过程与方法、情感态度与价值观三方面的要求,整体设计各单元练习的内容,选择相应的练习形式,注重思想品德和思想政治素质的提高和创新精神、实践能力的培养,使学生有多方面的练习经历。

要精心设计和选用适当的书面习题,帮助学生加深理解思想品德和思想政治学科的基础知识。书面习题,要少而精,具有现实针对性。教师要紧密联系学生实际和社会现实,更多地设计有一定开放性、灵活性的情景习题,培养学生获取和处理信息的能力,特别是运用所学知识分析和解决问题的能力。

要重视加强实践活动练习,强化学生的情感体验,促进知识的内化和实践能力的培养。要结合相应的教学内容,适时适度地安排学生的实践活动练习。实践活动练习的形式,要力求丰富多彩,行之有效,如收集和整理资料、观察社会现象、开展社会调查、组织专题考察、参观访问、参加社区公益活动等。学生实践活动练习的结果,要通过课堂汇报、黑板报交流、制作专题网页、教室设置专栏等适当的形式进行交流和展示。

要鼓励学生结合课程学习进行小课题的研究。要鼓励学生通过小课题研究,培养获取和处理信息的能力,发现问题、分析问题和解决问题的能力。对学生的小课题研究,教师要给予学生充裕的研究时间,并在研究方法上进行指导。学生小课题研究的过程和成果,可以课件、学习心得、调研报告、小论文等形式,在班级或学校中进行汇报交流。

要依据本学科的课程功能定位设计练习,以提高学生思想品德和思想政治素质为核心目标。练习的内容和形式,要根据不同年级学生的认知水平和能力实际逐步递进。各单元的练习,要兼顾基础性和提高性,便于不同层次的学生进行选择。实践活动练习和小课题研究,应注重培养学生的探究能力和合作精神,鼓励学生以小组协作的形式进行。要强化信息技术在练习中的支持作用,有条件的学校可以通过校园网搭建练习支持平台。

【单元分析示例】

思想品德《珍惜生命 健康成长》单元分析

本单元有两个主题,即"生命来之不易"和"学会珍惜生命"。前者注重的是对生命价值的系统认识,后者注重的是对生命珍惜的行动准则,两者有着因果关系。

一、生命来之不易

● **教学目标**

1. 知识与技能:懂得生命的诞生是艰辛的;生命既属于个人,也属于家庭和社会;任何人都要珍爱生命,为家庭、社会添光彩。

2. 过程与方法：通过课前与父母交流、模拟怀孕体验、收集有关资料和课堂交流等方法，领悟到生命来之不易以及家人、老师和社会给予自己的关爱。懂得生命不仅属于个人，也属于家庭和社会的道理。通过合作交流等方法，学会珍爱生命，回报家庭和社会。

3. 情感、态度与价值观：通过学习，激发对父母、老师和社会的感激之情，增强对家庭、社会及他人的责任感，学会珍爱生命，积极地面对生活，做一个对家庭、对社会、对国家有贡献的人。

● **课前准备**

1. 要求学生听母亲讲述孕育自己时的经历与感受。

2. 要求学生休息日在自己腹部捆绑重为3—4公斤的物体，从事各类正常的活动，体验孕妇的辛苦。

3. 要求学生以小组为单位，收集反映自己从出生到现在不同成长阶段的照片若干张；写出父母关爱自己、令自己感动的两件事及感受。

4. 指导学生小组合作收集社会关爱青少年健康成长的典型事例，收集国家为青少年健康成长制订的法律、法规，并制作成多媒体课件。

● **教学过程**

（一）新课导入

（多媒体播放）背景音乐："感谢我的爸爸，感谢我的妈妈，感谢你们当初决定把我生下，感谢你们让我看到这个世界，还把我养大，还给我一个温暖的家……"

教师：一个生命从诞生到长大成人，得到了家庭、学校、社会的许多关爱。这首歌曲，表达了对自己生命诞生和成长所付出许许多多的父母、老师、亲朋等的感激之心。生命是可贵的，生命又是来之不易的。

（二）过程设计

1. 生命的诞生是艰辛的

课前听母亲讲述孕育自己时的经历与感受；在自己腹部捆绑重为3—4公斤的物体，从事各类正常的活动，体验孕妇的辛苦。——交流各自的体验。

归纳：十月怀胎，一朝分娩，对母亲来说是一个漫长、辛苦、痛楚又幸福的过程。为了新生命的健康诞生，母亲心甘情愿地付出了自己的心血，甚至为新生命的诞生付出生命也在所不惜。

听一个有关母亲的感人故事。

（多媒体显示故事） **最美丽的一跳** （学生朗读）

某城市居民楼突然着火，火势凶猛封锁了通道。一部分没有来得及撤出的人集中到六楼的一个阳台上。由于街道狭窄，消防车无法进入火灾现场，围观的人和消防队员在下面干着急。消防队长急中生智，找来大床单展开，自己亲自做示范，从高处向展开的床单中间跳，身体弯曲，臀部先接触床单。阳台上的人随之一个个模仿着安全地跳下来了，最后只剩下一个穿长风衣的妇女，她一脸的犹豫选择了退让没有往下跳。火势越来越大，地面上的人一再鼓励,最终她闭上眼睛,头朝下垂直跳下。围观的人都说她太笨了。由于冲力太大,头将布单冲破,她的头撞在地上,血肉模糊。原来她是怀有8个月身孕的母亲,她一直在考虑怎样跳才能保护腹中的胎儿不受损伤。人们说这是世界上最美丽的一跳。

　　课堂讨论:为什么说这是世界上最美丽的一跳?——学生交流。

　　归纳:这位母亲的一跳,显示了世界上最高尚的母爱:把安全留给孩子,把风险留给自己,甚至愿以自己的死来换得孩子的生。母亲的爱是无私的。与这位母亲一样,天下所有的母亲都爱自己的孩子,都为新生命的诞生付出了许多许多。

　　2. 生命既属于自己,也属于家庭

　　学生交流:名字的故事——自己出生时间、名字由来及其寓意。

　　归纳:父母在我们的姓名中寄托了他们美好的愿望。我们一出生,家人就开始为我们付出辛勤的劳动和无尽的关爱。我们成长过程的每一步,都承载着父母和其他家人的希望。

　　学生活动:我的成长历程(学生在投影仪上展示自己成长历程中各阶段的照片,反映家人对自己的关爱,可以包括饮食起居的照料、出门前的叮咛、出门后的牵挂、忧愁时的安慰鼓励、生病时的照顾、快乐时的分享等等。)

　　归纳:在我们生命历程中,父母时时刻刻牵挂着我们。我们欢笑,父母也欢笑;我们忧愁,父母也忧愁。我们已经成为父母生命的重要组成部分。我们的生命不仅属于自己,也属于关心、爱护我们的父母和我们的家庭。父母和其他家人为我们付出了那么多,那么我们如何让父母少一点牵挂、多一份放心,少一份操心,多一份放手呢?

　　课堂讨论与交流:我们怎样孝敬父母、让父母为自己少操点心?

　　归纳:让父母放心,我们就应当如同学们所说的那样,要在学习方面、身体健康方面、道德品质方面,对自己提出积极的要求。此外,我们还有必要时刻让父母了解自己的三个"W"。

When:什么时候;Who:和谁在一起;Where:在什么地方。

　　——虽然我们已是初中生了,自己认为已经长大了,但在父母眼中,我们永远是孩子,所以无论我们多大,牵挂是他们心中不变的情结。

　　3. 生命既属于家庭,也属于社会

　　多媒体显示学生搜集的资料:在成长的过程中,我们得到了社会的哪些帮助?

　　(社会各方面人士关心青少年的照片资料:老师教育学生;医生在为孩子看病;保健医生为少儿接种疫苗;交警护送小朋友过马路;食堂师傅在为学生准备午餐;园艺师傅在布置校园绿化;博物馆、科技馆的工作人员接待中小学生参观;禁毒馆向中小学生开放……)

　　(国家关心青少年成长举措的资料:制订《未成年人保护法》、《预防未成年人犯罪法》、《义务教育法》等法律,保障青少年健康成长;国家为青少年的学习和生活提供各种良好的条件,如优美的学校教育环境和现代化的教育设施、为贫困学生就学提供特别资助、建设有利于青少年健康成长的活动场所等。)

　　议一议:国家和社会为什么非常重视少年儿童的健康成长?

　　归纳:未成年人是家庭的未来和希望,也是国家的未来和希望。社会的发展,将来要靠我们青年一代来推动,国家的繁荣富强要靠我们青年一代来建设……国家和社会都在关心和爱护着我们,都在尽力为我们创造良好的成长环境,期盼我们茁壮成长。那么我们应该以怎样的实际行动回报社会呢?

学生议论:青年学生应该怎样回报社会?

归纳:生命是一个过程,有开始,也有结束。生命是宝贵的,我们要珍惜生命,也要让生命焕发光彩。我们珍惜生命,不仅仅是要追求生命的长度,更要追求生命的价值。我们要让自己的人生对家庭、对他人、对社会有所贡献,这样的人生才有意义。青少年是祖国的希望和未来,让我们以梁启超的"少年中国说"共勉,扬起生命的风帆,实现人生的理想。

少年智则国智,少年富则国富,少年强则国强,少年独立则国独立,少年自由则国自由,少年进步则国进步,少年胜于欧洲则国胜于欧洲,少年雄于地球则国雄于地球。(梁启超)

- **学习训练与评价提示(略)**
- **教学设计说明**

从学生实际出发设计教学,使之更具针对性和实效性。现在的学生普遍在顺境中成长起来,习惯于享受来自父母、老师和社会的关爱;部分学生还缺少家庭责任心和社会责任感,缺乏回报家庭、回报社会的报恩之心;也有的学生心理承受能力比较薄弱,面对激烈的升学竞争压力,会出现漠视生命的行为。所以,本课的教学设计重视通过贴近学生的活动,让学生感悟父母、国家、社会对他们的关心,从而让他们感受到自己肩负着家庭和社会的责任,激励他们做一个珍爱生命、有家庭和社会责任感的人。

创设活动情景,让学生在活动中体验和感悟生命的意义和价值。本课的教学内容看似简单,但教育意义深刻。有些道理在课堂上用语言直白地讲述,可能达不到教育效果,所以设计了学生相关的实践活动,让学生通过课前的模拟体验、课中的讨论交流等学习方法,感悟"生命既属于自己,更属于家庭和社会,每个人都应该珍爱来之不易的生命"的道理。在学生的实践活动中,将本课学习内容的家庭资源、课本资源、社会资源和学生自身资源有机地整合了起来,提高了教育教学的效果。

二、学会珍惜生命

- **教学目标**

1. 知识与技能:认识到生命的可贵,在成长过程中要遵守各种规章制度,锻炼自我保护的能力,同时在日常生活中不仅要珍爱自己的生命,也切莫伤害他人。

2. 过程与方法:通过故事剖析、讨论拟定自我保护的方法等形式,在活动体验中了解生命是可贵的,学会珍爱生命。

3. 情感、态度和价值观:学会珍爱自己的生命,同时也要珍爱他人的生命。

- **教学准备**

1. 要求学生准备一张精致的空白卡纸,以备在课中填写"我的自我保护秘诀"。
2. 教师课前了解学生对生命的理解,了解学生在生活中违反规章制度的现象。
3. 教师收集和剪辑不遵守交通法规,造成伤亡事故的录像资料。

4. 教师准备一组意外事故伤亡的照片和海啸的视频内容。

● **教学过程**

（一）新课导入

播放一组照片和一段视频（一组意外造成的伤害事故的照片；海啸来临之前人们幸福生活的场景和海啸来临给人们带来灾难的悲惨场景），看完之后请学生谈谈体会。

归纳：战争、灾难、各种意外在顷刻间会将生命夺取，自然界的灾难给人们带来的伤害有时是无法抗拒的，但人们可以避免人为原因造成的伤害。生命是如此的美好，但生命又是脆弱的，我们必须在成长过程中好好珍惜生命。

（二）过程设计

问题讨论：我们作为中学生该如何珍惜、保护自己的生命呢——

（1）在日常生活中有哪些情况会影响甚至危害到我们的生命？

（2）我们该怎样珍惜这宝贵而又有限的生命？

（多媒体演示）1. 录像：行人不遵守交通法规的现象，乱穿马路造成的意外事故等。

2. 文字资料：中小学生死于交通事故的统计数据——2005年，全国有2889名中小学生死于交通事故，占中小学生总死亡人数的77.8%。学生违反《交通法规》中，乱穿马路最严重，占责任事故的85%。

归纳：这些很普通的规章制度、一些基本的要求，却直接关系到我们的健康和安全。我们在日常生活中，如果有意无意地违反这些保护我们生命安全的规章制度，常常会酿成不可挽回的大事故。因此，我们在日常生活中必须自觉地遵守各项规章制度。

1. 珍惜生命，要遵守各种规章制度

日常生活中自觉遵守有关的规章制度，养成良好的行为习惯，其实也就是在关爱自己的生命、珍惜自己的生命。一个人的生命只有一次，国家为了我们的生命健康和安全，制订了很多保护我们未成年人的法律法规。我们要重视增强自我保护的意识和自我保护的能力。

2. 珍惜生命，要学会自我保护

阅读并讨论教材说一说栏目中的事例《选择》。

归纳：由于社会的纷繁复杂，有时我们可能会遇到不确定的危险境地。为了增强我们的自我保护意识，我们有必要了解一些自我保护的方法。如果遇到歹徒、遇到敲诈、遭遇灾难等等情况，我们该怎么办才是最有效的，拟定一些自我保护的秘诀。

学生拟定并交流自我保护的秘诀。

3. 珍惜生命，还切莫伤害他人

公民的生命权是受法律保护的，故意伤害他人的身体是一种违法行为，要受到法律的制裁。在日常生活中，因为疏忽可能伤害到别人生命安全的行为有哪些？

学生交流：在生活中观察到的，或自己遇到过的因为疏忽伤害到别人生命安全的行为。

归纳：我们不仅要保护自己的生命，也要注意不有意无意地危害他人的生命安全，在学会关心自我和珍惜自己生命的同时，学会关心他人和尊重他人生命。

同时,在我们生活的这个星球上,除了人类,还有其他各种各样的生命,我们也不能无端地伤害他们的生命。(播放动物天地的录像片)——启示:人与自然需要和谐发展。

(三)教学小结

珍惜生命是一种境界。珍惜生命,包括珍惜自己的生命,尊重他人的生命,不无端伤害地球上的其他生命。人的生命是活着的历程,既然活着,就不妨努力遵循生活中必须的各种准则,以身、心、灵兼备的生命态度,成就自己美好的人生。

- **学习训练与评价提示**(略)
- **教学设计说明**

本课的教学内容要注意上海市中小学生命教育纲要的落实,可以结合学校生命教育的相关活动有机进行。教师在课前要通过与学生聊天、开小型座谈会等形式,了解学生在珍惜生命方面的实际思想和状况,引导学生以积极的心态投入本课的学习过程。

在了解学生的基础上,本教学设计采用故事剖析、征集自我保护的秘诀等教学手段,让学生在课堂中积极思维,在认识个人与他人、个人与社会的关系中,懂得珍爱生命就要学会遵守规章制度,要学会自我保护,要不伤害他人和无端伤害其他生命。

通过课后的作业,让学生进一步感悟生命的可贵,感悟珍惜生命的重要性,学会用所学的道理正确地分析生活中的相关事例。

(上海嘉一联合中学 遇金娜;上海市洛川学校 杨 洁)

【教学设计借鉴】

初中《家事烦恼心理调节》教学设计

- **教学目标**

知识和能力要求:

1. 了解生活在什么样的家庭是个人无法选择的,但以什么样的心态来看待自己的家庭,却是能够选择的;

2. 能正确处理与家人的隔阂与冲突,理解家人,为家人着想;

3. 知道如何面对家庭的种种变故。

过程和方法要求:

通过"说一说",让学生有机会和同龄人探讨成长过程中碰到的真实问题;通过情境创设,向学生展示典型案例,让同学们了解到自己平时不曾观察到的真实的生活,同时让学生了解到应该怎样对待家庭生活中的某些烦恼;通过"自我测试",可以让学生自我反省,看看自己是不是具备了较好的心理素质。

情感、态度和价值观要求:爱、理解、宽容、沟通是家庭生活永恒的主题,本课的设计旨在培养学生良好的心理素质,使他们懂得,我们虽然不能选择命运,但却可以选择自己的人生;使他们学会正确处理与家人的隔阂,培养理解家人,配合家人,为家人着想的良好心理品质;使他们在家庭生活遇到困难和挫折的时候,能够正确对待,不抱怨,不放弃,做生活的强者。

● **教材结构分析**

第一框《怎么看待家境差别》，通过本框的学习，使学生能够学着以平常心对待自己的家境。家境好的，不炫耀，不自夸；家境差的，不消极，不悲观，积极对待自己的生活道路。

第二框《怎么对待家人的隔阂》，是直面学生生活现实：十二三岁的孩子常常会与父母产生这样那样的隔阂和误会，有父母的原因，也有孩子心理和生理上的特殊原因，这个年龄段的孩子的成长有时候就像一种蝉蜕，本框的目标就是帮助父母和孩子跨越因为缺乏沟通和理解产生的代沟，创造其乐融融的家庭氛围。

第三框《怎么对待家庭变故》，对于中学生来说，遭遇家庭变故可能不是很普遍，但这种情况也是存在的，家庭的变故对中学生的影响是相当大的，这种变故可能是父母的离婚，也可能是长辈的去世。这一框是对学生进行一种耐挫教育，让学生在碰到类似的家庭变故的时候，能够勇于面对。

● **难点分析**

（一）对于家境困难学生的心理疏导

清贫的家境，可能会使一些人具备优良的个性品质，但长期的家境贫困，也可能对青少年的心理健康产生负面影响：

首先，在表达方面容易偏向谨慎和小心，从而形成孤僻的个性。

其次，出于自我保护的需要，可能变得非常敏感。过早过多地体验到生活的艰辛，他们可能认为社会是不公平的。

第三，怯于参加人际交往活动，而且在交往过程中处于一种被动状态。

（二）正视现实，让贫穷成为财富

1. 有"难"同当

2. 坦然接受帮助，并表达自己的感谢

3. 以知识改变命运

4. 养成"给予"的习惯，享受"给予"的快乐

（三）代沟问题

1. 父母方面的原因：

父母认为孩子需要特别的关爱、不断的教导，而产生过度保护；父母把自己的愿望强加给孩子，产生过度期望；父母对孩子不信任，而产生过分干涉……

2. 子女方面的原因：

子女认为自己已经长大，不必事事听从父母，希望有自己的独立空间而产生了对父母的脱离心理、反抗心理。

● **重点分析**

1. 如何正确看待家境；

2. 怎样来化解家人之间的隔阂；

3. 怎样面对家庭变故。

● **教学建议**

第一框

1. 尊重学生的隐私。家庭的经济状况对学生来说也是一种隐私,如果学生不愿意说,不要强求,应该用案例、故事的方式给学生以引导。

2. 不要光关注家庭状况不好的孩子,这可能会加重家境困难的孩子的心理负担。实际上,生活富裕的孩子也有很多的问题,优越感强,同时父母可能没有多少时间陪伴孩子,他们同样也有一个如何正确看待家境的问题。

第二框

1. 学生上网的问题在很多地方都有涉及,注意此处是从家长和孩子的关系的角度讲,而教师也可以根据实际情况进行教学情境的创设。

2. 老师在讲述本框的时候,不要单单从孩子理解大人的角度说,还应该教会孩子一些如何和父母沟通的方式方法。

第三框

1. 可能部分孩子对于挫折缺乏感性认识,老师可以选用更多的案例。

2. 在教育学生自己勇于面对挫折的同时,还应该提醒孩子,给困境中的同伴以帮助。

3. 要给孩子这样一种观念,在心理上遇到挫折的时候,求助朋友或者咨询机构是一件很正常的事情,接受别人的帮助并不是一件值得羞耻的事情,每个人在生活中都会有遇到困难的时候,再大的风雨,都有云开雾散的一天。

● **本课教学时间:三课时**

(上海青浦区东方中学　薛　芬)

中学历史学科

【备课要求】

历史学科是帮助学生树立历史唯物主义的观点,了解人类社会发展的基本脉络,认识人类文明的进步趋势,增强社会责任感和历史使命感的学科。为了帮助教师根据课程标准,切实转变教学理念,改革课堂教学,探索教学模式的改革,进一步提高中学历史课堂教学的质量和效益,提出以下关于备课的建议。

1. 制订具体目标,规范教学行为

教师要根据课程标准的总体目标和一般要求,依据课程内容和学生实际,围绕"知识与技能"、"过程与方法"、"情感态度与价值观"三方面,具体制订每一单元和每节课教学目标。注意三者兼顾,有主有次,有机整合;要以"知识与技能"为主线,渗透"情感态度与价值观",并充分体现在"过程与方法"之中。

制订的教学目标要体现科学性。依据学生的年龄特征和认知水平,针对具体的课程蕴含的史学知识,既要学生了解重要史实与基本线索,理解人类物质文明、政治文明、精神文明和社会文明进步的主要脉络与发展趋势,又必须关注历史思维能力和学习方法的培养,突出学习兴趣、学习习惯的养成,并初步形成历史唯物主义的立场、观点和方法,初步具备认识人与自然、人与社会关系的能力,陶冶道德情操,形成健全人格,培育以爱国主义为核心的民族精神,树立人类多元文明、相互尊重、和而不同、共同发展的现代意识,增强社会责任感和历史使命感。

制订的教学目标要体现针对性。要在了解学生实际、研究教学内容、开发教学资源基础上,将三者整合优化,使教学目标更贴近学生需求、教学要求与教学条件,以取得教学实效。目标制订既要有面向全体学生的共同需求,又要考虑不同基础学生的不同需求,有共同基本目标,又有可灵活调整的发展性目标,真正贯彻使每位学生都有进步的教学原则。

制订的教学目标要体现层次性。初中与高中两个不同阶段之间,基础型、拓展型、研究型的三种不同功能课程之间,要求都不同。在认知类型上,九年制义务教育阶段的教学以"生动、具体、形象"为主,其目标应强调对重大史实的理解和了解史实的方法以及与此相应的情感体验;高中阶段的教学以"感性与理性并重"为特征,其目标应突出对重大史实的洞察和洞察史实的方法以及与此相应的情感体验。在学习自主性上,基础型、拓展型、研究型三种不同课程也有明显的差异,因而目标的制订要体现不同的发展阶段及其过渡的特征,注意循序渐进、层层递进。

制订的教学目标要体现操作性。既要清晰地阐明目标的具体内容及其达成度,又要提出切实可行的落实措施。要体现设定目标与达成途径的有机结合,如知识与技能的掌握水平与采取的教学模式;教学设计的主要流程与教师的指导方式;能力、方法的获得与形成"史由证来、证史一致、论从史出、史论结合"的意识;情感态度和价值观的确定与即时引导、激发策略等,使教学措施更加务实而有效。

2. 科学处理教材,优化教学内容

教师应树立正确的课程观和教材观,具备源于教材、高于教材的课程意识。历史教材精心选取了学生终身学习和发展应了解的人类历史发展中的基本史实,采用了史学界普遍认同的理论与观点,是历史教学的重要依据。教师应充分利用现成的教材资源,在认真研究、领会教材编写意图的基础上,从学生实际出发,科学、合理地处理教材,可适当打破教材单元、模块之间的界限,对教学内容作一定的调整。教师应多方面地围绕课程内容,科学把握教学模块、单元的内容框架,理清线索,增强历史的"通感",有针对性地充实科学、典型、生动、详略得当的历史材料,引导学生从中发现问题和解决问题,并有机整合各类相关课程资源,以实现课程的再开发。

除合理、有效地利用教材资源外,教师要根据学生的认知实际,运用丰富、翔实的史料,通过归纳或演绎,使学生掌握历史唯物主义的基本观点和方法,逐步养成历史学习中史料、史实和史观的证据意识、逻辑意识和科学意识,提高教学有效性。高中教学应对初中内容作必要的回顾,运用初中的基本史实,加深对高中教学内容的观念理解,体现历史认识的"螺旋式上升"。同时,应把握中国在世界历史进程中的地位与作用,有意识地对中外历史进程进行比较,用具体的史实加强对中国国情与历史发展道路的认识。

3. 整合教学资源,创新教学模式

对历史课堂教学中较多采用的"情境活动"、"合作学习"、"自主探究"、"问题研讨"、"多媒体辅助"、"人机交互"等行之有效的教学模式,教师应合理地继承与发展。要注意各种教学模式的优化组合,考虑各种模式运用上的交互性与效应上的延伸性,力求有所突破,实现创新。教师要根据不同课程类型的特点,考虑选择和设计具备不同侧重点的教学模式。

设计教学过程,要注意教学手段的多样性。要依据学生身心发展与认知规律,利用生动的讲述、形象的文字、图片、音像、实物等资料,创设历史学习的氛围,再现历史发展生动过程,拉近历史与学生的距离,让学生感受历史,激起探求史实、寻求真谛的欲望。要综合运用各种教学形式,如到历史遗迹(陈列馆)、博物馆等现场进行历史教学活动,努力拓宽学习空间,让学生在人性化的教学环境中,走近历史、亲近历史、感知历史。

要努力开发历史教学资源,注意挖掘与历史学科教学相关的社会资源,充实教学内容;要主动顺应时代发展,充分利用现代信息技术,丰富教学手段,为创新教学模式开辟新思路;要提高自身的历史专业化水平,挖掘自身的专业优势,重视人文因素的弘扬,逐步形成具有自身风格的个性化教学模式。

4. 重视作业设计,发展学习成果

作业是历史学习的有机组成部分,它不仅是为了巩固历史基础知识,而且应成为引导学生掌握基本史学方法、达成情感态度与价值观目标,发展学习成果的重要手段。教师要充分认识历史学科作业的地位与作用,具备自主设计作业的能力和水平。

作业设计要把握课程标准,体现改革理念。要遵循有利于学生掌握最基础的历史知识、有利于学生掌握历史学的思想和方法、有利于拉近历史与现实之间距离的原则。作业设计的基本思路:淡化题型分类,以材料情境、学习情境引出问题,为学生运用合作、交流、探究等方式开展历史学习提供契机;开拓课程资源,引用不同来源和形式的内容丰富的材料;拓展练习空间,注重与其他学科的有机联系,体现学科的综合性特色;采用开放式的设计,在合乎史学逻辑的前提下张扬学生的个性。

作业设计要体现作业形式与类型的多样化。作业形式要兼顾书面与口头;作业类型要兼顾巩固性与发展性,不仅要重视巩固历史基础知识与基本方法的作业,而且要重视发展学生探究、实践、合作、交流等学习习惯与能力的作业,从而使作业成为丰富学习经验、完善学习经历的重要手段。

作业设计要体现个性化和选择性的原则,应为不同层次的学生巩固、强化学习成果,发现自己的成功与不足提供机会。教师要在分析课堂教学状况,体现学生认知规律的基础上,针对不同层次的学生设计不同要求的作业内容。教师既要关注作业所体现出的历史学习中的共性问题,又要关注学生的个性差异,要使作业成为进一步改进教学、提高效益、发展个性、共同提高的重要环节。

【单元分析示例】

第一单元《中华文明的发轫》分析

● 单元内容分析

劳动创造了人类,中华先祖在与自然的斗争中,不断地改造自然改造自身,终于揭开了中华文明的序幕;在广阔的华夏大地上,由于南北方自然环境的差异,形成了南稻北粟的农业生产生活格局;在生产生活的交流融合中,产生了中国历史上最早的国家,它们以宗法制度和分封制度为特征形成中国早期制度文明的特色;甲骨文的出现标志着中国正式进入文明社会,而青铜器制造技术的发达和青铜器的丰富,则标志着中华文明的相对发达和进步。

● 单元教学目标

1. 知识与技能

(1) 了解北京人的生产和生活状况等,理解"劳动创造了人"的科学论断;了解在以炎帝、黄帝为代表的各地原始先民的努力奋斗与交往中,中华文明曙光初照。

(2) 了解"南稻北粟"格局形成的原因和状况;通过了解大禹治水的故事,理解水利对农耕文明发展的重要性。

(3) 了解古代中国国家诞生与发展的基本情况;理解西周宗法制的特点及对维护"家天下"局面和巩固统治所产生的作用。

(4) 了解甲骨文的特点及其产生后对中华文明的意义;了解当时青铜器的手工业工艺水平和艺术价值。

2. 过程与方法

(1) 通过对比北京人与山顶洞人的差异,引导学生分析人类产生和进化发展的动力,使学生理解"劳动创造人"的科学论断,从而树立劳动意识。

(2) 通过对"南稻北粟"生产格局形成及其由此带来的影响,使学生用联系的方法来研究历史。

(3) 通过对宗法制的特点及其功用的学习,初步掌握整理和归纳材料的能力。

(4) 通过对甲骨文和青铜器的解析,初步掌握利用历史实物来研究历史的方法。

3. 情感、态度与价值观

通过学习认识到中华文明的悠远和优秀,增强民族文化自信心;通过学习"南稻北粟"生产格局形成和宗法制度特点,及其由此带来的影响,培养国情意识;通过对青铜器铸造的复杂工艺过程的了解,初步具备学科整合的意识。

● 单元教学重点

1. 教学重点

(1) 通过对北京人的基本生产生活的了解,阐释劳动揭开了中华文明的曙光;

(2) 南北方农业生产结构的主要特征;

(3) 宗法制度和分封制是我国早期国家文明的重要特征;

(4) 甲骨文和青铜器为代表的商周文明特点。

2. 内容解析

(1) 劳动创造了人本身,劳动也是开启人类文明的钥匙;中华文明就是在以炎帝和黄帝为代表的祖先们的艰辛劳动中迎来曙光的。

(2) 南北方不同的自然条件,导致中国农业种植的差异,并由此形成了与之相适应的生产和生活格局。

(3) 宗法制和分封制既有效地保证了中华早期国家的稳定,同时又成为阶级统治的有效工具。

(4) 甲骨文和青铜器既是商周文明发达的产物,也是其证据。

(上海青浦一中 杨 静)

【教学设计借鉴】

《中华文明的曙光》教学设计

● 教学目标

1. 知识与技能

(1) 通过观察中国原始人类和主要文化遗址分布图,了解中国是世界文明发源地之一,是目前世界上原始人类遗址最多的国家之一;

(2) 通过对"北京人"丰富考古资料的整理归纳,了解"北京人"的生产生活的基本情况。

2. 过程与方法

通过本课的学习,能够对古史传说和史实作出初步的比较,并作出自己的概括、判断和解释,初步掌握文明史的研究方法。

3. 情感、态度与价值观

(1) 通过中国原始人类和主要文化遗址分布的特点的归纳,激发一种大中国情怀;

(2) 通过对"劳动创造人"科学论断的理解,培养劳动意识;

(3) 通过对中华民族形成过程的初步了解,培养一种民族认同感和归属感。

● 重点与难点

重点:"北京人"的生产、生活基本情况。

难点:如何理解在原始人类进化过程中"劳动创造了人"的论断。

说明:

1. 作为旧石器时代的典型代表,"北京人"遗址有其重要地位,对"北京人"生活、生产等基本情况的了解,可以帮助理解旧石器时代的基本特征,故为本课重点。

2. 通过对"北京人"肢体变化和体质特征的分析,说明在从猿到人的进化过程中"劳动"所起的决定作用,这对七年级学生而言理解上有难度,故为本课难点。

● **教学设计**

1. 导入新课

① 兴趣开头：呈现甲骨文"人"，问：这是什么字？

② 问："人"从哪儿来？激发学生探究人类起源。（师生小故事）

③ 过渡到下一内容：结合《人类起源和发展示意图》指出人类是进化而来的。

2. 北京人（板书）

① 给出"世界早期人类文化遗址时间表"和《中国原始人类和主要文化遗址分布图》，让学生提取历史信息。指出中国是起源较早的国家，归纳出早期文化遗址分布的特点；强调在众多的遗址中，"北京人"遗址最丰富，也因此成为我们研究早期人类活动的重要资料。

② 介绍考古资料的含义及其史学研究功能。然后引导学生根据"北京人"遗址的考古资料，推想"北京人"的日常生活。

③ 给出"北京人"、山顶洞人图片；让学生结合山顶洞人补充介绍材料，在观察和阅读基础上，归纳其体貌上、生产工具上和生活上的差异。

④ 思考：为什么他们会有如此差异？引导学生通过其生产生活上的变化及由此出现的体貌变化，分析得出"劳动创造人"的结论。

⑤ 问：作为上海人，你知不知道上海文化之源？然后指出，距今 6000 多年，活动在崧泽地区的先祖，他们的勤劳和智慧，奠定了崧泽文化的基石。

⑥ 过渡：文字产生之前的 160 多万年时间，杰出的人物和事件都是通过口述的方式传递下来的，这个时代称为"传说时代"。传说时代的中华民族的杰出代表是炎帝和黄帝。

3. 炎帝和黄帝（板书）

① 用传说介绍炎帝和黄帝，让学生归纳其贡献；体悟传说的史料性质：具有间接参考价值。

② 用史料介绍阪泉之战和涿鹿之战，结合地图，让学生分析炎帝和黄帝对中华民族的最大贡献：促成和黄河流域的交流融合，从而奠定了华夏族的主干。

③ 过渡：所以炎黄被尊为中华民族的"人文初祖"：唐宗宋祖祭祀他们，孙中山先生给予高度赞颂，今天他们更是散布在世界各地的华夏儿女血脉的纽带，所以每年炎黄子孙都会聚集于炎帝陵和黄帝陵祭奠。

④ 视频：海峡共祭黄帝陵的视频。

4. 课堂小结

① 本课运用两种类型的史料：考古史料和传说史料。

② 研究内容：我国是原始人类遗迹最多的国家，其中最丰富的是北京人遗址；在从猿到人的进化过程中，劳动起了决定作用；炎帝和黄帝被尊为中华民族的"人文始祖"。

③ 基本观点：人类文明是人类在与自然的斗争中，不断改造自然、不断改造自身的成果。

● **资料附录**

[材料一]传说炎帝少而聪颖,三天能说话,五天能走路,三年知稼穑之事。他一生为百姓办了许多好事:教百姓耕作,百姓得以丰衣足食;为了让百姓不受疾病之苦,他尝遍了各种药材,以致自己一日中七十次毒。他又作乐器,让百姓懂得礼仪,为后世所称道。

[材料二]相传黄帝时期有许多创造和发明,如养蚕、舟车、文字、音律、算数、医学等。

[材料三]黄帝与炎帝在阪泉发生的一场大战,是传说时代一次很重要的战争。阪泉是地名,在今河北省涿鹿县东。黄帝统领熊、罴、貔、貅、虎为图腾的部落,与炎帝进行了三次激烈的战斗。最后黄帝取得了胜利,炎帝的部落被并入黄帝的部落。

[材料四]涿鹿之战是传说黄帝与九黎族首领蚩尤在涿鹿(今河北省涿鹿县)进行的一次艰苦激烈的大战,这是传说时代一次很大规模的战争。九黎族原居于南方,后北上中原,与以黄帝为首的部落发生了冲突,双方战于涿鹿之野。蚩尤的武器装备较好,所以在战斗之初,黄帝处于守势。

蚩尤和黄帝在战场上各自斗法。蚩尤利用浓雾,使黄帝的部队迷路。黄帝发明了指南车辨别方向,成功冲出浓雾的封锁。最后黄帝于冀州之野擒杀了蚩尤,成为中原各部落的共主,为华夏民族的发展奠定了基础。

(上海青浦一中 杨 静)

中学地理学科

【备课要求】

地理学科兼有社会学科和自然学科的性质,具有明显的地域性和综合性特点,对培养科学精神和培育人文素养具有独特的学科价值。为更好地实施新课程,依据中学地理课程标准的精神,建议从以下几个方面优化备课。

1. 科学制订教学目标

教学目标要整体考虑,全面落实。要根据地理课程标准的要求,整体考虑课堂教学三维目标的落实。"知识与技能"、"过程与方法"、"情感态度与价值观"三维目标在课堂教学中是一个有机联系的整体,但在备课中,具体目标的制订需要针对不同目标的特性,分别阐述其在新课程背景下的内涵要求,注重能力培养。如"知识与技能"目标,要强调对地理学科基本知识结构的理解能力而不是对孤立的地理事实或地理数据的记忆;"过程与方法"目标,要重视地理技能的培养,并注重发展学生运用现代信息技术手段搜集、加工地理信息的能力;"情感态度与价值观"目标,要注重通过创设情境、实践体验、比较反思等过程,培养学生地理学习兴趣和地理审美情趣,养成观察、思考、质疑、比较,以及交流本土的、国家的、世界的地理问题的习惯,树立科学的人口观、资源观、环境观和可持续发展观,培养民族自信心和爱国主义精神。同时,注意加强对"过程与方法"目标制订的研究,将其作为中介,由此带动地理知识的学习和情感、态度与环境等观念的养成。

教学目标要针对实际，强调有效。目标的制订必须具有针对性，一要针对教学的内容，是自然地理知识还是人文地理知识，是系统地理知识还是区域地理知识，是中国地理知识还是世界地理知识等。在进行三维目标的制订时，要注意体现有不同目标的侧重点和具体的要求。二要针对学生的实际，根据学生在地理学习能力上的表现，进行长处和短处的分析，以取长补短的思路来制订具体目标，使学生的地理能力得到均衡发展。三要针对不同的课型，是新授课还是复习课，是地理知识性的讲授课还是实验观察性的实践课，在三维目标的结构上，其侧重点也会有所差异，同样必须体现在目标制订的思路和结果上。总之，目标的制订强调的是指导其有效达成，而不是停留在教案文字的表达上。

教学目标要应对差异，体现层次。这里主要是指学生的差异，包括学生群体的差异，也有学生群体内的差异，都需要在目标的制订中有所应对。例如，初中学生和高中学生之间，在教学目标上，无论知识技能、过程方法，还是情感态度，都应该提出不同的目标。对有些初中、高中都有的地理内容，主要是行为要求上要体现层次不同，可使用"知道"、"理解"、"掌握"等具有可评价性的行为词来明确界定目标。如"气候、地球的运动、地理图表学习和运用能力、可持续发展观"等初高中不同阶段均有涉及的课程目标，应综合考虑课程标准、学生基础、班级差异、课时容量、教学条件等多种因素，从有效促进学生发展的需要出发，分阶段、分层次落实教学目标，循序渐进，避免出现过低、过高的要求，使学生无所适从。而对于一个群体内的学生差异，则要照顾不同学生的基础，明确不同程度和方向的学习要求，以便在教学过程中得到有效落实，并引导学生在不同基础上都有一定发展。

2. 合理组织教学内容

组织内容要以有效分析教材为基础。地理教材是地理课程最基本的教学内容，包括地理教科书、地理图册和填图练习册等，都属于地理教材的范畴。同时，地理教学参考资料也是配套的重要课程资源，这些都是需要教师学习分析和研究的对象。对地理教材的分析首先要着眼于对其教育价值的认识，要从教材的整体来分析单元内容的教育价值，突出地理学科思想的教育；其次，要对单元内容的结构进行分析，认清各个知识点之间的关系，以便教学设计时有一个比较科学的教学流程；第三，还要分析其中的重点知识和难点内容，分析其意义所在和难度表现，研究落实办法，以确保一个单元中核心的概念或知识技能得到落实。作为地理学科的特别内容——地理图表，同样要重点分析。地理图表中蕴含着丰富的地理信息，具有对学生地理素养培养的丰富的潜在资源。在对地理图表进行分析时，要将这些资源的价值努力挖掘出来，使之充分发挥教育、教学的作用。

组织内容要针对学生作合理的调整。教材处理是在教材分析基础上进行的。对地理教材的处理要把握学科"人地关系和可持续发展"的主线，突出区域性和整体性这两个学科特征来组织，注意适当分散难点，集中解决重点，有效地利用好教材的价值；教师备课时要突出概括性、应用性、有迁移价值的地理原理性知识以及对地理学科基本知识结构的理解，根据学生具体情况考虑抓大放小；同时，教师要明白，一本教材不可能适合所有的学校和学生，针对不同学校和学生的基础水平,教师必须相应作一定的调整,包括在次序上的调整,以及对部分内容上的取舍。

组织内容要联系生活,注意适当补充。教师要明确地理教材是进行地理教学的主要载体,但不是唯一载体。要让鲜活的自然环境内容、社会生活实际、相关的国内外时事要闻、学生和教师不同的生活经历和体验,成为地理课堂教学的重要资源,引导学生从地理的视角进行观察和思考,产生学习地理的兴趣和需求,认识地理与现实生活的联系,发现将所学的地理知识与技能运用于解决现实生活问题的契机,并努力实践,使地理课堂充满活力。补充内容的形式可以是多元的,包括文字、图像和视频资料等,但必须坚持适切性和有效性的原则,切忌将学生已经懂或容易懂的知识内容,再用补充资料将之复杂化,或者引入无教育价值甚至有问题的材料。

3. 精心设计教学过程

根据课程标准,精心设计科学流程。在教学内容确定后的教学组织上,要以地理技能的培养带动地理知识的学习,围绕地理科学思维方法的训练和提高开展教学,提高学科的教育有效性。教学流程的设计,要注意贯彻上述思想,将地理教学目标的落实、地理内容的呈现、地理情景的创设、地理资源的利用、地理活动的安排等进行多元联系,实现同步发展,提高课堂教学的整体性和流畅性。

突出问题意识,培养学生问题能力。在教学过程的设计上,要积极建立地理知识与生活应用间的联系,把注意力更多地集中在指导学生参与搜集、整理、分析地理信息和解决地理问题上,给学生创造体验主动学习的机会和探索的过程和经历。地理问题的设计要体现不同的层次要求,如有对地理概念知识复述的(What、When、Where 等),有对地理原因探究的(Why),有对地理原理或过程分析的(How),以及对地理环境比较或推理的(If)。要对不同基础层次的学生准备不同的讨论问题,培养学生的创新思维和创新精神。

注意师生互动,体现课堂教学民主。新课程创导课堂中要师生互动、生生互动,以及师生和文本之间的互动,体现课堂教学的民主。课堂互动的基础是一定的情境,包括问题情境、信息情境、对话(角色)情境、其他资源情境等。从目前的实际情况看,如何创设具有一定互动价值的地理情景,这是地理教师备课中需要重点研究与探索的课题。从互动的层次考察,同样涉及对新课程理念的掌握和体现。如:基于问题启发的教学互动,是"师问生答"还是"生问师答"或"生问生答",这就是新、旧课堂的一个质性差异。所以,这里主张教师的备课预设还要为课堂过程中的"生成"留有余地。

整合信息技术,改善学生学习方式。地理环境的宏观特性决定了地理信息量的巨大特点,要学习地理,就必须重视地理教学信息资源和教学媒体的利用,使现代信息技术的运用成为地理课堂教学的有机组成部分。地理学科的备课需要建立在网络平台之上,这是回应时代的发展对地理学科改革的呼唤。建议可以先从部分章节开始,尝试利用网络搜索引擎,在备课中甚至在课堂教学中指导学生即时查找与教学内容相关的教学资料,积累经验。条件具备的学校,可以适当增加网络授课次数和频率,倡导师生、生生之间借助网络平台的课堂对话，改善学生进行地理学习和地理思维的方式。

4. 有效提供作业练习

作业要有实践性。作业练习是地理教学过程中的一个重要环节，地理作业要符合学科的特点。要重视对地理图像的阅读、分析和运用，尽可能使作业内容和地理图像紧密结合，不断提高学生运用地理图像获取地理信息、分析地理事件和现象、解决地理问题的能力。还要重视设计丰富多彩、形式多样的地理实验作业，让学生去"亲历地理"，而不是"听地理"、"背地理"。注意发挥实验作业在体验和理解地理概念、掌握地理技能中的积极作用，并发挥实验对培养学生自主、合作、探究精神和求真务实的科学态度等方面的重要作用，悉心设计相应的实验环节，精心组织好实验活动。

作业要有探究性。作业练习的设计要注意能激发学生地理学习兴趣，注意围绕地理科学思维方法的练习和提高，渗透现代地理科学观念和意识。要引导学生对地理事件和现象进行感知、辨析、归类、比较、设疑、解惑等，着力使学生形成从地方、区域乃至全球视野看待世界各种事物和现象的整体意识，发展思辨能力和创造素质，并关注自身对地理学习结果进行表达的能力的提高。

作业要有开放性。教师在布置和设计作业练习时，应根据学生的特点，关注内容的针对性和形式的多样性。既要考虑基础性作业练习，也要考虑拓展性作业练习；既要有适合个体独立完成的作业练习，还要有适合小组合作完成的作业练习；既要设计"写"的作业练习，也要设计"说"和"做"的作业练习。有条件的学校，还可以将地理作业与社会教育资源中地理学科有关的情景问题相结合，设计更加开放的学生作业，培养学生基于真实情景的学习能力。

【单元分析示例】

《台风、寒潮和梅雨》专题分析

● **教学目标与要求**

知道我国东南沿海的台风源地、时间与形成条件，台风移动的主要路径、影响地区，以及减轻台风灾害的措施。知道寒潮的时间、影响地区，寒潮过境地的天气，上海的寒潮标准、源地和主要路径。理解低气压、气旋与台风的关系，高气压、反气旋与寒潮、伏旱的关系，掌握气旋、反气旋的气流运动状况，以及对天气的影响。知道锋和锋面，我国锋面雨带的推移，主要的旱涝灾害情况。理解冷锋、暖锋和梅雨的形成，掌握冷暖锋过境时、过境后的天气特征。

运用"北半球气旋、反气旋与天气状况示意图"，说明气旋、反气旋的气压分布状况、气流特点，分析其对天气的影响。运用"登陆我国沿海的台风路径"、"影响上海的寒潮路径"和"梅雨分布"图，说明台风、寒潮和梅雨的影响地区。通过示意图中冷暖气团的运动方向判断冷暖锋，说明冷锋、暖锋的特点，分析它们对天气的影响。

通过阅读有关台风、寒潮、梅雨的具体报道，认识这些天气现象的本质内容，提高综合分析问题的能力。通过阅读气旋与反气旋、冷锋与暖锋示意图，培养比较学习、举一反三的能力。通过分析台风、寒潮等气象灾害，培养辩证唯物主义观点，增强保护人民生命财产的责任感，树立积极主动防灾、减灾的意识。

● **教材分析**

行星风系、季风是全球性有规律的大气运动，而气旋、反气旋、锋面是局部地区的天气现象，与现实生活的联系更为密切。本节教材的知识基础是大气环流和季风环流，通过我国局部地区天气系统的分析，可以学以致用，并为后面人类活动与气候的学习打下基础。

本专题分为"东南沿海的台风"、"上海的寒潮"、"江淮的梅雨"三个部分。教材不从气旋、反气旋这些概念出发，而由生活中常见的台风、寒潮等入手，重视引用身边出现的气象气候灾害的报道材料，把书本知识与生产、生活实际融合在一起。透过熟悉的现象来探求台风、寒潮、梅雨的本质，在解释现象中理解所属的天气系统。

在"东南沿海的台风"部分教材中，结合"北半球气旋与天气状况示意图"，分析气旋的气压状况、气流状况及其影响下的天气特点，说明低气压、气旋与台风的关系。结合"登陆我国的台风路径图"，说明台风的源地、形成条件和影响地区，以及减灾的措施。

在"上海的寒潮"部分教材中，结合"北半球反气旋与天气状况示意图"，对气旋与反气旋的气压状况、气流状况及天气特点进行比较，说明高气压、反气旋与寒潮、伏旱的关系。结合"影响上海的寒潮路径图"，说明上海的寒潮标准、源地。

在"江淮的梅雨"部分教材中，主要结合"冷锋天气"、"暖锋天气"图，抓住冷暖气团的运动方向对冷锋、暖锋进行比较，分析冷暖锋过境时、过境后的天气特征。运用"梅雨分布图"，说明锋面的移动情况形成梅雨和我国的锋面雨带。

● **教学建议**

1. 本节教材安排为2.5课时，其中：

东南沿海的台风　　1课时
上海的寒潮　　　　0.5课时
江淮的梅雨　　　　1课时

2. 教学中可以对课文前面配发的图片"台风"、"寒潮"、"梅雨"进行比较，结合专栏的报道材料，从影响上海的灾害天气特点出发，引导学生分析它们所属的天气系统。

3. 在"东南沿海的台风"部分的教学中，可结合"北半球气旋与天气状况示意图"，引导学生读北半球气旋图。培养学生将已学过的知识、能力迁移到新知识的认识、理解过程中，获得举一反三的学习能力。从中心与四周等压线数值，分析其气压状况属高气压还是低气压；从气压状况联系在同一水平面上大气总是从气压高处流向气压低处，结合地转偏向力的影响，分析其气流状况；从四周向中心的旋涡式流动特点，分析其中心气流是上升气流还是下沉气流，从上升气流特点分析其对天气的影响。通过对台风形成条件的分析，理解低压、气旋与台风的关系。运用一次（或几次）具体的台风路径图，引导学生读出台风源地、热带气旋的分级和台风登陆影响的地区，认识台风危害，制订防灾减灾的措施。教师还应注意培养学生用辩证的观点看待问题，台风既有灾害的一面，也有有利的一面，它能带来丰富的降水，是伏旱期农作物生长的"及时雨"。

4. 在"上海的寒潮"部分的教学中,可结合"北半球气旋与天气状况示意图",对气旋与反气旋的气压状况、气流状况、中心气流特点进行比较。区分气旋与反气旋天气特点的关键,是气流的垂直运动与气温的关系:空气上升,温度降低,水汽容易凝结,成云致雨;空气下沉,温度增高,水汽不易凝结。由此理解高气压、反气旋与寒潮、伏旱的关系,伏旱是在副热带暖高压反气旋控制下,寒潮是冷高压反气旋的入侵。在北半球气旋、反气旋的教学基础上,引导学生自己画图,分析说出南半球气旋、反气旋和气流状况,从而反复巩固知识。运用"影响上海的寒潮路径图",介绍上海的寒潮标准、源地,引导学生用辩证的观点看待寒潮的影响。

5. 在"江淮的梅雨"部分教材中,可结合"冷锋天气"、"暖锋天气"图,让学生注意观察冷暖锋在图上的表示方法,对冷锋、暖锋进行比较。锋面系统是影响我国的主要天气系统,要使学生理解冷锋、暖锋与天气的关系这一难点,教学中要抓住两个关键。一是冷暖空气哪个为主动,冷空气主动向暖空气移动形成的锋面为冷锋,暖空气主动向冷空气移动形成的锋面为暖锋。二是锋面两侧的温度、气压、风向差异明显,所以当锋面过境时常伴有云雨、大风等天气。教学中可以让学生用手势来演示锋面,左手平放表示冷空气,右手手指向上倾斜表示暖空气,两手相向平推。比如冷锋是左手(冷空气)推动右手后撤(暖空气),学生就不难理解冷锋过境后气温骤降、气压升高、天气转晴(因冷空气替代了暖空气,处于冷空气控制下)的道理。教师还可以用两军交战的例子来形容锋面的移动,梅雨是江淮地区冷暖空气势力均衡造成的长时期大面积阴雨天气。运用"梅雨分布图",说明在副热带高压推动下我国的锋面雨带的移动规律,华南地区、江淮地区和华北、东北地区的雨期。结合专栏的报道材料,分析梅雨对经济的影响,副热带高压强弱不同的年份我国的旱涝灾害情况。

【教学设计借鉴】

《水资源》教学设计

● **教学目标**

1. 知识与技能

能够分析、归纳世界水资源时空分布的特点及其成因。归纳、总结我国水资源的基本国情。分析、归纳我国和上海市水资源存在的问题,并能提出相应的对策。

2. 过程与方法

阅读各种图表归纳水资源时空分布的特点;通过合作学习,提高收集、整理、分析、表达、加工各种地理信息(尤其是网上信息)以及解决实际问题的能力。

3. 情感、态度与价值观

通过对我国和上海市水情的学习,增强忧患意识,树立正确的资源观和环境观,树立对祖国、对家乡的责任感;通过节水经验分享,养成从一点一滴的小事做起的良好行为习惯和节约用水的好习惯。

● **教学过程**

课前准备:带上家庭的水费单,网上查询中国水资源利用现状的资料、本地水资源利用、污染状况调查。

（一）引入新课

1. 屏幕投影一张水费单,使学生了解家庭用水状况,估算一个班的家庭总用水量,从票据上的排水费一栏引入"节水"主题。

设计思想:从家家户户每月收到的水费单,引入"水"这一主题,凸现"生活中的地理"。

2. 教师提出问题:面对一开就有水流出来的自来水龙头,我们却喝着瓶装的饮用水,我们到底缺水吗?

设计思想:许多同学知道缺水,可行为上又与节水背道而驰(如教室里饮水机下全是浪费的水),以此问题引发学生思考,进而重新对水有一个新的认识。

（二）新课教学

1. 水资源短缺的现状分析

（1）教师呈现资料

资料:人们面临的现实是淡水危机已经出现。早在1977年2月,联合国就向全世界发出警告:水,不久将成为继石油危机后的另一个更为严重的全球性危机。根据联合国的报告,目前全世界有100多个国家缺水,严重缺水的已达40多个;有11亿人缺乏安全饮水,全世界约有3/4的农村人口和1/5的城市人口常年得不到足够的淡水供应,25亿人缺少卫生设施,每年有500多万人死于与水有关的疾病。水源不足已成为许多国家国民经济发展和人民生活安全的重要障碍。

2000年3月22日前夕,在非洲的肯尼亚一个村庄,出现人猴争水的一幕。由于长期干旱,村民们不得不用水车从外地装水,当村民们正从水车上舀水往家搬时,几十只猴子窜了出来,人们受了惊吓就跑,猴子们在畅饮了一番之后,开始玩起了水仗,一时冲昏了头脑的人们清醒过来,拿起武器捍卫自己的生命之源,于是开始了一场人猴大战。这个故事让我们笑不出来,这也许只是全球性水荒的前奏。

（2）学生汇报交流收集的相关材料

请学生将自己收集的材料、调查观测的结果,进行汇报交流。

设计思想:教师罗列数据,显示图片,作为引子。学生汇报交流,可以激发学生的表现欲,同时教师与其他同学认真听讲的态度也会使一些敷衍收集工作的同学受到教育,这就是同伴教育的力量。

（3）自学案例"黄河断流"后分组讨论黄河断流的原因、后果及应对措施

（4）各小组归纳小结后,进行汇报交流

在学生分析原因过程中,教师注意引导学生从自然和人为两个方面去分析黄河断流的原因,而无论是人为原因还是自然原因,其本身又有着更深层次的原因,如关于水资源的时空分布不均,可进一步提问:为什么时空分布不均?进而复习河流的补给类型。又如在提到水资源浪费严重这一问题时,显示以下图片,使学生深刻认识中国水资源利用状况及与发达国家的差距。

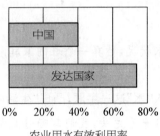
农业用水有效利用率

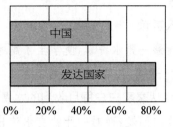
工业用水重复利用率

同时充分利用各种地理图表,如关于水资源的时空分布不均,展示中国年降水量分布图、地形图、土地利用类型图、人口分布图等,以提高学生综合运用地理要素分析问题的能力,提高学生理论联系实际的能力。

2. 学生总结、归纳水资源短缺的原因

"黄河断流"这一案例分析完毕后,再总结全球性水资源短缺的原因及其解决措施。

3. 读图表,了解水资源的时空分布

在原因分析过程中自然会涉及世界水资源的时空分布。由于前面已有了原因分析的基础,因此根据各类图表、数据,分析水资源最丰富的大洲、最贫乏的大洲、总量最多的国家、人均占有量最多的国家、我国水资源国情等教学环节,由教师和学生互动进行。

4. 制订措施,合理利用和保护水资源

教师:形成水荒的人为因素环环相扣,人口增长、吃饭穿衣,就要求发展工农业,而工农业的发展又导致水资源污染加剧,因此如不加以保护,会对整个社会产生深远的影响。面对日益紧缺的水资源,人类该如何利用和保护呢?师生共同分析,得出结论。

(1) 水资源时间分布不均——建立蓄水工程(包括绿色水库)。

(2) 水资源空间分布不均——修建跨流域的引水工程(南水北调)。

(3) 水资源总量有限,水资源利用率低,浪费严重——科学用水,节约用水。

(4) 水质污染严重——保护水资源,防治水污染。

设计思想:要求针对原因进行分析,使学生学会科学的地理思维方法。鼓励学生自己去建立知识间的联系,形成完整的地理认知结构。

5. 分享大家的节水经验,从一点一滴的小事做起

教师:2000年11月国务院发出通知,加强城市供水节水,要坚持把节水放在首位,努力建设节水型城市。节约用水可以说是最简单最有效的措施。你节水了吗?

教师鼓励学生分享自己的节水经验,让学生在耳闻目睹中,在亲身实践中形成鲜明的节水观。还可通过课外活动组织学生对城区内江河水质调查,明确污染的主要来源、水污染的危害,还可组织学生进行科学实验,对水污染进行检测。

设计思想:节约用水的办法很多,落实到学生自身,应从身边的小事做起,树立正确的节水观念。但这些小事经常因为这样或那样的原因而做不到,这一教学环节旨在促进学生进行反思交流,为什么举手之劳的事却难以持之以恒?在反思交流的过程中以及课后的活动中激

发学生保护水资源、保护环境的责任感。

6. 结束语

教师：当你开大水龙头痛快地淋浴时，别忘了人类赖以生存的水资源正在急剧地减少；当你忘了关上哗哗流淌的水龙头时，你可知道，生活在干旱地区的人们正在仰望苍天，期待雨水；当你拿起清澈的矿泉水开怀畅饮时，你应该记住，人类有限的水资源正在遭受严重的污染。让我们一起努力，不让我们的眼泪成为最后一滴水。

中学社会学科

【备课要求】

社会学科对培养学生关注社会、参与社会、服务社会，并运用既有知识和经验，多角度地认识和解决现实生活中的实际问题的能力，具有重要的作用。为进一步贯彻落实新课程的精神，提高课堂教学质量和效益，对教师的备课提出以下几点建议。

1. 合理安排教学计划，落实学科教学目标

教学计划和教学目标是完成课程任务的保证。教师应制订完整的教学计划，包括学年计划、学期计划、主题单元计划和课时计划，明确相应的教学和评价目标，保证中学社会课程目标落实到教学的各个方面。

教师在制订课堂教学目标时，要根据教学内容，厘清知识、经验、方法与能力之间的关系，从学生的实际出发，关注学生的学习兴趣、态度、思维方式以及行为方式。要努力使用过程化的表述方式，以提高目标的指导性、可操作性和可测性。要明确情感、态度和价值观的具体要求。

2. 认真钻研教材，精心选择教学内容

教材是学生进行社会课程学习的主要载体，但不是惟一的载体。教师要在深入研究课程标准和教材的基础上，精心选择教学内容，同时，要注意将与主题内容相关的鲜活的社会事实和学生的经历等，视为社会课程的重要资源，纳入社会课堂教学中来，使学生所学的知识与方法，在思考和解决实际问题中得以迁移、巩固和运用。

教学内容的组织，要注意主题内容的逻辑性和层次性。要突出教学重点，并围绕重点设计合理的教学活动，使学生在教学活动中，通过"问题（内容案例）——思考讨论——形成共识或结论"这一基本过程，逐步养成良好的思维习惯和思维品质。

3. 关注学习过程，改进教学方法

中学社会课程的教学，应将其视角放在应用学生的既有知识和经验，分析、判断和解决具体的问题上，在此过程中，逐步提升学生的认识水平和思考、解决问题的能力。

在教学过程中，教师应注意结合具体的教学内容，适时、适度地对学生进行"两纲"教育。要把国家意识、文化认同、公民人格作为民族精神教育的重点内容，引导学生形成现代公民的良好道德品质和行为习惯;要联系现实生活,对学生进行认识生命、珍惜生命、尊重生命、热爱生命,提高生存技能和生命质量的教育,帮助学生认识自我,学会调适,感悟人与人、人与社会、人与自然和谐相处的重要性。

在教学过程中,教师应多关注学生的学,避免课堂成为教师表现的场所。教师要鼓励和尊重学生的不同经验及见解,努力营造和谐宽松的学习环境和氛围,为学生创造更多的主动学习机会,充分体验学习的"过程",并使之最终上升为学生的生活经验,提供时间和空间上的保证。

4. 以新的教学质量观,建立练习体系

中学社会课程的练习要遵循新的质量观,进行相应的设计与实施。必须明确,社会课程的学习,旨在促使学生关注社会现实、参与社会生活,并在此过程中培养学生观察问题、分析问题和解决问题的能力。因此,中学社会课程的练习设计,应重点关注学生在分析问题和解决问题过程中,知识应用、方法运用的正确性,以及群体协作等综合能力的培养。以练习环节来促进学生养成并提高这些能力,并进而提升中学社会课程的学习质量,是练习设计和实施的出发点。

为此,中学社会课程的练习,要注意紧密联系社会生活,包括通过历史、现实与未来等演化发展的比较,对社会结构、社会关系等的相关分析,对社会的普遍性问题和差异性问题进行探究等,从课程"综合性"、"开放性"、"实践性"特点出发进行设计与实施,使练习能够兼顾知识与技能、书面与实践、个人与合作等诸多方面,能够符合中学社会课程育人功能的核心价值。

【单元分析示例】

《我们身边的人际关系》单元分析

● **教材分析**

本单元是初中社会学科教材的专题二"体验人际关系"的第一单元。这一专题共含三个单元,后两个单元分别是"人际交往中的矛盾和冲突"、"人际交往的原则与方法"。这三个单元是相互联系的一个整体,共同承担教育学生如何正确认识社会生活中的人际关系,当人际关系有冲突时如何解决等方面的素质。通过学习后,学生应该理解,作为一个社会人,要具有对人际关系内涵的正确认识,同时有良好的人际交往的习惯和沟通能力。

本单元有两个内容,即"人离不开社会"和"人生活在群体关系中"。第一个内容阐明人与社会的关系,强调了人的社会属性,从根本上说,个人不可能离开社会而独立生存;第二个内容分析了作为社会人,随着社交圈的不同,可以形成不同的群体关系,这些关系是社会人在交往中体现的,是人际交往的基础。让学生明确,人际交往是人的生存与发展的需要,是建立在双向需求和付出平衡的基础上的。

教材中的正文与案例都支持了上述教育目标与价值的实现,教材中的体验栏目,如"想一想"、"做一做"等,是体现新课程"过程与方法"目标维度的载体,也是一种启发,可以在教学设计中直接利用或改造利用。

教材的重点与难点：

重点：通过对案例的分析，了解人是离不开社会和他人的，人是具有社会性的动物；人在各种群体中出于需要进行交往是社会性的体现，人的交往是双向的、平等的。

难点：恰克空间上的离开社会只是形式上的，实质上他并未真正离开人类社会。

● **教学目标**

（1）知道人是社会性的动物，个人不可能离开社会而独立生存的道理；明确个人在各种群体中出于需要进行交往是社会性的体现，人之间的交往是双向的、平等的。

（2）学习从视频与案例中提炼信息、获取证据、证明观点的方法，并在这过程中提高阅读理解能力、逻辑推理与归纳的能力。

（3）体会生存的意义，增强合作的意识，努力形成"心中有他人、心中有社会"的理念。感受人际交往中需求与付出的平衡所带来的乐趣。

● **教学准备**

自制PPT、设计课堂学习单、剪辑电影《荒岛余生》的片断（共5分钟）等。

● **教学过程**

第一课时：人离不开社会			
教学环节	学 生 活 动	教 师 活 动	设 计 说 明
1. 导入新课	1. 看PPT课件野外生存训练图片。 2. 思考或讨论假设的问题，畅所欲言。（可能太宽泛）小组代表发言。（提高难度，有针对性）	1. 出示野外生存图片，提出假设：如果让你去一个与世隔绝，荒无人烟的小岛上生活几年，你会带些什么物品？如果……注意根据学生发言调整问题的指向目标。 2. 板书：记录学生发言要点。注意对发言进行评价。 3. 下发学习单，要求记录所看到的有价值信息。	1. 运用PPT画面与假设，争取快速引导学生进入上课状态，并营造一种宽松的课堂气氛。 2. 记录发言要点，方便以后进行对比。
2. 引出问题，导入案例学习，完成学习单	1. 观看电影片段剪辑，获取信息，记录学习单。（荒岛上的：野果、原始工具等。飞机失事带来的：钢板、排球或物质生活的与精神生活的等等。） 2. 分组讨论学习单上的问题，并派代表发言交流。	1. 播放电影《荒岛余生》片段（近45秒），简介影片背景知识。 2. 提出问题，要求各组合作记录、完成学习单。 3. 点评明确交流的问题。	1. 采用生动的电影片段，有助于熟悉案例，提高参与讨论的兴趣。 2. 通过学习单学习提炼信息、证明观点的方法，训练归纳理解能力以及合作交流的意识。 3. 通过问题设计帮助学生建立人与自然界及社会之间的联系，获得学习的初步结果。

续 表

教学环节	学生活动	教师活动	设计说明
3. 创设问题情境,分组讨论,突破重点与难点	1. 思考假设,思维可能出现碰撞,产生分歧。 2. 观看电影片段。 3. 分组思考讨论并发言交流;其他同学聆听同学发言,表达自己的见解。(人的生存离不开他人与社会,即便短暂地离开社会独自生活一段时间,但他赖以独自生存的工具、知识技能、生活经验等也都来自文明社会。) 4. 阅读教材,思考问题,发表看法。	1. 过渡:请大家想想,如果拿掉文明社会提供的物品,恰克的生存会发生变化吗?…… 2. 播放恰克荒岛生活电影片段的细节场景,指导学生观察思考问题。(1)恰克获取"火"的方式与原始人的一样吗?为什么?能否说恰克的这一生存技能与人类社会没有关系?(2)钻木取火失败后促使恰克大喊大叫的因素有哪些?它说明了什么问题?(3)"威尔森"对恰克的生存有哪些帮助?如果没有"威尔森",恰克会怎样? 3. 评点归纳学生发言及小组学习。 4. 最后通过再提问"刚才大家看了恰克生存过程中的三个细节,从这三个细节中你可以得出哪些结论?"引导学生得出结论,进行阶段小结。 5. 引导学生回归教材、阅读教材,进一步深入思考,从而获得结论。	1. 通过假设制造思维陷阱,引起学生间的思维碰撞,提高学习或探究的兴趣。 2. 借助影片细节建立问题情境,引导学生积极思考;借助小组合作的形式培养合作交流的意识,其本身既是可能利用的教学资源,也体现了本课的学习内容之一——人离不开他人。 3. 通过分析生存技能与社会的关系、精神需要与社会的关系,引导学生加深对人无法离开社会而生存这一结论的理解。
4. 教学小结	1. 思考回答。(生存需要的;逃生重返社会需要的。) 2. 讨论发言,体会结论。	1. 回应开头假设,明确答案。 2. 提出问题思考,(从恰克的个体生存过程中你获得了哪些认识?)进行教学总结。	落实教学知识点。体会生命的珍贵和生存的意义。
5. 拓展	发言,谈自己的做法。(视时间而定)	教师过渡,得出启示。	联系现实,加深认识,巩固所学知识。
第二课时:人生活在群体关系中			
1. 导入新课	1. 阅读《夏青的"烦恼"》。 2. 交流对阅读材料的看法。	1. 播放《夏青的"烦恼"》PPT或FLASH(事先制作)。 2. 组织学生按"做一做"的问题交流看法。	以事例引发学生对"人际关系"的关注。
2. 交流对人际关系的感受	1. 交流:谁是使自己最"牵肠挂肚"的人,原因是什么?哪种人际关系使自己讨厌,为什么? 2. 讨论:比较同学的不同感受,明确:人生活在各种群体中,不管你喜欢还是厌烦,付出多还是收获少,人际关系将伴随你的一生。	1. 选择诸如《成长的烦恼》等影片的片段,用有关人际关系的内容引发学生讨论。 2. 以"谁是使自己最'牵肠挂肚'的人,哪种人际关系使自己讨厌"为问题,启发学生交流对"人际关系"的不同感受,以及领悟这种感受的原因。 3. 启发学生讨论,引起我们对人际关系中不同感受。 4. 引导学生明白:人的一生始终生活在不同的群体中,人际关系将会伴随你的一生。	通过多种手段,让学生理解知识要点: 1. 人际关系对自己产生的不同感受; 2. 产生人际关系不同感受的因素有多种; 3. 人际关系是不以人的意志为转移的,将伴随我们的一生。

续 表

教学环节	学生活动	教师活动	设计说明
3. 归纳人际关系的种类	1. 阅读知识窗《人际关系的种类》，比较相近种类（如家庭与亲戚）之间的差异； 2. 制作一张"人际关系"表，按"种类"、"举例"、"重要程度"为指标，交流看法。	1. 列举具体的人际关系（如我和妈妈、我和姨妈、我和表弟、妈妈和她单位的同事等），归纳：可以算是何种关系？ 2. 指导学生阅读"人际关系的种类"材料，设问：有没有谁既属于这种关系，又属于另一种关系。体验分类的依据与逻辑性。 3. 指导学生用表格归纳人际关系的种类。	1. 运用"建构主义"的方式让学生自己得出概念； 2. 指导学生学会概念的归纳与梳理，培养逻辑思维的能力。
4. 教学小结	1. 思考："朋友就是相互利用吗？"自己对这种说法的认识。 2. 逐步认识"人际关系"的正确涵义： 人际关系是人的社会属性的体现； 人际交往是人们生活的需要，不可以物质帮助和以精神安慰； 人际交往是双向的行为，需求与付出应是对等的。	1. 提出有冲突的认识问题启发学生进行讨论，可以先用具体的案例来引发学生的讨论； 2. 从思想品德与社会关系的层面，引导学生讨论并认识"人际关系"的正确涵义； 3. 引导学生用实际例子来理解教材上对人际关系的三个结论性认识。	1. 引导学生在认知冲突中加深对"人际关系"概念的认识； 2. 指导学生对概念的分层次把握和从特定角度思考的方法。

● **作业建议**：（略）

● **分析说明**：

初三阶段受升学压力影响，学生对社会学科的重视程度下降，而生活的经验可能并不差，所以在问题设计与导入环节要尽量与其生活实际相联系，努力激发他们的兴趣、推动知识迁移和思维发展；作业环节则尽量立足课堂完成以减轻学习负担。

（上海卢湾区教育学院附属中山学校　詹华清等）

附录：课堂教学学习单

上海卢湾区教育学院附校社会学科课堂教学学习单

班级_____　小组_____　姓名_____

（一）

1. 观察，记录信息：恰克他活下来依靠了哪些物品（每组至少找5样）
2. 尝试科学分类：请把上述物品分成简单的两类填入表中，并说明你们小组这样分的理由（即分类的标准）。

物　品	类　别

> (二)
> 1. 恰克获取"火"的方式与原始人的一样吗？为什么？能否说恰克的这一生存技能与人类社会没有关系？
> 2. 钻木取火失败后促使恰克大喊大叫的因素有哪些？它说明了什么问题？
> 3. 恰克把"威尔森"画成了什么东西？"威尔森"对恰克的生存有哪些帮助？如果没有"威尔森"，恰克会怎样？

【教学设计借鉴】

《行为方式差异导致人际冲突》教学设计

《行为方式差异导致人际冲突》是九年义务教育《社会》第一学期（试验本）第二单元《体验人际关系》中第三节的内容。这一课时在学生通过前面的学习认识到社会是由个体和不同的群体构成的，人离不开社会，人与社会互相依存的基础上，目的是通过对本课的案例研究探讨使学生了解有人际交往就会有冲突，人际冲突的原因很多，其中行为差异是导致人际冲突的一个重要因素。

● **教学目标**

① 知识与技能：知道只要有人际交往就可能会有人际冲突，并且人际冲突的原因多样纷杂，认识到行为方式差异是导致人际冲突的一个重要因素，在自己的成长过程中要学会积极面对人际交往中遇到的问题，善于处理其中的矛盾冲突。

② 过程与方法：运用案例分析、独立思考、讨论等学习方法体验、反思、分析社会生活中各种冲突问题，在分析中学会判断、归纳。

③ 情感态度价值观：懂得在人际交往中要了解对方的性格特点、行为习惯和处世方式，做到相互尊重和理解，热情待人，注意分寸。

● **教学过程**

一、导入

课前调查的内容反馈

（课前调查：1. 你曾经与他人发生过冲突吗？如果有，对象是谁？2. 请你简单描述一下冲突事件的过程）

归纳：1. 只要有人际交往，就可能产生人际冲突和矛盾；

2. 任何人际冲突，其发生都有一定的原因，因为每个人的年龄、经历、性格、观念、地位、权力、文化背景、对事物的理解等等各不相同，所以会有人际冲突。

良好的人际关系给我们的生活和工作带来便利，为了使我们的生活和谐愉快，我们就要解决、避免、化解生活中的人际冲突和矛盾，要解决人际冲突和矛盾，我们就要找到产生冲突的原因，只有找到冲突的根源才有可能解决问题。

二、新课

有这样一件事，希望同学们能为文中的主人公"我"找到和朋友"昕儿"发生冲突的原因，并帮助她提出可行的解决方案。

案例:"热心"的朋友。

教师活动:简单描述昕儿的情况

问题:你从刚才的描述中感到昕儿是个什么样的人?

学生活动(略)

教师活动:出示电话事件。

问题:

Q1. 如果你是"我",你对昕儿的做法会怎么想?会怎么做?如果你是昕儿,你是怎么想的才会去这么做?

教师活动:出示"我"的想法和做法。

归纳:因为对事件的不同理解,导致行为方式的差异,双方产生隔阂。

学生活动(略)

Q2. "我"和昕儿通过这件事有没有意识到问题出在哪里?

学生交流(略)

归纳:即使是朋友,也应该互相尊重各自的隐私,保持一定的距离。因为俩人都没有意识到问题出在哪里,所以又有了另一件事的发生,导致冲突上升。

教师活动:出示策划案事件。

学生活动(略)

Q3. 请你猜猜看,策划案成功了没有?"我"会怎么做?

教师活动:请同学们打开书本,看一下"我"是怎么做的。

学生活动(略)

Q4. 策划案失败了,你认为责任在哪一方?

Q5. 如果她们是同事,要每天相处、合作,她们应该怎么办?

Q6. 如果她们还要做朋友,应该怎么办?(模拟表演)

教师活动:同学们都很棒,案例中的"我"当冲突发生时,选择了逃避,我们的同学都能够积极面对,并且去解决它。人们常用"豪猪定理"来说明人与人之间既要相互合作,又要保持适当距离的道理。(解读豪猪定理)

教师活动:我们通过刚才案例的分析,了解到行为方式的差异导致人际冲突,也知道了当冲突发生时,应该积极面对,积极去解决,那我们再来看看大家写的冲突事件,看看今天你会怎么做。

学生活动:交流讨论(略)

三、教学小结

在人际交往中,每个人的个性、经历、习惯、环境、受教育的程度等不同→对事物和事情有不同的理解→行为方式产生差异→人际冲突。

我们应该相互了解对方的性格、行为习惯和处事方式,做到相互尊重和理解,相互协调,避免不必要的冲突。

(上海市东昌东校 唐月丽)

自然科学学习领域备课指南

本学习领域包括小学自然、中学科学、物理、化学、生命科学、地理等学科。备课时，要体现自然科学领域以科学探究为核心的特点，在探究中体验过程和方法的思想；应以学生的兴趣和经验为基础，以学生学习和生活中接触到的自然事物和现象为主；要加强实验教学的设计，使学生掌握和运用物理知识与技能，体验科学探究过程，学习科学研究方法，提高实践动手能力，增强创新意识，发展对科学的兴趣和热情，养成实事求是的科学态度；要注意渗透人与自然关系的教育，培养学生讲科学、爱科学、学科学、用科学的精神和动手"做科学"的积极性；要努力为学生提供实验机会和实验环境，为解决一些实验危险或者受设备等条件限制的问题，要充分发挥计算机模拟实验的特长，使教学与信息技术进行适时、适量、适度的整合。

小学自然学科

【备课要求】

小学自然是一门对学生进行科学启蒙教育的基础课程。作为新课程中的自然学科，改变了过去以常识学习为定位的性质，更注重联系学生生活的实际，重视实践体验和观察探究，在做中学，在学中做，呈现改革的面貌。根据小学自然新课程的特点，在总结试验探索的基础上，提出以下关于备课的几点建议。

1. 制订完整的教学计划，落实学科教学目标

制订完整的教学计划，包括学年计划、学期计划、单元计划和课时计划（教案），以及相应的目标和评价计划，保证小学自然课程目标落实到教学过程的各个方面和各个环节。教师在制订教学计划和教学目标时，应落实全面培养学生科学素养的目标，体现科学态度、科学知识、科学探究"三位一体"的要求，充分反映小学自然科学启蒙的特点，以学生的探究兴趣、科学态度和行为方式、思维能力和科学的思维方式为重点。

小学自然课堂教学目标应体现以探究活动为主的特点，采用过程化的表述方式，力求反映活动内容、活动过程和活动结果，以提高教学目标的指导性、可操作性和可检验性。针对不同教学内容和不同阶段的要求，科学态度、科学知识、科学探究三类不同目标的要求应有所侧重，应突出某一内容、某一阶段的教学重点。在制订教学目标时，应重视情感态度目标，关注"两纲"的要求，除了在过程化目标中提出要求外，对有利于培养学生情感态度的教学内容，要提出具体的要求。

2. 关注学生经验水平，精心选择、组织教学内容

准确把握学生的经验水平，所选教学内容既要适合学生的经验范围和能力水平，又要能激发学生的探究兴趣,促进学生知识水平、思维能力的提高和情感态度价值观的提升。内容载体应以学生的兴趣和经验为基础,以学生学习和生活中接触到的自然事物和现象为主,并考虑不同个性特点和不同层次学生的需要;对民族精神教育和生命教育等内容的准备,要重视学生的情感体验。

教师应根据具体教学情况,对教学内容进行适当调整或处理,对于比较抽象的内容,应采用实验演示、图表、模拟等直观手段使之具体化,以适应学生的具体经验和能力水平。在组织教学内容和设计教学活动时,应注意内容和活动的层次性,注意各知识要点之间的内在联系,突破教学难点,围绕教学重点形成清晰的教学主线;在安排活动过程时,要关注学生产生问题、探究质疑、形成结论的思维过程,做到内容主线和学生思维发展过程的切合。

3. 以科学探究为核心,改进课堂教学方式

小学自然教学应充分体现以科学探究为核心的要求,让学生亲历提出问题与假设、设计方案、收集证据、处理数据与解释结果、交流与反思等科学探究过程。教师应创造条件,为学生提供尽可能多的探究机会,并给予方法上的指导。

在教学过程中,应加强学生观察、实验、思维能力的培养,教师应为学生提供富有启发性的活动或问题,为学生提供足够的时间和空间;应密切关注学生探究活动的进程,及时发现学生所面临的困难和出现的问题,给予学生引导和适时的帮助;应关注学生所提出的新颖问题或方案,鼓励学生的独创性,注意活动过程中存在的错误和差异,及其他有价值的问题,引导学生深入思考、探究。

应关注交流与表达对学生思维的促进作用,给予学生充分的交流与表达的机会。教师要从整体教学出发,安排主要的交流活动,包括交流的内容、时间、形式;注意交流活动与其他活动的配合,特别是活动记录的设计和安排要考虑交流的需要;教学过程中,要根据学生交流结果与期望结果的切合度或差异度,适时调整交流的策略和方式。

小学自然应以观察、实验、设计、制作等为主要教学手段,大部分教学活动应在实验室进行,给学生提供充分的活动空间。教师在利用好各种实验设备、实验器材等的同时,还应充分利用身边的工具和材料进行探究活动。教师应学习和掌握基本技术设备的使用,充分利用现代教育技术,改进教学手段;应积极运用现代信息技术,丰富学生的学习内容,拓展学生收集信息与展开交流的途径。有能力的教师可根据教学内容的特点和要求,设计、开发相应的教学课件,改进和丰富教学活动。

4. 采取有效的教学组织方式和活动形式,精心安排学习活动

采取有效的、灵活多样的教学组织方式,积极组织和引导学生开展"小组合作学习",培养学生的合作意识和能力,并通过合作,相互启发,促进学生共同提高。应根据不同教学内容的特点和要求,采用适当的活动形式,如观察、实验、比赛、游戏等,以提高学生学习的趣味性和参与度。在教学过程中,应注意把课堂学习与课外学习紧密结合起来,鼓励和组织学生在课后开展各种后续活动,并给予适当的指导和帮助。

教师应精心安排学生的学习活动,特别是实验、实践活动。在实验前必须预先做好准备,要学生做的实验,教师应当在课前预先做过,在野外观察前做好实地勘察;要指导学生如何安全使用实验器材、药品等,指导学生在观察、实验、野外观察时注意防止发生意外,落实自我保护的措施。

【单元分析示例】

《地球的自转与公转》单元分析

● **单元教材分析**

本单元是在二年级学习过昼夜与四季的基础上,通过观察、比较、模拟、查阅资料等活动进一步认识地球自西向东自转,由于地球围绕太阳的公转而形成了四季变化,而且知道地球的自转与公转是自然界里的一种周期性变化。

本单元有两课,第1课探究地球的自转,第2课探究地球的公转。由于地球的自转与公转不能进行实际观察,所以本单元主要通过模拟活动进行探究。第1课通过三个活动,使学生知道由于地球自西向东的自转运动产生了太阳与月亮的"东升西落",物体一天中影子的长短变化也和地球自转相关,而且这些都是周期性变化。第2课通过两个模拟活动使学生知道由于地球的公转,地球上受到太阳照射的角度产生了周期性变化,从而产生了周期性的四季变化。

● **单元教学目标**

1. 初步知道地球是自西向东自转的;
2. 发现由于地球的自转产生了太阳与月亮的"东升西落"和一天中影子的长短变化;
3. 初步知道由于地球的公转形成了四季的周期性变化;
4. 进一步通过观察、比较、模拟、查阅资料等方法探究事物的周期性变化。

● **教学活动安排**

\multicolumn{2}{c}{第一课时:地球的自转}	
课前准备	太阳图片、地球仪、手电筒、乒乓球、牙签、橡皮泥、双面胶、关于太阳和月亮"东升西落"的影视资料或图片。	通过活动要让学生明确太阳与月亮的"东升西落",不是太阳与月亮本身围绕地球在运动,只是地球自西向东自转的一种反映;学生除了发现影子长短的变化,可能还会发现影子方向的变化,教师要给予肯定。
活动一	推断地球自转的方向:根据我国8个城市日出时间的差异和它们的地理位置,结合地球仪的转动,推断地球的自转方向是由西向东的。	
活动二	模拟太阳和月亮的"东升西落":通过模拟,初步知道太阳与月亮的"东升西落"是地球自西向东自转的结果;初步具备通过模拟的方法探究事物周期性变化的能力。	
活动三	地球自转与影子的变化:通过模拟操作,知道由于地球自转,地球上物体的影子会发生周期性的变化;具有进一步从事模拟活动的能力。	

	第二课时:地球的公转	
课前准备	地球仪、玻璃上画有方格的手电筒、关于地球公转的影视资料和图。	活动中玻璃上画有方格的手电筒最好由教师预先准备,因为要求方格大小均匀,如果让学生画,难以保证方格的大小,从而影响活动结果。
活动一	模拟太阳的直射与斜射:通过模拟,知道地球上不同的地方受到太阳照射的程度不同,有直射与斜射之分;能将方格的大小与太阳的照射程度加以关联。	
活动二	通过模拟活动,初步知道由于地球公转,地球上同一个地方不同的季节受到太阳的照射情况不同;通过比较方格大小,分辨地球仪上同一点受到的太阳直射与斜射情况;进一步提高从事模拟活动的能力。	

● **其他教学建议**

用玻璃上画有方格的手电筒照射地球仪时,方格大小的变化程度与选用的地球仪的大小有关。如果地球仪较小,各部分的光照程度差异较大,方格大小的变化较为明显;如果地球仪较大,弧度变化小,方格大小的变化不太明显。因此所画方格的大小与地球仪大小的选择应由教师根据实际情况而定。在实际操作中教师可能还会发现,手电筒射出的光圈会使方格的投影变得模糊。遇到此种情况,可将手电筒上画有方格的玻璃拆下不用,以手电筒为光源,在其前方竖一块玻璃,在这块玻璃上画方格,得到的方格投影较为清楚。

有关地轴的倾斜问题,如果学生较感兴趣,教师可以做一个地轴不倾斜的地球仪,与正常地球仪进行比较,有明显的效果。

● **单元评价建议**

一、使用地球仪模拟地球的公转与自转,判断下列各题中所阐述的自然现象是由于地球的公转还是自转形成的。

地球上各个地方的日出时间不同,与地球的(　　)转有关;

地球上某一个地方一天中气温的高低变化,与地球的(　　)转有关;

地球上有的地方一年中气温的高低变化,与地球的(　　)转有关。

二、使用地球仪模拟地球的自转与公转,写出一个或几个由于地球的公转或自转形成的自然现象:

与地球公转有关的现象:_____

与地球自转有关的现象:_____

自我评价:(针对指标根据自己表现,可在相应"星级"后的括号中打钩)

与同学交流自己的判断。

与同学交流自己列举的自然现象。

——可获:★★★(　　)　★★(　　)　★(　　)

同学们对自己的判断的认可。

同学们对自己所列举的自然现象的认可。

——可获:★★★(　　)　★★(　　)　★(　　)

模拟地球的自转与公转的正确性。

对自然现象判断的正确性。

所列举自然现象的正确性

——可获：★★★（　　）　★★（　　）　★（　　）

【教学设计借鉴】

独 特 的 我

● **教学目标**

1. 通过与同伴相互观察、比较、游戏等活动，寻找自己与同伴的不同之处，体验自己是一个独特的个体。

2. 通过给自己制作"身份证"，了解一些可以代表自己特征的信息，并尝试用若干信息表示自己的"身份"。

● **活动设计**

活动一：观察、交流自己和同伴的特征

活动目标：

通过与同伴相互观察、交流，发现自己的独特之处，体验自己是独特的个体。

活动器材：自己和同伴的照片。

活动二：比较手腕粗细

活动目标：

通过与同伴相互合作比较手腕粗细，发现自己每个身体部位与他人都是不同的，体验自己的独特性。

活动器材：用于测量的细绳、纸条等。

活动三：制作"身份证"

活动目标：

通过收集、填写和制作自己的"身份证"，了解一些可以代表自己特征的信息，并尝试用一些信息表示自己的"身份"。

活动器材：自己的照片、用于制作身份证的卡片、学生自己身高和体重的数据。

● **教学过程**

（一）观察、交流自己和同伴的特征

学 生 活 动	指 导 要 点
◇ 观察：与小组同伴相互观察、交流自己的特征。 ◇ 交流：介绍自己的独特之处。 ◇ 游戏：猜一猜，他（她）是谁？	◇ 小组观察活动可组织学生轮流，先观察其中一位，然后逐个进行。除明显的外部特征外，还可引导学生寻找一些细微的特征。 ◇ 在小组观察、交流后，请每小组派一位代表交流自己的独特之处。在交流过程中，教师一方面要引导学生体验自己的独特，另一方面要保护学生的自尊，要给学生赞扬。 ◇ 在交流之后，组织学生开展"猜一猜他（她）是谁"的活动，让每一小组描述一位学生，让其他同学猜。开始时，老师可先做个示范。

（二）比较手腕粗细

学 生 活 动	指 导 要 点
◇ 测量：小组同学相互比较、测量手腕粗细。 ◇ 交流：交流测量中的发现。	◇ 测量活动可从"比一比手腕粗细"的游戏入手，引导学生发现，有的一看就知道粗细，但有的差异很小，用眼睛看不出，然后再引导学生如何比较的方法。 ◇ 对刚入学的一年级学生来说，有一定的难度，教师要预先准备一些纸条或细绳，引导学生用教师提供的纸条或细绳来帮助完成活动。 ◇ 在学生思考尝试以后，再组织全班的交流，让两位学生做示范，或教师与一位学生合作做示范。在学生活动时，教师应巡视指导，特别要指导学生进行测量和记录的方法，比如如何做记号。并要提醒学生要相互合作，让学生体验合作对完成活动的重要性。测量结果不强求精确，只要得出合理的结果即可。 ◇ 交流时除了让学生汇报比较的结果外，还要让学生说出比较的方法，并再次让学生体会相互合作对顺利完成活动的重要性。 ◇ 为了激发学生的兴趣，可再进行一次"比一比，谁的手腕最粗"活动，找出班里手腕最粗的同学。 ◇ 最后要引导学生体会自己与他人的不同，并让学生找一找其他方面的不同，比如指纹等等。

（三）制作"身份证"

学 生 活 动	指 导 要 点
◇ 讨论：要制作一个表示自己身份的"身份证"，需要收集哪些资料？ ◇ 制作：填写或自己设计制作一本自己的"身份证"。 ◇ 交流：交流表达自己"身份"的方法。	◇ 可以引导学生收集自己的出生年月、身高、体重、近期的照片等资料。 ◇ 在学生讨论的基础上，教师可事先设计一份"身份证"样本，包括姓名、年龄、身高等信息，让学生填写。并留下一些空白，让学生增添自己认为能反映自己"身份"的信息。 ◇ 如果制作活动在课堂内不能完成的，可以鼓励学生回家和父母一起完成。 ◇ 教师对学生制作的"身份证"要给予充分肯定，特别是要给能填上一些规定外信息的学生表扬和鼓励。 ◇ 最后要引导学生体验自己是独特的，是独一无二的个体，引导学生产生欣赏自己、珍爱自己的意识。

中学物理学科

【备课要求】

物理学科是一门以实验为基础的自然科学，实验对落实教学目标有独特的、不可替代的作用。为了使物理课堂教学克服过分强调学科知识体系的严密、完整，教学要求偏高，教学方法单一，讲述过多，重点不突出，对实验重视不够等现象，加强学生必要的感受和体验，真正体现主体性和参与性，全面落实三维教学目标的要求，加强现代教育技术的掌握和运用，贯彻新课程的精神，现提出改进中学物理备课的几点建议。

1. 科学制订教学目标

中学物理课堂教学大致分为新授课、实验课和练习课等几类主要课型。各类课型的教学目标，均应包含"知识与技能"、"过程与方法"、"情感态度与价值观"三个维度，以实现《课程标准》对物理教学的要求。不同学段的物理教学应有不同的侧重点：初中阶段侧重于激发学生学习的兴趣，培养探究意识，养成自主学习的习惯；高中阶段侧重于发展学生的科学思维，提高探索研究和解决简单物理问题的能力。

要全面落实"三维目标"。"知识与技能"目标，应对物理事实、物理概念、物理规律和实验技能，提出关于深度和广度的具体说明，并对物理概念、物理规律在生产和生活中的实际应用以及科学、技术与社会之间的关系方面的学习程度提出适当的要求。"过程与方法"目标，应对物理概念的形成过程、物理规律的得出过程，以及在这些过程中所应用的科学方法提出具体的要求。"情感态度与价值观"目标，应依据物理教学的具体内容，恰当自然地提出相应的人文教育要求。例如尊重事实、勤于观察、善于思考、敢于质疑的科学态度和习惯；通过合作学习形成合作意向和团队精神；通过与生产、生活的联系，了解国家建设的巨大成就和对世界科技发展的贡献，激发爱国热情和民族自豪感，树立国家观念和国情意识；通过某些知识实例，使学生感悟生命价值，增强环保意识；通过科学家生平和科技发展史等了解，引发学习物理的兴趣和对科学的热爱，感悟物理在人类文明发展中的价值等。

要根据不同课型制订具体目标。新授课教学目标的确定，应以学生已有知识经验和认知能力以及熟悉的实际生活背景为基础，兼顾学生年龄特点和学习习惯；一般只要求学生初步形成概念、认识规律、了解方法，体现教学目标的分阶段要求。实验课要求学生动手操作，教学目标应包含对实验原理和操作技能的要求，同时还要根据实际情况提出实验探究和合作学习的要求。练习课的目标要求一般略比新授课和实验课高一些，制订目标时既要考虑练习内容、形式以及学生的实际基础，又要体现层次性和个性化要求，以保证全体学生都能受到良好的练习。

2. 合理组织教学内容

物理教学内容来源于人们对物理现象和物理规律的长期研究，包含"知识与技能"、"过程与方法"以及"情感态度与价值观"目标达成的素材。物理课本是基本的教学内容，但教师在教学时不应仅局限于课本所呈现的内容，而应在理解课本编写意图的基础上，把握教学内容的重点和难点，根据《课程标准》的要求，以及学生的实际情况，对课本内容作出适当取舍、调整和补充。

要依据教学目标，合理地确定教学容量、安排实验、选用教学资料；要把握内容的逻辑联系和发展线索，进行结构性处理和教学法加工；还要合理规定作业内容和控制作业总量等，优化教学内容结构，整体提高课堂教学效益。

用于创设情景和设问的材料,是教学内容的重要的组成部分之一。应精心选择具有针对性、启发性、能吸引学生注意和激发探究兴趣的材料,以及一些典型的简单事例,因课制宜地设计一些简易小实验。教学材料可以来自课本,也可通过因特网从公共教学资源库下载,还可取自于生活实际、科技发展和社会实践。教学情景的呈示,可以采用问题、图片、实验、多媒体课件或视频图像等多种形式。

3. 精心设计教学过程

设计教学过程要以具体的教学任务和学生的认知规律为依据,以优化教师的教学行为、完善学生的学习方式为重点,合理设计教学流程,正确处理接受与探究、统一与选择、理论与实践、自主与协作、认知与情意之间的关系。

要根据学生的年龄特征、认知结构以及不同课型的特点,正确选择教学模式和教学策略,将教学内容和教学活动按教学的逻辑划分为相对独立又相互联系的若干教学环节,再合理安排各教学环节的时间顺序,处理各环节的过渡与衔接,形成科学的教学流程。在各环节中,情景、问题、探究、应用等应作为重点进行研究。要妥善处理独立自主与相互协作的关系。在课堂上既要鼓励学生独立思考,积极参与,自主建构,达成学习目标;同时又强调师生之间、学生之间的交流沟通和合作。

物理是一门以实验为基础的自然科学,实验对落实教学目标有独特的、不可替代的作用。实验教学要有利于学生掌握和运用物理知识与技能,体验科学探究过程,学习科学研究方法,提高实践动手能力,增强创新意识,发展对科学的兴趣和热情,养成实事求是的科学态度。因此,演示实验,不但要求学生关注所观察到的现象,还要求理解现象所表明的物理内涵,了解某些实验装置的基本原理。学生实验,无论是测量性实验、验证性实验或探索性实验等,都要求在明确实验目的、实验原理的前提下,能正确选择、使用仪器和工具,准确获得实验信息,合理处理实验数据;通过归纳、演绎得出实验结论,撰写实验报告。探索性实验,更应注重假设、猜想及设计实验方案的要求。学生既要学会独立操作,又要重视与他人合作,有些实验可以通过分工、协作,共同配合完成。对某些可能会造成人身伤害的实验操作,要加强安全教育并采取必要的安全措施。

4. 切实改善作业练习

物理的作业练习是课堂教学的重要组成部分,是教学过程中具有活力的环节,更是学生获得物理知识、形成能力、体验物理过程和科学方法的重要手段和必经途径。要以学生实际情况为基础,立足于学生的自主学习、探究学习和合作学习,从作业的内容、形式、要求等方面着手,提高选题和命题质量,改善作业练习。

物理作业练习的形式不能局限于习题演练,还应编制适当的动手操作、设计制作、口头表述、集体讨论等作业。要充分关注学生在学习方面的认知差异,从学生的不同实际出发,提出不同程度的练习要求,满足不同层次学生的发展需要,增加练习选择性,体现因材施教和发展个性的原则。

新授课的教学中,也要合理安排练习作业,其中一部分可放在课内完成,另一部分放在课外完成。课外作业包括练习题、课题研究和课外小实验等。要严格控制练习的总量和难度,防止学生的课业负担过重,以利于学生的整体发展。要提高学生作业练习的质量和效益,让学生通过学习成就的获得,增强学习自信心和积极性。

【单元分析示例】

<h3 style="text-align:center">初中《简单机械和功》单元分析</h3>

● 学习要求

内容:

1. 杠杆。杠杆平衡的条件。杠杆的应用。

2. 定滑轮。动滑轮。

3. 功。功率。

4. 动能。势能。机械能。

5. 学生实验:探究杠杆平衡的条件。

要求:

1. 知道杠杆。知道杠杆的支点;理解力臂要领在有关实际问题的示意图中会画出力臂。

理解杠杆平衡的条件。知道杠杆的平衡条件:动力×动力臂＝阻力×阻力臂;能运用杠杆平衡的条件进行有关的计算;知道杠杆在生产和生活中的应用。

2. 理解滑轮。知道定滑轮不能省力,但可改变用力方向;知道动滑轮不能改变用力方向;领会动滑轮省力的道理,并能用它解决实际问题。

3. 理解功的概念。能用生活、生产中的实例解释功的含义。领会做功的两个必要因素,以及功的计算公式;能用公式 $W = FS$ 进行简单的功的计算。

理解功率的概念。知道功率的大小反映做功快慢的程度;能运用公式 $P = \dfrac{W}{t}$ 进行简单的功率计算;了解功率在实际中的应用。

4. 知道动能的概念;知道重力势能的概念;知道机械能;能用实例说明物体的动能和重力势能以及它们的转化。

5. 学会探究杠杆平衡的条件。先猜想杠杆要处于平衡状态需要具备什么条件,然后利用钩码或测力计使杠杆在两个力的作用下处于水平位置平衡,并多次改变作用力的大小主方向,会记录数据,能对实验数据进行分析、比较,最后归纳得出结论。

说明:

(1) 画力臂只限于硬直杠杆。

(2) "杠杆"问题不要求与"同一直线上力的平衡"综合。

(3) "功"、"功率"只要求讨论力与运动方向一致的情况。

(4) "动能"、"势能"、"机械能"不要求定量计算。

● **学习指引**

知识结构

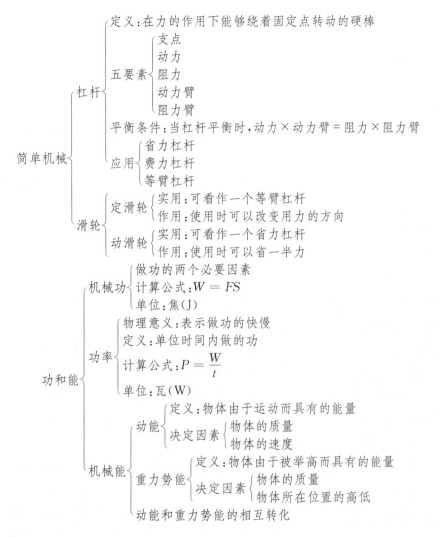

● **实验指要**

学生实验:探究杠杆平衡的条件

1. 主要器材:杠杆;支架;弹簧测力计;钩码;线(功弹簧夹)等。

2. 注意事项:

(1) 实验前,把杠杆的中点支在铁架台上,调节横杆两端的平衡螺母,使杠杆在水平位置保持平衡。在研究过程中,必须在杠杆在水平位置平衡后,才能记录实验数据。

(2) 在使用弹簧测力计时,它对杠杆施加的力的方向必须竖直向上。

(3) 实验中先确定杠杆所受的作用力中哪个是动力,哪个是阻力。

(4) 为得出实验结论,需多次改变杠杆所受作用力的大小、方向和作用点,使杠杆在水平位置上仍保持平衡,测出动力、阻力、动力臂、阻力臂。

(5) 实验时必须尊重实验数据。

"衡,加重于其一旁,必垂。权、重相若也相衡,则本短标长,两加焉,重相若,则标必下。"

——墨子

"给我一个支点,我可以撬动地球。"

——阿基米得

● **学习要点**

一、通过对有关生活实例的观察与分析,理解机械功的含义,并能运用功的定义式进行简单计算。

二、通过联系生活中的实际情景,形成机械功率的概念。在解决实际问题中加深对机械功率的理解。

三、通过生活体验和实验探究,了解机械能的种类以及影响机械能大小的因素,知道不同能之间的相互转换。

四、通过了解人类发现和使用机械的历程,认识简单机械,并能运用杠杆原理解决简单的实际问题。

本章教材所介绍的简单机械有两大类,一类是杠杆类简单机械,它包括:杠杆、轮轴、滑轮,另一类是斜面类简单机械,它包括:斜面、螺旋。另外,液压机也是简单机械。

简单机械的原理有杠杆平衡原理、功的原理。这些原理也是力矩(力与力臂的乘积)平衡,功能关系,能的转化与守恒定律等物理基本规律在简单机械上的具体应用。这些原理、规律又涉及力、力臂、功、能、功率、效率等基本概念。

功和能是物理学中的基本概念,它为解决力学问题提供了另一种有效的方法,讨论力学问题,一是从物体静止或匀速直线运动状态下的二力平衡关系入手;二是从杠杆类简单机械的平衡条件入手;三是从压强求压力,从胡克定律求弹力,以及用阿基米得定律求浮力等方法入手。通过学习本章学生可以从功、功率、功的原理以及机械效率等角度去思考力学问题。这样可以补充和加深过去的力学知识,并为热和功,电功和电能的学习做好准备。功和能是紧密联系的。例如:用手抛出一个皮球,对皮球做了功,贮存在人体内的一部分化学能就转变为皮球的动能;又如举起一块石头,对石头做了功,贮存在人体内部的一部分化学能就转变成了石头的势能,放开了石头,石头在重力的作用下加速下落,重力对石头做了功,石头的势能又转化成它的动能。石头下落的路程越长,重力对它做的功就越多,势能转化为动能的量就越多。由此可以看出转化能量的多少,都可以由做功的多少来确定。因此可以说:功是能量转化的量度。

【教学设计借鉴】

高中《速度变化的快慢·加速度》教学设计

● **教学目标**

1. 知识和技能

理解加速度的概念

探究加速度的大小和方向

探究加速度的物理意义

学会用 DIS 实验获得加速、减速运动物体的 v-t 图像并求加速度

2. 过程、能力与方法

运用"类比法"求解加速度的大小、方向

在构建概念的过程中使学生学得终身学习必备的基础技能

在探究规律过程中学习全面科学地观察实验现象、揭示其物理的本质

3. 态度、情感、价值观目标

能以科学的态度对缺乏科学性的日常观念进行批判、修正和反思

● **教学难点**

1. 引导学生构建加速度的概念
2. 探究加速度的大小和方向
3. 探究加速度的物理意义

● **教学准备**

DIS 实验系统、小车、长木板。

● **教学流程**

一、创设情景、引入课题

一般情况下,如果人和大巴士在短距离内(5 米内)赛跑,并且同时启动,问谁将先到达终点?(提问:为什么?启发学生通过下面表格的分析启动快慢的含义。大巴士、人赛跑)

| 人 | 0→10 m/s | 3 s |
| 大巴士 | 0→10 m/s | 6 s |

得出:速度变化的快慢。

学生自主活动:

学生举例(有关速度变化快慢的例子)

二、引入加速度的概念

学生自主活动:

下面是三个物体启动时的运动情况?

火车启动时,每 10 秒速度增加 3 m/s。

汽车启动时,每 1 秒速度增加 2 m/s。

子弹出膛时,每 0.01 秒速度增加 900 m/s。

哪个物体速度变化得最快?

哪个物体速度变化得最慢?

(学生回答:子弹速度变化得最快;火车速度变化得最慢。老师提问:你是如何判断的? 学生回答:看 1 秒钟,速度增加的大小。老师归纳:单位时间内速度变化的量,我们就叫加速度。)

1. 加速度的定义

速度的变化(Δv)和所用时间(Δt)的比值,叫做变速直线运动的加速度。

表达式:$a = \dfrac{\Delta v}{\Delta t} = \dfrac{v_t - v_0}{t}$

单位:从公式中导出:

m/s²(米每二次方秒)

2. 加速度的大小

老师提示:前面我们讲过匀速直线运动,那么速度的大小是如何求解的?

学生讨论:$\left(v = \dfrac{s}{t}\right)$ 画位移——时间图像求解。斜率就是速度的大小。

老师提问:如何求解加速度的大小?

学生讨论:$\left(a = \dfrac{\Delta v}{\Delta t}\right)$ 画速度——时间图像求解。斜率就是加速度的大小。

学生自主活动:

用 DIS 测物体加速、减速时加速度的值?

发现:加速时 a 的值为正;减速时 a 的值为负。

3. 加速度的方向

老师提问:负号表示什么意思? 学生回答:方向;老师提问:那么 a 的方向如何?

老师提示:

$v = \dfrac{s}{t}$,速度的方向就是位移的方向。那么 $a = \dfrac{\Delta v}{\Delta t}$,加速度的方向如何?

学生回答:加速度的方向取决于速度变化的方向。

老师提问:那么 Δv 方向如何?

老师讲解:规定 v_0 方向为正。

速度增大,加速运动,$\Delta v = v_t - v_0 > 0$,为正,Δv 的方向和 v_0 的方向一致,所以加速度的方向和 v_0 的方向一致。

速度减小,减速运动,$\Delta v = v_t - v_0 < 0$,为负,Δv 的方向和 v_0 的方向相反,所以加速度的方向和 v_0 的方向相反。

4. 加速度的物理意义

学生自主活动:(分析表格)

人、大巴士赛跑

人	0→10 m/s	3 s
大巴士	0→10 m/s	6 s

刹车

快速刹车	15 m/s→0	3 s
慢慢刹车	15 m/s→0	10 s

$V\uparrow, a$ 正 $\begin{cases} a\text{ 大}: 表示速度增加得快 \\ a\text{ 小}: 表示速度增加得慢 \end{cases}$ a 正:表示速度增加的快慢程度

$V\downarrow, a$ 负 $\begin{cases} a\text{ 大}: 表示速度减少得快 \\ a\text{ 小}: 表示速度减少得慢 \end{cases}$ a 负:表示速度减少的快慢程度

推出:a:表示速度变化的快慢

● **教学反思**

这堂课以探究型的方式展开,由于没有学生实验,所以对学生的要求比较高,难度比较大。而且加速度本来就是高中物理的难点,所以整堂课上下来学生不是非常活跃,但学生却能积极思考,学生学会了用类比法来学习新知识。

(上海市朱家角中学 吴培军)

中学化学学科

【备课要求】

化学课程是帮助中学生科学认识物质结构及其化学变化的基础课程,是培养学生现代科学素养的一个重要渠道。教师要明确化学新课程的理念和肩负的责任,认真领会课程标准,从本校实际出发,做好课程教学的整体设计,积极探索课堂教学的改进措施。为进一步优化课堂教学,提高教学有效性,提出下列几点关于备课的建议。

1. 恰当地制订教学目标

制订教学目标贵在恰当。目标要有利于明确教学工作方向,有利于以学生为学习主体并发挥教师的主导作用,也要有利于促进学生发展、提高学生素质。教学目标的制订兼顾社会需要、内容特点、学生身心发展的水平及规律等。要注意三维目标有机整合,"过程与方法"和"情感态度与价值观"目标要以知识与技能的学习为载体,注意体现化学学科的特点。要注意不同教学目标之间的相互联系、相互促进。

要针对学段差异科学制订教学目标。初中化学的教学目标要注重使学生:(1)初步了解化学基本概念和基本原理,从化学角度了解身边的常见物质,认识简单的化学实验仪器,学会简单的化学实验操作;(2)初步了解化学学科及化学学习方法的基本特点,重视化学实验的学习;(3)初步形成学习化学的兴趣和内部动机。高中化学的教学目标要注重使学生:(1)学会理性地认识化学基本概念、化学基本原理、基本的化学量以及常见化学物质;(2)感受化学问题的一般探究过程,进一步了解化学学科的特点和化学思想方法,初步形成较正确的化学学习方式,

较熟练地掌握基本的化学实验技能,发展思维能力,养成创新精神和实践能力,形成自主学习的习惯;(3)感受化学学科及其技术与社会的关系,养成实事求是的科学态度。

制订单元教学目标时要在比较深入地分析教学内容、做好整体设计的基础上进行。要从整个学段教学来确定单元的地位、作用和前后联系,以及单元教学内容的结构体系,重点、难点和生长点等。要注意教学目标的重要性和必要性,还要注意目标达成的可能性,目标应位于学生的最近发展区内、能够促进学生作出努力并且经过努力能够达到的层次要求。要从学生的实际情况出发,为高层次教学目标的实现设计合理的台阶和步骤。

制订教学目标要根据学生的学习基础和发展需要有所侧重,优先选择既重要又具有关键性、迫切性的教学目标,不简单追求面面俱到,不盲目提出过高的要求。还要注意因材施教。既要注意班级集体以及学习困难学生的特点,面向全体学生订出基本的教学目标,又要针对学有余力的学生适当地提高要求,使教学目标体系具有一定的弹性,使全体学生都能充分地发展。

2. 合理组织教学内容

要根据化学知识的内在联系和学生的认知特点,全面、准确地把握教学内容与教学要求,做好教学逻辑设计,组织好教学内容。为此,教师要认真研读新教材,了解其编写的逻辑,抓住教学重点。可以根据需要对教材进行合理的剪裁和补充,但不同教材的编写逻辑有差异,不能随便照搬其他教材,以免造成学习困难,加重学习负担。

初中是学生学习化学的启蒙阶段,教师在组织教学内容时,要注意提高初中生对化学的兴趣,丰富学生的感性经验。培养学生讲科学、爱科学、学科学、用科学的精神,培养他们动手"做科学"的积极性。在不违反科学性的前提下,要用浅显易懂的语言来表达和解释化学概念和化学原理,让学生顺利进入中学化学的学习。高中尤其是高一年级是化学学习方式转变的关键年段,组织教学内容时要让学生在初中化学的基础上进一步了解化学;让每一个学生都感受到学习化学有用、有必要,体验到学习化学有意思、不难学;内容安排要能引导学生从感性认识逐步上升为理性认识,引导学生及时地梳理学习内容,逐步将化学知识结构化、系统化;要联系社会生活实际,适时补充与学生经验有一定联系的化学知识内容,培养学生学以致用的意识。在组织教学内容时,要将守恒、平衡和结构决定性质等思想方法融入整个化学教学的内容与要求中,让学生学会进行科学思维而终生受益。

3. 注意完善学生的学习方式

教师要研究和选择有效的教学模式,设计弹性、动态的教学方案,为学生的主动参与和交流互动提供时间和空间,让课堂教学更贴近学生的实际状态,不断完善学生学习方式。

要倡导让学生自主学习和合作学习兼顾。既要培养学生自我学习的能力,又要使学生在与他人合作的过程中,学会倾听别人的意见和表达自己的观点。教师要努力构建彼此学习、研讨、交流的合作学习的氛围。

要在继承必要的接受式学习方式的同时,倡导探究性的学习方式。教师要将探究性学习方式渗透到课堂教学的过程设计中。要创设融知、情、意、行于一体的探究活动,激发学生的求知欲,让学生更好地参与教学,在参与研究的实践活动中,体验知识的发生和形成过程,感悟科学的思想和方法,培养探究意识、创新精神和实践能力。

要根据教学进度、学生情况和实验室条件等,努力为学生多提供实验机会和实验环境,加强学生的实验操作能力,让学生通过操作来体会实验装置构造和实验原理,培养学生实验观察的敏锐性和全面性,启发学生从实验中发现问题。实验手段要随着实验技术的发展而发展,要应用先进的实验技术,如传感器等,来调整实验的内容与目标,使学生在化学实验中获得更大的拓展空间。教师还要重视对实验的分析,让学生反思实验目的,理解实验结果,养成从新的角度来思考实验设计的习惯,并能对设计的实验进行审视、寻找不足以及提出改进意见等,形成并发展学生的科学方法和创新意识。

4. 认真设计学科练习作业

教师要精心挑选作业,既要注意作业内容与学习内容的紧密结合,又要注意控制总量,提高学生学习效率,减轻过重学业负担。教师要及时、认真、仔细将批改作业中发现的问题作为改进教学的依据,在对作业进行诊断的同时,调整自己的教学。作业的布置要有层次,要兼顾巩固、矫正等各种作用的发挥,对于学习基础不同的学生,不能设计单一标准、统一要求的作业,而注意体现分层次的要求。

设计作业要正确处理好基础与综合的关系,基础与探究的关系,继承与创新的关系。要注意必要的梯度和铺垫,不能简单地"一步到位"。要重视化学实验操作技能的基本练习,使学生能合理地选择与装配实验装置开展实验,并初步掌握简单实验的设计。要精心挑选、改编或自编练习内容,进行有效练习,让学生进入有意义学习的状态。要设计多样化作业形式,除了书面形式以外,还可以采用其他练习形式,如小组课题活动、信息采集活动、社会调查活动、兴趣拓展活动等,让学生通过练习活动,巩固原有知识,提高学习和探究能力,增强学化学的兴趣。

【单元分析示例】

《溶液的组成和溶质质量分数》单元教材分析

● **教学目标和任务**

本单元要求学生理解溶液的组成、溶液的浓度与溶质质量分数的概念和表示方法,掌握溶质质量分数和溶液稀释的简单计算;培养学生对比分析、推理归纳及发散思维的能力;并了解控制溶液的浓度在工农业生产、科学实验、医疗等方面的意义。

本单元是教材第三章《走进溶液世界》中第二节《溶液》学习内容的一部分,学生已有的基础是:"分散体系"(溶液和浊液)、"饱和溶液和不饱和溶液"、"溶解度"等有关概念以及有关溶解度计算的技能。

本单元重点学习内容是溶液的浓度与溶质质量分数的概念和表示方法、溶质质量分数和溶液稀释的简单计算、溶质质量分数与溶解度的区别和联系。

● **单元学习目标的把握**

1. 溶液的浓度有多种表示方法,本学习内容只要求用溶质的质量分数表示。溶质质量分数的计算除了要求会计算溶质质量分数以外,还要求会计算某浓度溶液、溶质、溶剂三者之间任意给定两个量求第三个量,其中包括溶液质量与密度、体积之间的换算。

本学习内容还要求学生学会关于溶解度与饱和溶液浓度的换算,从而理解溶质质量分数与溶解度两个概念之间的区别和联系。这一内容也是溶液学习中的难点,教师要控制有关计算的难易程度。

2. 关于溶质质量分数计算的几种类型和要求限定:
- 已知溶质和溶液(或溶剂)的质量,求该溶液中溶质的质量分数。
- 已知溶质的质量分数,求一定质量该溶液中的溶质或溶剂的质量。
- 求溶液稀释或增加溶质(全部溶解)后,溶液中溶质的质量分数。
- 配制一定质量一定溶质质量分数的溶液,需要溶质和溶剂的质量。
- 已知某温度下某物质的溶解度,求所得饱和溶液的溶质质量分数。
- 在不饱和溶液中加入溶质后,溶质质量分数的变化。

● 单元教学建议

新教材中本单元内容篇幅只有一页,需要教师充实一些教学内容并进行整合。

需充实的教学内容为:
- 溶质的质量分数(质量百分比浓度)计算式;(教材中表达形式缺少×100%)
- 一定温度下,饱和溶液的溶质质量分数的计算式;(已知溶解度 S)
- 溶液的质量、密度、体积三者之间的换算;
- 溶解度与溶质质量分数之间的区别与联系。

教学内容的组织与教学时间的安排:

本单元教学可用2—3课时进行。

第一课时教学内容:溶液的组成、溶液的浓度与溶质质量分数的概念和表示方法,溶质质量分数的有关计算(包括计算式的变形),饱和溶液中溶质质量分数的计算。

第二课时教学内容:溶液稀释的简单计算;溶液的质量、密度、体积三者之间的换算;溶解度与溶质质量分数之间的区别与联系。

第三课时教学内容:(机动)可视学生基础进行习题训练。

教学方法、手段、策略与应用:
- 创设教学情景,激发学习兴趣。本内容比较枯燥,教师要避免单纯用讲例题、做习题的形式教学,可以采取增加实验、联系社会和生活实际举实例进行教学,以提高学生的学习兴趣。同时,也能培养学生的社会责任感。
- 激活学生思维,培养学生能力。在学生理解了有关概念的基础上,引导学生自己进行计算式的推理和归纳,并设置一些问题,让学生展开讨论和辨析,不但活跃了课堂的气氛,而且提高了学生的科学素养。
- 运用多媒体教学技术,整合教学内容。

【教学设计借鉴】

《溶液的浓度——溶质质量分数》教学设计

● **教学目标:**

知识与技能:理解溶液的浓度与溶质质量分数的概念和表示方法;

掌握溶质质量分数的简单计算。

过程与方法:通过数据推理,归纳出有关的计算式;

通过对配制溶液的问题讨论,培养学生发散思维的能力。

情感态度与价值观:了解溶液的浓度在工农业生产、科学实验、医疗等方面的意义;

养成仔细观察和比较实验现象的习惯及分析推理的能力。

● **教学重点:溶质质量分数的概念、简单计算及其获得知识与技能的过程**

教学难点:有关计算式的归纳及配制溶液的问题讨论

● **教学过程:**

教师活动	学生活动	设计说明
[引入] [投影]做一做:在两支放有大理石的试管里分别加入盐酸A和盐酸B(各3毫升左右)仔细观察、比较实验现象,并作简要分析。 [板书课题] 溶液的浓度—溶质质量分数 一、溶液的浓度 [展示] 两瓶颜色深浅不同的硫酸铜溶液 [讲解] 溶液的浓度是指一定量的溶液里所含溶质的量。 [板书] 溶液的浓度 = $\frac{溶质的量}{溶液的量}$(比值) [图片展示] 0.9%的生理盐水 问:0.9%是什么含义? [讲解] 0.9%是溶液浓度的一种表示方法,(用质量百分数表示)叫做溶质质量分数。 [板书] 二、溶质的质量分数 C% (质量百分比浓度)	分组实验。 观察、比较、思考、交流。 猜测:化学反应的速度与溶液的浓和稀有关。 观察、思考。 得出:溶液的浓度的含义。 思考并回答。	创设实验情景引出课题。 通过直观观察理解溶液浓度的含义。 联系生活实际进行学习。
试一试:将25克硝酸钾完全溶解在100克水中,所得溶液的溶质质量分数是多少? 问:根据上述计算你能否归纳出关于溶质质量分数的计算式? [投影] 溶质质量分数 $C\% = \frac{m(溶质)}{m(溶液)} \times 100\%$ 或: $C\% = \frac{m(溶质)}{m(溶质) + m(溶剂)} \times 100\%$	尝试列式并计算(板演) (联系溶液的浓度的概念) 思考 得出:$C\% = \frac{m(溶质)}{m(溶液)} \times 100\%$ 或: $C\% = \frac{m(溶质)}{m(溶质) + m(溶剂)} \times 100\%$	让学生先尝试具体的计算,然后自己归纳出有关的计算式,培养推理归纳能力。

续　表

教师活动	学生活动	设计说明
[投影]　练一练 (1)某病人在输液时,用去了两瓶(每瓶约500克)0.9%的生理盐水,试问:他相当于吸收了_____克NaCl,_____克水? (2)医药上用碘酒来消毒,取4克碘可以配制2%的碘酒_____克? [图片展示]溶解度曲线	练习:要求列式并计算。 展示、交流、评价 读图找信息,计算,板演展示。 思考、归纳、得出: $C\%_{(饱和)} = \dfrac{S}{100+S} \times 100\%$ 小组讨论,填下表;交流、评价(先说方案,在有关空格内打√,然后对简单方案进行计算)。 | 方案	NaCl固体	水	20%食盐水	5%食盐水 | | --- | --- | --- | --- | --- | | ① | | | | | | ② | | | | | | ③ | | | | | 讨论,得出:无法配制!	在掌握计算式的基础上,进行公式变形的应用训练。 让学生学会从图表中寻找有用的信息。再次训练推理归纳能力。 培养学生发散思维能力,探究配制一定浓度的溶液须掌握哪些要素。 进一步理解饱和溶液的C%在一定温度时已达到最大值。
算一算:根据溶解度曲线算一算在20℃时NaCl饱和溶液的溶质质量分数。 想一想:在一定温度下,饱和溶液的溶质质量分数应该怎样计算? [问题]　为什么此时所得的C%通常是该温度下的溶质质量分数的最大值。 [投影]　议一议 (1)小林同学在实验室要配制100克10%的NaCl溶液,(实验室提供的试剂有:固体食盐、水、20%的食盐水、5%的食盐水,均足量)请你举出尽量多的配制方案。 (2)利用上述试剂,如何在室温20℃条件下配制100克30%的食盐水? [归纳总结]　请你谈谈通过本节课的学习讨论,有哪些收获或疑问? 说一说:举例说说控制溶液的浓度对工农业生产、科学实验、医疗等方面有什么重要意义? [课后思考题] 溶质质量分数(C%)与溶解度(S)有什么区别和联系?	回顾、得出:溶液的浓度与溶质质量分数的概念及其有关的计算。 讨论交流。	进一步理解生活中处处有化学,激发学习动机。

溶液的浓度——溶质质量分数　　学生活动卡

1. 试一试：将 25 克硝酸钾完全溶解在 100 克水中，所得溶液的溶质质量分数是多少？（列式并计算）

根据上述计算你能否归纳出关于溶质质量分数的计算式？

2. 练一练（列式并计算）

（1）某病人在输液时，用去了两瓶（每瓶约 500 克）0.9% 的生理盐水，试问：

他相当于吸收了＿＿＿＿＿＿克 NaCl，＿＿＿＿＿＿克水？

（2）医药上用碘酒来消毒，取 4 克碘可以配制成 2% 的碘酒＿＿＿＿＿＿克？

3. 算一算：根据溶解度曲线算一算在 20℃ 时 NaCl 饱和溶液的溶质质量分数。

想一想：在一定温度下，饱和溶液的溶质质量分数应该怎样计算？

4. 议一议

（1）小林同学在实验室要配制 100 克 10% 的 NaCl 溶液，（实验室提供的试剂有：固体食盐、水、20% 的食盐水、5% 的食盐水，均足量）请你举出尽量多的配制方案。

小组讨论，填下表：[先说方案（在有关空格内打√）然后进行简单计算]

方案	NaCl 固体	水	20%食盐水	5%食盐水
①				
②				
③				

（2）利用上述试剂，如何在室温（20℃）条件下配制 100 克 30% 的食盐水？

[课后思考题]

溶质质量分数（C%）与溶解度（S）有什么区别和联系？

（上海青浦区实验中学　朱达人）

中学生命科学学科

【备课要求】

生命科学课程对培养中学生的生命科学素养具有重要的作用。随着新课程的推进，广大的生命科学教师正逐步更新课程观、教学观，在教学实践中敢于创新，积累了许多成功经验。为了促使教师将先进的教学理念转化为教学行为，从而更好地提高生命科学教学质量和教学效益，对改进生命科学的备课提出几点建议。

1. 合理制订教学目标

教学目标应从知识与技能、过程与方法、情感态度与价值观三个方面来总体设计，从而更好地体现学科的教育价值。要求学生不仅获得生命科学的基础知识和基本技能，还应逐步形成科学探究的基本能力、运用生命科学知识解决实际问题和相关生活问题的能力；同时要求学生了解并关注生命科学的发展及其与人类生活、生产和社会发展的关系，基本养成科学健康的行为习惯和生活态度；特别要注重培养热爱生命、热爱自然、保护环境的意识和辩证唯物主义的科学观等，使学生形成人与自然和谐统一的观念、可持续发展的观念、进化的观念等，增强社会责任感和使命感。

目标制订还要针对学生特点和教学实际，适切地提出每一课时的教学目标，对教学进行正确导向。应提高目标的指导性、可操作性和可检验性，制订的目标应体现探究活动的内容、过程和结果；要根据学生已有的知识技能基础和认知能力，兼顾学生的学习方式、学习习惯和思维发展的水平，逐步提升各阶段课堂教学的目标；针对不同的教学内容和教学进程，目标应有所侧重；每一课时的目标既要与学期计划相统一，又要突出重点。同时应根据学生的差异设计发展性的分层目标，使不同学习水平的学生都得到发展。

2. 精心组织教学内容

中学生命科学教学内容的组织，应根据学生的认知规律，注重内容的内在逻辑性，注意内容主线与学生思维发展过程的切合；应突出教材的重点并妥善解决难点，尽可能地为学生提供联系实际、活泼生动的材料，激发学生的学习兴趣。

要强调教学内容与人类的日常生活相结合，使学生在学习过程中理解科学、技术和社会的相互关系，懂得如何用所学过的生命科学知识解释生活和自然中的一些现象，解决与生命科学有关的社会问题。

应注意根据学生的年龄特征、心理特征、知识基础、接受能力和理解能力等，挖掘有潜在价值的教学内容，进行有针对性的民族精神教育和生命教育。

实验是教学内容的重要组成部分，有些实验可引导学生学习新的内容，有些实验是对教学内容的验证和巩固，还有一些实验有助于学生的应用和创新。教师应根据各个实验的不同目的，整体设计学段的实验计划，及时准备实验器材和材料。

3. 努力优化教学过程

要加强学生自主参与的探究活动，让学生更多地积极投入、亲身体验和主动探究，教师在设计学生的探究活动时，注意自己必要的指导、归纳和总结安排；教学进程中还应给学生的思维留下更多的空间。还应设计合理有效、丰富多样的教学活动，如讨论、演讲、比赛、游戏、小品、参观等形式，鼓励学生把课内的教学与课外的学习紧密联系起来，拓宽学习的时空。

要创造条件尽可能多地给学生提供实验和演示实验的机会。教师要重视实验备课，要充分利用各种教学资源，积极准备并亲自实践，确保实验能顺利进行。对实验过程设计，教师应让学生明确实验的目的、步骤和方法，实验指导时应注意引导学生观察、思考和提出自己的见解，还应注意指导学生安全使用实验器材，防止发生意外，落实自我保护的措施。实验后要进行小结和检查。

应加强生命科学课程与信息技术的整合，广泛应用信息技术，促进教与学的方式的转变，提高生命科学课程的课堂教学效率，使学生在获取信息、加工和处理信息、表达和交流信息以及运用信息技术等方面得到一定的练习,以更好地适应信息化社会的需要。在运用现代信息技术的同时应注意与传统的直观教学手段相结合,如使用实物、挂图、标本、模型、录像等,使教学手段更好地为教学内容服务。

4. 设计丰富有效的练习作业

生命科学的练习作业,应结合学科特点,重视基础性、加强选择性,既要体现教学基本要求,又可适应不同学生的兴趣爱好和能力水平。除安排书面习题外,还要安排体验性和实践性的练习,如课题研究、实践应用、实验设计与操作、问题讨论、社会调查及展示交流等,使作业练习在促进学生获得知识和技能的同时,还有助于学生不断提高学习兴趣、学习主动性和积极性,有效地提高思维能力和应用知识解决实际问题的能力,有利于培养学生的科学精神和合作意识等。作业的内容,应提高趣味性,加重生活气息和时代气息,使学生乐于接受。同时应注意控制作业练习的总量,减轻学生负担。

【单元分析示例】

《生物和生物圈》复习单元教学设计

- **教学目标**

① 进一步掌握本单元的知识框架和各个知识点以及知识之间的联系。
② 将课堂所学知识应用于生活实践,丰富学生的生活经验。
③ 进一步了解科学探究的方法、步骤,了解亲自进行科学探究是学习生物学的重要方法。
④ 进一步增强保护环境的意识。

- **难点和重点**

与学生一起复习,主要是让学生学会从生活中获取知识,在实践中获得能力,因此将课堂所学知识应用于生活实际是本节课的重点。

- **课前准备**

教师要准备一些影碟、照片、题签。

- **教学设计**

学习内容	学生活动	教师活动
方案一: 1. 第一单元知识框架	学生回忆每一节所学过的内容,掌握各节知识点,对本单元内容有一个整体的知识框架。	教师帮助学生回忆并帮助学生抓住知识点,将学生总结的知识框架提炼出来写在黑板上,让学生对本单元知识一目了然,形成完整的知识体系。
2. 能力	学生回忆做过的调查等探究活动,进一步巩固科学探究的方法,掌握科学探究的步骤,了解亲自进行科学探究是学习生物学的重要方法。	教师启发:通过这一单元的学习,除了获得许多知识外,你是否获得了一些有利于学习和生活的技能呢?
3. 情感	学生畅所欲言,将自己心里的感受说出来,包括对祖国的热爱,对环境的珍视,学生之间互相交流,达成共识。	教师启发:这一单元我们先告一段落了,那么学完这一单元之后,你有什么感受吗?有什么想法和大家一起交流、一起分享吗?

续 表

学习内容	学 生 活 动	教 师 活 动
方案二： 知识竞赛	学生先把本单元的内容复习一下，掌握各个知识点，然后再对每一部分内容出题，用来难住对手。学生在热烈、轻松、愉快的氛围中，复习了本单元的内容，又增强了学习兴趣。	教师帮助学生分成两大组，教师事先制作四个标签：a.认识生物 b.生物圈 c.生物与环境的关系 d.生态系统 内容：由第一组同学抽签，抽到哪部分，就由第二组同学出题，第一组同学回答。最后是加时赛：教师将遗漏的知识点补充出题，由两组同学抢答，最后根据分数评出获胜队。
方案三： 走出课堂，走进自然	学生身处自然、优美的环境中，呼吸着洁净、清新的空气，尽情地放松自己，尽情地感受自然。学生在自然中区分生物与非生物，感受生物的勃勃生机；理解生物圈为生物的生存提供的条件；体验环境与生物的密切关系；深刻了解生物圈中的生态系统。学生亲自去感受大自然，去理解大自然，同时增强学生热爱大自然，保护大自然的情感。	教师带领学生真正走进自然，亲身感受生物与生物圈。
方案四： 1. 生物的特征	① 学生回忆生物的特征。 ② 学生看影碟：找出其中的生物与非生物，并回答判断依据是什么？ ③ 学生在教室里找出几种生物，并说出它们为什么是生物？ ④ 学生以自身为例，说出自己的哪些方面体现了生物的特征。	① 教师提问：你怎样区分生物和非生物。 ② 教师播放一些影片，如动物的捕食，幼苗的出土等。 ③ 教师引导：我们时时刻刻生活在生物和非生物组成的环境中，那么现在在你身边有哪些是生物呢？ ④ 教师引导学生从自身来掌握生物的特征。
2. 生物圈	① 学生看地球仪，回忆生物圈的定义、范围及各圈的生物。 ② 学生看影碟，回忆生物的范围。 ③ 学生把课下查找的有关生物圈及范围的资料在课堂上与同学交流，加深对生物圈的了解。	① 教师启发：对照你手中的地球仪，你能给大家介绍一下我们的生物圈吗？ ② 教师播放影碟：陆地上的生物，空中的生物，水中的生物。 ③ 教师：在课下你们都查找了有关生物圈的资料，现在我们互相交流一下。
3. 生物圈为生物生存提供了基本条件	① 学生畅所欲言，互相交流养鱼的经验，在这个过程中学生复习生物圈为生物的生存提供了基本条件这一知识点。 ② 课外实践：学生亲自种花，种花的过程中学生会亲身感受生物生存所需的条件，不但复习了知识，而且获得了生活经验。	① 教师引导：很多同学的家里都养鱼，你能把你养鱼的经验给大家介绍介绍吗？ ② 教师布置任务：课下每组同学在校园的花坛内种一种花。
4. 生物与环境的关系	① 学生独自总结：生物适应环境同时影响环境。 ② 学生分析：动物的保护色有什么作用？退耕还林的重要意义？最后总结出生物与环境的关系。	① 教师：通过光对鼠的影响及植物对空气湿度的影响这两个探究活动，你能总结出生物与环境之间的关系吗？ ② 教师播放一些有保护色的生物的影碟，教师引导学生分析，并给予适当的帮助。
5. 生态系统的组成	每组同学各自设计一个生态系统并讨论如何让这个生态系统长时间维持下去。	教师引导，学生充分发挥。

续 表

学习内容	学 生 活 动	教 师 活 动
6. 食物链和食物网	① 学生动手连接食物链,然后将自己所吃的食物再连接成一个食物网。 ② 学生分析:先将狼与其他生物连成一个食物网,然后分析狼少了会产生什么样的严重后果。 ③ 游戏:食物链 学生兴致勃勃地玩游戏,之后让学生自己分析一下这个游戏,从中得出什么结论。	① 教师给出几种动物、植物,让学生独立连接食物链。 ② 教师假设:人们都讨厌狼,猎人将狼消灭了,这样做会产生什么后果呢? ③ 教师帮助学生分组,10名同学扮演植物,6名同学扮演食草动物,3名同学扮演食肉动物,1名同学扮演人。由于人为原因,植物体内积累了少量的毒素(手帕),食草动物争着吃植物,食肉动物争着吃食草动物,人又吃了食肉动物,最后手帕都堆积到了人的身上。
7. 生态系统的自我调节能力	学生分析并总结出生态系统具有一定的自我调节能力。	教师引导:在草地上分别放养山羊和绵羊,结果会一样吗?

【教学设计借鉴】

《城市工业、交通和人居环境的关系》教学设计

课题		城市工业、交通和人居环境的关系
教学目标设计	知识与技能	1. 知道城市工业、交通所带来的环境问题。 2. 学会阅读城市质量日报常识。 3. 了解空气污染、水污染和噪声污染等对人体健康产生的危害。
	过程与方法	1. 学会从不同渠道收集有关环境污染的资料并能对资料进行分析和处理。 2. 正确评价城市工业、交通对城市人居环境的影响。
	情感态度与价值观	1. 关注环境污染对人们生活健康的影响并具有防治环境污染的意识。 2. 主动参与合作学习,乐于表发个人意见并尊重他人的见解。
目标制订依据	对学生状态分析	学生对环境污染问题并不陌生,通过课前查找资料和对资料的整合会有更深的认识。
	教材分析 (重点、难点和前后教材的联系)	本节课是学生在学习了"城市人居环境"的内涵后,进一步理解城市工业、交通与城市人居环境的关系,帮助学生懂得城市和谐发展的重要性。
教学准备	对教学过程中可能情况的预判	学生可能对城市的工业、交通的发展与环境污染的关系难以理解或有片面的理解。
	课件制作	自制多媒体课件一份。
	其他准备活动	相关资料若干,并整合资料(演示文稿)。

学科备课分论

续　表

教　学　过　程		设计意图 （教学目标落实的途径）
问题导入		引入新课
教师活动	学生活动	
放映一段录像，展示城市工业、交通给城市人居环境产生的负面影响。 课前同学们分成几个小组查找了许多有关的资料，今天我们有请两个小组的同学向同学们作一汇报。 教师出示一张上海市某一周的空气质量报告表。 (1) 这一周中，上海市空气中主要的污染物是什么？ (2) 这一周中，哪一天的空气质量最差？ 教师注意倾听并在适当的时候给予补充、完善。	学生活动1： 空气污染调查小组的汇报（powerpoint演示文稿讲解和问题互动结合） 互动问题： (1) 空气污染主要来自哪些方面？ (2) 空气质量受哪些因素的影响？ (3) 我国对城市空气质量是如何进行评价的？ (4) 你知道空气污染指数吗？ (5) 你关心空气质量日报和预报吗？ 学生活动2： 噪声污染调查小组的汇报 （powerpoint演示文稿讲解和问题互动、故事讲解相结合） 互动问题： (1) 什么是噪声？其主要有哪些来源？ (2) 什么是噪声污染？雷声是不是噪声污染？ (3) 什么是噪声级？其单位是什么？你知道居民、文教区的噪声标准吗？ (4) 噪声污染有什么危害？ (5) 你认为：作为一名学生，应该如何保护听力，防治噪声污染？	1. 学会从不同渠道收集有关环境污染的资料并能对资料进行分析和处理。 2. 培养学生合作学习的团队意识。 3. 关注环境污染对人们生活健康的影响并具有防治环境污染的意识。
讨论： 有人认为：发展城市工业必然会产生环境污染，既然不能停止城市发展工业，那么只能等工业发展之后再来治理污染，你如何看待这种说法？ 上海是如何协调城市工业、交通和人居环境关系的呢？保护环境我们应该从何做起？	学生各抒己见，并从中悟出协调城市工业、交通和人居环境关系的重要性：良好的城市环境是发展城市工业的物质基础，城市工业的发展可以为保护和改善城市环境提供物质和技术支持，而城市环境质量的提高又可以为工业经济发展提供更多的资源和能源。 学生依据掌握的资料，通过实例发表自己的看法，并树立环保意识。	树立城市工业与人居环境的和谐发展观。 主动关心周围的环境问题，增强责任感，提升学生的基本素质。
总结或评价	通过本节课的学习，你有什么收获？	
弹性化作业		
反思与重建	本节课运用了"材料收集——整合交流"教学模式，该模式是在教师确定主题的基础上，学生围绕此主题在课前通过多种途径收集有关资料，师生一起将所收集的资料进行整合，然后在课堂上，学生与学生、学生与教师进行交流和讨论，最后形成对某一现象或某一活动的认识，从而达到教学目标的要求。 目前随着现代信息技术的发展和普遍应用，学生获得信息的途径越来越多，学生可通过上网、上图书馆、阅览室、实践调查、参观、走访等形式收集到尽可能多的相关资料，为课堂上的交流做准备。"授人以鱼，不如授人以渔"，因此指导学生如何查找有用信	

反思与重建	息很重要,教师可将需要查询的书目、网址清单列出来,供学生参考,以减少学生查询无效信息所浪费的时间。课堂上的教学是以课前的准备为基础的,在交流、讨论的过程中,要以学生为主,让学生成为课堂的主人,给学生充分展示的机会,教师起到引导的作用。学生通过交流和讨论后,要进行总结和评述,让学生可以重新回味在收集资料、整合信息和交流讨论过程中的酸甜苦辣,也可以反思在此过程中的不足,对培养学生的合作能力、意志力以及综合表达能力都大有帮助。 此外,本节课比较恰当地挖掘了民族精神教育的隐性因素,通过对城市工业、交通与人居环境的关系的学习,培养学生的生态环保意识,教育学生:保护环境应从每个人做起,从日常生活做起,勿以善小而不为,身边的小事汇集起来就是对保护环境的大贡献,这样将环境知识、生物学知识及民族精神教育有机地结合在一起,唤起学生的生态忧患意识,唤醒学生保护人类环境的责任感和使命感,懂得环境保护和可持续发展的意义,懂得人与自然的和谐相处,使学生逐步树立起新型的生态道德观念,提升学生的基本素质。

中学科学学科

【备课要求】

中学科学是本学习领域中的一门综合学科,也是中学阶段的一门新学科。为配合科学新课程的实施,促进综合科学学科教师积极开展教学研究和进行教学创新,切实提高课堂教学质量和效益,根据中学科学课程标准的要求,在总结新课程试验的基础上,提出几点关于完善备课的建议。

1. 整体制订教学计划,全面关注课程目标

应根据《课程标准》的目标和要求,参照教材体系和内容,联系学生以及教学环境的实际情况,制订完整的教学计划。包括:在一定的时段(一学年、一学期、一单元、一课时)内,期望学生学习什么内容,如何进行学习,以及规定相应的目标与评价标准等基本方面。在整体计划的制订中,教师还必须具体制订各级教学目标与相应评价方式,选择与组织教学内容,设计与优化教学过程等,关注学生学习的全过程。

全面落实培养学生科学素养的目标。制订教学目标,应注重从知识与技能、过程与方法、情感态度与价值观三个维度,要充分体现学科所具有的特点,体会科学的本质、体验探究的过程和方法、领悟科学探究的思想核心,培养学生对自然的探究欲望和对科学探究的兴趣、科学的态度和行为方式、科学的思维能力和思维方式,并把目标贯穿于教学过程的始终。

课堂教学目标制订应具体、适切。"具体"是指对教学内容与过程具有指导性和规范性。为体现以科学探究为核心,应努力采用过程化的表述方式,力求反映探究活动内容、过程和结果,突出科学探究的基本思想、过程、方法和技能,从而提高目标的指导性、可操作性和可检验性,并通过过程化的目标的引导,落实知识与技能、过程与方法、情感态度与价值观"三位一体"的目标。"适切"是指目标要符合班级学生的认知水平,符合学生的学习经验和思维发展的水平,尤其是来自于不同单科专业的执教教师,更应注意不能随意拔高或降低课程标准上的教学要求;其次针对不同的教学内容,"三维目标"的要求应有所侧重,每节课的目标制订要突出重点,同时兼顾与学期计划相统一。在制订课堂教学目标时,还应注意科学探究能力目标的循序渐进和逐步达成。

2. 把握学生认知特点,有效组织教学内容

要根据学生的认知特点,精心选择和组织教学内容。教师应准确把握学生的水平和经历、允分理解课程标准和教材要求,对教学内容作一定的选择、调整或处理。教学内容既要适合学生的经验水平,又能激发学生的探究欲望,还能反映科学精神,促进学生认知水平和思维能力的提高。要挖掘教材内容中的"探究活动"因素,选择探究学习的内容,必须与学生的日常生活经验相近,再逐渐涉及更广泛的层面和新的情境;对活动所涉及的概念范围、所需的表达技能、所获得资料的解释方法等,都要注意随学生年龄的增长逐步提高其要求。

内容的组织应具有逻辑性和层次性。教师在编排内容时,应围绕教学重点,形成清晰的教学脉络,并通过这条脉络显示教学内容之间的内在联系。教学内容既要根据课程标准具体的内容要求、教材材料和学生的学习状况,把握教学难点,还要关注学生从形成问题到解决问题的思维过程,力求做到教学内容主线切合于学生思维发展的过程。

3. 突出学生活动,优化教学过程

要以学生为学习主体,以科学探究为核心,精心设计教学过程。教师应了解学生的原有基础与学习过程,按最有利于促进学生主动学习和充分展现知识形成过程的原则,设计教学过程,把学生引向"做"中学、"想"中学和"用"中学。教师应努力创造条件,为学生提供尽可能多的探究机会,让学生亲自动手、动脑,亲历提出问题、形成假设、制订计划、收集证据、处理信息、表达交流等科学探究过程。教师还应注意借助于现代信息技术,营造自主学习与合作学习的开放式学习环境,提供学生多样化的学习活动和学习经历,使信息技术成为学生进行科学思维和创新的工具,成为学生获取、理解和应用科学知识的平台,以支撑多样化学习方式的实现。

要采用适当的教学策略,灵活多样地安排学生学习活动。教师运用"科学探究"的教学策略组织教学,首先要明确探究活动的要求,以及蕴藏于活动中的各项学习目标,确保探究活动的设计,能达到教学目标;还要理清知识或知识之间建立联系的"点",确定哪些是让学生通过探究自行获得的"点",以及如何指导学生有效探究和具体操作;最后要采取合适的活动和组织形式,安排合理、有序的实验、交流等活动。教师应积极鼓励和引导学生广泛参与"自主学习和小组合作学习",要设计有效的学习环境,包括时间、空间和学习材料等要素,要让学生试验自己新想法、允许学生出错与纠正错误,以小组形式相互讨论与质疑;要鼓励小组成员分工合作,相互帮助、启发,共同学习;要提供学习材料和器材,以适当的方式指导学生的讨论,使小组活动过程与学习过程相互联系起来。

4. 有效安排作业练习与学习辅导

要根据课程标准的要求和不同层次学生的特点，精心设计学生的作业练习。作业练习要有针对性，形式要多样化；要有适合学生个体独立完成的作业练习，又有适合小组合作完成的作业练习；要设计"写"的作业练习，也要设计"做"与"讲"的作业练习；要有针对全体学生的基本作业练习要求，又要有分层次、可选择的作业练习要求。为了理解学生的学习，教师应及时批阅作业，及时获取教学反馈信息、分析学生个体学习状态、增进师生情感交流，为自己诊断教学、调整教学的过程和优化备课服务。

对学生作业中的问题，要适时安排学习辅导。这种指导既要有针对共性问题的集体辅导，更要有针对个性问题的个别辅导，做到集体辅导与个别辅导相结合。对不同学习水平的学生，辅导要有针对性，特别要从情感上关心学有困难的学生，帮助他们解答疑难问题，改进学习方法，发现自己的长处与进步，增强其学习信心。

【单元分析示例】

《面向生物世界》单元分析

● **教材内容分析**

学习内容		学习活动	建议课时 （7+1）	学习重点和难点	
一级内容	二级内容			学习重点	学习难点
生物	• 生物的基本特征 • 观察动物	• 观察、讨论生物有哪些共同特征 * 讨论植物的生物特征 • 观察蜗牛或蚯蚓的外形、食性、活动、反应和生活环境	2	观察生物的基本方法	归纳出生物的一些基本特征
生物的多样性	• 认识一些动植物 • 比较同种生物间的差异	• 认识图片中的生物及其生活环境 • 比较同班同学之间的差异（如耳垂、指距等），并画出直方图和解释直方图	2	观察、记录与比较事物的异同点	编制和解释简单的直方图
分类	• 动植物的分类 • 检索表	• 用不同的方法对动物分类 • 像科学家般对动物分类 • 植物的分类 • 认识检索表的作用 • 找出检索表的分类准则 • 编制简单的检索表	2	分类的思想与方法	编制简单的检索表
濒临绝种的生物	• 一些珍稀动植物物种的消失 • 生物间的互相依赖	• 收集和讨论有关濒临绝种生物的资料 • 看录像，讨论生物多样性的意义和野生物的保护	1	关注自然界的濒危生物	

● **学习水平**

知识与技能：

• 初步学会观察生物的基本方法

- 初步区分生物与非生物
- 学会编制简单的直方图
- 初步学会编制简单的检索表
- 了解生物最基本的特征及生物的多样性

过程与方法：
- 观察、比较生物的异同点
- 用检索表进行简单分类
- 解释直方图
- 通过观察，归纳出生物的一些基本特征

情感态度与价值观：
- 关注自然界的濒危生物
- 乐于参与保护和拯救濒危生物的活动
- 初步具有欣赏和保护生物多样性的意识

● **活动预期成果**

通过活动 2.1—2.3（学生课本 pp. 36—53），学生能：

1. 区分生物和非生物；
2. 认识详细观察生物的方法；
3. 掌握使用放大镜的技巧；
4. 认识到动物会对刺激作出反应；
5. 根据观察的结果作出结论。

通过活动 2.4—2.5（学生课本 pp. 53—57），学生能：

1. 认识不同种类的生物；
2. 认识到任何同类生物之间都存有差异；
3. 懂得利用直方图显示有关差异；
4. 懂得怎样解释直方图的内容。

通过活动 2.6—2.11（学生课本 pp. 58—66），学生能：

1. 将动物和植物简单分类；
2. 将动物分成脊椎动物和无脊椎动物；
3. 将植物分为有花植物和无花植物；
4. 把脊椎动物进一步分类；
5. 认识检索表的作用，利用和制作检索表。

通过活动 2.12—2.13（学生课本 pp. 66—69），学生能：

1. 认识一些濒临绝种的野生生物；
2. 认识生物间的相互依赖，知道一种生物的绝迹会影响其他生物；
3. 认识人类对环境所造成的影响，并乐于参与保护环境和濒临绝种的生物。

- **活动准备与建议**

活动 2.1

仪器及材料：显示生物特征的录像或图片

教学建议

1. 在学生活动之前，教师应告诉学生观察时应注意的地方，并应鼓励学生讨论观察所得的结果。

2. 教师可以鼓励学生模仿书中的动物角色进行表演。

活动 2.2 及 2.3

注：由于教学时间未必足够进行两个活动，教师可自行选择其中一项活动。

仪器及材料：

放大镜、大块平面玻璃、一张纸、玻璃棒、棉签、醋、电筒、温水、饲虫箱、各种食物（胡萝卜、生菜、马铃薯、嫩叶、老叶、肉类等）。

教学建议

1. 在学生观察生物之前，可温习生物的主要特征，并告诉学生观察时应注意的地方。

2. 提醒学生在进行实验时，不要让生物受到不必要的伤害或痛苦。观察完毕，把它们放回原来的地方。

3. 部分学生可能会拒绝进行实验，教师不要强迫他们，可让他们从旁观察。

4. 预备饲虫箱较为费时，教师应给予学生充足时间或预先为学生准备。提醒学生要把腐烂的食物移去。

5. 教师应鼓励学生讨论观察所得的结果，并引导学生认识动物会对外界刺激作出反应。

活动 2.4 及 2.5

仪器及材料

各类生物的照片、幻灯片、挂图及有关书籍、不同生态环境的挂图

教学建议

1. 如果可能的话，教师可把活动 2.4 改为参观植物园、动物园或欣赏有关生物的影片，使学生认识不同种类的生物。

2. 至于活动 2.5，教师应鼓励学生分组收集不同生物的图片，并协助他们把生物分类，但不要求学生强记生物的名称。

3. 鼓励学生多讨论，并解答学生的问题。

活动 2.6 及 2.7

仪器及材料

放大镜、数片不同类型的叶片、直尺、叶片的投映片（显示不同的叶脉和叶缘）

教学建议

1. 要求学生详细观察叶片。最好是先让全班同时观察同一种叶片，然后引导学生指出其中的异同。

2. 活动 2.7 可使学生建立同种生物间存在差异的概念。

活动 2.8

仪器及材料

米尺(测量身高)、秤(测量体重)、直方图投映片

教学建议

1. 教师应引导学生留意各人相异的地方。

2. 教师应指导学生如何填写第 67 页中的表。最后的总结是:任何同类生物之间也存在差异。

3. 教师应教导学生如何制作直方图和解释直方图的用途。

活动 2.9 及 2.10

仪器及材料

课本第 69、57—59 页的照片及挂图、幻灯片

教学建议

引导学生找出各类生物相同之处,鼓励他们发表不同意见,尽量接受一切可能的答案。通常只要有一位学生提出答案,就会引起讨论,所以教师要控制讨论的时间。

活动 2.11、2.12 及 2.13

仪器及材料

课本第 71 页至第 76 页列出的生物照片或幻灯片

教学建议

1. 活动前教师可分别展示每类动物的标本。

2. 不要求学生强记每一动物属于哪一类,而应集中讨论分类的准则。最好是教师能展示各类动物特征的图片,例如爬行类具有牙齿和干燥鳞片、两栖类没有牙齿但有湿润皮肤等。

活动 2.14、2.15、2.16 及 2.17

仪器及材料

印有简单检索表的投映片、无花植物的幻灯片或图片

教学建议

1. 先介绍检索表的用途和结构,然后让学生练习使用检索表,并找出指定生物的名称。

2. 若班中学生能力较强,教师可利用投影片指导学生自行制作检索表。

活动 2.18

仪器及材料

课本第 81 页至第 84 页列出的生物照片或幻灯片

教学建议

1. 教师应鼓励学生分组收集有关濒临绝种生物的图片资料。

2. 如果可能的话,教师可带领学生参观郊外野生动、植物园或欣赏有关野生生物的影片,使学生乐于参与环护活动,并欣赏大自然的奥妙和尊重与爱惜所有生物。

● 补充资料(略)

【教学设计借鉴】

初中科学《水质污染的原因和危害》教学设计

执教者	东方中学张红娟	学科	科学	班级	六(4)班
课题名称	水质污染的原因和危害					
研究主题	引导学生自主探究,体验发现的策略研究					
教学目标	1. 从科学的角度认识水质污染的原因和危害。 2. 学会多渠道地收集资料并加以分析整理,进而推断出造成水质污染的原因和危害。 3. 通过探究实验,分析、推断出人们的日常行为对水质的影响。 4. 关注水质污染与人类健康的关系,积极参与保护家乡的水资源、减少水质污染的活动。					
教学设计说明及任务分析	本节内容,教材提供的信息非常有限,这就要求教师运用学生已有的知识与经验,联系生活实际,对教材进行再创造。我们的课堂要推出吸引学生的教学内容和教学设计,增强他们的学习动力。因此,怎样组织教学才能吸引学生的有意注意,激发学生产生强烈的社会责任感,从而参与到实际的防治水污染的行动中,是这节课的教学难点。结合科学课科学探究的特色,我设计了三项学生活动:①课前调查访问,收集资料。②课堂探究实验。③课后付诸行动。在学生的探究实验中教师如何进行有效的指导,既不能包办代替,又不能放手不管,是这节课的又一难点,我就采用系列问题和实验设计单来引导学生探究。让每一个学生在自主探究中,体验发现,主动建构知识。实验过程中对小鱼生命的爱护,体现人文关怀。通过了解水污染对人类健康的严重危害,引导学生关爱生命,关注社会。					

教学程序和内容	教师活动	学生活动	说明
导入	问:这些图片说明了什么? 出示课题。	学生观看后回答问题。	创设情境,激发学习欲望。
水质污染的原因和危害	组织学生将课前收集的资料进行交流。 根据同学交流的信息,要求他们归纳出: 水质污染的原因: 城市生活污水;农药和化肥;工业"三废"。 水质污染的危害: 危害人的健康;破坏生态环境;水的富营养化的危害	课前通过调查访问,了解附近某一河流的水质情况或上网、从报纸杂志上查阅有关水污染的资料,课堂上进行交流。 学生归纳总结。	在课前的自主探究过程中,培养学生收集信息、处理信息、表达信息的能力。
探究洗涤用品对水质的影响	问:在我们家庭生活中,哪些行为污染了水? 今天我们来探究洗涤用品对水质的影响。 利用实验设计单,引导学生设计实验。 教师组织学生进行实验后交流实验现象和得出的结论。	学生各抒己见。 各组学生讨论填写实验设计单后进行交流。 学生进行实验,认真观察,记录现象,得出结论。	体验科学探究的过程,发现人们的日常行为对水质也造成了一定的影响。
课题升华	问:为了减少水污染,我们能做什么? 发出"保护水资源,呵护好家园"的倡议。 从我做起,为"打造绿色青浦,共建健康家园"尽一份力。	学生各抒己见。	积极参与减少水质污染的活动。

续 表

教学反思	1. 整个教学过程能体现研究的专题。 2. 学生的探究实验进行得较好。 3. 导入的情境创设效果不是最好,有待改进。 4. 水的富营养化的危害讲得不到位。 5. 时间紧张,略拖一点课。 6. 生命教育渗透得不是最充分。
同伴建议	1. 导入的情境创设感染力、冲击力还不够。 2. 设计一张社会调查表。 3. 水的富营养化的危害,教师解释得不够清晰。 4. 最后可生成两个新的问题。 5. 还需强调水污染对人的生命健康造成的危害。 6. 把爱家乡、爱生命的主题再渲染一下,把两纲落实得再到位些。 7. 是否可以把三种洗涤用品混合后进行实验。
调整策略	1. 利用淮河、黄河严重污染及危害的图片导入。 2. 设计一份学生课前的调查表。 3. 强调水污染对人的生命健康造成的危害。 4. 增加太湖赤潮的内容。 5. "实验设计"改为"实验方案设计"。 6. 课后可生成两个问题: ① 家庭中的洗碗水、洗衣机里放出的水、抽水马桶内的水到哪里去的? ② 洗衣机放在阳台上环保吗?

艺术学习领域备课指南

本学习领域包括音乐(唱游)、美术和艺术学科。以提高学生审美素养为目标,运用听、看、唱、奏、演、画、摄、设计、创作等艺术实践方式,体验与巩固对各种艺术作品、艺术家、艺术创作过程的认识,是本学习领域教学设计的基本要领。

中小学音乐学科

【备课要求】

音乐学科是学校实施美育、普及音乐艺术教育的主渠道,对学生提高音乐素养与审美能力具有独特的重要作用。为了按照新的音乐课程理念,强化以审美为核心的音乐教育,加强感知、表现、鉴赏、创造等音乐基础能力培养,拓宽音乐文化视野,推动音乐教学改革,进一步提高音乐课堂教学质量,提出以下关于备课的建议。

1. 正确把握教学目标,提高学生音乐素养

中小学音乐教学要确立以审美为核心,从培育音乐情感与价值观、体验审美过程与方法、掌握基础知识和基本技能三方面的整合来确立教学目标。音乐教学要从目标开始着力改变只重视知识教学与技能练习的倾向,引导学生通过聆听、体验、表现、创造等音乐活动,充分感受音乐所蕴涵的丰富情感,增强对音乐的情感共鸣,培养音乐兴趣,浸润美的熏陶,提高艺术素养。要充分利用音乐学科所拥有的民间民族艺术文化内容,对学生进行民族文化的教育,在进行教学目标制订时要有机结合,并在相关的教学环节中贯彻。

教学目标的制订要体现科学性与针对性。要遵循音乐学习心理的一般规律,既注重学生发展的均衡性,又关注学生发展的差异性;既注重音乐本体的基础要求,又关注课程的人文价值。教学目标制订要注意针对不同学生、不同内容和不同资源进行整体优化。欣赏与唱歌为主的教学,要特别强调对学生音乐兴趣、音乐理解与表现等能力的培养;对器乐演奏实践为主的教学,则着重对学生进行音乐基本技能方法和合作意识等方面的培养。

教学目标的制订要体现操作性与层次性。要清晰地阐明目标的具体内容及其达成度,同时要两者有机结合,提出合理的措施及可操作的保障。对小学低年级的《唱游》课程及中、高年级和初中六、七年级的《音乐》课程,要针对各阶段的基础型、拓展型、探究型三类课程的学习要求,制订相应合理的目标,注意各阶段的层层递进及不同类型课程的功能特征,而使新课程的总目标和分目标以及"三维目标"整体统一。

2. 科学处理教学内容,支持学生选择学习

教材是最基本的音乐教学内容。要充分利用教材(包括课本、音像等)系统资源,正确把握音乐教材每个单元的人文主题,通过感知、表现、鉴赏、创造四个内容要求,设计音乐教学活动。中小学音乐必须体现普及性,体现面向全体学生,教学内容首先要注意加强基础性,体现多元化,提供学生丰富而多样化的音乐学习经历,注重学生音乐素养的全面发展。对教材的教学内容要注意"抓住主线、整体把握,突出重点、分散难点"的处理思路,使学生在有限的课堂教学时间内有效地达到预期的学习目标。要注意运用音乐教材为载体,引导学生在音乐实践与创造活动中,形成积极主动的学习态度,把过去单纯注重音乐知识的传授与技能的练习,转变为在获得音乐知识与技能过程的同时,学会学习、学会合作。

教学内容应首先突出音乐本体的重点,然后有计划地拓展一些舞蹈、戏曲、戏剧等表演艺术以及文学、历史的相关内容,拓宽学生艺术文化视野,了解古今中外经典音乐作品的文化内涵。要帮助学生以多种方式利用音乐课程资源,参与多种音乐学习。拓展性学习要从教学实际出发,指导学生按照自己的兴趣与志向,在规定的范围内自主选择学习内容,以支持学生充分展现其个性特长,满足学生的学习需求,激发学生的学习积极性。学校要根据校情、师情、生情,实施国家课程,充实教学内容,开发校本音乐课程,为学生提供必需的学习资源和尽可能丰富的音乐素材。在校本课程的开发中,学校应结合附近社区的资源特色,大力发掘民间文化资源,培育学生的民族精神;还要精选促进健康、体现和谐的生命环境的音乐曲目引进教学内容,落实"两纲"的精神。

教学内容必须体现层次和项目上的差异性。要尊重学生对音乐学习所存在的个性差异,允许学生对音乐有不同程度的感受与体验,以及在音乐演绎和创造上的不同表现。因此,教学内容要符合学生的音乐个性与意愿,准予学生对音乐的学习内容有一定的选择,允许学生在歌唱、奏乐、舞蹈等方面培养不同的兴趣,发挥不同特长。要根据不同学段学生的特点,提供不同层次的音乐学习资源,充分利用课堂教学的时空,使每个学生的音乐潜能在原有基础上得到充分开发。学校和教师还要为学生开展音乐探究性学习创造资源条件与参考内容,结合学校的实际,选择或编写音乐学科探究性学习资料包,有条件的学校还可建设音乐教学网站或网页,为学生提供更为丰富的学习资源。

3. "听""动"互补、师生互动,改进、创新教学模式

尊重音乐教学规律,改进教学模式。要根据音乐体验由感知客观音响到作出主观反应的学习规律,切实改变音乐学习中只听不动的教学模式,使抽象的音乐语言借助学生的肢体语言——动作,来体验他们对音乐的感受与理解,实现音乐听觉与动觉的互补,使音乐课堂教学充满生动活泼,并有效地发展学生对音乐的学习兴趣。要注意不同年级学生动觉幅度及对音乐演绎的层次差异,根据学生对音乐理解程度的提高,以及在年龄上的心理特征,对教学过程进行合理、优化的设计和必要的调整。

提倡教学民主,增强师生互动。要根据音乐教学发展的时代趋势,注意改革以教师为中心的知识传授传统模式,体现尊重学生为主体,师生平等互动和民主交流为特征,加强教学中的实践性和创造性,让学生在音乐学习中主动表现自我,发展对音乐的兴趣和能力,促使

教学模式有所发展和创新。课堂教学要建立新型的师生关系,改变刻意把学生引到教师预设的教学设计中的做法,使音乐教学适应每个学生的实际发展,注意教学生成。教学中,教学设计、教学方法、教学工具的使用等,均应以学生实际需求为出发点,充分研究和了解学生,要知心知情,提倡教师与学生同学、同乐、同创,在师生互动、生生互动的人性化教学环境中,实现情感沟通和教学相长。

4. 更新学生练习体系,培养创新思维能力

建立以实践与创新为主要特征的音乐练习体系。音乐的实践与创造活动是音乐学习的主要形式,也是学生进行音乐练习的基本方式。要让学生投身于"听、动、演、赏、创"等音乐学习的综合实践,注意让学生在参与音乐实践和创造的活动过程中,获得对音乐的各种体验,挖掘与发展他们的音乐潜能。

设计音乐的练习要根据学生实际情况有针对性地调整。如:小学低年级阶段,可让学生在音乐游戏中感知音的长短、强弱、快慢、高低;能用唱名唱准基本音高;体验音乐作品的情绪变化,在此基础上学习用打击乐器奏乐和用音乐基本语汇表演歌舞;能较流畅地背唱若干喜爱的歌曲。小学中高年级和初中阶段,可学习有音高的课堂常用乐器(口琴、口风琴、竖笛等);乐谱学习由体验听唱逐步到掌握视唱,学习多声部节奏和多声部合唱。

课堂教学中的音乐创造活动,主要在于培养学生求异思维和创新精神,它应贯穿于音乐课堂教学的各个环节之中。教师要善于发现学生在即兴创造时所表现出的不同"火花"和"亮点",切忌用"标准答案"来统一共识。要让学生自主地、有选择地参与音乐实践活动,为他们自主、自信地表现音乐创造条件,搭建多种平台。

学生的音乐创作练习要注意同专业创作的区别。教师要创设情境,激发学生的创作热情,鼓励学生收集音乐创作必需的素材和积累创作的有关经验;教师既要指导,又不可束缚学生的创造性行为,鼓励学生主动探究,交流获得的创作成果。要引导学生乐于创造,激励学生敢于创造,帮助学生学会创造,以此来达到丰富学生的艺术想象与表现能力,拓展学生创新思维的思路,开发学生的多元智能,促进他们的全脑开发。

【单元分析示例】

小学《快快长》单元分析

● **单元概述**

本单元的主题"快快长",选材的点是春天,春天是万物复苏、生命萌动的季节,也是人们辛勤耕耘、播种希望的季节。立意是让学生感知:音乐是怎样描述春天迹象的,我们又是怎样在音乐声中感受、体验春天气息的,同时又寓意儿童是春天的花朵,启迪学生对生命的关爱、对生活的热爱。

● **单元内容**

本单元由第五课、第六课组成。具体的内容如下:

	听	唱	玩	创	音 乐 知 识	音乐乐园
第五课	风和雨	小雨沙沙	音有长短 律动:踏点步 游戏:传小球*	快长大	认识 沙球、 三角铁	收集与春天有关的音乐作品、诗歌和美术作品。了解有关植物生长的知识	做做: 小乐器 补充歌曲 《我能行》 五彩小星星
第六课	小芽 快快长	小树 快快长	四分音符 律动:转圈* 游戏:说话龙	我是一棵 小芽芽	认识 四分 音符		

● **单元目标**

引导学生结合生活经验,回忆、感受春天的气息,通过歌唱、律动、诗朗诵、创作表演等方式来表现春天给人们带来的喜悦和希望。体验感受大自然的奇妙,鼓励学生去观察大自然的变化、了解春天的迹象,热爱春天,同时激发学生关爱生命,热爱生活的感情。

● **教材分析**

1. 听

(1) 乐曲《风和雨》

《风和雨》是一首小曲,篇幅短小精悍,乐曲共分两段,前段旋律起伏连贯,描绘了"风"的形象,后段旋律短促跳跃,描绘了"雨"的形象。全曲生动,音效明朗。

(2) 乐曲《小芽快快长》

《小芽快快长》是一首舞蹈音乐,教材选用电声乐队演奏版本。乐曲生动、轻快、朝气蓬勃。描绘春天的意境,小苗、小芽竞相成长的情景。乐曲在优美的旋律中开始,朦胧中小鸟轻声鸣叫,大地慢慢苏醒。紧接着电声模拟的人声"啊"好似感叹大地葱茏、万物生长的景象:潺潺的流水声、欢快的鸟鸣声,小芽在春风春雨的沐浴下探露出笑脸快乐生长。接着音乐开始明快,旋律不断重复,节奏越来越强烈,好似小芽越长越高、越长越快。全曲富有动感。

2. 唱

(1)《小雨沙沙》

《小雨沙沙》是一首四个乐句的一段体歌曲,2/4拍,宫调式。前两个乐句采用了重复和模拟的手法,表现了"种子"和"小雨"对话的生动情景。第三句采用了紧缩的手法,第四乐句是前三个乐句的总结性再现,这两句叙述了种子的生长过程,表现了春天万物复苏的蓬勃生机。歌曲的前奏和尾奏用相同的音型模仿了雨声,更生动地描绘了春雨濛濛的自然景象,为歌曲增添了无限乐趣。拟人化的歌词,寓科学性于其中,歌唱中,学生可以从浅显生动的歌词中获得科学知识。

(2)《小树快长高》

《小树快长高》是一首四个乐句的一段体歌曲,2/4拍,宫调式。歌曲音域以六度为主,以跳跃、抒情交替出现的旋律表现了孩子们祝愿小树快快长高的美好心愿。

3. 玩

(1) 音的长短:音的长短是指声音的持续时间。能在具体的活动中感受到。

(2) 律动《踏点步》：舞蹈基本步。学习中掌握二、三拍的音乐节奏。

(3) 游戏《传小球》：音乐游戏，学习中掌握二拍子的强弱规律。

(4) 游戏《剪声音》：复习声音长短，练习自然发声。

(5) 复习律动《走》：认识四分音符，并用走表示。

(6) 知识点：四分音符的形状、名称、时值，并拍一拍。

(7) 用"走"的节奏说话接龙，巩固四分音符。

(8) 律动感受：复习律动《好朋友》，音乐动作接龙、拍手跺脚表现一拍。

(9) 律动游戏《转圈圈》：音乐游戏，学习中认识、感受四分音符的时值，掌握律动要领。

4. 创

(1) 看图思考、讨论交流：图中的情景；怎样与伙伴合作表现"快快长"。

(2) 即兴创作活动：《风和雨》——《小雨沙沙》——律动。

(3) 即兴表演、舞蹈：表现植物生长的过程。

5. 音乐知识

(1) 认识打击乐器：沙球、三角铁及其打击方式。

(2) 认识四分音符。

(3) 介绍与春天有关的音乐作品、诗歌和美术作品。了解有关植物生长的知识。

6. 音乐乐园

(1) 做乐器：人人参与寻找发声器具，自己动手制作小乐器。

(2) 补充歌曲：学唱指导或跟录音自学。

(3) 《五彩小星星》：单元学习小结，综合能力的复习与评价。

- **教学建议（重点内容）**

听：

(1)《风和雨》过程选择：听听画画、听听说说、听听演演、音响探索。

(2)《小芽快快长》过程选择：分段聆听、讨论与编创、韵律。

唱：

(1)《小雨沙沙》过程选择：即兴模仿、听辨思考、讨论交流、表情朗读、记忆歌词、分形式学唱、讨论歌曲表现、角色表演、打击乐伴奏。

(2)《小树快长高》过程选择：聆听范唱表演，了解歌曲内涵、对话式朗读、模唱歌曲、多种形式的歌曲表演。

课时建议：第5、6课均可4—5教时完成。

- **相关资源开发**

1. 收集、介绍与春天有关的音乐、诗歌、美术等艺术作品。

2. 了解、运用有关植物生长的自然常识。

3. 了解、运用有关季节变化的自然常识。

【教学设计借鉴】

小学《快乐的游戏》单元
听——《打字机》教学设计

- **说　明**

　　这节课是选自上海音乐出版社四年级第一学期第一单元,主要教学内容是欣赏《打字机》。《打字机》是一首管弦乐曲,乐曲描绘了打字机及办公室繁忙的工作情景。乐曲单纯轻快的节奏、与伴奏声部打字机急速的击键声形成了一片忙碌紧张的气氛。

　　第一单元的主题是"快乐的游戏",欣赏曲《打字机》所描写的意境也是表现快乐的工作情景,因此本课的教学设计是借助"乐趣""游戏"展开的,通过学习主题诗《快乐的游戏》引出主教材《打字机》的一系列欣赏活动。首先通过聆听主题部分引发学生乐趣,借助真的打字机物体激发学生欣赏兴趣,并了解它在乐曲中的基本节奏。然后进行整体听赏乐曲,熟悉"管弦乐"乐器的音色,而后通过多媒体的视听结合来初步认知"管弦乐"的音乐表现形式。接着再次来听赏,在听赏中感知乐曲主题,辨别乐曲主题,此时又设计了游戏"举牌"来巩固主题。在此基础上,最后开展拓展活动,让学生想象音乐所表现的情景,通过小组合作活动,用各种喜欢的表演形式来表现乐曲所表现的繁忙打字的工作情景。

- **教学内容**

1. 欣赏管弦乐曲:《打字机》
2. 拓展活动:《打字机》情景表演

- **教学目标**

1. 欣赏管弦乐曲《打字机》,感受乐曲所表达的跳跃鲜明的色彩和人们愉悦的工作心情、充满活力的生活情景。
2. 在听、拍、演、创等活动中欣赏、理解乐曲的形象、主题等。
3. 在欣赏管弦乐曲《打字机》中,初步了解"管弦乐"的音乐表现形式,感知、辨别乐曲主题,理解音乐形象。

- **教学重点难点**

1. 在欣赏管弦乐曲《打字机》中,初步了解"管弦乐"的音乐表现形式,感知、辨别乐曲主题,理解音乐形象。
2. 在了解音乐主题基础上,学生联系生活实际用各种形式进行情景表演。

- **教学准备**

　　录音机、多媒体、打字机

- **教学过程**

一、主题诗

1. 教师在音乐中有感情地朗读主题诗

师生共同理解主题诗的内容

2. 师生朗读主题诗

> 说明：
> 通过朗读主题诗，让学生了解本单元的主题，突出主题，身临其境，为后面的欣赏打下伏笔。

二、欣赏乐曲《打字机》

（一）导入部分：

1. 教师选取乐曲中表现鲜明的"打字机"的部分给学生欣赏

问：音乐表现了什么物体形象？

2. 教师出示真实的"打字机"演绎

师生共同了解打字机的功能

3. 随着打字机的节奏练习

p.3 节奏谱

> 说明：
> 为学生创设情景，让学生在情景创设中引发欣赏的兴趣，感受歌曲所表达的意境。

（二）听赏部分：

1. 初听：学生精心聆听歌曲

要求：感受乐曲的情绪、风格、演奏形式的特点。

2. 初步了解"管弦乐"的音乐表现形式

> 说明：
> A式：有条件的学校可以通过多媒体的演示让学生了解，做到视、听、讲相结合。
> B式：教师通过与音带相结合来讲解。

3. 随着乐曲师生共同辨别乐曲主题
4. 随着音乐主题部分进行游戏 p.10

> 说明：
> 通过多种方法聆听乐曲，感知乐曲风格、演奏形式的特点，在游戏中学会辨别主题，使学生在轻松、愉快的氛围中学习。

（三）拓展活动

1. 想象音乐表现的情景，《打字机》描绘了怎样的情景？
2. 学生分组用各种形式来表现，如：情景小品、绘画、形体动作等。
3. 分组展示
4. 评价

> 说明：
> 通过拓展活动进一步理解乐曲的主题及情景，拓展视野，在实践活动中激发学生的创作思维。

三、课堂小结

● **教学流程图**

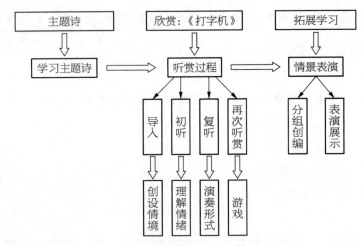

● **教学反思**

这节课的主教材为欣赏——欣赏管弦乐曲《打字机》,教师主要通过"乐趣""游戏"展开教学,与主题不谋而合,让学生在情境中、游戏中、兴趣中进行乐曲欣赏。如:借助真的打字机物体作为导入;多媒体的视听结合来初步认知"管弦乐"的音乐表现形式;又设计了游戏"举牌"来感知主题、辨别主题、巩固主题,同时还起到了结合节奏的联系;最后开展拓展活动,进一步表现对乐曲情景的理解。欣赏时特别要注重让学生亲身参与到游戏活动中,在游戏中不仅提高学生听赏的乐趣,同时使其感知乐曲的风格、情绪、意境,学会辨别主题,教师将认知巧妙地融入了活动中。

在欣赏《打字机》时,由于这个乐曲比较特殊,学生初听到音乐时会产生一种好奇心,会出现窃窃私语、好奇地讨论等现象,容易使得课堂"乱"。因此在初听时教师一定要引起重视,培养学生静心聆听的好习惯。

(上海徐汇区汇师小学　张莉珉)

初中音乐《欢乐中国年》教学设计

● **说明**

《节日欢歌》选自上教版《音乐》教材七年级第一学期第四单元。主要是对学生进行民族精神教育中文化方面的教育。本课的主要教学内容是欣赏管弦乐曲《春节序曲》;在感受、体验音乐的基础上学习中国民族五声调式的知识。其目标是感受其中所表现的中国"年味"带来的欢乐、祥和,感悟音乐中所蕴涵的中国节日文化与民俗,同时感悟艺术家在创作中渗透的对祖国音乐文化的热爱和民族自豪感。

● **教学目标**

1. 情感、态度、价值观:感受音乐所表现的中国"年味"带来的欢乐、祥和,感悟音乐中所蕴含的中国节日文化与民俗,同时感悟艺术家在创作中渗透的对祖国音乐文化的热爱和民族自豪感,有关注中国音乐文化的兴趣。

2. 过程与方法:欣赏管弦乐《春节序曲》的若干片段,在师生共同"过年"的情境中交流与合作,参与欣赏、歌唱、律动、节奏模仿等音乐活动,体验并表现音乐作品中所表现出的"过年"的喜悦。

3. 知识与技能:感受速度、力度、音色等音乐要素在作品中的作用;能哼唱《春节序曲》的几个主题旋律,初步了解作曲家李焕之;知道中国的民族五声调式,初步了解五声宫调式。

● **教学重点、难点**

1. 教学重点:感受《春节序曲》第一、第三主题所表现的不同的"过年"情景,体验音乐要素在其中的作用;在体验音乐风格的基础上学习中国民族五声宫调式。

2. 教学难点:在音乐体验活动中感受《春节序曲》所表现的欢乐、祥和的"中国年"。

● **教学过程**

一、导入课题

1. 学生聆听《春节序曲》引子部分旋律进教室,感受乐曲表现的浓郁的节日气氛

2. 导入课题《欢乐中国年》

> 说明:
> 在上课前播放《春节序曲》的旋律,结合教室的环境布置,为刚走进教室的学生营造浓郁的"过年"氛围。

二、听赏与体验——《春节序曲》

(一)欢乐锣鼓敲起来

1. 聆听第一主题旋律,学生感受:乐曲的节奏特点

2. 模仿主题旋律的节奏

3. 师生合作演奏欢乐锣鼓

4. 学生感受自己练习的节奏与原曲比哪一个更能表现节日气氛(速度的对比)

> 说明:
> 此环节引导学生感受第一主题的典型节奏型,通过师生交流、生生合作,共同感受这一主题所表现的欢腾热闹的节日气氛。同时在实践音乐活动中由学生亲身感受音乐要素在音乐作品中的作用。

(二)欢乐歌儿唱起来

1. 聆听第二主题旋律,学生思考:这段旋律主要是用什么乐器演奏的

> 说明:
> 此环节教师引导学生关注主奏乐器的音色,既是对已学知识的复习巩固,同时也是对后面教学环节的铺垫,从而引导学生感受西洋乐器是如何表现中国民族风格音乐作品的。

2. 用衬词演唱主题旋律

3. 简介《春节序曲》的作者及创作背景

(三)欢乐秧歌扭起来

1. 教师播放第三主题旋律,学生思考:与前两段音乐相比,这段音乐有什么明显的不同

> 说明：
> 　　教师引导学生从音乐要素的角度关注音乐本身，体验音乐表现的音乐形象。

2. 学生随伴奏用衬词哼唱主题旋律，感受音乐的风格
3. 教师演唱《新春秧歌闹起来》，学生体会与第三主题相比有何不同
4. 师生练习秧歌步，进一步体验第三主题
5. 师生合作共同表现主题旋律

> 说明：
> 　　引导学生把在前面环节学到的内容大胆地表现出来，在唱、跳、演的艺术活动中，表现音乐作品所体现的"过年"的喜悦。

6. 再次欣赏第三主题旋律，学生感受：主题旋律出现了几次，每一次用的乐器是否相同？

三、感受与学习——中国民族调式

1. 教师投影出示三段主题旋律，学生在体验的基础上寻找：在这部作品中哪些音出现得比较多？
2. 教师介绍中国民族五声调式的基础知识
3. 学生模唱、吹奏宫调式音阶
4. 学生视唱《春节序曲》第二主题旋律，判断使用了何种调式

四、贺岁迎新年

1. 学生创作练习欢乐锣鼓
2. 师生共同倒计时迎接新春
3. 师生在贺岁的锣鼓声中迎接新年，结束全课

> 说明：
> 　　根据学生的生活体验设计此"贺岁倒计时"环节来结束本节课。师生共同投入新年守岁的体验中，共同感受和分享我国浓浓的"年味"中所带来的祥和与欢乐。

● **教学流程图**

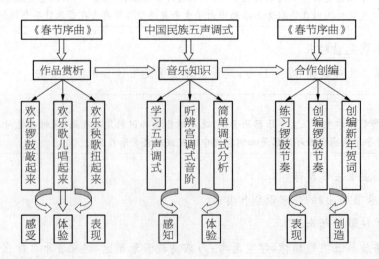

中小学美术学科

【备课要求】

美术学科对陶冶学生情操,培养学生创新精神与实践能力,提高学生美术素养,都具有十分重要的作用。为落实素质教育要坚持"立德树人"的学科思想,将中小学美术学科教学与教育作为一个有机的整体,进一步改进课堂教学,提高教学质量,提出以下对备课的几点建议。

1. 依据课程标准,整体设计教学目标

要加强教学目标的均衡性、人文性与发展性。美术教育担负着培养学生良好品德和审美能力的重要任务,教师要根据课程标准,按照"知识与技能"、"过程与方法"、"情感态度与价值观"三个维度目标整体设计美术课堂教学目标,要以审美教育为主线,发挥美术教学中思想品德与民族文化等教育功能,使学生在掌握知识,发展能力,陶冶情操的同时,人格得到逐步完善。同时,要注意根据不同年级学生的发展情况,落实分阶段的目标要求,小学低年级要重视培养学生对美术的兴趣、能运用简单的美术工具开展造型游戏等,中高年级要重视对学生美术欣赏基本能力与表现方法的培养,初中阶段要重视提高学生对美术作品的审美情感与能力,学会初步的美术设计与创作等。教师要认真钻研课程标准,明确美术教学目的和任务,掌握各年级教学要求,弄清各年段之间、中小学之间的层次递进关系,在此基础上,结合实际,制订出学期教学计划和安排好教学进度。

要加强教学目标的针对性、层次性和统整性。教学目标的设计要明确、具体、恰当,突出学科特点,符合教材特点和学生的接受能力,体现针对性。要关注全体学生对提高美术素养的共同需要,设计好具体的教学实施目标,在不同的单元中都要注意突出重点目标和落实基础目标。还要注意适应学生在美术学习上的不同基础、爱好和个性特长,设计有层次的教学目标,使一般的学生和有美术特长的学生都能够明确各自发展与提高的方向和目标。

2. 合理使用教材,科学处理教学内容

要根据课程标准,合理使用教材,结合并发掘教材本身的内涵价值,落实以审美为核心的美术课程三维教学目标。根据学校和学生的实际情况,对美术教材中的内容作适当的补充和调整,注意挖掘内容所蕴含的教育要素;要正确处理美术的知识技能与设计创造的关系,根据两者的关系,以及学生的实际,在比例上可作必要的调整处理,并要注意寓知识技能于设计创造之中,使知识技能与设计创造同时并进,体现相关教学内容的合理整合。

根据学校和学生的实际基础,科学地选择和开发美术教学内容。要重视对美术学习内容的整体设计,注意针对学校的办学特色和设施设备等实际情况,有重点地选择教学内容,建设有特点的学校美术课程。要加强绘画教学的基础性和生活性,要重视小学低年级对写生的启蒙教学,注意培养学生的观察能力、感悟能力和分析能力,掌握绘画的基础知识和基本技能;中高年级要强调基础写生的基本要求,适当安排速写的内容要求;初中学生要增强速写教学,速写可以慢写、默写,以及临摹与写生交叉结合,速写内容要紧密贴近学生的实际生活,要充分利用学校优美环境和实物场景,课内课外有机结合,引导学生主动并喜欢速写。要加强民族民间艺术教学,包括中国画、书法、剪纸、陶艺等。绘画内容要注意花卉、动物、人物和丰富多彩的社会生活内容相融合,感受祖国丰富优秀的传统文化。

3. 提高学生学习兴趣,改进教与学的方式

要重视审美实践体验活动,提高学生美术素养。美术教学必须要设计好审美的实践活动,注意通过审美体验,使学生的美术素养得到提高。审美教育要贯穿于美术实践活动的全过程,包括模仿、设计、创作和评价,注意引导学生以实践为渠道,以体验为形式,以交流为载体,来认识美、感悟美、塑造美,通过动手实践,把形象的组织,色彩的设计都通过自身的审美实践反映出来。

教师要善于挖掘教学内容中的审美因素,讲究教育的艺术性,"寓教于美"、"寓教于乐",有效引导学生理解线条美、色彩美、构图美和意境美。还要注重美术教学的美育功能,联系学生的生活实际,有机渗透自然美、家乡美、祖国美的教育,体现"以美育人"。

要重视与信息技术整合,改进美术知识技能的教学方式,拓展美术教学的功能。从学生熟悉和感兴趣的生活范围与信息积累中,运用导向性、启发性、思想性的直观形象,通过构思——艺术加工——完成美术作品的实践学习中,对学生进行直观的创作启迪,鼓励学生想象创造,突破教学难点。

4. 创新练习作业体系,激励学生可持续发展

要重视学生作业练习的改进,鼓励学生以探究性方法主动自主学习。如组织学生"看看,想想,画画,做做,玩玩"等学习活动,根据教学内容让学生参与讲故事、猜谜语、念儿歌、做游戏、搞竞赛、办展览和多媒体课件制作等活动,以创设情景来激发兴趣,增强美术知识和技能练习的兴趣性。在体验操作练习时,始终要注意激发和培养学生学习美术的兴趣,不断提高和发展学生的想象力和创造力。

要加强对学生课堂作业的过程指导,引导学生积极参与教学活动,逐步学会基本的美术表现方法,在理解内容主题的知识和方法、提升情感态度的同时生成正确的价值观。凡是学生在技能实践中遇到或可能遇到的困难问题,教师应该充分利用各种方法渠道,加以具体指导;对优秀作业、独创性作业要予以及时肯定。在学生创作画或进行课业制作的过程中,教师要巡回辅导,要了解全班学生的学习兴趣和作业效果情况,要兼顾美术特长生和有困难的学生,特别要热情、耐心辅导有困难的学生,帮助他们克服困难,完成学习任务,同时,还要经常辅导学生学习美术的方法并纠正不良习惯。

【单元分析示例】

小学一年级第一学期《会变的点线面》单元分析

- **单元概述**

本单元主题是"会变的点线面"。点、线、面是美术最基本的元素,让学生感知:生活中处处蕴含着点、线、面的元素;了解点、线、面的作用及其组合规律;并尝试应用到绘画和撕贴画中去。

- **单元目标**

本单元引导学生联系生活实际,学习点、线、面的知识,通过了解大小、疏密、深淡对比的组合规律,用绘画和撕纸的方法,创作出反映儿童世界的画面,达到丰富学生情感,提升审美能力的目标。

- **单元内容**

本单元由第七课、第八课、第九课组成,具体内容为:

第七课《流动的线条》是让学生随意和有意相结合地画线条,在画出粗细、疏密变化线条的基础上,让学生发挥想象,添加需要的东西,创作出不同内容的画面,同时感觉线条流动的美。

第八课《小鸟喜欢的树》是通过儿童画的形式,表现树和小鸟,可以用不同粗细的线条、深淡颜色的点、线、面来表现,通过疏密的变化,产生美的效果,让学生在创作过程中领悟出点线面的组合美感,培养学生爱鸟意识。

第九课《撕纸变成画》是用撕纸的方法,将随意撕成或有意撕成的各种碎纸,通过学生的观察、选择,并运用上节课学到的点线面组合的知识,创作出新的画面,这是第七、八节课的拓展。

- **教材分析**

欣赏:

第七课:《流动的线条》,欣赏教材上的作品,找出不同疏密、粗细的线条,感受不同排列形式产生的美感,联想生活中看到的公路、河流、彩带等各种带状物体产生的流动美感。

第八课:《小鸟喜欢的树》,通过欣赏教材上的学生作品,联系生活中观察到的大树和小鸟,让学生分析小鸟与大树形成的点线面的组合关系,理解美的组合规律。

第九课:《撕纸变成画》,在欣赏教材的作品时,分析、理解点、线、面组合产生的美感,不同色彩组成的对比效果。

操作:

第七课:《流动的线条》,让学生在理解的基础上,通过随意或有意地画线条时产生的疏密、粗细、曲直的变化,使画面产生黑白灰效果的流动感,通过添加物体,构成完整的画面。

第八课:《小鸟喜欢的树》,让学生用不同形状、面积、颜色画树和小鸟时,让树干、树叶、果实、小鸟产生点线面合理组合的效果,从而使画面美起来。

第九课:《撕纸变成画》,引导学生从形状、色彩、大小综合考虑,选择合适的碎纸,创作组成各种画面。

展评:

第七课:《流动的线条》展评时重点评价线条疏密产生的美感与流动感,在线条的组合中,添加合适的物体,有机组成画面。

第八课:《小鸟喜欢的树》展评时重点评价树干、树叶、果实与小鸟之间产生的色块大小、颜色深浅、线条粗细,通过对比,让学生从绘画中悟出对比的道理。

第九课:《撕纸变成画》展评时突出观察的重要性,选择合适的碎纸,由此触发创作灵感,因势利导组成画面,重在巧妙。

- **教学建议**

第七课:《流动的线条》教学过程,欣赏体验、展评。学生作业时可以先引导学生在心情放松的环境中随手画出疏密不同的线条,然后根据点线面组合的需要,添加想画的物体、色块或线条,创意的重点在于根据线条如何添加合适的内容。

第八课:《小鸟喜欢的树》教学过程,欣赏体验、绘画、展评,引导学生从大处着眼,考虑从面积大的画起,然后到局部和细部,特别关注作为"点"的小鸟的布局。

第九课:《撕纸变成画》教学过程,欣赏体验、撕贴(撕纸、选择、粘贴)、展评,重点引导学生关注如何巧妙选择合适的纸与有意识地撕纸,并利用碎纸的颜色组成漂亮的画面。

- **相关资源开发**

借鉴音乐五线谱的视觉形象,评说或创作美术作品。

【教学设计借鉴】

小学《撕纸变成画》教学设计

年级:一年级

课时:1课时

教材:上教版第一册第四单元

- **教学目标**

体验与发现:利用撕纸拼贴联想,发现不规则碎纸可以拼贴成画。

实践与创造:用各种色纸加工成一幅撕贴画。

欣赏与评议:评价选择纸和贴画的本领,积极交流并表达自己的看法。

- **教学重点**

引导学生对不同形状的碎纸进行想象

- **教学难点**

不同形状、颜色纸的组合

- **教学准备**

教师:多媒体课件、范作、固体胶、彩纸、硬纸板。

学生：彩纸、废旧报纸、固体胶、硬纸板。

- **教学过程**

一、引导与发现

1. 教师随意地撕纸，造成悬念，让学生发现碎纸的不规则形状。

2. 通过观察教师撕碎的纸，引导学生发现对撕碎纸加工、组合添加，可以变成新的画面。

3. 引导学生自主发现撕纸能变成画的奥秘，进而揭示课题。

二、讨论与尝试

1. 小组讨论，利用这些形状能拼贴成什么？（造型联想）

2. 启发联想，可以拼贴出景物、人物、动物、植物等各式各样的画面。

3. 教师用游戏的方式演示，将不同颜色的纸做成猫咪的眼睛，让学生领悟正确的色彩搭配和拼贴方法。

三、体验与表现

1. 欣赏同龄小朋友作品，感受撕纸贴画带来的美感。

2. 转变对"废纸"的传统认识，适当渗透环保教育。

四、实践与创造

1. 参照课本范画，落实作业要求。

2. 在自主学习中感受拼贴画创作过程的乐趣。

五、欣赏与评议

1. 在小组评选的基础上，选出代表作品参加全班展评。

2. 欣赏自己及他人合作完成的作品，体验撕纸变成画的乐趣。

3. 评选出自己喜欢的作品，让有创意的小组来介绍构思与制作经验。

六、拓展与小结

1. 培养学生巧用废纸、美化生活的意识。

2. 欣赏民间剪纸，拓宽学生视野。

- **教学设计说明**

《撕纸变成画》是上海市二期课改上教版小学一年级第四单元第三课时的内容。

一年级的美术教学内容多数是以绘画为主，而《撕纸变成画》是以动手操作为主的，也是小朋友们初次接触的表现形式，所以小朋友对这节课的兴趣较高，课堂气氛比平时的绘画课要活跃。

二期课改的目标重在以学生发展为本，培养学生创新精神和实践能力，为了更好地融入这些先进的教学理念，贴近一年级孩子的年龄特征。依托教材，在开发学生的动脑动手过程中，充分发挥师生的互动作用，采用启发式的教学方法，让学生自主地去发现撕纸的相关知识和拼贴成画的创作要领。使孩子真正成为课堂的主人，更好地激发学生的创造性思维。

游戏活动是低年级学生最感兴趣的，课上通过"选猫咪眼睛"游戏让学生自己去发现色彩搭配的要领，并把这些要领更好地运用到自己的作品中去，真正让学生发挥自己的主观能动作用，在动手动脑的同时体验撕纸变成画的乐趣，提高审美能力和动手实践能力。

进一步挖掘本课的创作深度，通过对不同层次小朋友的作品欣赏，拓宽学生的视野，打破课本范例中以动物创作为主的局限。

通过对作业的自评互评，使学生学会评价作品；通过欣赏，看到别人的长处，发现自身的不足；让他们在感受撕纸快乐的同时，了解中国的传统民间工艺——剪纸艺术，渗透民族精神教育，激发学生热爱中国传统民族文化的意识，陶冶思想情操。

中学《自画像——我的理想》教学设计

（教学课题：自画像；适用年级：六年级；使用教材：上海市少儿版新教材六年级第一学期《"像"与"不像"》）

● **教学目标**

知识与技能：初步了解脸形特点、分类和五官的特征。设想自己的未来，运用线描的方法完成自画像的创作。

过程与方法：在欣赏和体验中接触知识，通过分析和实践掌握知识。从"先画"到"再画"的学习过程，激发和增强学生画自画像的兴趣和信心。

情感态度与价值观：培养学生对民族传统文化的情感和公民与人格意识，拓展理想教育，有效体现"保护生命、发展生命"的生命教育的主题，帮助学生树立正确的人生观、价值观，给学生以充分的自信。

● **教学重点和难点**

重点：脸形特征及五官特征的认识，能够运用线描的方法进行自画像的创作。

难点：画好自画像的方法，用手中的笔画出未来的自己。

● **教学准备**

教具：多媒体课件、自制图片、镜子、个性相框。

学具：勾线笔、绘画纸、油画棒、水彩笔等。

● **教学过程**

（一）创设情境，观察导入

1. 创设情境、设疑。让学生照镜子，观察自己，并在两分钟内用勾线笔快速画出镜子中的自己。然后把所有的作业粘贴在展示板上进行展示与评价。

2. 出示课题《自画像》（多媒体演示）

［说明］课堂中照镜子，给学生既神秘又好奇的感觉，调动学生的兴趣，活跃课堂氛围。通过"试画"发现学生画自画像存在的问题。"试画"的过程，让教师更了解学生，让学生也更了解自己，在教学中能做到有的放矢。

（二）自主观察、探究、总结知识

1. 教师出示三张图形，让学生照镜子，观察脸形，并用三个图形中的一个来形容班级同学和自己的脸形。

2. 学生总结概括出脸形的分类:鹅蛋脸、圆脸、国字脸。

3. 八格脸形的观察和比较。(由"国"字脸引入到中国传统绘画把人物的脸形又分为八种,即田、目、由、甲、国、风、用、申,简称"八格脸形"。)

4. 学习画家是怎样在自画像中表现自己脸形的,并总结其表现的方式。

[说明] 在教学设计中引导学生用自己的眼睛去观察事物、比较总结知识。本环节介绍人的脸形时,在班级里面找了几个脸形有特点的学生,让其他学生观察、总结出人物的基本脸形,提高学生观察和认识事物的能力,以及对生命特征关注,自然融入生命教育。把复杂的八格脸形转化为三种基本的脸形,使学生容易掌握,体现了以学生为主体的教学理念,也为学生成功探究作了铺垫。通过观察、比较,了解脸形特征的命名与中国古代绘画、汉字的关系,加强学生对民族传统文化的认识。

(三) 分组活动、探究知识

1. 分组活动

(1) 教师出示两张同学的照片让学生观察。(多媒体)

(2) 学生分组活动,从老师为同学准备的材料袋里挑选出一张与照片人物相吻合的脸形。(一个材料袋里装有三个不同的脸形)

(3) 补充照片人物的眼睛并进行小组评价。

2. 探究知识

(1) 教师出示正确的眼睛,让学生了解眼睛在肖像画中的重要作用。

(2) 教师示范眼睛的正确结构和画法。(黑板现场示范)

(3) 出示学生绘画中常见的"问题眼睛",请学生指出问题所在。

(4) 五官特征的把握。(通过观察,分析几组画家本人照片和其自画像,了解了画家是如何用线抓住人物五官特征的。)

[说明] 通过学生的作业了解到他们在画眼睛上存在的问题,而眼睛在五官中也有着非常重要的作用,可以传情达意。通过比较、纠错的方式和教师的课堂示范,让学生知道眼睛的正确结构和画法。这里的生命教育体现在让学生了解人的脸部结构,通过对画家照片和其自画像的比较,让学生知道如何抓住脸部的特征,掌握自画像的方法。同时,小组合作完成的过程也让学生充分感受到团队合作的快乐,增强了同学之间的友情。

(四) 教师课堂分步骤示范作画

1. 示范脸形和发型

(1) 出示教师本人照片,师生交流,观察教师的脸部特征。

(2) 师生倒计时数十,教师黑板示范脸形和发型。

2. 示范完整自画像(2分钟内完成)

(1) 教师接着示范,学生照镜子在小卡片上作自画像的练习。

(2) 学生分析、探究教师作品。

[说明] 教师示范作画是一种古老而又现代的教学方式,由于学科的特殊性,它的作用

往往是任何一种媒体工具所不能代替的。教师的第一步示范采用了师生倒计时的方式,使学生注意力更加集中,对究竟怎样用线来表现有了更直观的了解,同时也激发了学生的创作热情。范画完成后,学生对教师作品进行分析、探究,总结出教师作画中运用的一些知识点,对他们后面的创作起到了引导的作用。

（五）学生创作与评价

1. 通过镜子仔细观察自己,进行创作。
2. 班级同学推荐一位学生在幻灯机前作画,教师课堂巡视指导。（背景音乐）
3. 学生评价示范同学的作品。

[说明] 学生前面的几次作画及教师的示范,已经为这次的课堂创作打下了基础,创作过程中大家共同推选了一位绘画基础较好的同学在幻灯机前作画,其实也起到了一个示范的作用。课堂中让学生评价学生的同时,教师也了解了学生对前面知识的掌握情况。

（六）教师再次示范与学生再次创作

1. 教师示范怎样在自画像中表现自己的理想。（添加画面）
2. 观察其他班级同学的自画像作业,讨论指出优点和不足之处。
3. 学生完成理想的添加。（背景音乐）

[说明] 教师通过添加的方法完成"未来的我"的创作,给学生以直观的印象。通过观察其他班级同学的作业了解到同龄人是怎样表现自己的理想的,并且能够指出别人的优点和不足之处,补充自己的想法。这样的方法有效解决了应该通过怎样的添加来完成创作,另一方面,也培养了学生善于发现别人的优点,培养其谦虚好学的品质。学生把自己的理想、愿望融入作品当中,作业的内容有效地渗透了德育。本片段中民族精神教育和生命教育有效结合,体现出"润物细无声"的效果。

（七）展示与评价

1. 全班同学展示作业。（粘贴在个性相框上展示）
2. 学生谈谈自己的创作与理想。
3. 学生自评与师生互评。

[说明] 作业完成后粘贴在个性相框上展示,极大地调动了学生的热情,通过两次作业的比较,肯定学生的学习,让学生感受到成功的喜悦。评价的方式有自我评价、自我反思、其他同学评价等多种方式,教师在尊重学生劳动成果、肯定学生成绩的基础上,给予评价总结。它注重的不仅仅是结果,更重要的是学习的过程。积极的评价会激起学生对探究成功的喜悦,使学生产生新的动力,以更好的状态投入到以后的探究和创造中去。

中学艺术学科

【备课要求】

艺术学科是为提高学生综合审美能力,开发多元智能,促进人格全面发展而设置的一门新的综合课程。为了在新的形势要求下,进一步提高中学艺术课堂教学的质量与效益,提出以下关于备课几点建议。

1. 全面理解课程目标,增强教学要求的针对性

确立课程目标的整体观。制订教学目标要遵照新课程的培养目标,根据艺术学习领域的教育定位,以及艺术课程对学生学习的要求,注意围绕提高学生的审美素养,注意在知识与技能、过程与方法、情感态度与价值观等领域全面落实目标要求,并体现在艺术教学的全过程中。要注意发挥学科德育功能,强调通过民间、民族艺术的教学加强对学生民族精神的教育;通过歌颂美好生活感悟人生价值的艺术教学加强对学生的生命教育;通过体验和感悟自然美和社会美的艺术学习活动加强对学生艺术与自然、社会和谐可持续发展的科学观教育。还要注意引导学生在认识和理解本民族艺术文化的同时,不断萌发对其他民族艺术文化的认识欲望,让学生通过多种艺术审美的过程,认识艺术世界的多元,提升艺术的综合素养。

提高教学目标的有效性。要结合具体的教学内容和形式,注意在全面落实课程目标基础上,有所侧重地制订具体的教学目标。教学目标要针对不同艺术范例的具体要求,对反映艺术表象为主的范例,注意加强知识与技能、审美方法等方面的要求;对反映艺术文化为主的范例,注意加强审美情感与价值观念等方面的要求。教学目标制订还要注意不同课型或教学环节的特点,如艺术欣赏环节,则要注意加强审美的知识、方法与观念等方面的要求;而艺术实践环节,则要注意加强艺术表现的技能和艺术创作的情感等方面的要求。教学目标要注意显性目标与隐性目标的有机结合,使艺术情感和人格发展的目标建立在艺术知识与技能目标的基础上,体现"水到渠成",达到"完善艺术审美心理结构,促进艺术素养的提高"的教学功效。

要注重教学要求的层次性。要依据艺术课程综合性、多元性和可选择的特点要求,注意从学生艺术素养发展不同特点与需求出发,制订有层次的教学目标。要根据学生的不同实际,引导学生在各自不同的基础上,都有不同程度和方向的提高,增强学生对艺术的学习兴趣和学习动力。

2. 正确把握课程内容,注意激活教材的美育功能

抓住知识重点,突破教学难点。要注意挖掘"艺术范例"包含的艺术本质和文化内涵,紧紧抓住其中包含的重点知识和核心要求,根据其内在的特点来确定有效的内容呈现形式。要根据学生的学习基础和实际需要,找准教学中的难点,注意抓住主线、适当分散,针对难点内容来科学地设计教学过程,以实现在有限的课堂教学时间内集中解决教学内容中的重点和难点。同时,艺术门类的综合为不同学生提供了丰富的艺术学习资源,为满足学生的学习艺术兴趣和艺术学习的不同需求,对不同学生而言,重点和难点的表现可能不尽相同,因此,在艺术教学内容处理和设计时,教师要考虑到不同班级、不同学生的艺术爱好状况,注意提供多种选择。

重视整合联系,关注衔接环节。艺术教学用艺术课程的定位、性质、理念、目标来调整原来音乐、美术分科的模式,整体思考艺术课程的教学内容,一定要以综合的观念为指导,从学生和班级实际情况出发做合理的组合,可应用多点切入、兼及其余的教学设计,即可从不同艺术视角灵活多样地进行"艺术范例"教学,注意设计与主题有关的其他艺术形式并作具体展开,而不是照本宣读,以更有效地发挥教材的载体作用,提高教学效益。教学内容处理还要注意将音乐、美术、舞蹈、戏剧、影视等各艺术门类之间的相互融合,以及与人文科学、技术等学习领域相关课程的相互渗透,以促进学生的艺术通感、迁移思维和整合素养的形成。中学艺术要注意与分科课程有机联系,在起始的年级,特别要注意与音乐、美术课程的衔接,要以分科课程内容为基础,设计好艺术素养发展的生长点,真正发挥艺术学习领域的课程综合价值和作用。

注意补充开发,突出美育功能。要充分重视"艺术范例"在艺术表现上具有的宽泛特性,针对各艺术范例的主题,积极开发渠道补充课程内容。艺术课程的补充内容可着眼于三个资源领域:首先是网络资源,通过不同的教育网站收集相关的资料,建立艺术教学资料库,可随时查阅、下载,在此基础上,可积极创造条件建立艺术教学校本网站,发展与他校的网上艺术教学交流,进行互动式的网上艺术教学,以丰富艺术教学方法。其次,是学校的资源:聘请校内有一定艺术特长的教师参与艺术课程开发,充实艺术教学的内容,加强校本研究,加强不同艺术特长教师之间的默契配合,形成具有学校特色的艺术校本课程内容。第三,是社区资源,要注意开发社区内一切有利于艺术教学的文化资源,包括环境、人与物等,尤其是能体现民族、民间和民俗的艺术内容,增强艺术的生活感、现代感,提高其对学生的美育功能。还要注意增加对艺术家与艺术创作的介绍,以艺术大师的创新追求和社会责任精神,激励学生逐步完善自己的人格。

3. 努力改进教学模式,突出现代艺术教学思想

要加强审美实践体验。以审美为核心的艺术课教学,从根本上讲,是要注重学生的审美体验。审美体验活动要注意加强学生对美的事物的感受,由身体性活动与直接经验而产生的艺术感情和审美意识。审美体验要结合不同艺术的特点,如对音乐的听觉感受,对美术线条色彩的视觉感受,对舞蹈戏剧表演中的动觉感受等,设计相应的教学方式。缺乏审美体验的艺术教学不符合艺术课的内涵特征,更谈不上艺术课的价值。因此必须尊重艺术课程教学的内在规律,强化教学过程中的实践环节,让学生拥有多样的艺术体验机会,不断创造感悟艺术的课堂氛围,培养学生由审美趣味产生审美感受,由审美感受上升为审美鉴赏,由审美鉴赏激发审美创造,由此帮助学生人格的和谐发展。

要注意师生民主互动。要尊重并鼓励学生对艺术产生不同的感受,注意教学过程中根据学生的接受情况及其变化,对教学设计作适时的调整,体现"预设"和"生成"的有机结合。注意遵循艺术学习规律来设计教学,艺术的价值是体现在欣赏者对艺术形象本身的感受之上,要提高艺术学习的质量与效益,就要指导学生交流各种艺术感受,实现教学过程中师生之间、教学设计与教学实践之间的互动,并在互动中根据实际完善和优化课堂教学,以体现教学民主和教学机智,帮助学生逐步形成开放、宽容的文化心理和高尚的审美能力。

要有机整合信息技术。要根据艺术课程的综合特点，尊重艺术教学创新发展的现实，努力实践艺术教学与信息技术的整合。加强艺术教学系统的信息化，在硬件与软件的相关建设中，要注意增强技术对艺术的感染力，启发艺术创造力，在发挥独特功能的同时提高有效性，以此为目标改革和创新教学模式。整合信息技术要由生动展示教学内容，向利用信息技术开展艺术实践，进行艺术交流等形态发展，并要努力创造艺术教学的数字化平台，促进学生艺术思维的创新。

4. 完善练习方式，注重学生艺术素养提高

要注意审美方法的多样化。要提高学生健康的审美能力，就必须注意丰富学生的艺术审美体验方式，经常让学生经历听、唱、画、做、奏、演、讲等多种练习的过程，并注意将艺术的创作、艺术作品和艺术欣赏连为一体。要充分开发学生以往在音乐、美术及人文、科学等学习中积累的基础资源，包括对艺术学习的各种积累，联系生活经验来设计新的情景练习。要注意让学生选择有一定基础的艺术门类切入进行练习体验，同样达到提高审美能力的学习目标。

要提倡合作探究学习艺术。要让学生充分体验艺术的和谐与创新，要在学习方法上注意引导学生开展合作学习、探究性学习，使学生的艺术情感与人格发展通过改进学习方法来实现。加强练习环节中的合作与交流，除了在形式上多采用合作方式以外，还要有一定广泛的参与面，通过师与生、生与生、学生与社会等多方面的合作，来培养学生的合作精神与能力。

在艺术学习练习中，要重视引导学生对问题的主动探究。联系社会和生活，注重问题的生成与解决是研究性学习的主要方式。研究性学习的开展要有教师指导，注意从社会文化现象及学生的艺术生活经验出发，引出问题，并通过主动获取信息、运用知识来解决问题，培养创造性学力。对于八、九年级的学生来说应积极参与这样的练习。

着眼艺术素养，改革练习设计。艺术课程要支持学生艺术综合素养的提高，涉及知识、技能、方法、习惯、态度、情感等等多种要素，所以，设计艺术学习练习的方式，包括艺术欣赏、实践创作、交流展示等，都要着眼于这些全面要求，注意通过练习来激活学生已有的艺术相关知识的储存，同时在参与艺术活动中明确责任和学会共享。还要注意艺术的应用学习，设计一些开放式的练习活动，加强与社区民间、民俗艺术的联系，与大自然、大社会的联系，扩大学生的艺术视野，落实"两纲"的精神要求。

【单元分析示例】

《跨越美丑唱真爱——〈巴黎圣母院〉撼心灵》单元分析

● **说明**

《跨越美丑唱真爱——〈巴黎圣母院〉撼心灵》选自上海音乐出版社高中《艺术》教材（试验本）高二年级第一学期第二单元第六课。本课的内容分三个教时完成教学：

三个课时的安排如下：

第一课时	第二课时	第三课时
主要是欣赏音乐剧《巴黎圣母院》片段,感受剧中细腻的人物刻画。	主要是学生分四组分别在六个课题中选择一到两个在网上查阅资料后进行研讨或实践,形成自己的观点。六个课题见表下所附。	主要是围绕学生在第二课时研讨、实践六个课题后形成的观点或成果进行交流和探索,力图以音乐剧《巴黎圣母院》为载体,引领学生感受作品中多样的艺术语汇所表达的美丑与善恶,运用探究的方法探索各种艺术表现手段在作品中的运用,并进行大胆的实践与创新,在拓宽知识面的同时,得到情感的深化,心灵的净化,达成生命教育的基本目标。

课题1 《巴黎圣母院》的音乐特点。

课题2 音乐剧《巴黎圣母院》的舞蹈特点。

课题3 《巴黎圣母院》在以往的音乐剧模式上的创新之处。

课题4 音乐剧《巴黎圣母院》的舞美设计特点。

课题5 围绕《巴黎圣母院》,自己设计问题,在校园中展开采访,调查学生或老师对于多种形式的《巴黎圣母院》的了解程度,并拍成录像,写成采访报告。

课题6 尝试自编、自导、自演一段反映学生生活的音乐剧。

以下仅举第三课时的设计说明:

● **教学目标**

1. 欣赏音乐剧《巴黎圣母院》,感受以艺术化的笔触描绘的美丑与善恶,获得情感的共鸣,达成生命教育的基本目标。

2. 以小组的研究性学习为基本方式,在艺术鉴赏的过程中进行各种大胆的尝试,提升发散性思维能力与拓展、探究的能力。

3. 探究音乐剧《巴黎圣母院》中多种艺术表现手段,知道音乐、舞蹈、舞美、表演等形式在音乐剧中运用的基本特点。

● **教学重点**

运用多种手段展示研究的课题,与同伴分享。

● **教学难点**

感受音乐剧《巴黎圣母院》中的音乐与舞蹈特点。

● **教学过程**

一、语言导入

二、"课题1《巴黎圣母院》的音乐特点"的研究成果展示与探讨

(一)请相关课题组的学生展示研究成果

(二)教师补充并小结《巴黎圣母院》的音乐特点

1.《巴黎圣母院》的音乐比百老汇音乐剧的音乐更加现代和流行,更符合年轻人的口味。

2. 在演唱方法上,《巴黎圣母院》完全运用了流行唱法,没有融入一点美声唱法,而在其他大多数音乐剧中,多多少少都会融入美声唱法。

3. 在演奏乐器上，《巴黎圣母院》也全部采用电声乐器，没有一件管弦乐器。而传统音乐剧大多以管弦乐器为主，或者在其中加入一些摇滚电声乐器，很少见到纯流行乐器伴奏的情况。

4. 用音乐特有的语言展现了美丑和善恶，使听众得到潜移默化的感染。

☆ 补充欣赏：《吉卜赛女郎》片段，思考：

(1)《吉卜赛女郎》的主奏乐器是什么乐器？

(2) 歌曲具有哪种风格？

(3) 音乐带给我们一种怎样的生命力量？

> **说明：**
> 　　通过《吉卜赛女郎》片段的欣赏和三个问题的设置，让学生感受歌曲中纯流行的伴奏乐器和音乐元素的丰富多样，并感受到音乐涌动的生命力量。从而引出《巴黎圣母院》音乐与传统音乐剧音乐的第四个不同点。

5. 音乐元素非常丰富。有歌剧的合唱、摇滚、法国民歌，再加上波西米亚的民谣风格，听起来既多样又好听。

☆ 补充欣赏：

(1)《君似骄阳》片段——法国民谣

(2)《判决》片段——歌剧的合唱与摇滚音乐相结合

> **说明：**
> 　　通过两个片段的对比欣赏让学生进一步感觉其音乐元素的多样性。

6. 音乐具有很强的旋律性，流行性很强。剧中《美人》的单曲唱片在法国创下了 300 万张的罕见销量。

7. 讨论：比照艺术作品的表述，你心中的美丑标准是怎样的？

> **说明：**
> 　　引领学生建立科学审美观是生命教育的基本内容之一。

三、"课题 2 音乐剧《巴黎圣母院》的舞蹈特点"的研究成果展示与探讨

(一) 请相关课题组的学生展示研究成果

(二) 教师补充并小结《巴黎圣母院》的舞蹈特点

1. 运用了许多特技动作。高难的特技动作体现了演员的一种什么精神？

> **说明：**
> 　　由高难的特技动作引领学生思考演员们齐心协力的艰苦排练和积极合作、相互配合的精神。

☆ 补充欣赏：欣赏《钟》片段，思考：

(1) 三个大钟内的特技演员扮演着什么？

(2) 他们的舞蹈表现了什么？

说明：
　　通过《钟》的片段欣赏和两个问题的设置,让学生进一步感受在同一个舞台空间呈现的内在与外在两方面的情绪,以及艺术作品强大的表现力是建筑在演员们的合作、配合、投入与苦练上的,以进一步渗透生命教育的内涵。

　　2.《巴黎圣母院》中的许多片段都是在同一个舞台空间呈现内在与外在两方面的情绪,同时将许多抽象的情感具象化的表达。当演员用歌声诠释内心的感受时,一旁舞动的舞者适切地用肢体语言来表达复杂的情绪纠葛。

说明：
　　体验具有强烈对比的艺术的语汇,感受到剧中人物内心的波动与挣扎,由此进入主人公纯洁的心灵世界,潜移默化地受到生命教育。

　　四、"课题3 音乐剧《巴黎圣母院》在以往的音乐剧模式上的创新之处"的研究成果展示与探讨

　　（一）请相关课题组的学生展示研究成果

　　（二）教师补充《巴黎圣母院》较以往的音乐剧模式上的创新之处

　　1. 不用乐队伴奏用录音。

　　2. 使用耳麦式麦克风。

　　3. 演唱者和舞蹈者分工明确。

　　☆ 补充欣赏:《非法移民》片段

说明：
　　通过《非法移民》的片段欣赏,让学生感受作品中看似分离又巧妙结合在一起的歌唱与舞蹈,进一步体会由艺术创新带来艺术魅力。

　　4. 演员之间很少互动。

　　5. 与众不同的音乐创作手法。

说明：
　　在赏析作品的同时,通过艺术作品认识到创新的价值与作用,由此领悟创新精神对于社会、个人等各个层面都有重要作用。创新精神的培养也是生命教育的内容之一。

　　五、"课题4《巴黎圣母院》舞美设计的特点"的研究成果展示与探讨

　　（一）请相关课题组的学生展示研究成果

　　（二）教师补充

　　1.《巴黎圣母院》在舞美设计方面的特点:

　　抽象的布景、简单的道具:舞台上大多数的时候只有演员,而没有其他的布景和道具,给人以现场音乐会的效果。

　　2. 思考:在长达3小时的演出里,《巴黎圣母院》的背景就是一块硕大无比的墙,场景在变幻,幕布一层层升起来,吊景一块块降下去,富有表情的灯光色彩努力营造着一个个视觉

空间,但是这堵高大威武的大墙却始终屹立在舞台上,不曾移动半分。它是墙吗?

> **说明:**
> 通过学生对背景——"墙"的思考,让学生感受舞美制作者巧妙的构思。

3. 补充欣赏:《美人》片段

提问:剧中卡西墨多、弗罗洛、非比司的人物造型与人物性格有何关系?

> **说明:**
> 进一步引领学生在欣赏作品的同时探究美丑与善恶的标准。

六、"课题5 围绕《巴黎圣母院》,学生自己设计问题,在校园中展开采访,调查学生或老师对于多种形式的《巴黎圣母院》的了解程度,并拍成录像,采访报告"的研究成果展示与探讨

> **说明:**
> 通过调查活动,让学生走向学校小社会,做一回小主持,发展学生的创造能力、口头表达能力、表演能力、即兴应变能力、合作能力和组织能力。

七、"课题6 尝试自编、自导、自演一段反映学生生活的音乐剧"的研究成果展示与探讨

> **说明:**
> 为学生搭建表演舞台,通过学生的自创、自导、自演让学生充分发挥创作才能和表演才能,让学生感悟《巴》剧在艺术创造过程中的各种大胆的尝试,他们同样也可以通过自己的创作表演,排练出具有自己特色的音乐剧,培养创新意识。

【教学设计借鉴】

《飘逸舒展的古典芭蕾,含蓄隽永的中国古典舞》教学设计

● 说明

本课的教学内容选自上海音乐出版社高中《艺术》教材(试验本)高一年级第一学期第二单元《肢体语言 心灵律动》,主要是欣赏《吉赛尔》、《踏歌》等风格迥异的中外古典舞蹈,接触东西方舞蹈中蕴含的不同文化内涵,体验与接纳多元的世界文化,同时深深地为我国古典舞蹈艺术而自豪,热爱我国的传统艺术和民族文化,实施民族精神教育。

● 教学内容

1. 欣赏《敦煌彩塑》、《踏歌》、《吉赛尔》片段、《女儿河》、《牛背摇篮》。
2. 古典芭蕾与中国古典舞简介。
3. 抒情性舞蹈和叙述性舞蹈简介。

● 教学目标

1. 欣赏《吉赛尔》、《踏歌》等风格迥异的中外古典舞蹈,能关注东、西方舞蹈中蕴藏的文化内涵,体验并接纳多元的艺术;同时深深地为我国古典舞蹈艺术而自豪,更加热爱我国的传统艺术和民族文化。

2. 在欣赏、模仿的过程中,以比较为主要方法,了解世界舞蹈艺术中最为著名但又风格迥异的古典舞蹈。

3. 了解两种舞蹈折射出的不同民族、时代、文化间的差异,熟悉部分有代表性的舞蹈语汇,体验"地域有别,舞韵各异",提高鉴赏两种舞蹈艺术的能力。

● **教学设备**

多媒体、电脑、音响、光盘、黑板等

● **教学过程**

一、导入

提问:你认为舞蹈是什么艺术?通过什么表达情感?

> 说明:
> 通过提问引领学生进入舞蹈的世界,导出本堂课的课题:"飘逸舒展的古典芭蕾,含蓄隽永的中国古典舞"。

二、视听与认识

1. 介绍古典舞

古典舞是在民族民间舞蹈的基础上,经过历代舞蹈家提炼、整理、加工、创造,并经过长期艺术实践的检验而流传下来的,被认为是具有一定典范意义和古典风范特点的舞蹈,是舞蹈艺术当中一个极为重要的种类。

2. 了解和认识"古典芭蕾"和"中国古典舞"

(1) 观看舞蹈《天鹅湖》(片断)、《敦煌彩塑》片段——注意两种舞蹈所表现的姿态特征、动作特征,说说你的感受,两个舞蹈的样式相同吗?有什么不同?

(2) 分别观看舞蹈《吉赛尔》(第二幕双人舞片段)、《踏歌》——注意两者的风格、体态、动作、服装等有什么差异?

(3) 对比古典芭蕾与中国古典舞的典型特征。

	古典芭蕾	中国古典舞
风格特征:	舒展 飘逸 轻盈	含蓄 柔美 韵味 内敛
体态特征:	直立	重心下沉 身体讲究曲线美
动作特征:	直线运动 多跳跃 强调脚尖动作	曲线运动(圆的运动) 以上身运动为主
服装特点:	白纱裙 露脚	衣裤为主

(4) 舞蹈隐含的文化内涵是什么?

> 说明:
> 1. 这一环节主要通过比较引导学生感受肢体语言所透射出的东、西方舞蹈中所蕴含的文化的差异,引领学生探讨舞蹈背后的文化内涵,接纳多元的文化艺术。
> 2. 通过比较,从舞蹈的差异得出民族性格的差异,引领学生从中国古典舞中感受到我国人民谦和、细腻、坦荡的传统美德和中华民族深厚的文化底蕴,从而更加热爱我国的民族文化。
> 3. 教师可在观看舞蹈片段时,插入简明扼要的作品介绍。

（5）说说你熟悉的民族的民间舞。

（6）分别观看舞蹈《女儿河》、《牛背摇篮》。

> 说明：
> 教师可在观看舞蹈片段时，插入简明扼要的作品介绍。

3. 简介抒情性舞蹈和叙述性舞蹈

4. 分组研讨

（1）分组讨论，从风格、动作、体态、服装等角度找出《女儿河》、《牛背摇篮》艺术特征的差异，并将答案填写在答题卡上。

（2）利用实物投影交流各组的讨论结果。

（3）师生交流答案。

	汉 族	藏 族
风格特征：	俊俏　灵巧	豪爽
体态特征：	拧、倾的三道弯	躯胸
动作特征：	关节灵活　喜用道具	膝部颤动有弹性　一顺边
服装特点：	衣裤为主	藏袍

> 说明：
> 引导学生运用前面的比较法，找出两个作品的典型特征，进一步感受"地域有别"带来的"舞韵差异"，为接下来探寻隐含的文化内涵做准备。

5. 透过舞蹈的典型特征，探寻隐含的文化内涵

提问：

（1）各种表现形式都有它的文化根源，汉族人为什么喜欢在节日里扭秧歌？

（2）藏族舞的体态特征与他们的生活环境和宗教文化有什么关系？

（3）舞蹈动作中的"一顺边"是如何形成的？

> 说明：
> 通过一系列的提问激起学生了解我国丰富的民族文化资源和深厚的民间文化底蕴的兴趣，并能深深地热爱我国的民族文化，为我国深厚的民族文化艺术而自豪。

（4）视听分析

① 观看舞蹈片段，快速说出所属民族。

《苗女》（苗族）、《奔腾》（蒙古族）、《小卜少》（傣族）、《心之翼》（彝族）。

② 说说动作特点，舞蹈动作与服装有什么关系吗？

（5）游戏：搭配民族服装，并摆出相应的动作造型。

> 说明：
> 用有趣的活动引领学生体验民族文化，潜移默化地将民族精神教育渗透其中。

三、课堂小结

外国的古典芭蕾犹如一朵盛开的康乃馨,为我们提供着丰富的文化滋养,我们要以开阔的胸怀去接纳不同的文化;而中国的古典舞蹈犹如一朵盛开的茉莉,植根于华夏广袤的土地,有着56个民族深厚的文化底蕴,让我们热爱它,为它自豪!

● **教学流程图**

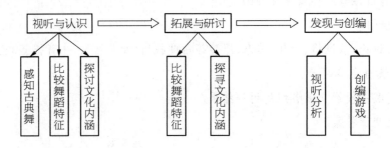

体育与健身学习领域备课指南

本学习领域包含的是体育与健身学科。体育课程遵循"健康第一"的指导思想,发挥"健身育人"的课程功能。运用先进教育理念,倡导体脑结合、身心协调、健体益智、适度有方和生动活泼的教学,引导学生积极投身体育健身学习、自主锻炼、合作交流,提高教学质量和效益,"让课堂充满生命活力,让学生成为学习主人",从而为培养学生的创新精神和实践能力提供身体基础。

中小学体育与健身学科

【备课要求】

随着课程改革的深入,在新课程的指引下,体育与健身学科的广大教师努力内化教育理念,改革课堂教学,在实践中积累了一定经验,取得了一些成效。为进一步落实上海新课程要求,增强学科教学的教育效能,改进课堂教学,达成课程目标,提出下列几点备课建议。

1. **落实课程目标**

要体现目标的全面性。制订具体目标时,要综合考虑、多元兼顾、有所侧重、达成有度。要在深刻理解和领会课程总目标、阶段目标及主题模块学习目标之间关联性的基础上,充分考虑不同学段学生的实际和单元内设计教学内容的特点,尤其是各学段起始年级学生的身心需求,将教学目标直接和教学内容相联系,有机渗透诸如心理发展、社会适应等目标,关注学生在学习体育知识和技能过程中的习惯、态度、能力和品质等显性和隐性表现,达成学习水平及活动建议要求,从而发挥课程在促进学生全面发展方面的作用。

要体现目标的针对性。制订具体目标时,要符合学生身心发展规律和动作技能形成规律,充分考虑学生的认知特点、已有学习经历和经验、存在的主要问题及发展可能性,提出有针对性的教学目标。在身体发展方面,以内容主题的学练为线索,提高基本运动能力,达到并保持健康的体能标准,强化良好的身体姿态和行为,表现出遵守教学常规和合适的练习程序,以利于学会和掌握一些健身项目的技术动作、活动方法,促进身体机能全面发展,获得体育与健身的直接经验;在心理和社会适应方面,以知识与技能获得为主线,融入培养学生锻炼欲、自信心、责任感,使其会自主、乐合作、勤思索,形成坚毅、果敢、进取的良好品质。具体教学中,一个单元或一节课可能有多重目标,会涉及教学多个方面,应将最主要的目标放在首位,并充分体现在"过程与方法"之中。

要体现目标的操作性。制订具体目标时,要依据课的类型、内容主题和教学进程,细化和物化教学目标，清晰地阐述目标的具体内容及达成度，描述情感、意志、合作、交流等可观测的行为表征，提出切实可行的措施或方法、手段，促使学生在掌握体育知识与技能的同时，形成良好的心理品质和行为能力。如新授课知识技能目标的确定，应以学生已有生活经验和认知能力为基础，兼顾学生的年龄特点和锻炼习惯，体现单元学习目标的渐进要求。

2. 钻研教学内容

要合理选择教学内容。应确保最基本教学内容的落实，对可选择学习的内容，应根据学生的兴趣意向和能力基础，结合学校体育场地、设施的条件和特色，按照课程标准内容中的规定，进行具体的教学选择，引导学生在学校确定的范围内，选择适合自己需要的学练内容，尤其是在选取运动项目作为教学内容时，可以降低运动项目的难度和强度，简化规则，使其更具教育性、健身性和趣味性，促进学生健康成长。

要着力优化教学内容。应悉心钻研、分析和处理教学内容，把握所授内容的重点和难点，了解各内容主题内部或相互之间与其他学科知识的关系，梳理其纵向的知识联系和教学过程，科学搭配、适度调整或重组有关内容主题。小学阶段要改变单一项目的重复性练习方式，尝试跑与跳、跑与掷、跳与掷、攀爬与滚翻，基本活动与民间体育、小球类、防护方法，韵律活动与队列队形等相结合，还要注意渗透相应的基础知识、规则和简单方法，明确动作词汇，强调综合效应；初中阶段应优先发展速度、灵敏性等体能；高中阶段则应加强力量、耐力等体能，要改变单一的跑、跳、掷等基本运动练习，尝试跑与跳、跑与掷、跳与掷、基本运动与队列队形、健身项目与运动项目等相结合，丰富体育与健身经验。教学内容的优化，取决于教师对其理解的深度和广度。

要注意活化教学内容。应以教材为主要载体，从落实学科德育的要求出发，充分挖掘教学内容的德育内涵，引导学生在体育健身活动中积极参与、主动合作、动中思变、探索前行、遵规守纪、尊重生命、关爱同伴，逐步培养自觉锻炼的习惯、克服困难的意志、竞争进取的精神和良好的思维品质，塑造健全的人格。教师要创造性地工作，重视对教学内容的再加工、改编和创新，注重对中华民族体育文化的汲取和生命安全的关怀，创设符合实际的教学情景，设置一定的体验过程，增强学习内容的教育性、健身性和综合性，发挥教材活化作用。

3. 优化教学过程

要遵循教学规律。根据体育教学一般规律和特有的规律，掌握学生学习的起始能力，以认识活动变化为线索，从体验、感知、理解、巩固、运用知识与技能的角度，设计达到目标应具有的过渡目标，考虑目标达成应支持的条件及顺序，设置并帮助学生攀登目标的阶梯等路径，考虑好"先教什么，后教什么"、"为什么教"和"怎样教"等问题，联系多种"学习环境"，合理设计教学流程，科学安排运动负荷或练习时间与次数，关注学生的生活经历和学习经验，用教师的"教"去激活学生的"学"。

要善用教学机智。要充分认识体育教学是一个身体练习多、动态活动多、集体形式多、人际交往机会多的过程，要结合学生的实际和教学内容的要求，运用教学机智，合理采用不同的教学方法和组织形式，关心体育学习能力较弱的学生，善于观察、分析学情变化，及时搜集新的教学线索,提出有效教学的策略,以体现对学练兴趣的培养与引导,求知欲的激发与保持,自主锻炼习惯的养成,良好生活方式的形成和对特殊学生的关爱。同时,有条件的学校应根据课的类型,科学、合理地设定班级人数,采用男女分班或走班的形式组织教学,让学生"动"得充分、"动"得有效,使课堂教学活动与体育课程改革相匹配。

要注重课堂内外。要正确处理知识学习与能力培养的关系,既关注学生课内的学习表现,也关注学生在课外的健身实践活动。教师要改变单一的灌输式教学的方式,调动学生积极的情感因素,将体验性、接受性和研究性相结合,善于把学习体育的经验加以提炼和拓展,珍视学生课外的"习得"。为学生疏通必要的信息渠道,提供线索和实践方法,使其在家庭、社区、社会的广泛信息背景中,自主或合作地进行体育锻炼,产生思维火花,解决学练体育中的问题,提高综合实践能力。

【单元分析示例】

十年级第一学期《快速跑》单元教学分析

年级	十	学期	上	课次	8	执教	
单元学习目标	1. 提高学生快速奔跑能力,改进途中跑技术。 2. 发展学生的速度、灵敏素质,增强下肢力量。 3. 教会学生组织小型比赛的方法,提高学生的组织创新能力,培养学生顽强拼搏精神。			教学重点	1. 提高学生的步幅和步频。 2. 掌握快速跑的动作要领。 3. 学会组织小型体育比赛。		

课次	教学内容	学习目标	重点、难点	教与学的主要方法和手段
1	追逐跑 听信号跑 看谁跑得快	让学生有目标地跑起来 锻炼学生在跑动中的反应速度 让学生体会在快速跑中的感受,享受自我超越的愉悦	激发跑的动力 跑动中及时作出反应 怎样快速奔跑	教师: 示范、讲解快速跑的技术及动作要领。 引导学生学会小型单项比赛组织方法,适当给予提示与帮助。 学生: 听信号后迅速进入快速跑。 共同讨论,制订比赛策略,出场次序。
2	各种姿势的起跑 蹲踞式起跑	锻炼学生的反应速度 学习蹲踞式起跑的基本技术	起跑要快 步幅大、蹬摆要协调 后蹬腿要充分有力,摆动腿要放松	教师: 示范动作方法并启发学生思考。 引导学生设计比赛方法。 学生: 边练习边议论。 设计比赛方法,实施比赛练习。
3	提高跑的专项练习:小跑步、高抬腿	学习途中跑的正确姿势 提高学生的位移速度	跑的姿势 后蹬腿要充分有力,摆动腿要放松	教师: 引导学生思考议论,得出结论。提示学生小步跑动作要领。 学生: 积极思考,讨论,并投入练习。 以小组为单位设计一种比赛方式,进行比赛,并适时总结。

续 表

课次	教学内容	学习目标	重点、难点	教与学的主要方法和手段
4	追逐跑和跑的专项练习	通过追逐跑和跑的专项练习,提高学生的位移速度,增强学生快速跑能力	步幅大、蹬摆要协调 后蹬腿要充分有力,摆动腿要放松	教师: 讲解示范,帮助、指导、语言提示,引导学生练习。 巡视指导各组,及时对各小组练习给予评价。 学生: 边练边想,同伴互相提示、纠错,以小组为单位设计练习的动作方法。 6人一组直道练习快速跑。
5	起跑接起跑后的加速跑及跑的专项练习	充分发挥起跑的蹬地反作用力,更好地掌握快速跑技术,学会组织比赛方法,提高学生创新实践能力	步幅大、蹬摆要协调 后蹬腿要充分有力, 摆动腿要放松	教师: 讲解练习方法,提醒学生后蹬充分有力。 鼓励学生积极设计比赛方法。 教会学生简单的田径比赛组织方法。 学生: 积极设计,共同商议,制订比赛方法。 积极参与课堂比赛裁判工作。 原地集体练习,并各自计数。
6	50米全程跑(计算步数)	在确保步频的基础上适当增加步长	能数出其他练习者跑完全程后的步子及练习者在原有的基础上加大步子	教师: 讲解练习方法,提示学生利用惯性自然放松跑。教会学生组织小型比赛、计时和判别名次的方法,学会开停表、成绩记录方法。 学生: 原地集体练习,并各自计数 分组进行练习,体会跑时的节奏 全心投入50米冲刺跑
7	60米跑练习 100米全程跑练习	提高学生的速度耐力 掌握全程跑的技术	步幅大、步频快,蹬摆要协调 蹬地要充分有力,上体稍前倾	教师: 指导学生认真练习,认真观察同学练习的情况,即时交流。 提示学生注意身体姿势,身体重心逐渐抬起。 学生: 分组练习,互相帮助纠错。
8	100米全程跑测验	建立短跑成绩档案学会自我评价 学会100米测试的组织方法及记录方法	蹬地要充分有力,上体稍前倾	教师: 精心设计、合理组织、正确评价。 提示安全。 学生: 认真、积极、勇敢、顽强。
安全保障	合理选择场地,教会学生正确的练习方法。 准备活动充分,提高自我保护意识。		评价与方法	

【教学设计借鉴】

小学《走和跑》综合活动单元教学分析

年级		学期		课次		执教	
单元学习目标	通过学习游戏"勇过独木桥"和"冲过火力网"的方法与规则,发展学生的奔跑能力。				教学重点	过独木桥时的平衡保持与速度以及练习中安全教育与冲过火力网练习时的快速反应	
课次	教学内容	学习目标		重点、难点	教与学的主要方法和手段		
1	勇过独木桥	通过学习游戏"勇过独木桥"的方法与规则,要求学生注意过独木桥时保持平衡,发展学生的奔跑能力。		过独木桥时的平衡保持	以教师引导讲解示范为主,学生练习、讨论,再练习		
2	勇过独木桥	继续学习综合活动的方法与规则,要求学生注意过独木桥时平衡与速度的兼顾,发展学生的奔跑能力。		过独木桥时的平衡保持与速度	教师示范引导 学生练习改进 学生创想练习		
3	冲过火力网	通过学习,了解冲过火力网的方法与规则,要求遵守游戏规则,发展学生的灵敏素质。		冲过火力网练习时注意闪避击打物	教师讲解 学生演示 组织练习 进行竞赛		
4	冲过火力网	继续学习冲过火力网的规则,要求遵守游戏规则,发展学生的灵敏素质。		冲过火力网练习中的快速反应	教师重申要求 学生进行演示 组织学生练习 组织进行竞赛		
安全保障	注意器材场地的安全,同时注意在活动中教育学生进行自我保护。			评价与方法	学生互评与教师评价相结合		

● **教学设计说明:**

小学三年级学生经过一、二年级的学习对走和跑有了一些基本的认识,同时也掌握了一些走和跑的基本知识和基本技能,又根据小学三年级教材的特点,我们在走和跑的综合活动单元安排了 2 教时 4 教次的教学内容。

我们根据学生的身心特点,在小学三年级走和跑的综合活动单元教学部分安排了"勇过独木桥"和"冲过火力网"的内容。在这一内容设计中把跑、走、绕、快速行进中躲闪等多种走和跑的练习结合在一起,形成一个综合性的练习形式。为了激发学生的学习兴趣,在教学过程中采用了游戏形式进行教学。让学生在创设的情景中得到有效的锻炼并受到教育。在游戏的前半部分采用教师演示、学生模仿的教学形式进行教学,而在游戏的后半部分则采用竞赛方法进行练习,让学生的学习积极性得以保持。最后则采用学生创想自由练习的形式进行,使学生的学习积极性得到充分的激发,也让学生在完全放松与和谐的气氛中自主练习与竞赛,使学生的学习热情达到最高潮。这样的安排可以起到事半功倍的效果。

十年级第一学期《快速跑》课时设计

年级	十	人数	48人	日期		执教	
班级	1、2	组班形式	合班	周次		课次	
内容主题	\multicolumn{3}{l	}{1. 快速跑 2. 篮球运球与比赛}		重点	\multicolumn{2}{l	}{蹬地、推手、摆臂}
					难点	\multicolumn{2}{l	}{身体重心逐渐抬起的过程}
学习目标	\multicolumn{7}{l	}{1. 认真体会站立式和蹲踞式起跑的动作方法,知道推动人体在跑步时向前的动力是提高短跑成绩的关键因素。 2. 提高起跑蹬地后快速跑的能力,发展速度、灵敏素质,增强下肢力量。 3. 培养学生顽强果断、勇往直前的优良品质。 4. 提倡多动脑、会创新、竞争、友爱、互助的和谐课堂氛围。}

课序	时间	教学内容	运动负荷			教与学活动	组织与队形
			次数	时间	强度		
准备部分	6分钟	◆ 课堂常规 ◆ 集中注意力游戏 反口令练习 游戏:"捕鱼" 肌肉拉伸操四节	4×8拍	1′ 2′ 2′	中	● 体育委员整队,清点人数,并向教师报告 师生问好 宣布本课的教学内容、目标以及注意事项,安排见习生 ● 教师:口令指挥调动学生的上课情绪。并讲解游戏内容,指导学生练习 学生:根据指定的游戏内容练习 ● 由体育委员领操,全体同学同步练习	××××××× ××××××× ××××××× ♀ （队形图） ××××××× ××××××× ××××××× ♀
基本部分一	15分钟	1. 站立式起跑 30 M 2. 蹲踞式起跑 30 M	2 2	5′		1. 练一练想一想 两种起跑哪种更快?哪种起跑方式在什么项目上应用? 教师:示范动作方法并启发学生思考 学生:边练习边议论 组织方法: (1) 自由组合 6人一组 (2) 由见习生发口令 (3) 跑距:起跑后加速跑 30M×2×2	×××①——30米 ×××②——30米 ×××③——30米 ×××④——30米 ×××⑤——30米 ×××⑥——30米

续 表

课序	时间	教学内容	运动负荷			教与学活动	组织与队形
			次数	时间	强度		
基本部分一	15分钟	3. 站立式起跑比赛 4. 蹲踞式起跑比赛	2×1	5′	大	2. 比一比赛一赛 教师:引导学生设计比赛方法。 学生:设计比赛方法,实施比赛进行练习。 组织建议: 全班可以分为人数相等三组,根据班级的情况把快中慢的同学均匀分配到三组中,每次比赛6人同时进行,每次每组出场2人,按名次计分,第一名得1分,第二名得2分,依次类推,待每组所有人出场后,得分少者为胜。 注:也可以由学生自定比赛方法来进行。 二种起跑方法比一次,比赛结果相加。跑距:50米。	站立式×——50米 站立式×——50米 站立式×——50米 蹲踞式×——50米 蹲踞式×——50米 蹲踞式×——50米
基本部分二	15分钟	1. 圆周运球接力比赛 2. 5对5的篮球比赛	2	4′ 8′	大	1. 玩一玩 由学生设计在圆周上运球接力 赛一赛 2. 进行5对5比赛 组织方法:由学生自定	②○○○○○○ ④
结束部分	4分钟	放松整理活动		2′	小	1. 看看学学做做 教师:领做放松活动操 学生:跟着老师集体放松练习 2. 师生共同总结本课情况 3. 配合体育委员积极收还器材,师生问好下课 要求:充分放松 　　　调整呼吸	×××××××× ×××××××× ×××××××× ♀

场地器材	1号田径场地,1—4号篮球场地 篮球:6只 起跑器:6个	安全保障	充分的准备活动,肌肉拉伸操要用力 教师指导学生把各关节活动开。		
		预计	练习密度		强度
			全课	内容主题	大
			75%	66.6%	

课后小结	本课闪光点在于学生总结出短距离跑用蹲踞式起跑比站立式有优势,这是令我欣慰的收获。还有好多同学在初中没有学会起跑器的安装和使用,这一节课基本都学会了,我很高兴。

技术学习领域备课指南

本学习领域包括信息科技和劳动技术学科。这两门学科都是注重技术实践体验,并注意在实践活动中提高学生知识与技能、情感态度与价值观,提高技术的素养。

信息科学技术学科

【备课要求】

信息科技学科是以学生信息素养的形成过程为主线,以培养学生具备能适应信息社会需要的信息素养为主要目标的课程。新课程背景下的信息科技课程有着内涵的提升,同原先的计算机课程有很大不同。为进一步提高课堂教学的质量和效益,充分发挥课堂教学在落实课程目标中的主导作用,提出以下几点关于备课的建议。

1. 制订准确、适切、具体的教学目标

准确,是指要准确把握中学信息科技课程对信息素养的要求,要将知识与技能、过程与方法、情感态度与价值观作为一个整体完整地考虑。适切,是指所制订的教学目标应符合学生的实际,不随意拔高或降低教学要求,注意循序渐进,逐步达成。具体,是指教学目标要重点体现单元、项目、活动或一节课的主要任务,表述要清晰,特别要将信息素养中能力与情感目标分解成可以落实在单元、项目、活动或一节课的具体要求,要有针对性。

教学目标的描述,要以学生为主体,准确描述学生完成学习后的行为表现,以反映教学要求,行为表现尽可能易理解、可实现、能评估。知识与技能的目标应是学生对知识与技能的习得结果,学生的行为表现体现在对知识的熟悉、理解、掌握和对技能的了解、熟练、迁移等方面;过程与方法的目标应是学生学习过程的经历和学习方法的形成,学生行为表现体现在知识与技能习得过程和情感态度与价值观形成过程中的体验、感悟、建构以及学习方法的了解、养成、应用等方面,要以学生相关能力的形成和提高为标志,包括思维能力、学习能力、探究能力、创造能力、合作交流能力、解决问题的能力等;情感态度与价值观目标应是学生通过学习活动情感的提升,态度的转变和价值取向的形成,学生的行为表现体现在对学习内容、过程、方法的判断、趋向、认同、升华等方面,而这又是以学生相应行为规范和是非准则的养成和遵循为标志的。

教学目标的制订,还要注意针对不同功能的课型。考虑到不同课型对信息科技的学习要求的差异,教学目标要根据教学功能的不同特点而有所侧重,有利于课堂教学质量和效益的提高。以学习新知识与技能为主的课,要注意提高学生对于新知识与技能的探究能力、总结和发现规律的能力、联系已有基础进行认知迁移的能力,注重让学生理解这些知识与技能的功能以及应用的场合。以运用信息技术解决问题为主的课,要注意提高学生解决问题的能力等。

2. 合理组织教学内容

教师应根据课程标准来领会教材的指导思想和编写意图,加强对教材的研究,理解教材所包括的内容,安排这些内容的原因,以及内容的组织结构、各单元内容的作用和地位等。在把握教材实质的同时,又要不受教材的机械束缚,把原有的教材顺序整理成前后贯通、互相联系、鲜活生动的内容,结合单元、项目、活动或一节课特点和学生实际,确定教学的重点和难点,按照所制订的目标,重新选择与组织教学内容,加强知识间的内在逻辑,梳理知识点和操作技能的联系,合理安排顺序,使教学内容的组织符合学生的认知规律。

教学内容的组织应充分体现"做中学,学中悟"的理念,加强体验、归纳、总结与反思,尽可能以项目或活动的形式组织教学内容,在贴近学生生活实际和经验的项目或活动中,把知识与技能、过程与方法、情感态度与价值观有机地整合在一起。项目或活动的重点,除了包含一定的知识与技能要求,更要强调使用信息技术解决开放、复杂的实际问题,教师应提供或部分提供必要的项目活动资源,同时,为学生的学习提供多种工具,并积极探索与其他学科的整合,培养学生在信息化平台上学习、探究的习惯和能力。前后项目的设计应有重点和侧重,并尽量注意通过横向拓展或纵向深入形成序列,避免出现对问题解决环节和具体方法的简单重复。注意教学情境的创设不应造成学生注意力的分散以及影响学生对教学内容的关注,影响教学基本目标的实现。

要注意不同年段之间的衔接,既包括知识与技能的衔接,也包括用信息技术解决问题的能力、情感态度和价值观方面的衔接,同时还要注意衔接的方式,例如:从小学阶段简单尝试、观察总结软硬件的规律向初中阶段善于总结规律过渡时,应提供一些具体的指导,如提供各种具体的软硬件比较对象,以有利于学生通过观察、比较来归纳软硬件的规律;要从教师示范逐渐到学生模仿,再到能够自主学习,有意识地引导学生思考新旧知识之间的联系。

3. 切实完善教学设计

要遵循目标定向的原则。确定教学目标要同时制订检验目标落实的评价指标;要根据教学目标、评价指标对教学内容和学习者进行分析,结合学生已有的经验确定可行的学习过程;要选择灵活的教学方式和有效的教学手段。在用精心设计的项目或活动代替简单的操作任务时,尤其要深入研究项目、活动实现的策略与过程,合理划分项目的各个阶段,确立各个阶段的重点,有针对性地选择不同的指导方法。

要增强学生学习的自主性。要让学生明确自己的学习目标,制订个人和小组的学习计划,参与设计评价指标,并自觉地对学习过程进行控制和管理,对学习结果进行自我评价,对学习进程作相应的调整。教师要从学生学习的导师、伙伴和学习活动的组织者等角度发挥作用,创设有利于学生主动学习的条件和机会。如创设让学生"想学"的情境,提供让学生"会学"的方法指导,激励学生"坚持学"的信心,帮助学生实现从"主动学习"到"自主学习"的跨越。

要提倡探究式学习。教师要引导学生在学习中，通过主动探究，逐步加深对信息科技的理解和兴趣，培养学生对不断发展、变化的信息技术的适应能力；应在认识信息技术基本特征、把握信息技术发展变化规律的基础上，注重引导学生掌握具有广泛迁移意义的知识和方法，使其在有效迁移发生的基础上适应技术的变化。在教学过程中，要注意总结和归纳不同工具的使用方法、不同问题解决过程的共同之处，引导学生借助已有经验，通过合理探索，了解解决问题的步骤和方法，逐步养成使用信息技术工具解决问题的规范。

要重视引导学生学习和总结信息技术中蕴含的基本思想方法。教学中不能使学生单纯地从活动到活动、从问题到问题，而忽视深入理解其中的基本原理和思想方法。要让学生在解决问题的过程中和解决问题之后，体验和总结各种方法和原理，帮助学生完成从具体到抽象的提升。可以设计要求学生应用已有知识的情景，藉此揭示信息技术概念、原理、方法之间的相互联系，指导学生在以往学习的基础上，将学到的信息技术概念、原理、方法构建成前后连贯的、灵活的、具有较高迁移价值的知识体系。

要注意组织小组合作式学习。让学生通过信息化环境中的小组合作学习，自觉遵守团队合作的规则，愿意并善于沟通和交流，明确并能自觉履行自己在小组中个人的责任。在小组学习过程中，教师要设计适宜于合作的活动或项目，鼓励协作思维，指导学生规范合作行为，引导学生形成在信息化环境中合作学习、善于吸取他人观点的良好习惯；要强化每个学生在小组中的角色意识和责任感，并在不同的学习任务中，合理更换个人的角色，根据问题的需要分解项目任务，再落实到小组与个人，达到既使学生体验完整过程又合理分工与合作的效果。

【单元分析示例】

《用计算机处理数据》单元分析

用《计算机处理数据》是中国地图出版社出版的九年制义务教育课本《信息科技》初中版（试验本）中第五章的教学内容，这一章的学习，旨在让学生掌握利用电子数据表格软件处理数据的基本方法；培养学生独立进行数据信息收集、鉴别、筛选、整理、传输、表达等技能。

● **教学目标**

知识目标：

通过本单元的学习，让学生感受电子数据表格在日常工作、生活中使用的普遍性，体会数据处理给我们带来的价值。

能力目标：

交流学习中发现的问题，帮助学生形成课外交流或开展探究的内容。

情感目标：

通过贴近学生生活的数据收集、筛选、整理、传输、表达的项目活动，使学生在活动中增长知识，加深对生活的热爱，激发学习的热情。同时通过合作交流，培养学生善于合作、易于沟通、崇尚真理的美好情操,为终身发展奠定基础。

● **教学内容**

根据教材,将本章的教学内容拟定为十三课时,每个课时基本上都安排了一至二个教学任务,也拟定了一定的教学目标。具体内容见下表:

课时安排	教学内容	教学任务	教学目标
第一课时	初识电子表格处理软件Excel2000,创建电子表格。	利用Excel2000创建《尚美中学某中队绿色行动爱心拍卖会记载表》。	了解Excel2000电子表格处理软件的组成;学会使用Excel2000创建数据表
第二、三课时	数据编辑	利用Excel表格中复制、剪切、粘贴等命令对《尚美中学某中队绿色行动爱心拍卖会记载表》中的数据进行必要的修改,正确设置数据格式。	学会在Excel2000中使用复制、剪切、粘贴命令来修改数据,学会设置正确的数据格式。
第四课时	数据的计算(一)	利用公式法计算《尚美中学某中队绿色行动爱心拍卖会记载表》中各类拍品的实拍总价及实拍均价。并分别计算各类拍品实拍总价占所有拍品实拍总价的比重。保留一位小数。	学会在Excel2000中,根据实际需要,利用公式法对数据进行求和、求平均值。
第五课时	数据的计算(二)	利用函数法计算《尚美中学某中队绿色行动爱心拍卖会记载表》中各类拍品的实拍总价及实拍均价。并分别计算各类拍品的实拍总价占所有拍品实拍总价的比重。保留一位小数。分别找出该表中起拍价最高和实拍价最低的拍品名称及所属类别。	学会在Excel2000中使用sum函数对数据进行求和;使用Average函数对数据进行平均值计算;使用Max、Min函数求最大值和最小值。理解"绝对引用"和"相对引用"的概念。
第六、七课时	设置单元格格式表格的修饰	对《尚美中学某中队绿色行动爱心拍卖会记载表》数据表进行单元格、表格的格式化,使其更美观。	学会在Excel2000中根据信息的需要调整单元格的格式(如行高、列宽的设置等)、表格的修饰(表格的内外边框线、背景等的设置)。
第八课时	数据的排序	对《尚美中学某中队绿色行动爱心拍卖会记载表》中的拍品按实拍价进行从高到低的排列。实拍价相同的情况下按起拍价的高低顺序排列。	学会在Excel2000中利用"数据"→"排序"命令,对数据进行单字段、多字段的排序。
第九课时	数据的筛选	在《尚美中学某中队绿色行动爱心拍卖会记载表》中按要求查找出符合条件的数据。(详见《数据的筛选》教学设计)	学会在Excel2000中对数据进行单条件、多条件的筛选,会正确选择"与"关系和"或"关系。
第十课时	数据的统计	在《尚美中学某中队绿色行动爱心拍卖会记载表》中分别统计出各类拍品的实拍总价。	学会在Excel2000中使用分类汇总,对数据进行统计。

续 表

课时安排	教学内容	教学任务	教学目标
第十一课时	创建图表	根据《尚美中学某中队绿色行动爱心拍卖会记载表》创建各类拍品实拍总价统计图表,并对该图表进行适当的编辑、修饰。	学会在 Excel 中根据数据表创建相对应的图表,并学会对图表进行适当的修饰。
第十二课时	电子表格软件的应用(一)	仿照完成练习册 p.61 上有关"饺子宴"的内容自定主题搜集相关信息。	头脑风暴
第十三课时	电子表格软件的应用(二)	利用 Excel2000 根据自定的主题计算相应的数据。	头脑风暴

● **教材分析**

对学生而言,这部分内容相对于之前的用计算机制作演示文稿、网页制作初步等无疑要抽象、枯燥、陌生得多。在本章的教学中出现了有关数据、工作表、单元格、列标、行号、名称框、公式栏、数据的排序、筛选、统计、图表等的概念,这些概念对他们来说大多是比较陌生的,有的甚至没有听说过。学生在学习本章内容之前往往会产生畏难情绪。这时候,如果教师选择的数据表格过于枯燥、乏味,脱离学生实际生活的话,学生往往不会太感兴趣,这章的教学开展起来就不是那么容易了。为了解决好这个比较棘手的问题,尽量从学生们日常的学习生活中获取数据源。本单元以学校举行的一次"绿色行动爱心拍卖会"活动为线索。利用这项活动中学生拍品的种类和价值作为原始数据,让学生在本章教学内容正式开始之前,先行收集他们在这次拍卖活动中有关拍品情况的相关数据。然后让他们将自己所获取的数据在 Excel2000 中制作成一个二维数据表格。有了这张数据表,后面的教学开展起来也就比较容易上手了,学生也表现得较为积极,因为这是他们亲身经历过而且又是非常感兴趣的内容,同时也具有一定的教育意义。当然,这样做的另一个好处是,可以让学生在自主采集数据的同时先对"数据"这个陌生的概念有一比较形象而直观的认识,同时也能自然而然地引出:"你们知道计算机是通过什么手段来处理这些数据的吗?"这个问题,这也就是本章教学的主要内容。由于采用的数据表格比较贴近学生们的真实生活,整个教学开展起来也就容易多了。

需要说明的是,这里,我所使用的电子表格软件还是微软的 Excel2000 软件。在这一章的教学中,我依然采用"任务驱动"教学法,实践证明,这种教学方法对初中生而言还是比较有效的。对他们来说,如果一堂课上老师能给他们布置一个或几个比较明确而有意义的学习任务,他们的注意力就比较容易集中,也有利于培养他们浓厚的学习兴趣,调动他们的学习热情,相对来说,使用这种教学方法所获得的教学效果将更为明显。

● **教学建议**

1. 教学中始终坚持以学生发展为本,启发学生思考,打开学生思路才能够让学生真正学会学习。让学生带着问题去思考去摸索,进行分组讨论,各显神通,在这个过程中,让学生自由交流,讨论操作中碰到的各种问题,学生自然会摸索出很多的计算方法,而在实际操作中得到经验体会之后,再在教师的帮助指导下,总结出计算过程和方法。可让学生组成多个探究活动小组。

2. 建议采用交流讨论、成果展示、阐述表达、小组互评、教师点评的教学评价手段提高学生的自主学习能力。

● **参考资源**

洪恩在线 http://www.hongen.com/pc/oa/excel2k/ex2k0101.htm

腾龙远程教育 http://news.tenglong.net/dnkt/excel_index_1.html

【教学设计借鉴】

《数据的筛选》教学设计

授课年级:预备年级

● **教学目标**

1. 知识目标:学会在电子表格处理软件 Excel2000 中对数据进行筛选。

2. 能力目标:了解 Excel2000 中"筛选"的功能及意义,能根据实际需要,利用"数据"→"筛选"→"自定义筛选"命令查找出满足一个或多个条件的数据。

3. 情感目标:通过课堂情境的创设,激发学生对数据处理的兴趣与热情,进一步提升学生分析、处理数据的能力;树立学生在小组合作过程中的合作意识、团队精神;培养学生处理实际问题的能力。

4. 过程、方法:问题情境创设、任务驱动、多媒体课件、小组合作自主探究式学习。

● **教学策略和手段**

教学重点:单条件数据的筛选

多条件数据的筛选

教学难点:"与"、"或"关系的选择

"数据筛选"的应用

● **教学过程**

1. 课题的导入

教师:播放我校在今年三月中旬举行的一次绿色爱心行动拍卖会的实况录像。

学生:观看教师所提供的录像资料。

教师:打开学生活动表中的"拍卖"工作表。提问:看了该工作表,谁能告诉我该中队的所有拍品中共有几类拍品,分别是哪几类?

学生:观察、思考、回答。

教师:肯定答案。提问:那么,现在谁能告诉我属于玩具类的纪录共有多少条?

学生:思考、回答。

教师:现在是不是觉得有点难度啊,没有关系,今天老师就来教大家一招。其实,在Excel

中我们有更方便、快速的方式来帮助我们找到这个答案。

2. 新授

教师：出示本课课题《数据的筛选》。

小组合作完成学生活动表第一题。

教师提示："数据"→"筛选"→"自动筛选"命令。

学生：各小组尝试操作。（四人一小组）

教师：巡视并给予指导。

学生：演示操作过程。

教师：作简要点评。

教师：小组合作完成学生活动表第二题。

学生：各小组尝试操作。（四人一小组）

教师：巡视并给予指导。

学生：演示操作过程。

教师：作简要点评。

教师：小组合作完成学生活动表第三题。

学生：各小组尝试操作。（四人一小组）

教师：巡视并给予指导。

学生：演示操作过程

教师：作简要点评。

教师：通过上述这两个活动，我们知道当你所要筛选的范围必须同时满足两个条件的时候，就该用"与"关系，而如果只需满足两个条件中的一个条件的时候，就该用"或"关系。

学生：思考。

教师：引出一棵树的价值。进而打开学生活动表中的"苗木"工作表。

教师：小组合作完成学生活动表第四题。

学生：各小组尝试操作。（四人一小组）

学生：学生演示操作过程。

教师：巡视并给予指导。

教师：作简要点评。

四、课堂小结

教师：通过本节课的学习，你学会了什么？知道了什么？在我们的实际生活中有哪些地方你也会想到用筛选来帮助我们解决问题呢？

学生：个别发言、交流。

教师：总结。

（上海青浦区尚美中学　袁　洁）

附表：

《数据的筛选》学生活动表

活动一	以小组探究的方式,按类别筛选出各类拍品的详细记录,并分别列举出类别的名称及记录数。 | 类别名称 | 记录数(条) | |---|---| | | | | | | | | | | | | | | | | | |
活动二	以小组探究的方式,在你所感兴趣的某一类拍品中筛选出实拍价在10—20元之间(不包括10元和20元)的拍品,并从中挑选一件拍品,写出该拍品所属的类别及名称。 你所挑选的拍品属于_____类的_____拍品。
活动三	以小组探究的方式,在所有拍品中,挑选出所有起拍价不高于5元和所有起拍价不低于30元的所有拍品记录。 符合条件的记录共有_____条。
活动四	以小组探究的方式,从工作表(苗木)中筛选出所有属于绿化苗木类的记录,共有_____条。 在彩色植物类中,所有价格在0.5元以下和10元以上(包括0.5元和10元)的苗木记录,共有_____条。 请选择其中的一种苗木,并把该苗木的记录复制出来。

劳动技术(通用技术)学科

【备课要求】

劳动技术学科是培养学生具有技术知识、创新思维和实践能力,全面提高未来国民技术素养,融科学、技术、人文于一体的重要课程。学科间的相互联系是这门课程的特点,提升学生在实践中综合运用知识的水平是这门课程的主要目标。为此,教师的备课需要注意以下几点。

1. 科学制订教学目标

劳动技术课程的教学目标指向,应从技能本位转向技术能力和共通能力的协调发展,强化"过程与方法"、"情感态度与价值观"的目标要求。小学阶段要强化学生对材料的认识和相应加工工具的使用方法,能适时引导学生对制作的作品产生预期想法,并学习识图和用图表达,以及为达到预期想法而选择合适的材料、工具和加工工艺等,逐步培养学生技术意识和技术操作能力。初中阶段要侧重于激发学生对学习技术的兴趣,强调对技术过程的体验,注重生活技术的应用,提高生活技能,养成良好的态度和习惯,树立民族自尊心、自信心和自豪感,热爱生命,热爱生活;高中阶段则侧重于技术思想和技术方法的领悟,注重工农业生产技术和现代技术的应用,发展学生创新思维,提高解决实际技术问题的能力,培养爱国情怀,逐步形成正确的科学技术观、价值观和人生观。

课堂教学目标的设定要依据教学实际,有明确的针对性和层次性。针对不同的教学内容和教学进程,目标要求应有所侧重;根据学生不同的学习基础,目标应体现层次性。目标的表述要以学生为行为主体,基础性目标要求全体学生必须掌握和达成,同时应根据学生差异制订发展性的分层目标,使不同学习水平的学生都得到发展。应当尊重学生真实的学习过程,允许学生对知识的理解与技能的掌握分步到位、逐步提高。

课堂教学目标的表述应明确、具体。一般应考虑:通过教学活动,让学生获得哪些技术的基本知识和基本技能;熟悉哪些基本工具、采用哪些安全措施;经历哪些基本的技术活动过程;掌握哪些初步的技能;体会哪些基本的技术思想和方法;感受哪些民族精神教育和生命教育等人文内涵;获得哪些积极的情感体验;形成哪些良好的意识、积极的学习态度和使用技术的行为习惯等,并明确各项目标应达到的程度。另外还应特别关注学生对知识与技能的综合运用能力和技术创新能力的发展。

2. 合理组织教学内容

要合理有效地安排和组织教学内容,在有限的教学时间内提高效率。教师应依据课程标准来领会教材的指导思想,理解教材的相关内容,要根据学校的教学设备和学生的学习生活实际,组织教学内容。教师在正确把握教材本质要求的前提下,在教学进程中,根据学生的实际情况,对教材内容可进行适当的处理和调整;也可根据学校的教学资源情况,自行编写一些补充的教学内容。

劳动技术教学是通过学生动手操作来解决生活中的某一技术问题的,学生思考的角度和解决的办法可以有多种,在制作活动中产生的技术问题也不少,教师要善于抓住制作中的重点问题引发学生去进行讨论与探究,引导学生采用合理有效的技术实践活动和寻找相应的资料来解决制作过程中的问题,并生成新的课程内容。

对于拓展练习的教学内容,要在学生对新授课内容认识的基础上逐步深化,要注意新授课和拓展练习课内容间的有机联系。拓展练习的教学内容应更具有开放性,注重科学、技术与社会(STS)的教育,学以致用以及对技术两重性的认识,让学生关注社会的进步与发展。同时要结合德育的渗透,培养学生的社会责任感和爱国意识。

3. 设计有效的教学过程

要指导学生采用合理的学习方式去完成学习目标,提高学习能力。要让学生通过调查、交流、讨论、做计划、绘草图、技能操作、作品制作、拓展练习等多种学习方法,主动地发现技术操作行为中一些可迁移的因素,把握技术学习活动的全过程,使学生从"学会技术"变为"会学技术"。

要为学生提供自由选择、主动探求的空间和机会,突出方法上的指导,加强学习内容与学生生活经验的联系,用技术来解释和解决生活中的问题,使学生的学习活动真正成为一个主动的过程、体验的过程、实践与创新的过程。学生在探究过程中学习技术,合理、正确有效地使用技术,掌握技能,还要培养学生质量与效益、合作与竞争、环保与安全等意识,以及正确的技术价值观,也为学生的终生学习打下良好的基础。

教师要面向全体学生加强巡视辅导,同时还要重视个别辅导,对接受能力较强的学生或理解能力较弱的学生分别进行针对性辅导,使不同程度的学生在原有的基础上均有提高。从而使不同学生的技术操作能力都得到培养。对于技术中的难点问题可以通过教具或媒体课件的演示来帮助学生的理解,以此提高课堂教学效益。

要激发学生对技术学习的需求,注意抓住学生生活中一些常见的技术问题开展讨论,并针对问题的讨论中激发的创造欲望指导作品的设计与制作,并用制作作品(模型)处理生活中的问题,让学生充分理解技术源于生活,技术必须回归生活,技术使生活更美好的道理。技术的设计要求不宜高,但要有设计的思想,要指导学生用一些常用的设计方法把自己的想法和制作方案记录下来,方便自己的作品制作和同学间的交流讨论。学生的作品制作活动有意识了,真正的有意义教学活动才能发生,学生的技术能力才能得到有效的提高。使课堂的教学活动过程成为学生理解技术、管理技术、使用技术、评价技术的过程。

【单元分析示例】

《生活中支架的设计与制作》单元分析

- **内容分析**

这是一个根据新课程理念和新课程标准自行编写的教学内容,反映了一种有价值的社会产品的形成过程,让学生经历这样的一个完整过程,是以往劳动技术或通用技术课程所没有过的。这里有几个创新之处:

从社会需求调查开始,让学生感受一个产品的社会价值;为一个产品寻找所存在的不足与问题,设法解决问题,这是对学生探究意识的培养;针对问题,通过设计一个新作品来解决,这是培养学生的创新精神;鼓励学生按照设计来制作、加工,这是培养学生的实践能力;需要经过先试验、分析问题、再改进的生产程序,这是对学生科学精神和方法的培养;对作品及其设计试验过程介绍、展示、推广等要求,是培养学生的服务意识和综合素质。由此可见,这样的内容与课程设计模式是值得肯定和推介的。

- **教学流程**

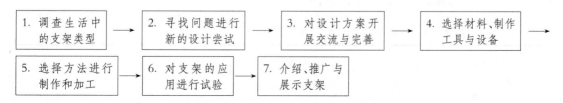

● 教学环节说明

1.组织生活调查要注意安全,指导学生作好记录,有依据;2.指导学生从便利、节约、美观等几个方面来寻找不足与问题,设计要针对这些问题的解决来进行;3.指导学生在交流时注意倾听和吸取别人的意见与建议;4.鼓励学生注意贯彻节约和环保的要求,并依此要求来选取材料,尽可能利用"废物",变废为宝;5.指导学生在进行加工制作时先制订一个合理的工序,培养应有的技术素养;6.要求学生针对设计思想来检验作品,先行试验时要多次、有记录;7.指导学生用"说明书"或PPT方式来交流展示作品。

【教学设计借鉴】

初中《中国结与香袋》教学设计

班级 六(1)班　　学科 劳技　　执教者丁敏(上海市尚文中学)

课题	中国结与香袋		
教学目标设计	知识能力	基础性目标	饰结与香袋的造型
		发展性目标	饰结与香袋的组合
	情感态度价值观		了解中国古代文化及其内在的历史蕴含、民族情感和艺术生命力
目标制订依据	对学生状态分析		编织饰结,缝制布艺作品
	教材分析(重点、难点和前后教材的联系)		重点:1. 饰结的变化及组合形式 　　　2. 香袋形状与饰结形状的组合 难点:香袋与饰结的连接
教学准备	对教学过程中可能情况的预判		针织绳色彩的配制 香袋与饰结形状的结合
	课件制作		香袋与各类饰结的组合投影
	其他准备活动		1. 分小组讨论交流共同完成作品 2. 工具材料:剪刀、镊子、钩针、针线、工作板、大头针、各种颜色的针织绳
教学过程			设计意图(教学目标落实的途径)
常规活动:讨论、交流、制作、评估			
导入:今天是中华民族的传统节日"端午节"			

续 表

教学过程		设计意图 (教学目标落实的途径)
教师活动	学生活动	
1. 能否让你完成的香袋更完美 2. 复习回忆所学过的饰结 3. 给香袋配制饰结 　提示：绳的色彩 　　　　结的形状 　　　　创意结和香袋 4. 选用不同的方法组合香袋与饰结 　① 针线缝制 　② 钻孔编制 　③ 胶水粘制 　④ 其他	展示介绍所完成的香袋 小组讨论：给完成的香袋起个名，知道端午节的来历 结合所学的中国结给自己已完成的香袋装上饰结，使香袋更完美 1. 你认为自己的香袋配哪种饰结合适；(三环结、七环结、如意结、太阳花结、云雀结、蝴蝶结、组合结，等等) 2. 选用哪种色彩的针织绳 不同的色彩及其搭配会使人产生不同的感觉	不能热衷于西方的节日(如情人节，圣诞节)，民族情感日益淡薄，了解中国的传统节日 1. 可进行模仿制作(小组，同桌互帮互学互查) 　及时纠正思路，为制作成功打下基础 2. 可进行创意式制作(小组研讨活动) 培养学生分析问题、解决问题、合作共事的能力 提高学生自学能力，形成持续而稳定的技术学习兴趣，具有技术意识和创新意识
总结或评价	1. 香袋与中国结的配制 2. 香袋与中国结形状的对称 3. 创意香袋与饰结的组合 4. 香袋与创意饰结的组合	
弹性化作业	给你完成的香袋与饰结起个名字，思考一下，你的饰结还可以有什么变化？	
反思与重建	饰结还能与其他有纪念意义的传统节日的作品结合吗？(春节、中秋节、国庆节、重阳节)	

幼儿教育备课指南

幼儿园教育活动是一种有目的、有计划的活动，因此，在活动之前，教师需要进行必要的准备。备课是其中的一项重要准备。

这些年来，许多幼儿园对备课都有相对统一的标准和要求，并根据形势的发展，不断调整、改进，使备课工作日趋合理与完善。与中、小学教师不同的是，幼儿园教师的备课不只是设计学习活动，还包括游戏活动、生活活动和运动。

综观幼儿园教师的备课及其管理，仍存在着与课改理念和价值观不太一致的方面。概括起来，有几个方面的落差：

备课总述

【主要问题】

1. 与整体理念上的落差

"幼儿园课程是帮助幼儿获得有意义的学习经验，促进其身心和谐发展的各种活动的综合。"从这个理念出发，在幼儿园，凡是对幼儿发展产生积极作用的各种活动都应尽可能地纳入备课和计划中。但是，从整体看，仍存在着重学习活动、轻其他活动的现象。即备课中，学习活动"大肚子"，生活活动、运动和游戏活动则"一笔带过"；具体活动目标的表述不得当，或偏向即时性的知技目标，或偏向情意、态度等长程性目标，且情意与态度、过程与能力方面的目标描述笼而统之，缺乏明晰性和可操作性。

2. 与幼儿即时生成之间的落差

备课犹如造房前的图纸设计，是设计者在一定思想指导下，为完成既定目标，对构成的诸要素进行分析之后所构想的运作流程和具体策略，所不同的是，备课指向的是活生生的人，因此，一方面，备课预设不能求"全"、求"满"，要尽量"瞄准"幼儿，另一方面，教师在备课中对活动的构想和安排，还有待于在实践中检验。所以，实施并不意味着完全照着计划按部就班地进行。但是，在现实活动，尤其是一些公开活动中，每当教师的预设与幼儿的实际需求或水平发生矛盾时，教师往往更在乎自己的预设，对来自于幼儿的独到的见解、创意和思维的火花，以及不解的提问则缺少敏感、缺乏热情，或者将自己的意图"强加"给幼儿，将幼儿的思路纳入自己预设的轨道。似乎是，计划了，我就应顺其"道"而行之，不该"偏离轨道"；再者，因"过详的预设性而降低了对来自于幼儿需要的敏感性"。

3. 与幼儿发展需要间的落差

备课是对活动的一种超前构想，而且不同的内容往往会有不一样的时间要求。根据常规的做法，教师通常被要求超前备课，有提前一周，或两周的。我们以为，适当地提前一些时间备课，既可以使教师准备工作更充裕，不至于因突发任务而"打无准备之仗"，也便于园长对教师计划工作进行指导和管理。但是，目前太过超前的设计，使得教师制订的逐日计划、备课，包括目标的定位、内容的选择、方法的选择，与幼儿当前的发展和需要之间产生了落差。过大的落差，势必需要大幅度的调整。这一定会带来时间、精力上的浪费。因此，过分强调超前备课，往往弊大于利。

另外，上海现行"两教一保或半保"制，班级里的成人只有协同"作战"，才能有效地促进幼儿的整体发展。但是，目前有些幼儿园，班级成人之间的合作、协调不够，这不仅反映在教师与保育员之间缺乏在幼儿生活和教育上的沟通，即使教师之间也缺乏必要的联系，计划各订各的，备课各做各的。这样的工作方式，与幼儿发展需要以及整体发展之间也形成了落差。

【基本建议】

针对以上现状中的不足与问题，提出如下建议：

1. 根据活动性质，进行有差别的设计

尽管幼儿园的课程指向一日活动，教师日计划的制订理应指向各个环节，但是由于各类活动的性质、特点不一，在具体制订计划时，应提倡有差别的设计。从活动的性质看，一日活动主要有学习活动、游戏活动、生活活动、运动四类，因此，这四类活动备课的详略程度、侧重的内容应有所不同，使之更有针对性。

2. 根据教师个性化特点，鼓励有差别的设计

从理论上讲，备课是个性化、情景化的产物。由于教师已有的经验、习惯做法以及个性特点不同，备课往往在格式以及表述上会有很大的差异。如有的喜欢写出详细的教案，而有的则喜欢写出几条作为备忘；有些喜欢用表格陈述工作流程和方法，而有的则喜欢用描述展开全程；有的习惯于"细嚼慢咽"，细水长流，而有的则"大刀阔斧"，一气呵成。更何况，备课也并非只有一种"正确的"方式。由此，幼儿教师备课，除了要遵循基本的规则与要求，更提倡并鼓励教师主动探索，创造出一种既富有使用意义和价值，又最适合自己的，易于记忆、思考、实施和修改的个性化的表述方式。

3. 凸显"目中有人"的理念，进行"有弹性"的设计

二期课程改革所倡导的幼儿园课程或活动，是一种"在生活自然展开中认识与解决各方面问题的过程"，而不是"一套在某一时段必须执行的固定内容"。幼儿往往"按着自己的大纲学习"或"欲将大人的大纲变为自己的大纲进行学习"，因此，在活动过程中，势必会出现大量不确定的因素和即时性的教育情景。因此，在备课时，一方面，不要"满打满算"，让幼儿有时间、有机会去生成新的想法；同时，还要善于研究一些"弹性"设计策略，鼓励教师从固定计划的设计者、执行者，转变为弹性计划的设计者和执行者。有了"弹性"预设的思想，再加上实施过程中的"目中有人"，就能使我们的教育"事半功倍"。

生 活 活 动

【课程特点】

生活活动,主要是指生活自理、交往礼仪、环境卫生、生活规则等方面的活动,旨在让幼儿在真实的生活情景中自主、自觉地发展各种生活自理能力,形成健康的生活习惯和交往行为,能够在共同生活中愉快、安全、健康地成长。在生活活动中,幼儿应具备的基本经验可以归纳为四个方面:自理生活、文明生活、安全生活、愉快生活。由此形成了"教师参考用书"中的四大板块,即:做力所能及的事、文明的行为举止、保护自己、适应集体。由此可见,现在我们所提倡的生活活动,是以幼儿发展为本,拓展了原有的目标与内容,重视了幼儿情感与个体差异,并努力凸显家园共育。

概括起来,生活活动有如下三个特点:

1. 整合性、渗透性

整合性是指教师要整合各种教育因素、教育资源,以及各种经验,帮助幼儿丰富生活经验。渗透性是指教师要注意生活活动与其他活动之间的互动与渗透。

● 目标与内容的整合。生活活动教材以"基本经验"来呈现生活活动的目标与内容,将两者整合在幼儿积累基本经验的过程中。每一条基本经验既是生活活动的目标也是生活活动的内容。

● 各种生活经验的整合与渗透。实施中,教师应及时把握此次活动的重点生活经验,但是也不能忽略了其他经验的积累,不能把四种生活经验相互孤立、相互割裂。

● 不同活动方式的整合与渗透。由于幼儿生活能力和习惯的形成是日积月累的,并具有反复的特点,教师应根据幼儿的年龄特点,既要关注在日常活动中的有机渗透,也要在日常生活中加以运用和巩固的。

● 各种资源的整合与利用。幼儿园、家庭及社区都有着丰富的教育资源,应充分地加以运用,使它们真正协调一致地对幼儿的成长产生积极的、有效的影响。

2. 实践性、体验性

生活是一种实践,一种参与,也是一种体验。应该始终强调在做中培养,让幼儿在真实的情境中学习,关注幼儿的情绪反应和情感体验。

● 创设一个相适宜的环境。教师应根据不同年龄的幼儿,提供不同的环境,以满足幼儿多方面的心理体验。一种宽松、民主的环境,有助于幼儿在与环境相互作用中积累各种生活经验,并产生相应的情感体验。而一个能让幼儿独立动手的安全的环境,会满足幼儿各种体验,并有机会从事各种生活练习。

● 注重幼儿的情感体验。积极的情感体验,会促进幼儿形成健康的生活习惯,教师要会关注,及时分析反思,调整方法,不断强化巩固幼儿已有的行为和动机,直至养成良好的行为习惯。

- 满足个体的不同差异。在集体生活中,幼儿的生活背景、体质等方面均存在差异。同样的活动,对于不同的幼儿来说,所获得的体验是完全不同的。

3. 同步性、一致性

生活活动主要是养成性的活动,需要坚持不懈、持之以恒地培养。因此,家庭成员行为以及幼儿园中保教人员行为的一致性也显得格外重要。

- 形成家园的同向合力。家庭是幼儿生活的主要场所,是幼儿汲取生活经验的源地,良好的家庭习惯对幼儿的成长能起到事半功倍的效果,相反则会事倍功半。所以,生活活动需要获得家长的支持,同时也应学习、吸收家庭教育的经验,使家、园的教育形成同向合力发展。
- 关注保教人员言行的一致性。同向合力的不仅是教师与家长,还表现在幼儿园中、班级中保教人员言行是否一致性。在幼儿园,保健教师、保育员、带班的教师等,所有的保教人员都应成为幼儿行为的良好榜样。

【备课要求】

在熟悉生活活动的几个基本特点后,教师在备课时,应关注到幼儿是与时代共同成长的,而生活活动又是贴近孩子经验、具有现实意义的——从"促进""发展"到"愿意""喜欢",我们开始尝试站在幼儿的角度去思考。

1. 细化目标

- 勿将学期目标直接写入日计划中,而要把学期目标细化为具有可操作性阶段性目标。
- 对于自己所确定的目标,教师应深入理解,烂熟于心,将目标体现的教育理念落实到教育行为中。
- 应遵循行为习惯培养的规律,即渐进性和反复性,内容应由少到多,要求由低到高,逐渐积累、定型。
- 体验是幼儿的学习方式,是他们积累生活经验的基础,目标中也应予以显现。

2. 丰富内容

- 为幼儿选择的内容应能涵盖自理、文明、安全、情感四方面的内容。
- 每一方面内容的实施可从"是什么"、"为什么"到"怎样做"层层深入,其中"怎样做"是备课的中心内容。
- 为幼儿提供的材料是否多样与合理。
- 生活活动的安排与其他活动的衔接要自然,交替要合理,保证儿童有一定的自由活动时间。
- 密切关注随时发生在幼儿身边的每件小事,可以将其作为生活活动的资源。
- 切忌为建立应有的常规而一股脑儿地传授。

3. 拓展途径

- 将生活教育的要求渗透于幼儿的活动环境中。

- 多给孩子一些尝试的机会。
- 尽量在真实的情景中锻炼孩子。
- 在考虑家庭、社区的资源的同时,也应考虑班级中三位一体的共同执行思路。

4. 激活形式
- 一般而言,生活教育日常化、小型化。3—5分钟,问题突出,目标明确,方法易行。
- 可根据需要合理安排,因时、因地、因内容、因材料,灵活地运用。
- 直观的示范教学效果更佳。可以让孩子们感觉到成人很重视这些问题,而且让他们在轻松愉快的气氛中掌握应有的知识和方法。
- 教师应妥善运用提醒,并关注自己的言语是否表达清晰。
- 分清内容如何侧重,即哪些该面向全体,哪些该面向个别幼儿。
- 对于幼儿所产生的问题,教师应态度温和地坚持原则。当然,在制订集体规则时,也应意识到"集体"不等于整齐划一、千人一面,在实施时,正面强化和因人而异是非常必要的。
- 可与集体教育、小组活动和个别交谈相结合。
- 可结合儿童的年龄特点,采用灵活的方法,如榜样示范法、行为练习法、游戏法等加以强化,并给予积极评价。
- 在活动中不要只注重外在的活动形式,更应该关注幼儿对活动内容的同化。

【课例分析】

课例一:小毛巾(小班)

活动目标:
愿意使用毛巾学着自己擦脸,体验活动的乐趣。

活动准备:
魔术箱、人手一块小毛巾、毛绒玩具若干、小猫的脸(可以移动的饭粒、汗珠和鼻涕)等。

活动过程:

(一)老师变魔术

1. 出示魔术箱:会变出什么?(鼓励幼儿猜猜说说)
2. 打开魔术箱:有什么?
3. 变魔术:吹口气,和老师一起说变变变,老师变出了一连串的毛巾。

(二)看看、说说毛巾

1. 请幼儿选择一块自己喜欢的毛巾。
2. 摸摸、说说:毛巾上有什么?和毛巾上的小动物亲亲。(产生亲近感)
3. 提问:毛巾有什么用?(鼓励幼儿将自己的生活经验再现,同时,结合孩子的回答进行提问)

(三)学习使用毛巾擦脸的正确方法

过渡语:在家里洗脸等谁帮我们宝宝做的?噢,都是大人帮我们做的,那么,今天,我们学自己用毛巾擦脸。

出示图片:谁来了?它的脸上有什么?(嘴边有许多饭粒、鼻子上有鼻涕)它是怎么把小脸擦干净的呢?(观察步骤)

老师运用儿歌进行示范。幼儿边念儿歌边自己为自己擦脸。(擦擦我的小嘴巴、擦擦我的小眼睛、擦擦我的小耳朵等)

幼儿学着自己擦脸。

(四)延伸

鼓励幼儿回家告诉爸爸妈妈:"我会自己擦脸了。"同时,在家园联系栏里出一期包括"宝宝该如何擦脸"、"在生活中培养宝宝的自理能力"等主题的内容,请家长予以配合。

(上海乌南幼儿园 石一评)

分析:

重习惯。教师及时捕捉和发现幼儿生活中存在的问题,如用好毛巾随意挂等,并利用小组活动帮助幼儿梳理和提升生活经验,学习一些简单的生活技能,以促使幼儿养成好的生活习惯。

巧游戏。"变魔术"是小班幼儿非常喜欢玩的一种游戏,教师在环节中充分利用游戏活动予以有机的渗透,帮助幼儿学习巩固已有的生活经验,使孩子在"真实的情景"中练习,掌握了生活技能和方法。

伴语言。教师充分利用小班孩子喜欢朗朗上口的儿歌,发挥儿歌既使幼儿易于理解,同时起到自我提醒的作用,帮助幼儿掌握一定的生活技能。

重连接。幼儿园教育与家庭教育的连接。因为生活能力不是一天两天就能养成的,在生活中感受和体验,并不期望幼儿一下子都能学会,所以,在最后的环节中,突出与家长沟通配合的重要性,保证幼儿在家中的生活习惯与在幼儿园的教育同步、一致。

课例二:

1. "一米线"的创设:

我班的孩子们在平时的盥洗或喝水时,常常会发生这样的情景,大家明明知道要谦让的道理,也开展了一些有关"前面有人等一等,后面有人快一点"的教育和引导,但在洗手或倒水时,往往会出现一些这样那样的状况,或是水被后面的小朋友弄翻了,或是洗手时,后面的小朋友紧紧地贴着前面的小朋友。

这个问题一直困扰着我,有一次,我在去银行的时候,见到"一米线",我突然来了灵感,何不在生活区域也划出一个"一米线"呢?

于是,我在地面划出明显的"一米线",并告诉幼儿玩一个游戏,比比谁在等待前面的同伴时,能站在"一米线"后。游戏结束后,我又将这条游戏规则延伸到平时的盥洗和洗手等生活环节,由于有了游戏的规则意识,孩子们在生活活动时,已经能够有意识地站在"一米线"外。这些天来,我发现幼儿在洗手的时候,再也不紧贴着前面的同伴了,同伴之间的矛盾也相对减少了。

2. 盥洗室的温馨一角：

天气冷了，我发现孩子们在擦完脸后，红红的脸蛋会变得粗糙起来。该是引导幼儿涂"香香"的时候了。于是，我结合我班现有的一个可爱的梳妆台，收集了一个精巧的废旧盒子，放上几把女孩子梳头的木梳，收集了几种不同品牌的"孩儿面"，供幼儿选择。旁边还放上可抽取的纸巾，我还在墙上写上"面油香香，让我变得香香的"之类的文字提示，营造了一种宽松、温馨的氛围。

这天幼儿午睡起来，惊奇地发现梳妆台变了，这下不仅是女孩子爱不释手，连男孩子们也像模像样地抹起来了，当天，教室里满是那股香香的奶油味。接着我结合生活教育的内容，引导幼儿了解涂抹"面油"要适量，还要涂均匀。

分析：

生活教育内容取自生活，更来源于生活。案例中的两个内容，基于季节特点以及结合班级幼儿实际，而且，教师还有策略地运用幼儿喜爱的各种方式，尤其是以游戏的方式展开活动。切入点好，方式好，就能取得较好的效果。

但是，如果本案例中，面对生活中拥挤等问题，教师能引导孩子自己来讨论，建立规则，解决一些力所能及的问题，则孩子的自主性发展会更好一点。如果我们教师的引导更深入一点，更持久一点，孩子的需要就会更容易被满足，行为更能获得巩固，师幼之间的互动也就更亲切自然。

【案例借鉴】

案例一：指导语需清晰

在某老师的备课本中发现其写着"提醒幼儿把衣服穿穿好"、"把手洗干净"；追问这是什么意思，该老师就解释了一下。原来"把衣服穿穿好"就是"把衣服按顺序一件件穿上"，而"把手洗干净"就是"洗手时，千万别忘了手心和手背"等，于是，在修改备课本时，该教师将含糊的指导语变得明确又清晰了。

分析：

教师的教学语言是一种艺术化的工作语言。在生活活动中，教师的指导要行为化、明确化，在各项生活技能的学习中，教师的指导要明确到具体的行为动作，这样的指导比单一的模糊的语言指导更能让幼儿明白、了解和做到。所以，教师的指令影响着幼儿的理解与实施活动的效果。

案例二：一页纸上的六个"提醒"

有一次，在查阅教师的备课本时，竟然发现一位年轻的教师在一页备课纸上，写了六个

"提醒",如:提醒幼儿排队时不要拥挤;提醒某某幼儿吃饭加快速度;提醒幼儿热时及时脱衣服……

分析:

首先,该教师将自己所发现的问题想一股脑儿地予以解决,未作重点的分析与分步实施。其次,该教师在制订计划时缺乏一些教育技能的思考,除了"提醒",其实我们还有许多方法可以采用。最后,当"提醒"失效时,不妨试试鼓励和奖励,当孩子的行为出现良好转机时,老师也可这么说"你不需要老师的提醒就能完成了,你真的长大了"。

案例三:宝宝流鼻涕

天气渐渐变凉,着凉的宝宝也慢慢多了起来,托班很多宝宝都流鼻涕了。宝宝们总是蹬蹬蹬跑到老师的跟前来,指着自己的"鼻涕龙"说:"老师,鼻涕!"有的宝宝甚至话都不说,只是把这两条"小青龙"毫无保留地展示在老师的面前,还故意把脸贴得很近很近,虽然没有语言,但潜台词就是"怎么办"。

分析:

这一现象说明托班宝宝的生活自理能力较差,在家中成人包办的较多,流了鼻涕第一反应就是等待成人的帮助。针对这一情况,老师该如何进行教育和引导呢?托班的孩子年龄虽小,还不能自己为自己擦鼻涕,但是宝宝可以自己去取餐巾纸,自己丢脏脏的餐巾纸。让孩子做力所能及的事,同样也能培养他们的自主意识。于是,老师在备课本上写下实施措施:

1. 说——告诉宝宝鼻涕流到嘴巴里,会不卫生的。
2. 做——教宝宝们自己去取餐巾纸,鼓励大家看见小朋友流鼻涕了,可帮忙取餐巾纸。并提醒宝宝将脏的餐巾纸扔到废纸篓里。

擦鼻涕的方法:"用力哼哼哼,小鼻子捏一下。"

3. 环境创设——将餐巾纸放置在宝宝易于取到的地方。

案例四:不要给花浇太多水

小班的老师发现有的幼儿在区角活动时,总是去植物角浇花。于是讲评时,她根据问题,及时拿出花盆,对全体幼儿说:"请不要给花浇太多水,花要烂的。"一幼儿站起来说:"不要给花浇太多水,它要'拆水出'(小便在身上)",老师随即拿来脸盆与水壶,当场操作验证,使所有的幼儿都明白了这个道理。

分析:

在设计生活活动时,应具备良好的教育机制,随时捕捉有效的教育时机,进行随机教育。小托班幼儿年龄尚小,常常需要在成人的指导和鼓励下进行生活活动的练习,但是他们的思维处于具体形象思维阶段,对于富于情景化的事物特别感兴趣。该老师在活动中注意观察幼儿,当发现问题时,随机调整了自己的计划予以示范操作,同时又善于接纳幼儿的语言,运用富有童趣的语言,激发了幼儿愿意学做一些力所能及的事情。所以,生活活动应大处着眼,小处着手,从幼儿的学习特点出发,充分挖掘和利用现实生活中广泛的教育资源,开发形式多样、新颖活泼、具有趣味性的活动。

思考与讨论

1. 幼儿园活动有哪些特点?
2. 你认为,生活活动备课要遵循哪些要点?
3. 选择一份生活活动教案或案例,运用备课的原则与要求,尝试进行分析,提出修改的建议。

学 习 活 动

【课程特点】

学习活动,主要指讨论、阅读、听赏、制作、表演、实地参观、收集信息等活动,旨在激发幼儿主动探索,积极体验,使幼儿在认知能力和态度上不断进步,为后续学习打下基础。

学习活动从组织形式上分,有集体教学活动和个别学习活动。

1. 集体教学的特点

集体教学活动是指教师有目的、有计划地组织幼儿的学习活动,以上课为基本形式。在幼儿园班级人数多的现状下,集体教学活动仍是幼儿园教育的主要形式。集体教学活动具有如下基本特点:

1. 教师面对全班幼儿或一小组幼儿。
2. 幼儿在同一个时间里完成同样的活动任务或相关的活动任务。
3. 强调教师对活动的设计以及对教学过程的组织与领导。
4. 教师选择易于幼儿理解的、简单的、具有启蒙性的知识内容,通过有趣的游戏、操作活动、直观的教具、灵活的形式进行教学,明确地传递教育意图,对幼儿施以教育影响。
5. 给幼儿提供相互交往的机会、良好的榜样、正确范例和示范进行学习。

相比传统的集体教学活动,新课程的集体教学活动更强调师生共同建构的过程,强调幼儿在亲身体验、合作互助中学习,特别关注幼儿的主体要求,尊重幼儿的原有经验与年龄特点,顺应幼儿的自我发展。同时,由于幼儿园课程结构上的变化,现在的集体教学活动,还主张:

- 以综合的思路来设计和组织活动;
- 对集体教学活动有无价值作出判断;

- 关注集体教学活动在主题中的作用与定位；
- 考虑高低结构活动(集体教学与个别学习)之间的内在关系。

2. 个别学习的特点

个别学习是指在区角活动中，由教师参与和指导的幼儿分散、个别的学习活动。

1. 偏向过程的，需要一定的时间探索的，有不同差异的活动内容；
2. 材料投放多为练习性的高结构材料；
3. 幼儿在一定的时空中，自主选择相关内容进行活动；
4. 教师作用在于创设环境、提供材料，观察幼儿活动过程，并予以适当的帮助与指导。

【备课要求】

学习活动是有目的、有计划地引导幼儿主动活动的过程，因此，在备课中需要注意以下方面：

1. 备教学：目标的制订。目标具有引领作用，既是活动设计的起点，也是活动设计的终点；既是选择活动内容、活动组织方式和教学策略的依据，也是活动评价的标准。在备课中，教学目标制订是一个非常重要的环节，它决定着活动的方向，规定了活动的范围，涉及活动的难易程度。所以，备课时要重视对教学目标的研究，重视"三维目标"的达成，目标也应该是明确的、具体的、可操作的。

2. 备教材：隐含的价值。教材内容是学习的一种重要的资源，也是师生沟通的中介。内容选择，既要尊重幼儿已有经验，又要关注发展的挑战性。同时，研究教材、研究教材的价值，对教师来说有着不可推卸的责任，而教材的价值主要在于生成性，要依靠教师研究、挖掘：教材内含的知识和延展的知识，教材情感、态度方面的教育价值是从哪些方面体现出来的，还可以给幼儿哪方面的启迪与推动等。

3. 备教学：过程的构建。教学过程的构建要遵循教材的特点，幼儿心理发展的特点。教材的内容不同，呈现的形式不同，采取的教学程序也不同。例如："情境——活动——体验"、"问题——探索——疏理"等，各有风格，各有优势。但无论采取何种程式，都要体现：是否有利于教育情境的创设；是否有利于问题的生成；是否有利于活动的展开；是否有利于自我体验；是否有利于全体参与。总之，教学过程的设计，要从直接传授为主转向引导发现、直接体验为主，充分体现自主性原则。

4. 备师生：问题的生成。问题是打开思维的钥匙，是展开合作交流的线索。备课中要重视对问题的设计，问题应是多层次、多角度的，努力体现情境性、启发性与艺术性；同时，还应尽可能地备幼儿的问题，尽管幼儿会提什么样的问题存在着不确定性，但教师也要有预测，预测来源于教师对内容的理解以及对幼儿的了解。只有做好充分的准备，才能沉着应对来自幼儿的生成性问题。

5. 做教案以外的准备。写教案的过程是教师把备课内容书面化的过程。对教师而言，有形的教案固然重用，但还要做好与教案相关内容的准备。临教学前必要的图片资料准备是备课,教具准备是备课,课件的设计制作是备课,与同事探究教法也是备课。

【课例分析】

1. 关于目标的制订

在集体教学中,目标的制订很重要。任何一次集体教学活动不论是全班性的还是小组性的,都应该有明确的、可操作性的、本次活动能够达成的目标。当前教师对目标的制订主要问题是:

- 具备目标意识但表述不够具体明确,活动落脚点不明确;
- 认识到活动目标的三维性,但层次性不够清晰;
- 活动任务过于简单,缺乏挑战性;
- 把"写过程"与"写目标"等同,缺乏对价值的分析和定位;
- 目标陈述的角色混乱。

而目标陈述应努力体现四个明确:

(1) 明确行为主体:幼儿是行为主体,目标陈述是幼儿学习结果,而不应该陈述教师做什么。

(2) 明确行为指向:陈述要明确具体,可以观察,尽量避免用含糊的、不切实际、不确定的语言。

(3) 明确行为条件:行为条件是指影响幼儿产生学习结果的特定的限制或范围等。

(4) 明确表现程度:表现程度是指幼儿产生学习结果的一种程度或要求。

以下是对集体教学活动目标的列举与分析。

案例一:大班"影子有多长"活动目标与分析

目 标	分 析	调整后的目标
1. 探索并理解影子变化与光的关系; 2. 培养幼儿仔细观察、思考的好习惯,发展幼儿的思维能力。	这是一个大班的探索教学活动,尽管大班幼儿认知经验比中班孩子丰富,但在一个活动中,要理解影子变化与光的关系,显然要求高了。而仔细观察、思考等目标也显得过于笼统。因此本项活动的目标拟作如下调整。(见右栏)	1. 尝试和同伴一起记录自己的影子,测量自己的影子,并探索、感受影子的变化。 2. 探索正确的测量方法,初步体验"首尾相接"的测量方法。

案例二:中班"双层汽车开来了"活动目标与分析

目 标	分 析
1. 用好听的声音演唱歌曲,表现歌曲欢快的情绪。 2. 幼儿在听音乐用语言、动作打节奏的基础上,发展节奏感。 3. 进一步体验汽车与人们生活的关系。	一个具体活动的目标,是指在这个具体活动的有限时间内可以达成的目标,所以应该特别注意针对性。本目标一目了然地表达了本次教学活动孩子们在音乐(感受表达)、社会(认知)等领域的发展程度。

案例三:大班"我最喜欢的节目主持人"活动目标与分析

目　　标	分　　析
1. 了解节目主持人,知道他们的工作给人们带来的帮助与乐趣。(认知) 2. 能大胆、较完整地表达自己相关的经验和想法。(能力) 3. 乐意关注身边的信息。(情感)	由于时间有限,对于一个具体活动,我们应根据幼儿的原有水平和本次活动的重点,筛选出主要目标。这样既能体现三维目标的要求,又能体现每次活动的本身的特质。这个案例清楚地提出了社会常识方面的目标,同时,又兼顾到了情感、能力、兴趣等方面的目标。目标清晰又准确。

综合上述案例的分析,我们认为,教学活动目标制订的关键,其一从幼儿的兴趣与经验点出发,寻找有效的切入口,形成有效的主体目标,重点突出,表述清晰;其二要充分发挥教材内容"载体"独特的教育作用,形成有效的挑战点;其三要以年龄段的目标和幼儿的发展需要为依据,以保证目标的适切性。

2. 关于内容的选择与组织

教学内容是师生对话的载体。我们在备课时必须思考与回答以下问题。

(1) 内容选择与组织是否基于幼儿的生活和现有经验,又具有挑战性、发展性?

幼儿园教学活动内容的选择应不同于小学及其他年龄段课程内容的选择。幼儿园的教学资料可谓丰富多样,但教材上有的,不一定都能拿来用。幼儿现有的生活经验、能力基础,直接制约着内容及其深广度。著名教育心理学家奥苏贝尔也曾经说过:"假如让我把全部教育心理学仅仅归结为一条原理的话,那么,我将一言以蔽之曰:影响学习的最重要的因素,那就是学习者已经知道了什么。要探明这一点并应据此进行教学。"因此,内容的选择与组织要充分顾及孩子的基础经验以及对其的挑战性,我们将具有启蒙性的、最基础的、具体的、直观化的,并且符合本年龄段幼儿发展需要与兴趣的内容作为可供选择的素材。

案例一:一位教师关于"溶解"内容设计的反思

在"溶解"教学活动中,我原来的内容设计是:在孩子操作记录时,让孩子发现面粉与纸的特殊性,由此产生矛盾。但实际上,纸要过很长时间才会溶解在水里,在短时间内并没有明显变化;面粉是不溶解于水的,只是悬浮在水中。而大班孩子最希望体验到成功,之前"矛盾"的设想会影响到幼儿对成功的体验,所以再次设计时我作了调整——让孩子操作记录时选用易溶解的物质,先体验做实验的成功,然后再推出易产生矛盾的材料,激发孩子再次探索的欲望,最后让孩子在区角中尝试各种材料的实验。

分析:

这是教师对"溶解"内容环节设计的反思以及调整,依据教学法原理分析,这一反思与调整是富有意义的。因为教学活动内容的选择与安排,不仅要考虑活动对孩子的挑战力、推动力,还应关注幼儿的学习基础与学习特点。所选内容只有充分考虑幼儿年龄特点与发展基础,并予以适度的挑战,才能保障活动的高效益。

(2) 内容选择与组织是否有利于活动目标的达成?

目标是活动的出发点和归宿。选择与组织内容,必然地受到活动目标的指导和制约。在选择课程内容的过程中,应努力避免偏离目标,尽可能使所选的内容能够最有效地实现活动的价值与目标。

案例二:一位教师关于活动内容点的反思

在"去老师家做客"中,我有许多想法和素材点都想放在活动中,但是当我拿着丰富的内容正高兴时,却发现整个活动的目标全散了,不知道什么是重点,到底什么是当前活动中要给予孩子的。于是调整了自己的思路之后,我首先确定了目标是在切蛋糕的过程中,了解整体与部分的关系,尝试用多种方法分蛋糕,然后决定把"根据门牌找找老师的家"等一些对目标的完成没有多大帮助的环节去除,突出了重点。

分析:

所提供的材料以及所引发的内容与目标不够呼应,这是活动设计中常易犯的错误。在内容选择上,教师往往更关注内容本身是否有趣、是否新颖。显然,案例中的这位教师已经开始意识到内容选择与目标的关系,为更好地达成目标,尝试对相关内容作出了调整。如果教师能进一步明确本次"去老师家做客"活动的关键经验以及所涵盖具体内容和能力发展的指向,对内容的调整则会显得更为专业。

(3) 内容的难度和容量是否适宜、适度?

幼儿园一个教学活动一般只有十多分钟到二十分钟的时间,即便大班后期也就三十分钟左右。在这段短短的时间里,教学内容选择与组织理应围绕本次活动的主要目标、围绕重点线索展开,难度和容量适宜,这样才能保证幼儿在主体活动中有显著的收益。

案例三:一位教师关于活动容量的反思

在"坐火车去旅游"中,曾设计了许多有趣的环节,买票、找火车、找座位、停站、去景点游玩……越想越多,越想越得意。但最后还是根据具体教学活动的时间规定以及活动的目标,将一些无关的、关联度不大的内容删去了,而把重点放在根据车票找座位上,使得内容集中了,难度和容量也随之得到了控制。

分析:

内容是连接目标与手段、教师和幼儿学习的载体。活动内容与环节过多,实际上往往是欲速而不达,热热闹闹走过场,不能成为幼儿踏踏实实的学习过程。幸好,案例中的教师已经感悟到问题所在,并作了有意义的调整。教学活动设计一定要避免为生动而生动,为多样而多样的形式追求。

(4) 内容是否在主题活动中有独特的作用?

幼儿园的教学活动具有整合性特点。每一个活动都不是孤立的,而是与其他活动之间既有纵向的垂直关系,也有横向的水平关联的。确定任何一个活动内容时都必须考虑这两方面的关联。

案例四:一位教师关于活动内容的反思

中班幼儿教材"交通工具博览会"是以认识、了解交通工具为主的主题活动,"造飞机"是该主题下的,以艺术为重点领域的一个教学活动。首先我从纵向关系来看,这次活动是以艺术领域为目标的活动,我就根据《纲要》中艺术领域的目标来确定具体的教学内容;从横向水平的关联来看,本次活动是交通工具博览会主题活动中的子活动,设计目标是通过本次活动了解飞机的简单外形结构,所以据此我又选择了与飞机结构特点相关的教学内容。

分析:

这个案例是一个青年教师对活动内容的思考轨迹。由此,我们可以清晰地看到,她已经摆脱了"就事论事"的备课方式,在内容选择中,关注了前后联系、上下关系,即与大主题的关系以及与其他相关领域正在进行的教学活动的关联。让活动置于相互联系中思考与设计,不论对幼儿,还是对教师,都是富有意义的。

3. 关于过程的设计

如何使教学不再只是知识的传授过程,而且是知识探求、知识建构的过程;如何把握教学过程,讲究集体教学效益,这是需要我们在备课中直面的问题。解决这些问题,既能反映我们的教育观念,也能显现设计能力强弱。

集体教学活动设计应努力体现如下要求:

(1) 教学过程设计应遵循教学规律,体现层次性

一次教学活动,作为幼儿学习、发展进程中的一个台阶,不管什么领域的活动都应该遵循普遍的规律,其中层次性反映了对活动设计的最基本要求。有学者将过程设计总结为:

① "剥笋法"——层层推进、由表及里

比如,小班学习活动,"卡车运货忙",教师设计了三个环节,1. 送货游戏——模仿操作;2. 重现问题讨论——明确规则;3. 个体实践——选货、送货。这三个环节,层层推进,帮助"小司机"从未知到已知,从知之少到知之多,由表及里,在原有水平上产生了跳跃,最终较好地实现了活动目标。

② "平移法"——平行呈现、由此及彼

比如,小班故事活动"谁来了",教师根据主题内容以及班级幼儿实际,设计了以多媒体课件和大图书相结合进行的活动形式,故事中的小兔、小猴、小象、长颈鹿等以长有明显器官为特征的动物逐一出现在孩子们面前。在这当中,动物的出现形式是"平移",从课件到大图书也是"平移"。平移式的设计,能让孩子从反复、多元的视角中,更好地获得感受与体验。

以下对一位骨干教师设计的"共同走过2006——月历"活动的介绍与分析。

课例一：共同走过2006——月历（大班）

活动过程（简单过程）：

一、月历上的数字

1. 导入活动。今天是几号？星期几？离新年还有几天？

2. 提出问题：对于这张月历有没有看不懂的，需要提出问题的？

3. 数字的实际意义：有这么多的数字在月历上，到底有什么用？可以告诉我们什么？（数字出现在月历的不同地方，它所表达的意思也是不同的。我们能通过这么多的数字知道年、月、日和星期。）

4. 一个月有几天？12月份有几天？每个月的天数都一样多吗？幼儿通过翻看台历来验证自己的说法。统计每个月的不同天数，相互借鉴。

5. 民间游戏——记住大小月。

二、月历上的文字

1. 找一找，月历上除了数字还有什么？

2. 寻找"元旦"。理解"元旦"的含义——一年中的第一天。

3. 寻找"国庆节"。

4. 寻找"中秋节"。中秋节是几月几号？是十月份的第几天？

三、开心的日子

1. 一年中有哪一天你是最开心的？

2. 幼儿圈画出自己的日子。

3. 分享快乐。

分析：

月历对于大班孩子来说，并不陌生，在家里、幼儿园里或多或少见过。设计者以月历为载体，通过活动过程的层层推进，将幼儿平时积累的关于"月历"的零星知识进行了系统梳理，活动中数字和文字交替出现，知识和情感交融，最后环节"开心日子"将活动推向高潮，一气呵成。另外，活动时机把握恰当，将迎新年与时间教育、数教育和文字认识有机结合，既丰富了幼儿使用月历的生活经验，也加深了他们对时间概念、节庆日的感知。

(2) 教学过程的设计应选择合适的方法途径，讲究实效

这个问题，涉及具体的教学活动应如何安排，如何选择和使用相关的教学策略。一些专家认为，不同的教学内容需要的教学策略和条件是不完全一样的，作为教师需要考虑什么样的内容应采用什么样的教学策略。著名心理学专家皮亚杰把儿童的知识分为三种类型：物理知识、数理逻辑知识和约定俗成的知识。他认为，物理知识建构于幼儿所观察到事物对其动作所产生的反应，数理逻辑知识来自儿童作用于物体的动作和对动作的反思，而约定俗成的知识只能凭借别人用某种特定的方法来传达。专业化程度高的教师应有依教学内容中知识的类型来选择适当方法的意识与能力。

课例二：果子熟了（中班）

过程设计（简要过程）：

（1）它们是有核的

出示小猪和大猪吃西瓜、吃桃子的图（大猪将水果核吃进肚子），让孩子说说，看到了什么。把握水果是有核的，我们吃起来要当心。

（2）水果有不同的核

提供剥开和切开的橘子、哈密瓜、石榴、苹果、冬枣、葡萄、桂圆、山楂等，让幼儿品尝各种水果，一边吃一边找核，找到了吐在盒子里。

集中交流与经验提升：这些水果的核都一样吗？（引导幼儿从水果核的颜色、大小、样子、位子、数量等角度进行比较，教师根据幼儿回答，及时追问，比如，什么核是大大的，什么核是小小的？还有谁是最小的？核在水果的哪里？这里有几种核？让孩子充分比较各种水果不同的核，体验探索的乐趣。

（3）教师讲"蜗牛与苹果的故事"，让幼儿进一步感知水果核的功用。

（4）延伸。出示水果香蕉和猕猴桃，提问，这两种水果你们吃过吗？有没有核？

分析：

1. 设计者从孩子的视角出发，以常见的果核为例，试图引导孩子们透过物体的外表，关注物体的内部结构，这既让幼儿感到新鲜有趣，又能挑战他们的观察、比较能力，设计者找准了切入点。

2. 整个活动设计，紧紧围绕"比较各种水果不同的核，体验探索的乐趣"要求，设计了比较丰富的活动。三大环节，环环相扣、层层深入，保证了教师与幼儿、幼儿与幼儿多方交流和体验。延伸环节的设计，又巧妙地将教学过程延展到了课外，将高、低结构活动建立起了连接。

3. 活动设计关注细节，比如，活动导入部分图片的设计，能吸引幼儿很快进入学习主题，也为后面的探索学习作了铺垫；水果种类的选择与摆放，以及集体分享交流时"橡皮泥"的使用等等，不无匠心，大大提高了活动的有效性。

（3）教学过程的设计应为幼儿主体学习提供机会，强调自主性

随着课程改革的深化，教师们已认识到教育教学的过程不仅是传授现成知识的过程，更是为培养具有创新意识的人才奠定基础的过程。因而，教学活动的过程应成为幼儿自主建构的过程。

课例三："如何剪出一串完全相同的图形"（大班）

设计一（传统的设计）：教师分步示范，幼儿步步跟学，完成剪纸。

设计二（变化的设计）：

（1）出示纸、剪刀、剪好的图形，通过提问引导幼儿探究如何剪出一串完全相同的图形。

（请个别幼儿将自己的想法向大家演示并介绍）

(2) 讲解正确的方法。

(3) 全班幼儿各自操作，教师开始巡回，个别指导。

设计三（课改背景下的设计）：

(1) 个体探究，梳理关键问题

(2) 设置提问，启发解决问题

(3) 提炼概括，帮助迁移经验

分析：

第三个设计，与前两个设计相比，有三个变动。一，通过让每一个幼儿独自探索，明确全班幼儿的最佳问题——"如何用简便易行的方法剪出一串完全相同的小人儿"；二，设置环环相扣的子问题，启发"想出"解决问题的关键。教师根据难易程度设置一系列相互联系、由易到难的子问题，使之成为支持和引导幼儿解决核心问题的"支架"；三，对核心问题概括化，引导迁移。当全班幼儿解决了核心问题，教师即抛出新问题，"怎样剪出一串完全相同的小房子、小鸭子等其他图形？"使幼儿内化、迁移已有的经验，充实和丰富解决新问题的内部条件。

以上三个变动所涉及的一些策略和方法，如通过幼儿探索和实践活动，教师判断其最佳问题、设置系列子问题、提出明确具体的问题、提醒幼儿回忆相关经验、引导幼儿改造已有经验、将幼儿已经胜任的具体问题概括化等，对于促进幼儿积极主动学习、构建知识，具有普遍意义。

其实，在与教师互动中，教师提得最多的问题还有，如何将教学内容演绎成一份鲜活的活动设计？如何呈现与表达活动的过程设计？一个理想的活动设计，概括起来还要做到：

1. 规划大环节——环节推进要层次清晰，突出重点主干，并辅之以好的问题情景。而且教师的教授与幼儿探究活动之间的比例要恰当；

2. 考量小细节——包括辅助提问的预设、教具的呈现方式、座位的排放、场地条件、人数等细节考虑要充分；

3. 关注过渡衔接——自然、紧凑、流畅。

一个好的教学活动，应当体现出教师对目标的理解与落实、内容的确定与分析以及环节的推敲与推进。课程改革带给我们很多新的理念，我们应努力把握"教"与"学"的关系，尽量满足幼儿发展需要，保证幼儿在与人、事、物的积极互动过程中有所感悟、有所积累、有所发展。

【案例借鉴】

活动名称：上海双年展……《四季》（从属于"春夏秋冬"主题）

活动目标：

1. 欣赏几米漫画《四季》，比较四季的明显不同。

2. 激发幼儿对一年四季的美好情感。

教学准备：PPT 几米漫画《四季》

教学过程：

（一）欣赏图一，了解漫画主人公：天使

提问：看看画上的是谁？

她在做什么？她可能在做什么样的梦？

（二）欣赏《四季》

1. 欣赏图二"春"：小天使的第一个梦

小天使在什么地方？这是在什么季节？为什么？

这幅画让你想到了什么？用诗歌"春"小结。

2. 欣赏图三"夏"：小天使的第二个梦

提问：你们看到什么？这张画像在什么季节？小天使为什么会梦到游泳池，天空还下着雨？

3. 欣赏图四"秋":小天使的第三个梦

提问:这幅画什么地方最吸引你?这是在什么季节?如果你是小天使,还会梦到秋天是怎样的?

4. 欣赏图五"冬":小天使的第四个梦

提问:请大家猜一猜,接下来的梦会是什么样的?如果让你来画冬天,你会画冬天的什么?为什么在大雪天,要画上这么漂亮的绿色作为背景呢?

5. 小结

提问:在这四幅画中,你最喜欢哪一幅?为什么?

师:这组漫画是我们上次去美术馆参加双年展时,老师拍下来的。这些画是一个台湾的画家叔叔画的,他有一个特别的名字:几米。这组漫画就叫《四季》。这些画告诉我们一年中的春夏秋冬不断地轮替,每个季节都有美好的故事在不断地轮回上演,生命就是以这样的方式前进着。每个季节都有美丽的风景,让我们好好感受每个季节的魅力吧。

(三)诗朗诵:《四季》

1. 引导幼儿选择自己喜欢的季节,进行分组排练。

2. 集体配乐朗诵《四季》。

分析:

这是"春夏秋冬"主题下的一个集体活动的设计。这个活动与目前流行的活动相比,似乎显得平常而简单,但仔细研读后,仍能发现值得推崇的方面:

目标指向明确。整个活动目标虽然只有短短的两句话,但目标指向非常明确,知识性的目标——通过欣赏几米漫画《四季》,让孩子感知、比较四季的明显特征;过程性的目标——

阐述了对孩子活动过程上的要求,即通过对画面内容的欣赏、主观猜测、想象,萌发对四季的美好情感。

学习内容精选。春夏秋冬四季轮换是一个自然现象,让孩子了解四季明显的特点,是《指南》的要求。但不管怎么说,四季轮换,变化渐进得也很漫长,对孩子而言,有些抽象、有些难。而活动设计者超越常规,以几米漫画——"四季"作为学习的核心内容,通过漫画,唤起孩子对四季原有经验的表述和想象,同时,富有美感、诗意和韵味的漫画,对幼儿来说又是一次美的熏陶和洗礼。以经典性、切合孩子经验与兴趣的漫画作为学习内容,是活动的一个亮点。

活动设计"实在"。活动设计的"实在"主要体现在,注重问题情景的设计。通过问题情景,启发孩子积极动脑思考,以达到引导学习内容、激励活动的目的。另外,仔细研读每一组提问,提问视角有变化,也有递进,而且每一个提问都具有明确的指向,既限定了孩子的回答范围,又有弹性空间,对活动目标的达成具有积极意义。

总之,整个活动设计,最亮的方面,是努力将活动目标、活动内容、活动过程的设计融为一体。

当然,活动的设计在有些方面还可更深入一点、精细一点,比如,目标的陈述可更准确,从幼儿达成角度进行修改;教师的小结部分,既可对已有的小结作调整,使之更贴近孩子的想象基础与已有的生活经验,也可对其他画面和部分的内容作小结性的预想;另外,第五部分,诗朗诵的设计显得粗线条了,只是环节提示,没有实施设计,这样,于"己"于"人",以及实施效果都会有影响。

思考与讨论

1. 幼儿园学习活动有哪些特点?谈谈你的理解。
2. 在实施集体教学活动之前,为什么要进行备课?
3. 备课时要遵循哪些基本原则?
4. 对于集体教学活动的备课,你有何经验?请举一实例说明。

游 戏 活 动

【课程特点】

游戏活动指幼儿自发、自主、自由的活动。游戏活动对幼儿发展有重要的价值,游戏活动能发展幼儿的想象力、创造力和交往合作能力,促进幼儿情感、个性健康地发展。

1. 游戏是基于幼儿的内部需要而产生的自发活动

游戏对于幼儿来说,是一种自主、自发的活动,由内部的直接动机的驱动而产生,以游戏活动本身为目的的愉快活动。因此幼儿游戏的本质是基于幼儿的内部需要而产生的自发活动。

2. 幼儿游戏是真实生活的情景和虚拟假想世界的融合

对幼儿而言,游戏是真实生活和想象世界的统一。生活的真实为幼儿的游戏表现提供了条件,虚构和假想使幼儿游戏充满了想象和创造。幼儿的游戏总是在一种特定的情景中在一定的经验基础上通过一定的方式表现的活动。

3. 幼儿游戏群体是自发学习者的共同体

游戏不仅是每一幼儿自主实现其自我价值的活动,而且是幼儿群体的交往活动。在游戏中,幼儿主动和同伴交往,逐渐了解自己也熟悉他人,自由联合、相互作用,从中学习掌握生活的行为准则,理解社会和人的相互关系,形成社会交往的基本技能,实现个性和社会性的矛盾统一。

在游戏过程中,教师也是其中一员,和幼儿共同游戏学习,只不过担任着促进幼儿游戏与学习发展的责任,促进"共同体"每个成员的个性发展,努力形成有情谊的、有凝聚力的"共同体"。

【备课要点】

游戏是幼儿自主、自发的活动,幼儿是游戏的主人,因此,与其他形式的活动相比,教师主要作用在于充分尊重并满足幼儿的内在需要,创设并营造幼儿游戏的良好环境氛围,激发幼儿的主体能动性,使幼儿投入自由选择、自主展开、自发讨论的游戏过程。根据游戏活动的特点,游戏"备课"可分为两类:

(一) 教学的计划

每学期拟一份游戏计划,内容分两大部分,第一部分是计划,包括①本班游戏开展现状分析;②游戏环境创设,主要是空间安排和材料投放;③游戏时间安排,主要针对游戏类别,不预设具体的游戏内容。计划要反映幼儿各类游戏的充分开展的形态。第二部分是计划调整,在实施过程中对计划的任何方面有所改变,都要在计划调整栏目中注明,并写出理由。计划调整没有时间规定,需要时随机进行。

除学期计划外,教师还要根据游戏活动展开情况,做好短计划。短计划的备课要求如下:

1. 游戏活动前

(1) 备幼儿——了解幼儿、理解幼儿的游戏状况

游戏行为折射着幼儿的情感、个性、经验和智慧,游戏被看成是反映幼儿心灵的窗户,是衡量幼儿发展的标尺。所以,作为幼儿教育工作者的教师需要了解幼儿,理解幼儿的游戏,看懂幼儿的游戏行为。真正使教师对幼儿游戏的组织与指导建立在幼儿游戏的兴趣、需要和能力之上,引导幼儿获得充分的游戏体验,使其身心充分全面地发展。

幼儿各类游戏的特点;

不同年龄段幼儿游戏及各类游戏的特点;

幼儿当前的游戏和发展情况。

（2）备环境——时空环境、材料环境
- 如何为幼儿合理安排自主游戏的时间和空间。

教师应保证幼儿每天有一小时以上的自主游戏时间，给幼儿提供尽可能多的游戏活动空间；根据幼儿的需要特点，分割活动角的空间大小、高低位置，便于幼儿的取放、交往和选择。教师要善于提供或利用教室、走廊、阳台或楼梯拐角、室外场地等诸多场所，因陋就简、因地制宜创设生动丰富的游戏条件，让幼儿自由选择、自主游戏。

- 为幼儿提供怎样的自由选择游戏与发展的玩具材料。

提供有趣、适宜、符合幼儿年龄特点的，促进幼儿游戏发展的玩具材料，让幼儿自由选择并与各种玩具材料互动。为此教师应考虑：为不同年龄的幼儿提供不同的玩具材料；为不同的幼儿个体提供不同的玩具材料；根据幼儿的需要不断变动材料的投放与组合等。

2. 游戏活动中

重点备观察的视角与重点。比如：
- 幼儿玩什么、在哪里玩、和谁一起玩？
- 幼儿喜欢的游戏主题、内容和玩具材料有哪些？幼儿在游戏中说些什么、做些什么？游戏中遇到了什么困难，解决了没有，是怎样解决的？幼儿通常和谁在一起玩？
- 给幼儿提供的游戏时空是否合适？材料的投放有没有问题？幼儿近来的兴趣点是什么？认知经验和社会性水平哪些方面有了进步？还存在什么问题？
- 教师在什么时候或以什么方式参与儿童的游戏过程？哪些儿童需要帮助，需要什么样的帮助？

观察可以是对游戏的全面观察，也可以是对具体对象的重点观察。可以是对即刻观察的分析调整，也可以是过程后的分析调整。教师可以设计一些简单的观察表格作为观察记录工具，便于分析总结，及时调整教育或游戏的目标方案。

3. 游戏活动后

重点备对游戏活动的反思与相关的调整。比如：
- 游戏中有什么困难问题需要讨论吗？要解决这个问题，可以怎么做呢？谁能帮助解决他的问题？为了使下次游戏玩得更开心，还需要做什么？
- 调整课程——合理安排游戏环境、调整预设的材料与相关的课程活动。

（二）活动的记录

记录的目的是为了提供给教师有用的信息，帮助教师实施教育、评价幼儿、开展教研和与家长沟通。因此采集案例时一定要考虑是否有用，不能盲目记录。

1. 记录的内容

主要记录非结构化游戏材料的玩法。对各种非结构化的材料分别记录：了解幼儿对同一种游戏材料能够创造出多少种玩法；了解幼儿是如何进行材料的搭配来实现游戏想法的；了解幼儿是如何选择替代物来进行装扮的。

记录本班级幼儿游戏的水平。可以记录角色游戏出现的主题、主题中的情节、替代物的命名，以及角色名称和类型。可以记录结构游戏的作品名称、作品数量和作品的复杂性。

记录个体幼儿的游戏行为。有目的地记录：当教师试图通过游戏了解某个幼儿的发展状况和游戏水平时，可以重点观察该幼儿的游戏行为，记录有评估价值的信息；当教师要了解某个材料的投放意义时，教师可以重点观察幼儿作用于该材料的游戏行为。随机记录：记录教师随时捕捉到的自认为有价值的游戏行为，例如记录幼儿解决游戏纠纷的过程，记录游戏中幼儿解决问题的过程，记录游戏中体现幼儿智慧的言行，记录游戏中需要特别关注的消极行为，记录教师感到疑惑的游戏行为等。

2. 记录的方式

记录方式可根据教师的习惯、具体情况而不拘一格。如：班级游戏水平和游戏材料使用可设计成表格，以文字填入或打钩。幼儿行为记录可以用便笺，现场简单记录后整理。也可用相机记录幼儿的作品，必要时用摄像机记录有意观察的某个游戏、某个材料使用或个人行为。

3. 记录的运用

用于评价幼儿的发展：将与某个幼儿相关的轶事记录、作品或相片插入该幼儿的档案袋，随时进行分析，为教师教育教学提供依据。

用于教研：将值得大家分享的案例或教师感到困惑的案例，及时提交相应的教研组，列入教研计划，开展集体研讨。

用于家长沟通：选择有个体发展意义的案例与个别家长及时交流，选择有典型意义的案例在家长会上分享和交流。

【课例分析】

案例：中班角色游戏与分析

1. 游戏情况分析

经历了9月份的角色游戏后，中班幼儿对游戏环境、游戏中常常用到的玩具已经熟悉了，有相当多的幼儿在摆弄玩具、操作玩具过程中出现了许多角色语言和行为。例如抱娃娃的女孩会抱着娃娃说："你听话噢，我等会儿给你吃饭……"开公共汽车的幼儿则时而"嘀嘀吧吧呜——"边嚷边左右转动方向盘，时而又"汽——"停住说："红灯……"这种与角色相匹配的动作、语言、情感其实就是幼儿在角色游戏中最原始的角色意识。它来源于幼儿的生活经验，产生于玩具对幼儿的刺激。幼儿由于摆弄手中的玩具而联想起生活中的情景、生活中的经验，并不由自主地将自己理解的、熟悉的动作、语言表现出来，这是幼儿最原始的角色意识。

分析：

中班上学期的幼儿在游戏中自言自语、自说自话、自我陶醉的现象很多。以上分析的情况就是在一定条件刺激下产生的角色语言和行为，作为教师要能观察理解，捕捉幼儿游戏中的行为、语言、情感加以引导，从而将幼儿的最初不很明确的角色表现逐渐变成简单的角色意识。

2. 游戏的隐性目标

(1) 敢于提出游戏主题,知道自己扮演的角色,(大胆地表现角色的语言、动作、情感)具有简单的角色意识。

(2) 喜欢参加幼儿园的游戏,喜欢与同伴交往。

3. 游戏环境、材料准备

提供各种自制玩具的素材,让幼儿在游戏中能随时找到替代品。

4. 游戏过程的指导

(1) 游戏前通过提问导入游戏:"请想好今天你做谁,你做谁就要有点像谁,做妈妈的小朋友做的事、说的话要有点像妈妈,做司机的小朋友做的事、说的话也要像个司机",增强幼儿的角色意识。

分析:

这一游戏前的提问将有助于提高幼儿游戏的有意性,增强幼儿的角色意识,并表现在幼儿所扮演角色的语言、动作、情感中。

(2) 观察游戏、分享游戏、指导游戏。观察幼儿在游戏中扮演的角色的动作、语言、情感;观察幼儿在游戏中角色扮演的持续性。

分析:

充分尊重幼儿游戏的权利,允许幼儿在游戏中按自己的意愿大胆表现,教师及时观察捕捉指导。如娃娃家"妈妈"对"爸爸"说:"爸爸,我现在很忙,你去熨熨衣服。""爸爸"照办了,也许幼儿是很随意的,而教师如能观察到并及时给予肯定:"她真像个妈妈!不仅会安排自己,还会安排爸爸劳动。生活中的妈妈就常常是这样的。"以此来确立或强化幼儿的角色意识,帮助幼儿的游戏发展。观察幼儿的游戏持续性,鼓励幼儿坚持扮演好角色,也是对幼儿角色意识的培养。

(3) 交流游戏。和幼儿一起交流讨论幼儿的游戏表现,肯定幼儿好的角色动作、语言、情感。让幼儿从感受生动、形象的角色动作、语言、情感中,形成初步的角色意识,如娃娃家"爸爸"说:"今天我的孩子要开刀,我很着急,我一直在手术室门口等,一直等到他手术做完才回来。"这孩子游戏中真像个"爸爸"。

和幼儿一起交流游戏中扮演角色的持续性,进一步帮助幼儿确立角色意识。如商店里营业员说:"今天没人来买东西,我一直守着没离开"等。——生活中商店里的营业员即使没有顾客,也不能离开自己岗位的。

通过提问:"明天你们还想怎么玩呢?"以激发幼儿参与明天的游戏的积极性。

分析:

不断强化游戏中幼儿的角色意识,不断引导幼儿观察生活、理解生活,不断激发幼儿下一次游戏的积极性,能最终培养幼儿的角色意识。与此同时教师还要注重丰富经验:①日常生活中丰富幼儿有关主题的生活经验,如娃娃家爸爸妈妈烧饭、做菜、带孩子出去玩、带孩子去看病;幼儿园老师给小朋友上课、做游戏、领幼儿外出活动等,以此帮助幼儿积累有关的角色经验。②带领幼儿外出参观各行业成人的劳动。如警察如何指挥交通,营业员阿姨如何招呼顾客等。因为游戏是幼儿反映生活的意愿性活动,了解生活越多,体会的情感就越丰富,反映出来的角色意识就越强。教师有目的地引导幼儿了解生活,再现生活,就有助于幼儿角色意识的增强。然而由于幼儿年龄小,理解生活、了解生活并在游戏中反映生活是有一定难度的,需要经常性地感知和丰富生活。另外,需要正确认识的是,不应为游戏而丰富幼儿的生活经验,幼儿的游戏根本地就应是幼儿的丰富生活。因此,教师引导幼儿丰富生活经验是一贯的经常的要求。

运　　动

【课程特点】

运动主要指体操、器械运动、自然因素锻炼等活动,旨在提高幼儿身体素质、动作协调能力和适应环境的能力,为幼儿健康的体质奠定基础。

在运动中,幼儿应具备的基本经验概括起来有七个方面:①用动作模仿周围事物的形态和特征,感知运动节律的变化;②大胆进行各种身体运动,体验各种肢体动作的可能性;③借助各种材料和器械进行活动,尝试新的内容和玩法,获得身体运动的经验;④对信号能作出反应;⑤体验运动的方向,根据运动中对象的空间位置和距离,调整自己的动作;⑥在大自然中锻炼,尝试新奇、有野趣的活动;⑦对危险的事情能及时作出反应,能控制自己的动作和行为,有一定的安全意识。

由此形成了教材中的四大部分,即:体育器械的运用、基本动作活动、利用自然因素的锻炼、体操。"运动",在目标的定位和内容的呈现上有了较大的突破,主要有如下特点:

1. 兴趣性

兴趣性要求在体育活动中创设自由、和谐、宽松的学习环境,让孩子积极主动地锻炼身心,充分体验和享受运动的快乐。

- 营造欢乐的活动氛围,使幼儿从心理上积极趋向活动对象;
- 使孩子体验到参与的兴趣,包括对运动的形式、动作的过程、运动器械等方面的兴趣;
- 使孩子感受到模仿和表现的兴趣。比如,喜欢模仿他人的运动方式或动作,想表现自己动作能力与创新的欲望,对发展自己身体动作能力有兴趣;
- 使孩子萌发交往的愿望和审美的兴趣。比如,喜欢与他人一起活动,对身体运动过程中优美的动作、姿态或有节奏、有韵律的动作有兴趣。

2. 整合性

整合性要求教师整合各种运动因素、各种经验内容、不同的方式方法,帮助幼儿丰富运动感受与经验。

- 不同活动内容的有机组合,使幼儿综合运用运动觉、知觉,各方面素质都获得提高;

- 户外和室内活动相结合,给大小肌肉充分活动的机会,使幼儿身体素质得到全面提高;
- 不同方式之间的有机整合,使幼儿具有多种运动的经验,提高其适应环境的能力。

3. 挑战性

挑战性要求教师更多关注幼儿身体运动的可能性,创设丰富变化,具有挑战性、野趣性的运动环境,激发幼儿运动的潜能、智慧与胆气,以及自信、勇敢的心理品质。

- 远足、郊游是一种体验挑战和野趣的宝贵机会,教师应尽量提供这样的机会,至少春游和秋游活动要充分保证,使孩子在大自然中得到锻炼;
- 充分开展自发、自主、自由的运动性游戏,可以打破班级、年龄、运动项目的界限,在多种不确定的因素中,自我挑战地创造性地运动;
- 幼儿园要创设体现"野"味的活动环境,尽可能将各种自然因素引进幼儿园,包括能得到各种锻炼的运动设施、场地,能引发幼儿自主运动的各种器械等。

4. 个体差异性

幼儿之间体质强弱、体型胖瘦、运动能力强弱等方面的差异很大,即便是同一个年段、同一月份出生的孩子也是如此。因此,教师要充分关注并尊重幼儿的个体差异,使每一个幼儿都能够找到适应其能力发展的内容与形式。

- 教师要有意识地安排难易不同的内容以及器械,让不同体质、不同能力的幼儿都有适合自己的活动,获得成功的积极体验;
- 教师创设并提供有选择性的环境与材料,创设独自活动、平行活动、小群体合作活动的机会,鼓励孩子自主探索,获得积极的自我体验;
- 教师有意识地进行个别观察与指导,并鼓励同伴之间互相帮助与激励。

由此可见,现在所提倡的运动,是以幼儿发展为本,拓展了原有的目标与内容,既重视发展身体,锻炼意志,满足和表现自我,也重视学习各种动作技能,遵守各项运动规则,同时,还重视幼儿的情感培养与个体差异的运动。

【备课要求】

在熟悉运动的几个基本特点后,教师应该认识到,"运动"是师生共同成长的土壤,是师生焕发生命活力的田园。所以,备课理念与方式的改革势在必行,二期课改,我们应该努力尝试站在幼儿的角度去思考、去变革。让孩子更开心地玩,让教师更有效地教。

1. 更新备课意识

过去的体育活动以发展动作技能为主,备课更多地从教师如何教的角度来进行设计,而且设计方案大多划一、模式化。

如今,新课程强调师生双方的相互交流、相互沟通、相互启发,实现共同发展,鼓励教师能在教育现场关注幼儿的信息和生成,进行价值判断,并作出适时、适宜、适度的回应。要实现这些价值,就必须从备课上下功夫,要更多地关注幼儿的身心发展和情感需求,构建在符合新课程要求的充满生命活力的开放型运动的实施体系上。具体包括：备课内容的开放性、备课方法的互动性、备课过程的反思性、教案设计的创造性，以便让幼儿自主、合作、探究地进行学习，也为教师展现并形成各自的教学风格和特点留足空间。

2. 探索多元样式

幼儿园的运动，从结构化程度看，主要有高结构活动（正规性体育活动）和低结构活动（非正规性体育活动）。如表：

	高结构活动（正规性体育活动）	低结构活动（非正规性体育活动）
学习的目标	主要由教师预定	儿童与教师共同确定学习的目标
主要目标	学习各种动作技能，遵守各项运动规则	发展身体，锻炼意志，满足和表现自我
活动发起	主要由教师发起	主要由儿童发起
形式	集体	个别、小组
评价	强调活动的结果	强调活动的过程

从现状来看，高结构体育活动主要有学科性体育活动、主题式体育活动，低结构体育活动主要有区域性体育活动等，体育活动备课，应根据不同结构化程度，探索相应的样式。高结构体育活动的课时计划，主要包括活动内容、活动目标、活动准备、活动过程、活动延伸、活动效果分析等部分；低结构体育活动的计划，主要是对活动内容、活动准备（场地、器材、知识准备等）等的设计。

3. 简化呈现形式

由于运动具有偶发性、动态性，有些目标可以预设，有些则无法预设，有的活动即使课前已经想得很周密，在教学时还会出现意想不到的事情。因此，我们要从机械的、格式化的备课中走出来，优化备课的过程以及教案的呈现形式，追求实在、管用、形式灵活。比如，"情景＋活动"的框架式备课：依据运动目标，选择适合幼儿特点的内容，引出层层递进的若干环节，并通过情境设计以及幼儿的活动设计，引导幼儿进行各种锻炼。又如，情境式教案：把教学内容改编成富有情趣的小故事，再把若干故事情境组合在一起，形成一系列的教学环节，用情境引导幼儿参与活动。再如"卡片式"教案：把活动的主要环节、重点、难点列出来，形成简单明了、针对性强的教学卡片。其他的教学环节，则根据教育现场的具体情况灵活安排，恰当处理。备课是为了将课上好，因此，不同的教师可以采用不同的策略与方式进行备课。

4. 加强二度设计

幼儿的教材很多含有活动设计与建议部分，现在一些杂志、网络上，有很多经过实践后刊登或上传的经验教案，我们不应该拿来就用，而要根据自己所在幼儿园的条件、幼儿的运动能力等，进行二度设计；另外，备课不仅仅是一堂课或一个活动的设计文本，也应该是教学反馈的记录本，更是反思自己教学得失的日记本。所以，教案可以说是教师上课的一个粗线条的设计预案，教师在教学的过程中还要结合实际、针对幼儿的情况，不断反思自己的教学行为，随时随地对教案进行恰当的调整，甚至进行二度设计。只有这样，才能在教学中唤醒幼儿的体验。对于二度设计来说，教师一方面要注意善于挖掘、发现这些来自于幼儿身边的课程资源，同时也要及时做好积累，以形成宝贵的教学资源。

【课例分析】

椅子游戏——大班体育活动设计及评析

活动目的：

1. 发展幼儿的平衡、跳跃能力，提高动作的协调性和灵敏性。
2. 培养幼儿克服困难的精神以及与同伴合作的意识。

准备：

小椅子若干把（同幼儿人数）；录音机和音带；一块较宽敞、柔软的场地。

活动过程：

1. 教师带领幼儿每人拿一把小椅子进入场地，四散站立。
2. 幼儿站在椅子上，在音乐伴奏下，师幼一起做热身操。
3. 教师带领幼儿进行各种椅子游戏。

今天我们一起骑马去郊游吧！这椅子就是我们的马。

① 骑马。引导幼儿将椅背朝前跨坐在椅子上，手持椅背向前上方跳起，模仿骑马动作在场地内来回行进2—3次。

② 马术。鼓励幼儿模仿马术做各种动作，如站在椅子上跳下、站在椅子上分腿越过椅背跳下、单脚站在椅子上等等，鼓励幼儿合作游戏。

③ 爬山。引导幼儿两人一组将椅子纵向并排放置成"小山"，进行"爬山"练习，即踏上椅面→跨过椅背→踏上另一椅面→跳下。然后将所有的椅子排列起来，引导幼儿一一跨过所有的"小山"。

④ 走独木桥。引导幼儿自由组合将椅子横向并排当作独木桥，进行"走独木桥"的练习。练习一段时间后，引导幼儿将所有椅子并排放置在一起，练习走"长独木桥"1—2次。

⑤ 走脚印。引导幼儿将椅背着地，把椅背与椅面之间的空间当成马蹄印，沿"马蹄印"行进1—2次。

⑥ 走超级独木桥。引导幼儿将放倒的椅面边缘当作超级独木桥，并在上面行进。如果幼儿行走有困难，可以引导幼儿自由选择一个合作伙伴互相搀扶行进。

4. 教师带领幼儿进行放松活动。

① 我们玩得真开心！时间不早了，我们慢慢骑马回家吧！（幼儿做放松活动）

② 下面我们把马牵回马厩吧！（幼儿每人拿上小椅子回活动室）

（上海乌南幼儿园　潘浩翰）

评析：

器械巧。这一活动所用的器械是每个幼儿园均具备的小椅子，教师根据大班幼儿的年龄特点和活动能力创编了以"骑马郊游"为主题情节的各种椅子游戏，较好地发展了幼儿的体能,同时在共同游戏中,也培养了幼儿的合作意识。

设计趣。整个活动设计,教师利用人手一把的小椅子,设计了一组有锻炼价值的情景。让孩子利用椅子在一定的情景下进行走、跨、跳、平衡等练习,情景性、游戏性的过程设计,能有效调动幼儿活动的积极性,有助于教学目标的达成。

创意新。整个活动无论是个体活动、结伴活动,还是集体活动,教师的设计是富有创意的,同时,从活动过程的设计与推进,可以看出教师重视培养幼儿的求异思维和创造才能,让幼儿有充分的表现机会,有效地保证了幼儿的健康和发展。

【案例借鉴】

"登长城"——户外体育区域活动设计与评析

(一)设计思路

随着"我是中国人"主题活动的展开,孩子们认识了五星红旗及中国的标志性建筑——长城。孩子们在学习活动中为自己是中国人而感到骄傲,并在此热点的延续中对各国国旗产生了兴趣。教师抓住了这一富含教育价值的契机,与幼儿共建了情境性户外区域活动"登长城"。

(二)环境创设

幼儿园院子里的一个大型水泥建筑物,中间有十几级台阶,并用栏杆分为两个通道,顺着台阶上去是一个平台,两边各有一个长长的滑梯,于是这里就成了幼儿心目中的长城。

"长城"脚下放着分别贴有"轻"、"较重"、"重"标记的塑料筐,筐里放着蓝、绿、红三色的重量不同的负重背包;还有教师和幼儿自制的不同国家的国旗;"长城"平台的墙壁上挂着写有各国国家名的布艺背景。

(三)活动要求

活动时,幼儿要根据自己的负重能力选择一个"旅行包",扮演不同国家的游客,手持该国的小国旗,登上长城的"炮台",将国旗贴在布艺背景图上的对应汉字的四周,然后从滑梯上滑下来。

(四)观察与指导要点

1. 引导幼儿通过拎与掂量等方式体验不同重量,理解"轻"、"较重"和"重"概念。
2. 观察幼儿负重登高时的负重承受能力,适时鼓励幼儿选择更适合锻炼的负重背包。
3. 引导幼儿尝试用走、双脚跳、单脚跳等不同方式进行登高。
4. 指导幼儿再认各国国旗并正确与汉字对应粘贴,提示幼儿在粘贴时注意国旗的正反方向。

(五)教师活动实录与反思(节选)

孩子们来到"登长城"的活动区域,选择好适当重量的背包,然后挑选一面国旗开始负重登高。大多数幼儿以走楼梯的方式登上"长城",可一眨眼的功夫楼梯处排起了长队,并听到菲菲大叫:"老师,铭铭走得太慢了,我们都不能上了。"原来铭铭小朋友正两手撑着栏杆双脚跳着前进呢。"哎哟,铭铭的本领真大,他和你们登长城的方法可不一样哦。"我的话音刚落,就有幼儿开始模仿起铭铭。山山一边跳,一边说:"老师,我也会跳着上长城。"嘉嘉更不甘示弱地说:"我还会单脚跳呢!"我马上鼓励她说:"嗯,嘉嘉的本领更大。"一会儿,"长城"上多了许多背着双肩包的"小袋鼠",只见他们蹦着跳着纷纷登上了"长城"。

这次活动让我体会到,教师与其单纯说教,还不如及时抓住个别幼儿的特殊行为并适当地加以推动,当教师的指导能激发生生互动的时候,所获得的效果往往来得更好。

(上海瑞金一路幼儿园　指导教师:霍莺)

说明:

这是一个体育性区域活动设计,它与教师主动发起的体育课的设计有比较大的不同,更侧重于环境创设、观察指导与活动反思。除此而外,该设计最大的特点是体现了整合性。即教师整合了各种教育因素、资源和各种经验,来挑战幼儿、发展幼儿。

首先,将区域性体育活动内容与学习性主题活动有机地整合起来。该户外体育区域活动的主题来源于"我是中国人"主题,教师根据班级主题活动的进程情况以及孩子生成的热点问题,将主题活动的相关内容整合、迁移到户外去进行。这与过去的单纯锻炼幼儿体能的运动相比,在组织形式、活动内容和潜在教育价值上都有一定的特殊性。

其次,幼儿园资源的整合利用。根据本园的场地地形、器材与玩具的条件,合理布局,为幼儿提供因地制宜"登长城"的活动天地,使活动衔接自然流畅,富于变化,让幼儿有一种新鲜而自主的感觉。

再次,动作发展的全面和谐。本区域活动的主要目标是锻炼幼儿的腿部力量,其实,过去教师也尝试着引导幼儿用不同的方式进行登高,可幼儿往往只尝试一会儿就又以走为主了。而这次教师抓住了幼儿自发行为的教育价值,通过情景的诱发和推动,大大激发了幼儿相互模仿、主动尝试、争取创新的欲望,使孩子们在竞相模仿的过程中得到了较好的锻炼。

思考与讨论

1. 幼儿园体育活动主要有哪几种形式?
2. 你认为,体育活动的备课应遵循哪些原则?
3. 选择一份体育活动教案,分析该活动的设计特点以及需要改进的方面。

后　记

当我接到出版社的这个任务,需要编写一本关于如何备课的系统论著的时候,是有点忐忑的。因为备课是教师最基本的工作,是所有教师都有的切身体验,尽管我也知晓当前教师在新课程背景下感到备课的要求有了很大的变化,有许多不适应的问题,但真正要较系统地阐述怎么备课才是符合新课程的要求,让教师们感到看了以后确实有点启发,这实在还是一件很难的事。

事实上,教师对新课程背景下备课的改进确是需要探索的。有一份调查报告告诉我们[①],有62.8%的教师认为,新课程相对来说,在备课中的最主要的困难体现在三维目标的整合上;有51.4%的教师认为,在备课中最需要获得帮助的是分析教材,其次是解读课程标准、处理教学过程、了解学生需求、设计作业;有62.6%的教师认为对备课帮助最大的是教参,接下来依次为各级公开课、校外网络资源、相关教辅书籍、备课组活动、市区教研培训活动、教研员。总体看来,大多数教师(占86.2%)认为集体备课效果很好或较好,认为无效或较低的仅占调查对象的2.5%。进一步分析发现,职称越低、教龄越短的教师认为集体备课的效果越好。这个报告反映,教师有很多的无奈,包括教材问题、教参问题、备课管理问题等,这些因素客观上增加了教师备课的工作量,增加了备课的难度,影响到备课质量。同时,教师个人的学科素养、专业发展意识和能力、敬业精神等都是影响备课质量的内部因素。比如新课程改革要求提出,教师应该用教材教,而不是教教材,教师能够在备课中查阅、利用哪些课程资源,直接决定了学生会学习到什么。

由此可见,出一本关于改进备课的教师教学参考书是必要的。但对如何编写,是需要研究的。可喜的是,其基础条件很好,所以编写的过程总体上比较顺畅。

首先是丛书主编祝智庭教授、闫寒冰副研究员对本书的指导,华东师大出版社周志凤编辑又让我们参考已先出版的《如何说课》一书,使本书的基本结构有了一个参照点。根据诸位专家的有关建议,我们基本拟定了本书的编写体例和结构思路。全书分上、下两篇,上篇为总论部分,分为九章,从备课的概念到改进备课的意义、目标、思路、措施、成果、评价,直至与教师专业发展的关系。下篇为各学习领域分论部分,对照新课程方案关于学科组合的新思想,提出备课的改进意见,有合有分地阐述相关的备课要求、课例分析和案例借鉴。其中还包括了幼儿园课程的备课指南。上篇以章为单位,比较原则地提出要求;下篇以学科指南的形式撰写,更具有针对性。

本书各章的编撰人分别是:总论部分的第一、八、九章,赵才欣;第二、三章,韩艳梅;第

---

① 李金利等:《新课程背景下的中小学教师备课情况调查》,《现代教学》,2008年7、8合刊。

四、五、六、七章,王月芬、赵才欣;学科分论部分的导言,韩艳梅;各学习领域及各相关学科备课指南,赵才欣;幼儿园教育备课指南,周洪飞;其中各学科的"备课要求"主要参考上海市教委教研室的《改进各学科课堂教学的几点意见》;"单元分析示例"和"教学设计案例",主要选自上海市青浦区教师进修学院提供的成果,也有基于网络等其他来源,经过改写而成的。全书则由赵才欣负责统稿。

十分感谢祝智庭教授、闫寒冰副研究员的指导和周志凤编辑的支持,感谢所有为本书编写作出努力的同仁,以及提供案例资源的所有教师。但我们知道,尽管有这么多专家和同仁的指点帮助,本书还是难免一些问题甚至错误,希望读者原谅并不吝指教。

赵才欣 2008年秋
于上海市教委教研室

参考文献

1. 朱慕菊主编:《走进新课程——与课程实施者对话》,北京师范大学出版社2002年。
2. 瞿葆奎主编:《教育研究方法》,人民教育出版社1988年。
3. 盛群力、李志强:《现代教学设计论》,浙江教育出版社1998年。
4. 周学海编著:《学科教育研究法导论》,广西教育出版社1997年。
5. 钟启泉编著:《学科教学论基础》,华东师范大学出版社2001年。
6. 张健主编:《学校教学实用全书》,北京师范大学出版社1994年。
7. 祝智庭:《现代教育技术——走进信息化教育》,高等教育出版社2001年。
8. 袁振国:《对峙与融合——20世纪的教育改革》,山东教育出版社1995年。
9. 《教育大辞典》增订合编本,上海教育出版社1998年。
10. 石中英:《知识转型与教育改革》,教育科学出版社2001年。
11. 高文主编:《现代教学的模式化研究》,山东教育出版社1998年。
12. 上海市教育委员会教研室编:《课程教材改革专题研究论文选》(内部发行),1997年。
13. 闫寒冰、韩非著:《远程教学设计》,华东师范大学出版社2008年。
14. 赵才欣著:《有效教研——基础教育教研工作导论》,上海教育出版社2008年。
15. 方贤忠编著:《如何说课》,华东师范大学出版社2008年。
16. 赵才欣主编:《中学选修课程教学模式的研究与实践》,上海教育出版社2000年。
17. 赵才欣:《新课程背景下的备课要求》,《现代教学》2008年7、8合刊。
18. 韩艳梅:《关于中小学各学习领域改进备课的若干建议》,《现代教学》2008年7、8合刊。
19. 丁证霖等编译:《当代西方教学模式》,山西教育出版社1990年。
20. 莱斯利·P·斯特弗,杰里·盖尔主编,高文等译:《学程设计:教师课程开发指南》,华东师范大学出版社2002年。
21. 乔治·J·波斯纳,艾伦·N·鲁德尼茨基著,赵中建等译:《教育中的建构主义》,华东师范大学出版社2003年。
22. 戴维·H·乔纳森主编,郑太年等译:《学习环境的理论基础》,华东师范大学出版社2002年。
23. 斯蒂芬·J·鲍尔著,侯定凯译:《教育改革——批判和后结构主义的视角》,华东师范大学出版社2002年。